DE LA PERFECTION DE L'HOMME,

OV LES VRAYS BIENS SONT CONSIDEREZ,
ET SPECIALEMENT CEVX DE L'AME;
AVEC LES METHODES DES SCIENCES,

QVI CONTIENNENT,

La Recherche des Sciences vtiles ou inutiles;
La Clef de la Science vniuerselle & le Sommaire de son ordre,
Le Sommaire des opinions les plus estranges des Nouateurs en Philosophie,
L'Examen des Encyclopædies,
Le vray Examen des Esprits propres aux Sciences,
La grande & parfaite Methode pour les Academies,
Et la Methode Royalle pour l'instruction des Princes & des personnes qui ne peuuent s'assujettir aux Methodes ordinaires.

Par M. CH. SOREL, Conseiller du Roy en ses Conseils, premier Historiographe de France & de sa Majesté.

A PARIS,
Chez ROBERT DE NAIN, au Palais, à l'entrée de la Salle Dauphine, à l'Annonciation.

M. DC. LV.
Auec Priuilege du Roy.

AVERTISSEMENT SVR CE LIVRE.

L'AFFECTION que plusieurs ont pour les choses anciennes est tres-juste & tres-raisonnable, à cause des grandes lumieres que nous receuons des anciens Oracles de la Science: Toutefois ce seroit auoir peu de consideration pour le progrez que les Hommes peuuent faire dans les connoissances de ne pas rechercher les pieces de nouuelle inuention, quand elles ont vne marque extraordinaire. Il y a des-ja quelques années que les Liures de la Science Vniuerselle ont esté mis au iour, mais les deux premiers ayant parû sous le nom de la Science des choses Corporelles & des choses Spirituelles, & les autres venans apres sous leurs noms particuliers, ils ont esté vn peu mesconnus, iusques à ce que le tout estant rassemblé, on ait veu qu'ils seruoient à composer le vray enchaisnement des Sciences. Ceux qui n'ont pas eu la patience de les lire de suite, ou qui n'ont pas eu assez d'attention pour comprendre la connexion des sujets, auront la commodité d'en trouuer icy le Secret. C'est ce qui fait que ce Liure est donné au public auec plus d'esperance de le voir bien receu, ioint qu'il concerne l'ordre & la liaison de la Science Vniuerselle, sans l'intelligence de laquelle on ne peut estre parfaitement Sçauant. Pour rendre ce present plus vtile, il a esté rangé parmy d'autres traitez de la Perfection entiere de l'Homme, dependans de la premiere partie de nostre Institution, où l'on void les moyens d'estre instruit dans les Sciences en moins de temps qu'à l'ordinaire, ce qui doit apporter beaucoup de fruict. La diuision de ces Traitez est à peu pres selon leur dignité.

Quoy que toutes les choses du Monde ayent vne liaison reciproque & ne forment qu'vne seule Machine qu'on appelle l'Vniuers, si est ce que separément elles en composent plusieurs differentes, qui sont accomplies en leur total. Il en est de mesme de ces Discours que nous verrons maintenant & de quelques autres semblables, qui vnis ou separez composent des Corps parfaits en ce qu'ils contiennent. La Science Vniuerselle estant diuisée en deux parties qui sont de l'Estre des Choses & de leur Vsage, Melioration & Perfection, il ne faut pas pourtant s'imaginer que le Liure DE LA PERFECTION DE L'HOMME, que l'on trouue icy en soit seulement vne suite où l'on veüille traiter plus au long ce qui n'a esté auparauant que tracé & designé. L'ouurage present a des parties si considerables qu'il doit faire luy seul vn corps à part, & si l'on se persuade qu'il depend de la Science Vniuerselle, cette Science Vniuerselle en peut bien dependre reciproquement: Tant y a que tous deux, ils peuuent estre des Liures separez; Et pour rendre celuy-cy plus independant on luy pourra d'oner encore ce nom general de L'INSTITVTION HVMAINE. Cecy a esté representé en plusieurs endroits de ces ouurages, & mesmes si l'on s'attend que les Prefaces declarent les principaux suiets des Liures, comme des Affiches mises à l'entrée des Escholes, qui font vn denombrement de ce que l'on y monstre, il est peu necessaire d'obseruer cette coustume, veu que le contenu des diuers Traitez qui sont mis auiour, est assez aparent par des Titres fort estendus, & par ce qui en est diuulgué autrepart. Vous trouuerez aussi en quelque lieu des promesses dont le Temps fera voir l'execution.

TABLE DES TRAITEZ CONTENVS EN CE LIVRE, ET DE LEVRS CHAPITRES ET SECTIONS.

DE LA PERFECTION DE L'HOMME.

Propofition du Liure de la Perfection de l'Homme ; Plaintes fur les Imperfections & miferes de l'Homme ; Refponce à de telles plaintes, où l'on void quels auantages a l'Homme fur les autres Animaux ; Auec la conclufion pour fon excellence & fes perfections diuerfes.

CHAPITRE PREMIER.   Page 1.

Propofition du Liure de la Perfection de l'Homme.   1

Plaintes de quelques Autheurs fur les imperfections & fur les miferes des Hommes, & comment ils raualent les Hommes au deffous des Beftes.   3

Miferes humaines en tous âges & en toutes conditions.   7

Deffaux & imperfections de chaque condition des Hommes.   11

Comment l'on reprefente en peu de mots les miferes des Hommes.   14

Dependance des premieres objections.   15

Refpôce fur les imperfectiõs & fur les miferes des Hõmes.   15

ã iij

Table des Chapitres

Comment les Bestes semblent raisonnables sans l'estre. 18
La Faculté sensitiue des Bestes obeyt à vne loy souueraine. 21
De la Prudence & de l'industrie des Bestes. 23
Les Bestes ne sont exemptes des miseres des Hommes que parce qu'elles ne raisonnent point. 24
Que les Hommes joüissent de l'instinct. 25
Conciliation des opinions sur le raisonnement des Hommes & sur celuy des Bestes. 25
Responce touchant la memoire & autres facultez. 27
Sur les peines que les Hommes souffrent en tous ages & en toutes professions. 28
Que les Bestes sont sujettes à plusieurs miseres & au trouble de leur fantaisie. 28
Des vices & des vertus des Hommes & de leurs malheurs. 29
Sur la brieueté de la vie. 30
De l'excellence de l'Homme & de ses Perfections diuerses. 32
Prerogatiues de quelques Hommes. 39
Que le deffaut des Biens du Corps & de l'Ame en quelques particuliers n'empeschent point que les Hommes ne soient estimez capables de Perfection. 42
Dieu a commandé aux Hommes d'aspirer à la perfection & la leur a promise. 45
Outre les Liures de deuotion & de pieté on en peut escrire de Science & de Moralle pour conduire les Hommes à la Perfection. 45
Il y a tousiours quelque nouueauté à dire touchant la Perfection. 48

DES BIENS DE L'HOMME tant pour le Corps que pour l'Ame, lesquels on estime ses Perfections; Que les Biens du Corps, & ceux de la Fortune ne sont point de vrays Biens; Qu'il n'y a que ceux de l'Ame qui soient certains & stables. CHAPITRE II. 49

DEs Biens ou Perfections du Corps & de l'Ame. 49
S'il faut parler des Biens du Corps deuant ceux de l'Ame. 50

Diuision des Biens du Corps & de l'Ame, & de ceux de la Nature & de la Fortune. 51

Comment l'Ame s'attribue les Biens du Corps & de la Nature & ceux de la Fortune. 52

Que les Biens du Corps & de la Nature & ceux de la Fortune ne sont point de vrays Biens. 53

Que sans la Santé l'on ne peut iouyr des facultez des Sens. 53

Que la iouyssance des Sens & celle des autres Biens du Corps ne sont pas absolument necessaires au bonheur. 54

Replique touchant la priuation des Sens, & continuation de ce que l'on allegue des auantages de la Santé. 55

Contre ce qui est dit pour l'vsage des Sens & pour la Santé. 56

De la Beauté. 57

De la Dexterité. 58

Des auantages de la Naissance. 59

Des Richesses. 60

Des Honneurs & des Dignitez. 62

De la Reputation ou Renommée. 62

Des Amys & des Parens. 63

Considerations importantes sur les Biens du Corps & de la Nature & sur ceux de la Fortune. 65

Qu'il n'y a que les Biens de l'Ame qui soient certains & stables. 69

La Science ne rend point parfait sans la Sagesse. 70

Ce que c'est que la Sagesse, & à quoy sert la Science. 72

Que la Sagesse fait posseder tous les autres Biens; Que d'elle & de la Science viennent le contentement & la Perfection. 73

Que les Biens Inferieurs ne sont pas à negliger, mais qu'il faut parler auparauant des Biens de l'Ame. 75

DE LA SCIENCE, premier Bien de l'Ame & de l'Esprit; De l'ignorance qui luy est oposée & de ses differentes especes; Des deffauts de l'instruction, & quels sont les Traitez qui doiuent dependre de celuy cy.

CHAPITRE III. 77

DE la Science premier Bien de l'Ame. 77
Ce que c'est que la Science. 79
Que l'Ignorance est oposée à la Science. 79
Que l'Ignorāce n'engendre ny la Science ny l'admiration. 80
Il y a diuerses sortes d'Ignorance. 81
De l'Ignorance de ceux qui ont des fonctiōs importantes. 82
De plusieurs Ignorans qui ont vne fonction lettrée. 82
De ceux qui s'adonnent aux Sciences fausses & aux curiositez inutiles. 83
De ceux qui s'adonnent aux Disciplines receües. 84
Que le desordre des particuliers & du public, vient de l'erreur & de l'ignorance. 87
Des deffaux de l'Instruction. 90
De la Lecture. 91
Blasme de l'Ignorance & loüange de la Science. 94
Quels Liures dependent de celuy-cy; De la Solitude & de l'Amour Philosophique. 97
Des Discours de la Perfection de l'Homme; De la Science Vniuerselle & de ses Auant-propos. 97
De la certitude & de l'vtilité des Sciences & de l'Abregé de l'ordre de la Science Vniuerselle. 98
De l'Examen des opinions des Nouateurs & des Encyclopædies. 98
De l'Examen des Esprits & des Methodes d'instruction. 98
De l'Examen & du choix des Liures modernes, & de la maniere de bien parler & de bien escrire. 99
De la Prudence ciuille & de la Prudence moralle. 99
De la Politique. 100
Conclusion de ce Traité. 100

LES METHODES DES SCIENCES. Des Sciences vtiles & de celles qui sont inutiles; Les definitions & les principales obseruations de quelques vnes, & des Erreurs de leur instruction, auec la Responce à ceux qui les veullent accuser toutes de vanité & d'incertitude. PREMIER TRAITE'. Page 105

Auant

contenus en ce Liure.

Avant-propos sur ce Traité & sur quelques autres de sa suite. 105
Du Nom de Science. 107
De la Diuision des Sciences. 108
Comment les Arts sont mis au rang des Sciences. 108
De la Grammaire. 109
De l'Escriture. 112
De l'Ortographe. 113
De la Rhetorique. 115
De la Logique. 116
De la Physique. 118
Des erreurs touchant le Ciel & les Astres & le feu Elementaire. 119
Des erreurs touchant le nombre des Elemens. 120
Des erreurs touchant la transmutation des Elemens. 121
Des erreurs touchant les Meteores. 122
Des fautes sur les choses naturelles tirées en similitude ou comparaison. 123
De ceux qui attribuent aux Substances plus de Perfection qu'elles n'en ont. 124. & 125
De ceux qui doutent de la verité des connoissances de la Physique. 127
Qu'il ne faut pas tousiours adherer aux opinions des Nouateurs. 128
De la Metaphysique. 132
De la Medecine. 134
De la Morale. 136
De l'Oeconomique & de la Politique. 137
De la Iurisprudence. 137
De la Theologie naturelle & de la Psychologie & de la Pneumatologie. 138
De la Spiritualité & immortalité de l'Ame. 139
Comment l'on peut prouuer qu'il y a des Anges & des Demons. 142
Qu'il y a vn Dieu vnique, infiny, tout bon & tout puissant. 144
De la Theologie. 146
Des Mathematiques. 147

Table des Chapitres

De l'Arithmetique.	148
De la Geometrie.	149
De la Musique.	150
De la Cosmographie.	155
De l'Optique.	156
De la Peinture.	157
De l'Architecture.	159
De diuers Arts.	159
De l'Alchymie.	162
Des Diuinations, de la Physionomie & de la Chiromance, & de l'Astrologie iudiciaire.	164. & 165
De la Magie naturelle, de la Magie noire & de la blanche, de la Caballe & des Bastelleurs.	167. & 168
De l'instruction.	168
Responce pour les Sciences, contre ceux qui les veullent accuser toutes de vanité & d'incertitude.	171
Attaque des Sceptiques.	173
Responce aux Sceptiques.	174
Contre ceux qui condamnent les Sciences & les Arts vtiles auec les inutiles.	176
Des curiositez du cabinet, des Medailles & des Blasons.	180
Des ordres particuliers des Sciences & de l'ordre general.	182

LA CLEF DE LA SCIENCE VNIVERSELLE, qui monstre premierement quelques deffauts des Cours de Philosophie & mesmes des Encyclopædies; En suite est le Sommaire de l'ordre gardé dans l'ouurage intitulé, La Science Vniuerselle, accompagné de quelques Reflexions, & d'vne grande Table ou Carte qui fait voir cét ordre tres-clairement.

SECOND TRAITE'	184
Qv'il y a vne Science Vniuerselle.	184
De quelques deffauts des Cours de Philosophie.	185
De quelques deffauts des Encyclopædies.	188
Prerogatiues de la Science Vniuerselle.	189
Sommaire de l'ordre de la Science Vniuerselle.	192
Diuision des choses.	193

De l'Eſtre & des proprietez des Corps Principaux. 193
Du Souuerain Agent & des Corps deriuez, Meteores & autres. 195
Des Corps vegetatifs. 197
Des Corps ſenſitifs. 197
Des choſes ſpirituelles. 198
De l'vſage des choſes. 198
Aplication des Sciences particulieres & des Arts à l'ordre de la Science Vniuerſelle & particulierement de ce qui concerne l'Eſtre. 199
Des Sciences & des Arts concernans l'vſage des choſes. 200
Sciences ou Arts cõcernãs l'vſage des choſes ſpirituelles. 202
Reflexion ſur l'ordre de la Science Vniuerſelle & ſur ſes ſentimens. 204

LE SOMMAIRE DES OPINIONS les plus eſtranges des Nouateurs modernes en la Philoſophie, comme de Teleſius, de Patritius, de Cardan, de Ramus, de Campanelle, de Deſcartes & autres, & en quoy on les peut ſuiure. TROISIESME TRAITE'. 209

Defenſe des Nouateurs. 209
Qu'Ariſtote à manqué d'auoir reiglé ſa Phyſique ſur la Logique, non pas ſur l'eſpreuue des choſes. 213
De Teleſius. 215
De Patritius. 219
De Cardan. 223
De Ramus. 228
De Copernicus, de Galilée & autres Aſtronomes. 233
De Iordan Brun. 238
De Bernard Paliſſy. 243
De Gorlæus. 248
De Carpentarius. 248
De l'Enchyridion de la Phyſique reſtituée. 249
De Baſſon. 250
De Campanelle. 251
De René Deſcartes. 252

Des Nouateurs Chymistes, de Paracelse & autres, & particulierement d'Estienne de Claues. 258

D'Henry de Rochaz. 255

Considerations sur le Sommaire des opinions des Nouateurs. 267

L'EXAMEN DES ENCYCLOPÆDIES, ou l'Examen des ouurages des Autheurs qui ont voulu enseigner toutes les Sciences dans vn seul Liure ; Comme de Martian Capelle, George Valle, Raymond Lulle, Gregoire Thoulouzain, Robert Flud, Alstedius & autres ; Pour conferer leur ordre auec celuy de la Science Vniuerselle, & monstrer en quel lieu se trouue le vray & naturel rang des Sciences & des Arts, & leur correspondance diuerse selon le progrez qui s'en fait dans l'Esprit de l'Homme. QVATRIESME TRAITE' seruant de suite à la clef de la Science Vniuerselle. 277

Qve l'ordre & l'vniuersalité des Sciences sont fort necessaires. 277

Des Nopces de la Philosophie par Martian Capelle. 283

Du Proprietaire de toutes choses. 286

De la Marguerite Philosophique. 288

Du Liure de George Valle. 289

Des Arts liberaux de Ramus. 291

Des Tableaux des Arts faits par Christophle de Sauigny. 295

Des Liures de Raymond Lulle. 298

De la Syntaxe de l'Art admirable faite par Pierre Gregoire Thoulouzain & de quelques Liures de ce siecle faits de mesme à l'imitation de ceux de Raymond Lulle. 301

De quelques Liures modernes qui parlent de toutes choses ou de plusieurs. 302

De la diuision & de l'ordre des Sciences donnez par Gorræus & par Frey. 302

Du Macrocosme & du Microcosme de Robert Flud. 304

De l'Encyclopædie d'Alstedius. 306

Du Liure de Bacon de l'accroissement des Sciences. 309

Reflexions sur les Encyclopædies & sur le Liure de la Science Vniuerselle. 313

Les diuers raports de l'ordre de la Science Vniuerselle à tous les autres ordres des Sciences. 317

Que la Science Vniuerselle dont l'on traite icy, est celle dont les Hommes sont capables. 322

DV VRAY EXAMEN DES ESPRITS, Ou des Moyens d'aprendre les Sciences fondez sur la Nature, par l'Examen de la Complexion des Hommes, & par les changemens qu'on y peut aporter. CINQVIESME TRAITÉ. 325

Des moyens d'aprendre les Sciences. 325
Capacité des Esprits examinée par la complexion. 326
Le Liure de l'Examen des Esprits fait par Iean Huarte, combattu. 327
Ce qu'il y a à dire principalement contre le Liure de l'Examen des Esprits. 328
De ceux qui ont beaucoup de Memoire & peu d'Entendement. 330
Les Temperamens ont quelque pouuoir sur l'Esprit. 331
Qu'il est mal-aysé de connoistre les complexions des Hommes & à quels employs ils sont propres. 332
Coment l'on peut auoir des enfans de bonne coplexion. 337
Comment le Temperament est changé. 339

DE LA GRANDE ET PARFAITE METHODE Pour aprendre les Sciences & les Arts dans les Colleges ou Academies; Comment les Leçons y doiuent estre autrement reiglées qu'à l'ordinaire, pour y estre instruit de plus de choses, & plus facilement & en moins de temps. SIXIESME TRAITÉ. 342

DE l'instruction des Enfans. 343
Coment la Langue Latine peut estre aprise aux enfãs. 344
De ceux qui ont voulu enseigner en peu de temps plusieurs.

Langues. 346
De ceux qui ont pretendu enseigner les Sciences en peu de temps. 348
Si la Langue Latine & la Grecque se doiuent aprendre par routine. 349
Que pour rendre l'instruction generalle, il faut s'apliquer aux Sciences en mesme temps qu'au Langage. 350
De l'Arithmetique & de la Geometrie. 352
De la secõde Classe & de la Langue Latine en son entier. 353
De la Rhetorique, de la Poësie, & de la Langue Grecque. 354
De la Cosmographie, de la Geographie & de la Sphere. 354
Traductions & Themes faits exprez pour aprendre les Sciences & l'Histoire. 355
Des Classes de Philosophie. 356
D'vne Classe touchant les choses spirituelles. 363
De la Science vniuerselle. 364
Recapitulation de l'ordre pour aprendre les Sciences. 365
Que l'on doit choisir la Methode la plus courte, la plus aysée & la plus vtile. 369
Qu'il ne faut pas mespriser les Langues vulgaires. 369
Que les Sciences peuuent estre aprises dans la Langue maternelle. 371

DE LA METHODE ROYALLE, Autre Methode plus facile & plus abregée que la premiere, & neantmoins aussi instructiue pour enseigner les Princes & les grands Seigneurs, ou les Personnes qui estant desia auancées en âge, ou occupées à de grands employs ne sçauroient s'assujettir aux Methodes ordinaires. SEPTIESME TRAITE' 375
Qv'il y a vne Methode des Methodes qui est la Methode Royalle. 375
A sçauoir si l'on peut aprendre les Sciences par quelque espece de ieu. 376
Des Methodes naturelles & faciles. 378
Comment l'on doit enseigner au Prince la Grammaire & les Langues. 381

Des Mathematiques. 384
Des Choses naturelles. 382
De la Metaphysique & de la Theologie naturelle. 384
Que l'on peut aprendre beaucoup de choses en moins de temps qu'au College. 384
De la Langue Vulgaire & d'vn secours pour ceux qui ignorent la Grecque & la Latine. 385
Des Sommaires ingenieux des Sciences & des Arts. 385
De quelques Sommaires desia publiez. 387
Que les Sciences sont bien-seantes & vtiles aux Princes. 388
Des Exercices du Corps. 390
De la vraye Science de Roy. 391
De l'Office de Precepteur & de Gouuerneur. 392
Qu'il y a icy des manieres de s'instruire pour toute sorte de gens. 393
Des Conferences & des Actions publiques. 395
Des Voyages. 396

Extraict du Priuilege du Roy.

PAR Lettres Patentes du Roy données à Paris le quatriefme iour de Fevrier mil six cens quarante-sept, Signées, Par le Roy en son Conseil RENOVARD, & scellées du grand Sceau. Il est permis à C. H. SOREL, S.D.S.M. Conseiller du Roy en ses Conseils, premier Historiographe de France & de sa Majesté, de faire imprimer, vendre & distribuer par tel Libraire ou Imprimeur qu'il luy plaira en vn seul Volume ou en plusieurs differends, vn Liure intitulé, *De la Perfection de l'Homme, tant pour les connoissances que pour les mœurs, Auec les bonnes reigles de la Vie, & l'Examen de plusieurs Autheurs*, & ce pour le temps de sept ans, à compter du iour que chaque Volume ou Traité sera acheué d'imprimer pour la premiere fois: Et défenses sont faites à toutes autres personnes de l'imprimer, vendre & distribuer sur les peines y contenuës, comme il est plus amplement porté par lesdites Lettres.

Et le susdit a cedé & transporté le present Priuilege à R. DE NAIN Marchand Libraire à Paris en ce qui est des Traitez particuliers, De la Perfection de l'Homme, & des Methodes des Sciences.

Acheué d'imprimer pour la premiere fois le deuxiesme iour de Ianuier mil six cens cinquante-cinq.

Les Exemplaires ont esté fournis.

DE LA PERFECTION DE L'HOMME;

Propoſition du Liure de la Perfection de l'Homme.
Plaintes ſur les imperfections & miſeres de l'Homme;
Reſponſe à de telles plaintes, où l'on void quels aduan-
tages a l'Homme ſur les autres Animaux;
Auec la Concluſion pour ſon excellence & ſes perfe-
ctions diuerſes.

CHAPITRE PREMIER.

ENTRE le grand nombre de ſujets qui peu-uent eſtre donnez à la parole où à la plume, pour s'aquérir l'attention des Hommes, il n'y en a point qui y doiuent reüſſir d'auantage que ceux qui concernent leur perfection, ſoit qu'ils l'ayent receuë naturellement, où qu'ils ſe ſoient rendus capables de l'obtenir par leur ſoin & leur trauail. S'ils en ont deſ-ja gagné quelques notables parties, ils ſe plairont à voir repreſenter ce qu'ils poſſedent, & s'ils ne ſont point encore paruenus à vn tel bien, cette repreſentation enflammera leur deſir pour leur faire ſuiure les voyes qui y menent. La perfection eſtant vn amas de tout ce qu'il

Propoſition du Liure de la Perfection del'Homme.

A

y a de beau, de bon, & de iuste, quiconque parle d'elle n'oublie rien de ce qui est au Monde. D'autant que ce dessein embrasse tous les autres, ie l'ay choisi pour laisser par escrit, vne desduction generale, de ce que les Hommes peuuent aprendre de plus vtile; Que l'on donne à cét ouurage, le tiltre, *De l'Homme parfaict, & de la Perfection de l'Homme, ou des Hommes*, il sera autant pour le general que pour le particulier. C'est sous de tels noms que l'on peut comprendre l'Instruction generalle des Hommes, ou leur Institution Philosophique, Ciuille, Moralle & Politique. Ce traicté tout au moins y seruira de preparation & de fondement, les disposant à composer leur perfection de ces diuerses pieces. Il ne faut pas se laisser emporter neantmoins à des pensées temeraires & vagues; Ce que l'on promet aux Hommes doit estre limité à ce qui leur est propre. Si l'on leur parloit de la Perfection absolument, c'est à quoy ils ne pourroient atteindre, car la Perfection absoluë est la souueraine qui ne se trouue qu'en Dieu, Maistre & Createur de l'Vniuers, seul parfaict de tout temps & à l'infiny, lequel estend sa Beauté, sa Bonté & sa Iustice sur toutes ses Creatures, comme des rayons ou esclats d'vne Lumiere supréme, qui est la source de tout Bien, & dont elles reçoiuent plus ou moins selon leur capacité. C'est de cette sorte que les Substances Inferieures ont quelque Perfection, & qu'on en peut attribuer aux Hommes. I'entreprend donc de leur monstrer le droict qu'ils ont de pretendre à ce bonheur, estant pourueus d'vn corps & d'vne ame propres à plusieurs operations excellentes où leur Perfection reçoit son accomplissement. C'est à cela qu'ils doiuent aspirer comme à leur principalle fin, de laquelle il leur seroit honteux de se destourner, veu que tout ce qui a l'estre recherche auec vehemence ce qui luy conuient. Les animaux qui ont des qualitez moins releuées & moins suffisantes pour les perfectionner, poursuyuent auec tant de soin ce qui leur est profitable, qu'il parest qu'ils ne viuent que pour se rendre parfaicts chacun selon leur espece, & quoy qu'ils ne le fassent que par des mouuemens que la Nature guide; si est-ce que leurs Sens receuans les objects des choses qui leur sont propres, ils sont esmeus d'vn certain apetit qui leur tient lieu d'vne affection veritable & connoissante. Les corps simplement vegetatifs, comme sont ceux des arbres & des herbes, tendent aussi à leur perfection particuliere, se plaisant aux endroicts de la Terre qui ne sont point trop pierreux, où quelques eaux voysines les rafraischissent, & où le Soleil leur peut jetter de fauorables regards, de sorte que se trouuans en cét estat on les void incontinent reuerdir & fructifier dauantage. Les Substances mesmes qui n'ont rien que l'Estre, comme la Terre, & l'Eau, cherchent leur repos & leur conseruation, tombant en droicte ligne iusques aux lieux où elles peuuent estre soustenues selon leur poids, & s'esleuant au dessus des autres lors qu'elles sont moins pesantes. Que si tout cela ne se fait que par vne puissance vniuerselle, à laquelle tous les corps obeyssent, c'est pourtant vne image de ce qu'on doit rechercher, & vne exhortation aux creatures raisonnables, de ne pas moins faire que celles qui n'ont point de sentiment. Les Hommes s'y doiuent porter auec d'autant plus de courage, qu'ils ont la faculté de connoistre le bien qui leur est necessaire, & de le trouuer eux mesmes, se faisans distinguer notablement des autres animaux par leurs qualitez specialles ; Mais quelque opinion qu'on puisse auoir de ces prerogatiues, il y a des Hommes qui les mesconnoissent, se plaisant à contrepointer les autres, & qui s'occupent ordinairement à faire des plaintes de leur condition & à quereller la Nature. Si pour ce sujet on les veut accuser d'ignorance, ils croyet au contraire que c'est en cela qu'ils donnent des marques de suffisance & de bon iugement, voulant mesmes estre estimez parfaits, lors qu'ils publient leur imperfection : Toutefois c'est se mettre fort loin des honneurs qu'ils se veullent attribuer, & ce sont d'estranges obstacles à la Perfection que i'ay entrepris de descrire, laquelle est plus releuée que ce qu'ils se proposent. Il faut les ouyr en leurs plus fortes preuues, pour y respondre apres ponctuellement, afin que si nous les pouuons conuaincre ils n'ayent plus rien à objecter.

QVELQVES vns ne se pouuans empescher d'aduoüer qu'entre les Substances qui ont simplement l'Estre, ou qui ont la vegetation, & celles qui de plus ont le sentiment, il y a diuers degrez d'excellence, il ne leur semble pas neantmoins que les Hommes en soient plus auantagez que les autres animaux ; Au contraire à peine les font ils esgaux aux moindres, & ils ne croyent

Plaintes de quelques Autheurs sur les Imperfections, & sur les Miseres des Hommes.

DE LA PERFECTION

Et comment ils rauallent les Hommes au deſſous des Beſtes.

pas que les facultez de l'Entendement, les puiſſent beaucoup releuer au deſſus des Beſtes qui ont le Sentiment accompagné d'Imagination & de Memoire. Ces gens là eſtant de ceux qui communiquent leurs penſées au public, ils compoſent des Liures exprez pour deſcrire leurs imperfections & leurs infirmitez, & comme s'ils triomphoient dans leur propre calamité, il n'y a point d'endroict où ils eſtallent dauantage leur eloquence. Ils penetrent iuſques dans les cachots de la Nature pour conſiderer leur origine, & repreſentent aux autres Hommes auſſi bien qu'à eux meſmes ; Que leurs membres ne ſont formez que d'vne goutte de ſang recuit, & que leur premiere demeure eſt entre des receptacles d'excremens, afin que la baſſeſſe & l'ordure de leur production les auiliſſe dauantage ; Qu'eſtant huict ou neuf mois dans cette triſte cloſture, encore n'y ſont ils pas à ſauueté, & qu'il faut meſmes beaucoup de ſoin pour leur conſeruer leur miſere ; Qu'vne ſimple cheute de leur Mere, ou vn pas vn peu trop prompt, ſont capables de priuer de vie, leurs foibles corps ; Que la ſeule vapeur d'vne meſche eſteinte ou quelque autre odeur deſagreable, peut auſſi faire auorter la Femme qui les porte, & les faire ſortir au iour lors qu'ils ne ſont pas capables d'en iouyr ; Qu'vne ſeule penſée que cette Femme aura eüe, les peut faire naiſtre monſtrueux, ou leur faire garder eternellement la marque de ſes apetits ; Qu'au temps meſme le plus conuenable & le plus heureux qu'ils puiſſent venir au Monde, ce n'eſt qu'auec des crys & des larmes, comme s'ils aprehendoient deſia les maux qui leur ſont preparez, & s'ils commençoient de bonne heure vn exercice, auquel ils ſe doiuent ſouuent adonner ; Que bien loin d'eſtre le Miracle & le Chef-d'œuure de l'Vniuers, tels qu'ils ſe glorifient, la Nature les jette nuds ſur la Terre, ainſi qu'vn fruict abandonné & comme par deſdain ; Que pour l'impuiſſance où ils ſont, ils paſſent apres deux ou trois années entre les mains des nourrices & des gouuernantes, qui ſeules leur adminiſtrent ce qui leur eſt neceſſaire, & que des bras que l'on croid qui menaſſent deſia toute la Terre ſi elle ne ſe ſoufmet à eux, & deſquels on ſe promet tant de belles actions, ſont liez comme des Criminels, & ſont ſerrez & emmaillottez par de ſimples Femmes ; Que leurs jambes & leurs cuiſſes eſtant enfermées de mesme, elles ne sont non plus d'aucun seruice à ce corps auquel elles sont attachées ; Que tous leurs membres sont enseuelis dans l'ordure, sans que de si fiers animaux ayent la force ny le sentiment d'y remedier, & qu'enfin ils seroient exposez à toutes les iniures de l'Air & à toutes les autres sortes d'accidens, s'ils n'en estoient preseruez par des personnes plus agées & plus fortes ; Qu'ils sont si imbecilles d'eux mesmes en ce premier âge, que si on les auoit abandonnez pour vn peu de temps, ils pourroient estre deuorez des autres animaux, & que cela leur seroit d'autant plus honteux, que cela se feroit par ceux qu'ils se vantent de maistriser ; Qu'ils prennent mal leurs mesures lors qu'ils publient neantmoins, que tout ce qui est au Monde n'est fait que pour eux; Qu'ils doiuent se representer que ce n'est pas que toutes choses soient faites pour leur gloire, & qu'elles leur rendent vn seruice abaissé, mais c'est qu'ils ont besoin de toutes choses; Que nonobstant leurs vaines presomptions ces autres hostes de la Terre, qu'ils apellent Bestes Brutes, semblent estre plus fauorisez de la Nature ; Que s'ils ont vne pareille production, leur naissance est plus facile & plus heureuse; Qu'ils naissent auec plus de vigueur, & sçauent plustost trouuer tout ce qui leur est propre ; Que venant au Monde auec le poil, la plume ou les escailles, ils n'ont point besoin de vestement artificiel, & qu'ils ont aussi des armes naturelles pour se defendre, estant pourueus d'Ongles, de Cornes, de Dents, ou de Venin ; Que plusieurs excellent en force de Corps & en agilité, pouuans vaincre leurs ennemis au combat, ou se sauuer du peril par la promptitude de leur vol, ou la legereté de leur course ; Qu'en outre ils ont les Sens corporels tres parfaits, & qu'il n'y a point d'homme qui ait l'odorat tel que le chien, l'ouye telle que l'Oye & la veuë telle que l'Aigle ; Que si l'on fait cas du Sens interieur de l'homme, de l'intelligence qu'il a des choses, & de ses reflexions, ce que l'on apelle la Raison, on asseure que non seulement les autres animaux n'en sont point priuez, mais qu'ils en ioüissent plus parfaitement & plus vtilement ; Qu'ils vont trouuer incontinent les alimens qui leur sont propres ou les herbes qui peuuent remedier à leurs maladies, sans iamais y manquer, ce que les

A iij

hommes ne peuuent faire s'ils ne l'ont apris les vns des autres ou par vñe longue experience ; Que les Oyseaux bastissent des Nids, les Araignées font des toiles, & les Vers filent de la soye, sans y auoir esté instruits ; Au lieu que les Hommes ne pratiquent leurs diuers Arts, qu'apres auoir esté long-temps à les aprendre de leurs semblables, & que mesmes ils en ont apris plusieurs des Bestes, comme de l'Hyrondelle & de la Mouche à miel, à bastir des Maisons, dés Araignées & des vers ou Chenilles, à faire de la toille & autres estoffes, de la Cygogne à se purger, & du Cheual marin à se saigner; Qu'auec cecy plusieurs animaux non seulement s'exercent à diuerses industries ausquelles ils sont sçauans d'eux mesmes, mais que tous en general sçauent marcher dés qu'ils viennent au Monde, & se font entendre les vns aux autres par leurs diuers cris, au lieu que les Hommes employent vn long-temps pour aprendre à marcher & à parler, & mesme à manger, & ne le sçauroient faire sans quelque instruction, ne sçachant rien sans aprentissage que pleurer ; Que si auec le temps ils forment leurs paroles, quoy que les voix des Bestes, ne soient pas si articulées, elles declarét bien pourtant leurs apetits & affections, & leur seruent autant & plus que la Parole ne nous sert, veu que les hommes qui sont d'vne nation differente, entendent moins le langage les vns des autres, que les animaux de differente espece ne s'entendent par leurs cris diuers; Que la plus part de ces Animaux, outre leur science naturelle, ont encore vne certaine prudence & industrie, pour faire tout ce qui leur est de besoin dans des occasions extraordinaires, comme on en donne plusieurs exemples, & que si on veut prendre le soin de les instruire à quelque chose, ils ont vne habilité extreme à le retenir; Que si l'on soustient que pour cela ils n'ont pas la Raison comme les Hommes, qui est auoir la connoissance des choses vniuerselles, non pas seulement de quelques particulieres, on remonstre que cette connoissance treuue des bornes en beaucoup d'endroits, & que la faculté de la Raison par laquelle les Hommes s'estiment les superieurs, leur est venduë fort cherement, veu qu'elle ne sert qu'à leur faire de la peine, les accablant de quantité de maux dont les Bestes sont exemptes, comme des tourmens de l'am-

DE L'HOMME.

bition, de l'auarice, de l'amour, de la hayne, de la jalousie, de l'enuie, de la superstition, & des soins de l'auenir qui les rendent les plus miserables creatures de l'Vniuers, n'estant jamais satisfaits d'aucune chose qu'ils ayent, & s'affligeant l'esprit continuellement pour les choses qu'ils n'ont point. On adjouste encore que de toutes les commoditez du Monde, les autres animaux ne recherchent que celles qui sont necessaires à leur Vie; Qu'ils se quittent librement les vns aux autres, les alimens dont ils n'ont pas besoin : Qu'ils distribuent esgallement à leurs petits, ce qu'ils ont amassé, & qu'en ce qui est des plaisirs du Corps, ils ne s'y adonnent point par excez, ayant leurs saisons & leurs mesures pour les actes de la generation, au lieu que les Hommes estant intemperans pour toutes choses, & n'ayans jamais assez de ce qu'ils souhaitent, ostent mesmes à leurs prochains ce qui leur doit apartenir legitimement, & ceux d'entr'eux qui sont enclins aux voluptez corporelles, s'y abandonnent en tout temps iusqu'à la perte de leur Santé. Qu'au reste de tous les autres animaux, ceux d'vn mesme genre ne se font point la guerre entr'eux comme les hommes, qui semblent n'aspirer qu'a destruire leur propre nature, tellement que ceux qui sont des conditions les plus paisibles, & ceux qu'vn sacré lien de parenté ou d'alliance, deuroit faire entre aymer, se querellent quelquefois, & s'entre-battent, ou taschent au moins de se ruiner les vns les autres par des procez & par d'autres intrigues, & que cela estant bien consideré il se trouue enfin que ces Animaux que les hommes apellent irraisonnables, ont plus de raison, plus de temperance, & plus de iustice & de charité que ceux qui les mesprisent.

Ayant ainsi confronté les Hommes auec les Bestes, pource qui est des qualitez personnelles tant de l'Esprit que du Corps, en quoy l'on pretend que les hommes sont les plus mal partagez des dons de la Nature, delà l'on vient à nous representer les miseres humaines en tous âges & en toutes conditions L'Homme estant dans l'enfance est, ce dit on, vne sorte d'animal moins raisonnable qu'aucun autre, lequel est si fantasque qu'il se fasche & se plaint le plus lors qu'on luy fait le plus de bien, & on ne luy sçauroit iamais faire comprendre ce qui est iuste & ne- *Miseres humaines en tous âges & en toutes conditions.*

ceſſaire. Comme il fait du mal aux autres par ſon opiniaſtreté, il s'en donne auſſi beaucoup, & à meſure que ſon âge augmente, il a vne autre ſorte d'affliction pour les rigueurs & les chaſtimens d'vn Pere ou d'vn Maiſtre, & pour le ſoin & le trauail qu'il luy faut employer aux Sciences ou aux Arts qui doiuent ſeruir à la conduite de ſes mœurs, & à le rendre capable d'vne profeſſion digne de ſa naiſſance ou qui le tire de la neceſſité. Le tiers de ſa vie eſt ainſi conſommé à aprendre à bien paſſer le reſte, & il ſe void ſouuent en eſtat de mourir lors qu'à peine a-t'il commencé de viure. Lors qu'il eſt homme fait, & qu'il a vne femme, & vne famille à gouuerner & à nourrir & des enfans à pouruoir, dont les faſcheuſes humeurs & la deſobeïſſance luy cauſent beaucoup d'inquietudes, on peut iuger combien ſes peines luy ſont redoublées, ayant quelquefois le regret de ſçauoir que ceux à qui il a donné la vie, ſont ceux qui ſouhaitent le plus ſa mort. Quels malheurs n'ont point encore les hommes dans les differentes naiſſances & conditions ? Ceux à qui les Peres ont laiſſé des richeſſes toutes acquiſes, & qui n'ont qu'à choiſir entre les diuers moyens de les deſpencer, ne rencontrent en cela que des occaſions de viure en oyſiueté, & parmy les voluptez. C'eſt ce qui les fait croupir dans l'ignorance & la laſcheté ; C'eſt ce qui leur attire la haine & le meſpris des autres hommes, & leur cauſe enfin quelque diſgrace pour la recompenſe de leurs vices. Mais d'vn autre coſté qu'y a t'il de plus miſerable que ceux qui ſont nez dans la miſere? Ceux à qui la naiſſance n'a octroyé aucunes facultez pour ſe ſubuenir, ou qui ont perdu toutes celles qu'ils auoient, ne demeurent ils pas dans ce malheureux eſtat tout le reſte de leurs iours, ſi ce n'eſt que par quelque grand haſard la fortune vienne à les fauoriſer, ou que par quelques meſchancetez inſignes ils la contraignent à ſe tourner vers eux, puis qu'il eſt malayſé de s'enrichir en peu de temps iauec innocence ? Les plus pauures ſont forcez d'implorer l'aſſiſtance des Riches par des abaiſſemens, & des ſuplications ſemblables que s'ils parloient à des Dieux, & pource que le plus ſouuent ils n'en recoiuent que des rebuts, voyant cette dureté, le deſeſpoir en porte pluſieurs aux voleries, & aux homicides, pour auoir par fineſſe ou par
vio-

violence, ce que l'on ne leur veut pas donner de bon gré, & c'est ordinairement ce qui leur fait finir leur vie en vn gibet. Que si ayant de la force & de l'adresse, ils ont auec cela vne volonté si portée au bien qu'ils aiment mieux souffrir de la peine, que d'auoir ce qui leur est necessaire par de mauuais moyens, il faut qu'ils se rendent Esclaues volontaires, se soumettant à toutes les bigearreries des Riches, pour gagner leur pain en les seruant, & ils n'ont personne à qui se plaindre s'ils sont mal nourris & mal recompensez. Quant à ceux d'vne condition plus franche, s'ils s'employent à cultiuer leurs terres pour en receuoir les fruits, ils sont souuent frustrez de leurs attentes par les iniures des saisons, & à peine peuuent ils recueillir autant comme ils ont semé, & lors qu'ils auront fait vne meilleure recolte, il arriuera qu'ils perdront tout par le pillage de la guerre. L'artisan le plus expert ne demeure-t'il pas oysif dans les villes faute de connoissance, ou pour auoir esté descrié par des enuieux, & ayant beaucoup trauaillé pour des gens barbares & sans foy, n'est il pas priué iniustement de la plus part de ses salaires? Les Marchands ne voyent ils pas toutes leurs facultez à la mercy de la mer & des Pyrates, & ne peuuent ils pas aussi estre ruinez par des banqueroutes qui sont des naufrages sur terre? Les plus gros financiers ne sont ils pas sujets à de mesmes risques dans les auances qu'ils font pour le secours des Estats & autres grandes affaires, voyant leurs payemens fort reculez ou desesperez par des reuolutions inopinées? Quant aux gens de Iudicature, s'ils ont l'ambition d'estre assis au Tribunal, n'achetent ils pas fort cher vne dignité qui leur raporte peu, & ceux qui ont la conduite des affaires des parties, ne trauaillent ils pas ordinairement pour des ingrats, qui les en recompensent le moins qu'ils peuuent, & se plaignent tousiours ou du peu de iustice, ou d'vne trop longue procedure; Pour les hommes de Lettres, s'ils s'employent à faire des liures, & qu'ils n'y reüssissent pas, ils sont la Fable & la risée de chacun, & lors mesmes que leur doctrine & leur industrie leur font composer d'excellens ouurages pour le seruice des Grands & du public, l'Enuie de leurs contendans les priue de leur gloire; Auec le peu de cas que l'on fait des Sciences dans le Monde, c'est ce

B

qui acheue de leur oster l'esperance de iamais receuoir le prix de leur merite, & l'on void ordinairement que ne s'estant adonnez qu'aux connoissances curieuses ou à la recherche des belles paroles, ce leur est vn amusement vain qui les rend mal propres à acquerir & à conseruer les biens de fortune. Si l'on considere la vie des gens de Guerre, l'on trouuera qu'ils souffrent autant de mal comme ils en peuuent faire aux autres; Ils sont persecutez de la faim, de la soif & de la fatigue des chemins; Ils se mettent tous les iours aux dangers de la mort pour vne chetiue solde, & c'est leur plus grand malheur, si la vie leur est conseruée apres la perte de quelqu'vn de leurs membres. D'autant aussi qu'ils n'ont autre employ que de tuer des hommes, leur profession n'est elle pas à detester & ne la doit on pas tenir pour ennemie de la Nature? Quant à ceux qui viuent prés des Grands, sont ils plus libres que ceux qui sont à la chaîsne, & neantmoins apres toutes leurs deferences & leurs peines, ne sont ils pas souuent chassez auec honte, & sans remporter autres marques de leurs longs seruices que les cheueux gris? Les Princes mesmes que chacun croid estre au dessus des attaques de la fortune, ne voyent ils pas quelques fois leurs trosnes renuersez ou leur puissance diminuée, lors qu'ils pensoient rendre leur autorité plus affermie, & ne perdent ils pas leurs Estats en voulant conquerir ceux d'autruy? Ainsi en tous genres de vie les hommes voyent la ruine de leurs esperances, & la participation qu'ils ont aux miseres cōmunes. S'ils ne peuuent s'esleuer si haut qu'ils desireroient, la fascherie qu'ils en recoiuent, n'est pas seulement pource qui regarde leur personne, mais à cause de leur posterité; Ils font passer leur connuoitise audelà d'eux n'estant pas plus ambitieux pour eux mesmes que pour leurs enfans. Ceux qui ne sont point mariez & qui n'ont point d'heritiers engendrez d'eux, ont quelquefois de pareils soins pour ceux qui leur touchent de parenté ou d'alliance, mais plusieurs autres ne les considerent que comme des gens qui mesurent leur vie, & en attendent la fin impatiemment pour auoir leur bien, tellement que plus ils leur sont proches, plus ils y treuuent de matiere de haine & d'auersion. Quelques Ecclesiastiques sont en cette peine, tant pour le sujet de leurs biens paternels que pour leurs Benefices, ausquels quelques-vns pretendent succeder. Ceux mesmes d'entre eux qui ont desiré de s'adonner à la contemplation, sont quelquefois forcez de se mesler dans le tracas de la vie actiue, & pour ceux qui demeurent enfermez dans les Cloistres, de vray il n'est point à propos de se plaindre que les fatigues de leurs diuers Offices & leurs austeritez ordinaires leur causent beaucoup d'infirmitez, puis qu'ils s'y sont resolus en faisant leurs vœux, & qu'ils les tiennent à grace, mais l'on se represente encore qu'ils peuuent estre trauaillez de tentations qui n'ont pas espargné les plus grands Saints. Apres cela où peut on chercher vn azile contre les miseres humaines, & ne se tromperoit on pas de croire que l'on s'en pust mesme exempter en quelqu'vne des plus auantageuses conditions?

On dit cecy des miseres & des malheurs de l'homme pour chaque âge & chaque profession, & afin d'en acheuer la peinture, on pretend monstrer que les infortunes des particuliers viennēt souuent de leurs deffauts, & que les malheurs de leur condition sont causez par eux mesmes & seruent apres à en produire d'autres; Que tous les Hommes temoignent qu'ils sont plustost portez au mal qu'au bien, comme s'il leur estoit naturel de mal faire, & si de bien faire ce leur estoit vne chose forcée; Que plusieurs de ceux que leurs vœux & leurs deuoirs ont consacrez à Dieu, semblent plustost estre attachez au Monde & ont les mesmes passions que les seculiers; Que les Princes Souuerains qui deuroient estre les Peres de leurs peuples en sont quelquefois les destructeurs, comme ces mesmes peuples manquent aussi de leur part à la fidelité qu'ils leur doiuent & à l'obseruation de leurs ordonnances; Que ceux qui ont esté choisis pour iuger les differans des parties se font long-temps solliciter auant que de rendre la Iustice, & souuent rendent l'iniustice pour elle & vendent cherement l'vne & l'autre; Que les Ministres inferieurs contribuent à la durée des procez & à la perte de ceux qui s'y ruinēt par leurs chiquaneries eternelles; En ce qui est des gēs de lettres, que plusieurs d'entre eux suiuent les vaines & fausses doctrines, non point les Sciences veritables; Quant à ceux qui s'estiment Nobles pour venir de quelque race de gens d'espée, que ce sont des prodiges de vanité & d'orgueil, qui traitent auec insolence & mesmes auec outrage, tous ceux qu'ils voyent foi-

Deffauts & imperfections de chaque condition des hommes.

bles & au dessous d'eux, & qui cherchent sans cesse des sujets de querelles & de combats contre leurs esgaux, estant charmez d'vn faux honneur & d'vn furieux desir de vengeance ; Que les plus innocens d'entr'eux sont au moins coulpables d'oisiueté, n'ayant autre occupation hors de la guerre que la Chasse, le jeu les promenades & les desbauches ; Que pour tous ceux en general qui portent les armes, ce sont plustost des Demons que des Hommes ; Qu'il n'y a sorte de brigandages & de cruautez qu'ils n'exercent autant contre les amis que contre les ennemis ; Quant aux gens de Finance qu'ils sont perpetuellement occupez à faire que la pluspart de l'argent qu'ils manient leur demeure, ou à inuenter des subsides pour tirer s'ils pouuoient jusqu'au sang & à l'ame du peuple ; Que les Artisans & les Marchands ne pensent qu'à rendre leurs ouurages & leur marchandise de moindre trauail & de plus legere fabrique, & à les vendre pourtant à prix excessif ; Bref qu'en quelque part qu'on aille, on trouue que les hommes abusent de leur condition, & qu'apres tant de mechancetez ils se monstrent fort indignes de cet excellent naturel qu'on leur attribue ; Qu'aussi n'est ce point le merite qui les esleue aux plus hautes places, mais l'argent ou la faueur ; Que l'vn s'acquiert par des iniustices & l'autre par des laschetez, & que comme la Fortune preside encore sur tout cela, c'est ce qui y met la confusion, & que les vices ayant plus de credit que les Vertus, la pluspart des Hommes ont peu de soin de se rendre Vertueux & d'obtenir les Perfections dont on a creu qu'ils estoient capables, parce qu'elles sont inutiles à acquerir des richesses & des dignitez : Pour conclusion on en reuient là qu'il n'y peut guere auoir de perfection parmy tant de deffauts naturels ou d'habitude ; Qu'à bon droit on se plaint que la Nature a esté moins liberalle aux Hommes qu'aux Bestes, tant pour les dons du Corps que pour ceux de l'Esprit ; & que si les Corps des hommes sont delicats, leur Memoire & leur imagination n'estant point plus fortes, en donnet moins de puissance à leur Raisonnement ; Que la pluspart de leurs Sciences estant pleines d'erreur sont plus capables de les exciter au mal qu'au Bien ; Que dans leur plus grande excellance, elles ne leur sont pas si vtiles que ce que les Bestes sçauent naturellement dés qu'elles voyent le iour, & que de plus les hommes ont ce malheur de ne pouuoir maintenir l'ordre & la police parmy eux, sans s'embarasser de tous ces diuers degrez de condition, qui donnent lieu à l'ambition & à l'auarice, & aux autres troubles de l'Esprit, & que c'est ce qui les porte apres aux tromperies, aux trahisons, aux larcins, aux meurtres & à tous les crimes imaginables, n'y ayant que le seul nom de la Vertu qui ait vogue parmy eux, sans que l'on en voye iamais vn entier effect; Que les autres Animaux n'ayant point de peine à s'instruire dans leur ieunesse, ny à establir leur fortune dans vn âge plus esleué, & à chercher ce qui leur est necessaire, & viuans auec esgalité de condition les vns auec les autres, sont encore deschargez de toute inquietude, & que s'ils ont quelque vice ou quelque mauuaise inclination, ils n'en ont chacun que d'vne sorte, comme les Tygres qui sont seulement cruels, & les lieures qui ne sont que timides, mais qu'il se treuue des hommes qui ont presque tous les vices en general; Qu'au reste la foible complexion de l'homme & ses trauaux continuels, le rendent sujet à beaucoup d'infirmitez corporelles; Que l'on nomme iusques à trois cens sortes de maladies ausquelles ses yeux sont sujets, & qu'il n'y en a guere moins pour chacune des autres parties de son Corps, tellement que toutes les Bestes ensemble n'en ont pas tant comme il en a luy seul, & qu'on peut croire que ce sont des punitions ineuitables de ses fautes; Que le lieu où la Nature l'a logé, ne paroist aussi estre fait que pour luy nuire; Que le Ciel & les Elemens luy declarent la guerre, le Soleil l'eschauffe excessiuement de l'ardeur de ses rayons, la Lune le refroidit de sa froide humidité, l'air l'empoisonne de ses mauuaises Vapeurs, & qu'il court diuers hasards d'estre noyé dans l'eau, ou accablé sous les ruines de la Terre, ou bruslé dedans le feu, ou de voir quelques vns de ses membres meurtris, froissez ou entrouuers du heurt des pierres, des coups de quelques pieces de bois ou de fer, & autres corps solides; Que les maladies ou les blessures luy venans ainsi de toutes parts, il n'y a point de temps ny de lieu où il soit en seureté; Que mesmes sans ces accidens, il porte tousiours ses malheurs en luy; Que l'âge le menant à la vieillesse qui est vne maladie incurable, lors qu'il a le plus de maux, c'est lors qu'il a moins de force pour les endurer. Qu'estant alors accablé des douleurs de l'Esprit & du Corps, il deuient triste & fascheux, insuportable aux autres & à foy mesme, & quelquefois rentrant dans l'enfance, il ne sert que de risée à ceux qui le voyent, ou bien perdant l'vsage de ses membres & de ses Sens l'vn apres l'autre, il demeure sur la Terre à demy mort, iusques à ce qu'enfin il meure tout entier : Mais que tous ne vont pas si loin, & que leurs maladies ayant abregé leurs iours, ils meurent d'vne mort subite ou apres de grandes souffrances ; Que telle est la Vie de plusieurs Hommes, qui n'est proprement qu'vne Mort continuée, ou plusieurs Morts entremeslées de quelques simples momens de vie ; Et voila, ce dit on, par moquerie, les qualitez excellantes de cét animal qui s'estimoit si parfait.

Comment l'on represente en peu de mots les Miseres des hommes. C'est ce que l'on publie ordinairement au desauantage de l'homme, & pour representer ses imperfections & ses Miseres en peu de mots, on dit qu'il vaudroit autant qu'il ne fust point que d'estre si peu de chose comme il est ; Que sa naissance est douteuse, sa vie fragille, & sa fin si proche du commencement, que ce n'est qu'vne ampoulle d'eau, vn souffle de vent, vn Esclair, vn Songe, ou plustost l'ombre d'vn Songe, vn Milieu entre le Rien & quelque chose, & que ce qui passe le plus viste & a moins de subsistance, est sa meilleure figure.

Pline l. 7. Mont. l. 2. c. 12. Cha. l. 1. Theatre du Monde de Pierre Boistuau. La Circé de Bap. Gelli. La conoissance des merueilles du Monde & de l'homme par P. de Dampmartin. Plusieurs Autheurs anciens, notammant le vieux Pline, ont commencé de telles plaintes, que Montagne & Charron ont continuées & amplifiées, l'vn dans ses Essays, l'autre dans ses liures de Sagesse. Pierre Boistuau en a fait autant dans ses liures des Miseres de l'homme, & Baptiste Gelli, & Pierre de Dampmartin dans des Traitez sur le mesme sujet. De semblables attaques se trouuent encore dans diuers liures de nos Autheurs les plus reçens. Quelques vns n'ont point voulu accuser la Nature sans la defendre ; Ils ont fait paresire ce qu'ils pensoient de l'excellence de l'homme, comme de ses infirmitez ; Mais il y en a d'autres qui ne gardent point cette iuste proportion, & qui taisent malitieusement tout le bien qu'ils voyent.

C'est ce qui nous a obligez de ramasser tant de propositions es-

parfés, & de les accommoder à l'vsage de ce siecle, afin de soustenir ce qu'ils attaquent, & de releuer l'honneur de nostre condition qu'ils ont voulu abaisser. Nous ne deuons pas nous troubler de crainte & d'estonnement pour quelques discours temeraires. Gardons nous de nous mesconnoistre nous mesmes,
& que la deffiance de nos forces ne nous empesche point d'aspirer à nous rendre parfaits, puis qu'il y a autant de danger à
ne point sçauoir ce que l'on est, comme d'en auoir vne trop
grande presomption.

Ceux qui rauallent l'homme iusqu'au dessous des Bestes, *Dependan-*
& qui n'en font gueres plus d'estat que du Neant, croyent *ce des pre-*
conclurre apres tres facilement, qu'il doit auoir toutes les im- *mieres ob-*
perfections imaginables, & que delà viennent sa foiblesse, sa *iections.*
legereté, son inconstance, & beaucoup d'autres deffaux qui
le rendent fort incapable de perfection; Il n'est pas besoin de
raporter tout cecy en particulier; Ce ne sont que des dependances des premieres obiections. En refutant les vnes on respond
assez aux autres, & mesmes on le peut faire quelquefois en termes plus courts que ceux des aduersaires, pource que la solu-
tion d'vn article en decide plusieurs.

VOYONS ce que nous auons à dire contre des gens *Responce*
qui se rendent ennemis d'eux mesmes en parlant contre leur *sur les im-*
condition, & qui se mettent en estat d'estre vaincus de quelque *perfections*
costé que tourne la victoire. Il faut suiure l'ordre du discours *& sur les*
que nous auons estably. Premierement en ce qui est de la nais- *miseres des*
sance ordinaire de tous les hommes, il est certain qu'elle est à *Hommes.*
peu prés de mesme que celle des autres animaux, & que ce
n'est point en cela qu'il y a de l'auantage de quelque costé; Que
si le Corps des hommes est plus aisé à offenser, ne sçait on pas
que cette delicatesse leur est necessaire pour auoir des Organes
dont vne ame telle que la leur se puisse seruir? Que c'est pour
ce sujet qu'ils naissent sans autre couuerture que leur simple
peau, & que leurs premiers cris procedent de ce que l'Air qui
commence à les toucher leur fait quelque mal, estant plus froid
que le lieu d'où ils sortent? C'est donc vne resuerie de croire
qu'ils ne pleurent en naissant que pour presager leurs miseres:
Les autres animaux temoignent aussi leur douleur par leurs

cris ou autrement; Et si l'on dit que les Hommes ne sçauent rien faire d'eux mesmes que pleurer, & qu'ils ne sont nés que pour cela, ne dira t'on pas pluſtoſt le meſme du Ris, qui n'eſt particulier qu'a eux entre tous les animaux, & duquel ils ſe ſeruent ſi agreablement quelques mois apres qu'ils ſont au Monde? Que ſi on obiecte qu'ils ne marchent point d'abord, & qu'il les faut long-temps emmailloter & auoir ſoin de leur fournir toutes leurs neceſſitez, on n'y doit point trouuer vn ſujet de meſpris, puis que le ſecours qu'ils empruntent ne vient que des autres hommes, & que le pouuoir de leur eſpece eſt rendu commun a tous; Que ſi on leur reproche leurs foibleſſes & leurs maladies, outre que l'on les peut rejetter ſur la conſtitution delicate qui ſeule leur eſt propre, il faut s'imaginer qu'encore que les Beſtes ayent le corps plus fort, elles ont pourtant leurs maladies, deſquelles ſi on ne ſçait pas ſi bien les qualitez & le nombre, c'eſt qu'elles n'ont pas l'vſage de la Raiſon & de la parole pour les ſignifier. Cette tendreſſe ordinaire qui rend les Hommes incapables de ſuporter pluſieurs incommoditez, eſt ce qui leur fait auoir recours aux veſtemens artificiels, leſquels outre leur vtilité pour les defendre de l'iniure des ſaiſons ſont plus honneſtes que la Nudité, de ſorte que quand meſmes les hommes auroient du poil ou des plumes pour ſe couurir entierement, ils pourroient encore eſtre eſtimez nuds, & les habits qu'ils prendroient de ſurcroiſt ne leur ſeroient point mal ſeans. De plus on doit conſiderer que leurs differentes façons de ſe veſtir, font paroiſtre leur induſtrie, & ſont vtiles & agreables ſelon leur diuerſité. A cauſe de leur temperature, la Nature n'a pû auſſi leur donner des parties ſi fortes & ſi dures qu'ils n'ayent beſoin de ſe ſeruir d'armes empruntées; Mais de meſme que cela ſembleroit difforme de les voir tout velus comme des Ours, ou tout couuerts d'eſcailles ainſi que l'on peint les Tritons, ne ſeroit il pas horrible qu'ils euſſent des Ongles crochus comme les Lyons, des Cornes cōme les Taureaux, & de longues dents comme les Elephans & les Sangliers, & qu'ils iettaſſent du venim comme les Scorpions & les Serpens? Pourquoy vn Animal né à la bonté & à la douceur, porteroit il en ſon Corps de telles marques de cruauté?

Ses

DE L'HOMME.

Ses mains sont assez fortes pour le defendre de la plus part de ses ennemis, & en cas de besoin il suffit qu'elles soient adroites à tenir des Armes de secours qui luy sont plus conuenables, puis que les quittant quand il veut, il monstre qu'il n'en a pas besoin continuellement, & que sa colere se peut apaiser par la Raison. S'il n'a point d'autre couuerture naturelle que sa peau, ie puis respondre encore que cela suffit à quelques peuples qui y sont accoustumez, & que si la necessité a apris aux autres à trouuer des vestemens, quoy qu'ils ne soient qu'artificiels, les Bestes ne se doiuent point glorifier de leurs vestemens naturels, veu qu'il se void enfin qu'ils ne sont faits que pour l'Homme, lequel se sert de leur poil & de leur laine beaucoup mieux qu'elles, les renuersant en dedans pour en tirer plus de chaleur; Qu'il se peut seruir de leurs armes pareillement, mais qu'il s'en fait aussi d'autres plus redoutables, forgeant des armes offensiues & defensiues auec le bois & les metaux, & employant mesmes tous les Elemens, pour sa conseruation, lors qu'il construit des ramparts & des forteresses auec de la Terre ou des pierres; lors qu'il s'enferme de fossez pleins d'eau, ou qu'il inonde les pais qu'il veut ruiner, & qu'il consomme par le feu ce qui luy pourroit nuire ; Que pource qui est de l'agilité si l'homme ne l'a pas telle que les Oyseaux il ne cede point en cela à aucun des animaux terrestres, puis qu'on voit quelques hommes qui font des sauts merueilleux ; Que s'il semble que le cheual & le cerf les surpassent à la course, les hommes sçauent bien s'en reuanger en montant sur le dos du cheual ; qu'ils poussent de l'esperon, & auec la bride & le frein le retiennent soudain, ou le font tourner par tout où ils veulent. On void ainsi que les dons corporels que la Nature a faits aux Bestes, ne sont principalement que pour l'vsage de l'Homme, & que la Prouidence superieure a ordonné qu'il tirast d'elles ce qu'il n'a pas, afin de marquer sa superiorité. Au reste la vigueur du cheual & sa promptitude à courir ne luy seruiroient de gueres sans le secours de l'Homme ; Car si l'Home n'auoit trouué l'inuention de lui garnir les pieds de fers, lors qu'il seroit côtraint de courir en des lieux pierreux, sa corne seroit bien tost vsée, & se blessant par tout, il n'auroit plus

C

de souſtien. Plusieurs Beſtes ſeroient reduites auſſi à mourir de faim & à ſouffrir d'autres grandes incommoditez, ſi l'Homme ne les en garantiſſoit par les prouiſions qu'il fait de foin, d'auoine, & d'autres grains, & de toutes autres choſes neceſſaires. Pource qui eſt de l'auantage des Sens nous pouuons ſçauoir qu'il eſt quelquefois plus grand & plus parfait en de certains hommes qu'aux animaux que l'on en croid eſtre les mieux pourueus : Il y a des Hommes qui ont la veuë & l'ouye ſi excellentes, qu'aucun objet viſible & aucun ſon ne leur eſchapent ; Et quand les Sens & tous les autres auantages corporels ſeroient moins ſubtils en eux qu'en quelques Beſtes, que penſeroit t'on inferer dela ? Tout cela n'eſt que pour monſtrer que les prerogatiues de leur Nature ne ſont point dans les Perfections du Corps, mais dans les Perfections de l'Eſprit. Il faut de neceſſité que je repaſſe ſur des matieres dont i'ay traicté ailleurs, mais elles auront icy vne autre face & beaucoup d'augmentation.

Science vniuerſelle vol. 2.

Comment les Beſtes ſemblent raiſonnables ſans l'eſtre.

Apres tant de temoignages de l'excellence des Hómes, n'eſt-ce pas vne moquerie de leur diſputer la Raiſon, & de vouloir prouuer que les autres Animaux y ont meilleure part ? Ne reconnoiſt on pas que ſi les Beſtes ſemblent raiſonnables, ce n'eſt que pource qu'elles font quelquefois des choſes qui ont quelque conformité à ce que nous faiſons : Mais cela n'arriue pas touſiours ; Il eſt faux de dire que les Beſtes trouuent ſans y manquer tout ce qui leur eſt propre. On en void aſſez qui ſont malades pour auoir mangé des choſes qui leur eſtoient nuiſibles. Pour vne preuue infaillible qu'elles ne ſçauent pas ſe gouuerner, on peut remonſtrer qu'elles ne s'abſtiennent jamais de måger de ce qu'elles trouuent bon à leur gouſt, quoy que cela ſoit nuiſible à leur Santé ; & que lors qu'elles ont perdu l'apetit, & qu'il leur ſeroit beſoin de manger, elles ne s'efforcent jamais de le faire, ce qui eſt vne faculté reſeruée aux Hommes comme eſtans raiſonnables. Que ſi elles mangent volontiers de ce qui leur eſt bon, & ſi elles y rencontrent bien d'ordinaire, ie m'en vay declarer tout le ſecret du choix qu'elles font, lequel on prend mal à propos pour vn effet de Prudence ; Ce n'eſt qu'vne marque de l'impulſion qu'elles ont

DE L'HOMME.

pour de certaines choses, laquelle impulsion se fait par vn moyen qui estant connû doit terminer quantité de disputes qu'on a sur ce sujet. Si elles vont incontinent à ce qui leur est bon lors qu'elles ont la santé, c'est que cela est pourueu de quelque odeur ou de quelque couleur capable de les attirer, & que les autres qualitez s'en trouuent conformes à leur goust; Et si pendant leurs maladies, elles s'adressent iustement aux Plantes qui leur sont salutaires, comme on dit que les Perdrix, les Ramiers, & les Geays, se sentant pleins de mauuaises humeurs prennent des feüilles de laurier, & les Pigeons & les Poules, prennent de la Parietaire ou de l'herbe à glouterons, c'est que la Nature a fait que dans l'alteration de leur Temperament, & dans leur goust depraué, ils ont affection pour de certaines choses qui leur sont vtiles, ce qui monstre le soin que la Prouidence vniuerselle a eu de toutes ses Creatures. De vray on ne laisse pas de connoistre par ce moyen que quelques Bestes ont les Sens corporels fort exquis, mais celles qui excellent en vn n'ont pas tant de vigueur aux autres: D'ailleurs cela ne prouue pas qu'elles ayent de la Raison, & comme elles sont destituées de ratiotination & d'intelligence, lumieres du Sens commun particulieres à l'Homme, les Sens inferieurs les peuuent souuent tromper, leur faisant iuger des choses selon qu'elles leur aparoissent. Pour ce qui est de leurs ouurages que l'on estime tant, si les oyseaux bastissent des Nids, si les Mouches font des cellulles dans leurs Ruches, si les Araignées font des toilles & les vers filent de la soye, ce n'est point vne preuue que leur Sentiment soit quelque chose de pareil à la Raison humaine. Il faut demeurer d'accord que tout ce que font les Araignées & les Vers à soye, n'estant qu'vne descharge de leurs excremens, auec quelque chose qu'elles tirent de leur propre substance, cela monstre que c'est vne action naturelle, & que la faculté vegetatiue suffiroit presque à les y conduire sans la Sensitiue, bien loin d'auoir besoin de la faculté raisonnable. Il en est ainsi du trauail des Abeilles, qui n'est que l'effet de leur digestion, quoy qu'il soit plus destaché d'elles, & pour ce qui est du Nid des Oyseaux qui est composé de matieres externes simplement appliquées, on peut dire que la Nature

C ij

leur a donné l'Idée de cét ouurage pour le besoin qu'ils en ont, de mesme que si la matiere dependoit d'eux. Que l'on y pense tant que l'on voudra, l'on ne s'en peut figurer autre chose, car si l'on pretend que cela se fasse par vn acte de la Raison, il en faudroit voir le progrez : Mais comment vn oyseau qui n'a pas vn an accomply, pourroit il faire vn Nid auec dessein de se garentir du froid, s'il n'a iamais veu d'hyuer ? Comment auroit il la pensée de soulager par ce moyen ses petits, s'il ne sçait ce que c'est, n'en ayant iamais eu, & n'ayant iamais reconnû la necessité qu'ils auront d'estre couchez mollement? D'où aprendroit il qu'il leur faut preparer vn lit, & qui luy auroit fait remarquer quelles matieres y sont propres ? Les Hommes ont senty l'incommodité de la chaleur du Soleil, ou celle de la froideur de l'air & de l'humidité des pluyes, auant qu'il leur ait pris enuie de bastir des maisons bien couuertes & bien bouchées, & auant que d'y trauailler ils ont esprouué que la chaux ou le mortier se pouuoient lier auec les pierres, & que l'ardoise, les thuilles, ou le chaume leur pouuoient seruir de couuerture ; Ceux qui ont trouué cela d'eux mesmes l'ont apris à leurs successeurs, lesquels l'ont confirmé par plusieurs experiences, & c'est en cela que l'on void des effets du raisonnement ; Or l'on ne remarque point que les Bestes fassent ainsi diuerses espreuues, pour connoistre ce qui leur est necessaire, ny qu'elles soient instruictes par d'autres ; c'est pourquoy il y a de l'erreur de croire qu'elles pouruoyent aux choses, & qu'elles les preuoient, raisonnant dessus à la maniere des Hommes; Ioint que si elles agissoient auec prudence & experience, on verroit par la suite du temps qu'elles se rendroient plus ingenieuses que celles d'autrefois ; mais cela ne se remarque point, tous leurs ouurages estant de mesme maniere. Au reste que voudroit on inferer de ce qu'elles sçauent bastir des nids sans l'auoir apris ? Est-ce là dequoy les estimer dauantage que les Hommes ? Ne sont ils point capables de faire d'eux mesmes des ouurages aussi industrieux sans auoir eu autre Maistre que leur iugement naturel, & n'est il pas ridicule de dire, comme font plusieurs Autheurs, que les Hommes ayent apris quelque chose des Bestes, eux qui ont inuenté tant de sortes de Sciences

& d'Arts, aux moindres desquels aucun autre Animal ne sçauroit atteindre?

Comme l'on reconnoist aisement que tout ce que les Bestes font de plus ordinaire, est sujet à des ordonnances eternelles & inuariables, ceux qui soustiennent leur party ne le pouuans nier, pensent se fortifier par là d'vne autre sorte, & estre venus au point de leur victoire. Ils disent que puis qu'on leur accorde que les Bestes connoissent tout ce qui leur est de besoin sans estude & sans instruction, cela monstre que leurs facultez sont plus excellentes que celles de l'Homme; Demandons leur quelles ils pensent donc que soient ces facultez? Et quoy de la façon qu'ils en parlent, n'estant point des facultez qui se seruent de reflexion & de distinction, ainsi que la Raison peut faire, dequoy les Hommes se trouuent assez honorez, il faudroit donc que ce fust vne connoissance parfaite comme celle des Substances spirituelles. O quel aueuglement, de s'imaginer qu'vne si noble Qualité habite dans des corps si vils que ceux des Bestes! C'est de vray vne puissance Diuine qui est cause de tels effets, mais elles n'en disposent pas; Elle est au dessus d'elles & de tout ce qui est en l'Vniuers; Elle opere generallement en elles, & en toutes les autres Substances, si basses qu'elles soient, portant leurs facultez toutes confuses & obscures qu'elles sont, aux actions qui leur sont propres; C'est celle là mesmes qui porte le germe des Plantes à se grossir & à esleuer sa tige hors de Terre pour receuoir sa vigueur de l'Air, & qui fait chercher de l'apuy au lyerre & à la Vigne pour se soustenir dans leur foiblesse, en quoy l'on auroit tout autant de sujet de leur attribuer quelque vsage de raison. Si leur faculté qui n'est que Vegetatiue & sans sentiment, obeyt bien à cette souueraine Loy, la faculté sensitiue des Bestes, le doit faire auec plus de facilité, puis qu'elle est plus capable de receuoir de l'inclination pour de certaines choses, ayant les organes du Sentiment dans lesquels la Nature a graué vne proportion & correspondance auec tout ce qui leur est necessaire pour leur nourriture & leurs autres commoditez. Pour conceuoir cecy aysement, il ne faut que se representer, ainsi que i'ay des-ja fait entendre, qu'il y a des choses qui leur

La Faculté sensitiue des Bestes obeyt à vne Loy souueraine.

C iij

plaisent à fleurer & voir, comme les Plantes qu'elles vont chercher, & que leur goust en est aussi flatté lors qu'elles les mangent, & que de mesmes il y a des ouurages qui leur plaisent à faire comme d'amasser de la paille & de la bouë pour bastir vn Nid en certain temps & autres choses semblables; Car quoy que la puissance diuine les conduise, ce n'est que par des causes secondes, & il ne s'y faut point figurer d'autres miracles que ceux que Dieu a establis dans toute la conduite de la Nature. Quand elles vont donc gouster de quelques Plantes, c'est qu'elles y sont attirées, sans qu'elles en connoissent l'vtilité par espreuue ny autrement, ce que l'on remarque encore en ce que la premiere fois qu'elles s'en aprochent elles s'y portent auec autant d'auidité que si elles en auoient tasté plusieurs fois; Aussi ne peut on point dire qu'elles soient asseurées du bien qu'elles en doiuent receuoir par quelque intelligence particuliere, pource qu'il faudroit qu'elles connûssent les qualitez des Plantes & celles de leurs propres corps, & qu'elles iugeassent des effets par leurs Causes, ce que les plus grands Medecins & Philosophes ont de la peine à faire auec toute leur doctrine & toutes leurs experiences; De mesme pour auoir la preuoyance & l'industrie que l'on leur donne en beaucoup de rencontres, il faudroit qu'elles eussent la Science des Astrologues & des plus grands Mathematiciens. Quant à l'autre voye qui est que sans aucun discernement, elles aprissent cecy par tradition de leurs semblables, il est vray que les ieunes suiuent quelquefois les vieilles, ce qui se fait par vn sentiment de conformité qui est empreint en elles, & quelquefois par vne imitation inconsiderée. Sans cela elles ne laissent pas aussi de courir d'elles mesmes vers ce qui leur semble le plus conuenable. Si l'on pretendoit qu'elles se rendissent sçauantes par instruction, l'on voudroit presque croire qu'elles se fissent des leçons les vnes aux autres, & en vn mot ce seroit se persuader, *Que les Bestes parlent*; Mais ce que l'on allegue de leurs diuers cris par lesquels on pretend qu'elles s'entendent l'vn l'autre distinctement, n'est qu'vne fausse imagination; Quoy qu'elles tesmoignent par là quelque chose de leurs Passions, ce n'est qu'obscurement & sans particularifer ce qu'elles veulent fignifier. Lors que les Enfans n'ont pas encore l'vfage de Raifon, ils forment diuers cris foit de ioye foit de triftefse, neantmoins il n'eft iamais venu dans l'efprit de perfonne de dire que ce fuft vne Parole. Des Hommes qui auroient efté nourris fans aucune focieté des vns auec les autres, ne formeroient que des fons confus auant qu'ils eufsent inuenté quelque langage, & ne pourroient s'entre-communiquer les diuerfes circonftances que les Mots expriment ; Pourquoy croira-t'on que les Beftes le puifsent faire? Quand elles pourroient parler toutes, comme il y en a qui prononçent quelques Mots que l'on leur a apris par de frequentes repetitions, ce n'eft pas ce que proprement on apelle parler, & encore moins eft-ce difcourir, puis qu'elles ne fçauroient répondre auec fuite, & qu'elles n'entendent point ce qu'elles difent, ce qui demande vne connoifsance des Chofes, & vn Vfage de Raifon qu'autre Animal que l'Homme ne peut auoir.

Il faut maintenant refpondre aux exemples que l'on allegue de leur Prudence & de leur induftrie. Il eft certain qu'il y en a plufieurs de fabuleux & peu receuables. Pour ceux qui ont le plus d'aparence de verité & qui font confirmez par d'autres pareils qu'on void tous les iours, comme des chiens & des chats qui fçauent pafser la patte où il faut pour ouurir vn panier ou vne porte, & des Chiens qui ont apris à fauter & à danfer & à tenir diuerfes poftures, ils ne font toutes ces chofes que par couftume, & pour s'eftre imprimé cela par plufieurs actions reiterées, dans leur Fantaifie ou Sens commun, qui eft leur plus haute faculté, tellement que cela ne conclud pas que la vraye Raifon fe trouue en eux. C'eft en vain que quelques gens ont penfé monftrer par là que l'homme n'eftoit pas fort parfait, puis que les Beftes ayans l'vfage de la Raifon auoient autant de perfection que luy. Cette fubtilité nous paroift tres foible : Il ne faut point douter que les Beftes n'ayent quelque perfection felon leur naturel, & pourtant elle n'eft point telle que celle de l'Homme. Quand l'on auroit prouué que les Beftes feroient raifonnables, puis qu'on ne peut nier que l'Homme ne le foit, & d'vne maniere plus excellente que les autres Animaux, on ne luy fçauroit ofter la gloire de fa perfection.

De la Prudence & de l'induftrie des Beftes.

Les Bestes ne sont exēptent des miseres des hommes que parce qu'elles ne raisonnent point.

Ceux qui veulent rabaisser les Hommes en exaltant les Bestes, voyans leurs argumens renuersez, se laissent encore surprendre par la contrarieté de leurs propositions; Ne pouuans oster la Raison aux Hommes, ils nous veullent persuader que l'vsage particulier qu'ils en ont, ne sert qu'à les rendre plus malheureux que les autres Animaux, à cause de l'aprehension qu'ils reçoiuēt de tout ce qui leur peut arriuer, & pour vne infinité de passions dont ils sont trauaillez, lesquels sont les fruits de leur Raison & de leur connoissance. Cependant ils ne considerent pas qu'il faut qu'ils demeurent d'accord que ce qui peut exempter les Bestes de tous ces maux, c'est qu'elles n'ont du sentiment que pour ce qui se presente sans penser à l'auenir, & par consequent qu'elles ne raisonnent point, & qu'on ne leur doit point donner toutes les prerogatiues qu'ils leur attribuent. Que si l'on tient que ce leur est vn bonheur de n'auoir aucun soin du present & du futur, à ce compte là les pierres deuroient estre estimées encore plus heureuses, puis qu'estant insensibles elles sont entierement priuées d'espoir & de crainte & de toute autre passion. Ces pensées sont absurdes & impertinentes; Nous voyons bien que la Perfection consiste à estre susceptible de ces diuers mouuemens: Il a falu que les Hommes fussent sujets aux passions, afin qu'ils pûssent estre esmeus pour le Bien autant que pour le mal; Car la gloire qu'ils ont de rechercher l'vn n'esclatteroit pas s'ils n'auoient aussi le pouuoir de choisir l'autre; Les aduersaires estant contraints d'auoüer que les Bestes n'ont point la liberté de ce choix, & qu'elles ne sont point portées à leurs actions par les consequences qu'elles tirent des choses passées aux futures, reconnoissent enfin qu'il y a vne puissance superieure qui les guide, comme nous l'auons des-ja declaré; Neantmoins ils veulent tirer auantage de cecy, nous soustenant encore que la Prudence des Bestes est donc plus certaine que celles des Hommes, enquoy ils ne s'auisent pas qu'il leur faut oster par ce moyen l'honneur qu'ils leur veullent deferer, puis que n'agissant pas d'elles mesmes elles n'ont point de vertu propre, & qu'elles sont semblables aux instrumens de Musique, qui peuuent bien estre estimez pour leur matiere & leur proportion,

mais

mais, qui doiuent ceder la gloire de leur harmonie à la main qui les fait sonner.

De plus si l'on en vient là de preferer les Bestes aux Hommes, pour cette impulsion naturelle qu'elles ont vers les choses qui leur sont vtiles qui est l'impression que le Souuerain a grauée en elles pour leur conduite, ce que nous apellons vn Instinct, ou de tel autre nom que l'on voudra, il faut reconnoistre que les Hommes ne sont pas priuez d'vne telle prerogatiue. Auparauant que la Raison paroisse en eux, ils font aussi beaucoup de choses par le seul instinct ; Car estant enfans ils sçauent aller sans l'auoir apris, ils se seruent d'vn basto ou de quelque autre chose pour atteindre à ce qu'ils ne peuent toucher de leurs mains, & font plusieurs autres actions où la Nature leur sert de guide. Durant tout le cours de leur vie, ils se laissent encore emporter à de certains mouuemens dont ils ne sont point les Maistres, & où il n'est pas besoin de raisonnement ; Ie ne parle point du Sommeil qui nous prend & nous quitte à diuerses reprises, sans que cela depende de nostre volonté ; ny de toute l'harmonie de nostre Corps, qui suit la faculté vegetatiue ou la sensitiue, ie ne m'areste point non plus à nostre digestiõ & à nostre nourriture qui se font sans que nous y donnions ordre, ny aux obiets qui sont reçeus par nos sens lors que nous y pésons le moins; Ie n'ay esgard principallement qu'aux Sympathies & aux Antipathies que nous auons pour de certaines choses, ausquelles nous prestons nostre consentement, ou bien nous leur temoignons nostre auersion sans que nostre Entendement en ait deliberé. Cela fait voir que ce que l'on a attribué aux Bestes pour leur auantage n'est pas desnié aux Hommes, & qu'estant pourueus de cette conduite naturelle en de certaines occasions outre leur raisonnement, quand l'on establiroit quelque honneur en cecy, ils n'en pourroient pas estre priuez, de sorte qu'ils conserueroient tousiours la preference qu'ils doiuent auoir au dessus des autres animaux.

Que les Hõmes iouissent de l'instinct.

Auec tout cecy il y en a qui veullent tenir bon pour le raisonnement des Bestes, & qui comme l'on attribue aux Hommes l'instinct qui estoit estimé particulier aux autres

Conciliation des opinions sur le Rai-

sonnement des Hommes & sur celuy des Bestes.

M. de la Chambre 2. vol. des Caracteres des Passiōs M. Chanet en ses Considerations sur Charon, & en son Traité de l'instinct.

animaux, veullent aussi attribuer à ces autres animaux, la Raison que l'on tenoit particuliere aux Hommes. Plusieurs bons Autheurs ont esté en dispute sur ce sujet ; Depuis peu encore Messieurs de la Chambre & Chanet, en ont escrit auec beaucoup de subtilité & de doctrine ; D'autres ont pû en escrire non seulement par exercice d'esprit, mais auec beaucoup de chaleur pour chaque party ? Neantmoins il seroit aysé de les accorder, si de chaque costé l'on cessoit de prendre les choses à l'extreme, Car en effet on peut conceder d'vne part que les Bestes outre leur instinct, ont vne certaine lumiere dans leur fantaisie ou Sens commun, qui est vne estincelle de la Raison, puis qu'au moins voyant ce qui leur est propre pour le present, elles le suiuent ; Mais dautant que la vraye Raison consiste à tirer des conclusions d'vne chose à vne autre, & former des argumens parfaits, l'on a droit aussi de soustenir de l'autre part que les Bestes ne pouuans faire cecy ne raisonnent point, ou que si elles raisonnent, c'est d'vn Raisonnement fort inferieur à celuy des Hommes, & qui n'est qu'vne esbauche ou premier degré de Raison, comme les plus hautes qualitez des choses du Monde se trouuent souuent aux plus basses par quelque participation pour en composer l'harmonie ; Ainsi ceux qui tiennent que les Bestes raisonnent doiuent ceder à leur tour, n'ayans pas sujet de croire qu'vn Raisonnement imparfait soit le veritable Raisonnement. Que s'ils soustiennent que c'est tousiours Raisonnement, & qu'il n'y a que du plus ou du moins, en ce cas là l'on ne disputeroit que du Nom, & l'on sera bien tost d'accord ; Toutefois il est bon d'auoir vne opinion arrestée, & se garentir des doutes que l'improprieté des Noms peut causer ; & comme il y a tousiours vn party qui aproche plus prez de la verité que l'autre, on ne sçauroit manquer en se iettant du costé qui a la possession euidente de ce que l'on recherche, & mesmes au plus souuerain degré, tellement que l'on peut asseurer que les Hōmes seuls ont l'vsage de la Raison puisque la Raison n'est point Raison si elle n'est parfaite. Les aduersaires mesmes y doiuent acquiescer, d'autant qu'ils ne nient pas que les Hommes n'ayent la vraye Raison.

Responce.

Si pour raualler dauantage les Hommes, on leur repro-

DE L'HOMME.

the que leur Memoire, leur imagination, & tous leurs *touchant la* Sens, ont moins de force que ceux des Bestes, il faut se repre- *Memoire* senter qu'en quelque degré que les Bestes les possedent, elles *& autres* ne s'en seruent point si seurement qu'eux, puis qu'elles ne ti- *facultez.* rent leurs conclusions que de choses particulieres & presentes, sans faire reflexiõ sur ce qui est passé ou absent. Et lors que l'on mesprise les aduãtages de nostre Esprit, nous ne pouuõs adherer aux plaintes de ceux qui croyent qu'il nous soit dommageable d'auoir vne parfaite connoissance de toutes choses. Si par ce moyen nous sommes quelquefois susceptibles de crainte, ne pouuons nous pas aussi estre touchez d'Espoir, qui est vne Passion agreable, & l'vne des sources de la Ioye. Se peut on imaginer vne plus grande satisfaction que celle que nous auons, en rapellant auec ordre en nostre Memoire tout ce que nous auons fait, & tout ce que nous auons veu & oüy, en le comparant à ce qui se passe, & en tirant vn pressentiment de l'aduenir. Ces contentemens que donne la Raison, ne sçauroient nous rendre autres que bien heureux. Pour ce qui est des Sciences que les Hommes ont inuentées, s'il y en a de vaines & de mensongeres, les plus sages d'entr'eux ne s'y amusent pas, & sçauent choisir celles qui sont les plus certaines. Que si de naissance ils ont l'inclination portée aux voluptez ils peuuent bien corriger cecy en prenant des habitudes contraires. De vray il y a des Bestes qui ne sont pas si sujettes à leurs conuoitises, mais elles ne sont point pour cela ny plus sobres ny plus chastes, d'autant que leurs apetits ne font que se conformer à leur temperament, sans qu'elles ayent la connoissance des choses licites ou illicites, ny la faculté du choix pour meriter de la loüange de ce qu'elles acceptent, ce qui est reserué à l'Homme. Outre cecy il se trouue plusieurs Bestes que leur brutalité porte à des excez estranges, iusques mesmes à manger leurs petits ce qui est fort contraire à la iustice & à l'innocence dont leurs Partisans les veullent honorer. Elles se monstrent capables des plus vehementes passions, comme d'Enuie, de ialousie, de haine, & sur tout de Courroux ; Elles sont fort promptes à se fascher contre les Hommes, & contre leurs semblables qui les ont offencées, & quoy que l'on en ait

D ij

dit, il n'y a rien de si commun que de voir s'entrebatre celles de mesme espece. Que si cela ne se fait pas auec tant d'apareil que les combats des Hommes, & s'il arriue peu qu'elles se battent en troupe, comme nous faisons dans nos guerres, c'est qu'elles manquent d'inuention pour cet effet, & c'est ce qui prouue encore qu'elles n'ont pas l'vsage de la Raison.

Sur les peines que les Hommes souffrent en tous âges & toutes professions.

Ie repartiray icy en bref à ce que l'on nous a objecté touchant les peines que les Hommes souffrent en ieunesse pour estre instruits, & celles qu'ils ont dans la poursuite & l'exercice des professions differentes, qui toutes ont leurs malheurs particuliers. Ce sont des choses dont nous demeurons d'accord & que nul ne peut gueres exagerer plus que i'ay dessein de faire dans la suite de mes Escrits, mais i'espere pourtant monstrer qu'il n'y a rien de tout cela qui nous doiue empescher d'atteindre à la perfection quand nous la prenons pour nostre but.

Les Bestes sont suiettes à plusieurs Miseres & aux troubles de leur Fantaisie.

Pour ce qui est de tant de miseres qu'on objecte à l'Homme en general, & desquelles on tient les Bestes exemptes, comme de Pauureté, de Seruitude, de peine de Corps & d'Esprit, elles sont neantmoins aussi grandes pour plusieurs Bestes, qui ont souuent disette de toutes choses, qui sont reduictes en captiuité par les Hommes & obligées à les seruir, & sont forcées d'endurer plusieurs maux ineuitables. Si pour vne preuue de la felicité Bestiale on dit que les Bestes n'ont point entre elles diuersité de conditions & de rangs, on peut respondre que c'est qu'estant toutes aussi brutales les vnes que les autres, elles n'ont aucune distinction de merite, car ce que l'on publie de celles qui obeïssent à d'autres comme à leurs Capitaines ou à leurs Roys, c'est possible qu'elles les suiuent pource qu'elles vont le plus viste; D'ailleurs on doit croire que ce ne sont pas tousiours les mesmes à qui elles deferent, & que cela ne se fait pas aussi par vn conseil premedité. Quelque chose que l'on en pense, on retombe dans le mesme inconuenient, qu'on pensoit euiter, estant obligé d'auoüer que si les Bestes sont quelquefois menées ou commandées par d'autres de leur espece, elles en peuuent estre ialouses, &, comme elles regardent aussi de mauuais œil celles qui ont la meilleure proye, elles en deuiennent enuieuses, & reçoiuent beaucoup d'autres troubles dans leur Fantaisie. Par ce moyen ceux qui les exaltent, sont pris en leurs propres paroles, Car ayant attribué aux Bestes vn sentiment tres exquis, ils doiuent conclurre de-là qu'elles sont susceptibles de plusieurs esmotions & perturbations d'ame, aussi fortes que sont nos Passions, & qu'encore qu'elles n'ayent pas vne ambition de pareille nature que celle des Hommes, elles ne se portent pas de moindre violence à preceder leurs compagnes en toutes choses, & au lieu de nostre auarice & de nostre conuoitise pour l'or & l'argent, dont elles n'ont que faire, elles ont vne rapacité incroyable pour les choses qu'elles croyent propres à les rassasier, & y ioignent encore la gourmandise & la cruauté. Ie ne sçay si l'on doit asseurer que quelques vnes estant sujettes à quelque mauuaise inclination, elles n'ont que celles là au supreme degré, car elles ne gardent gueres de mediocrité en ce qu'elles font; Tant y a que celles qui sont assez stupides pour n'estre point esmeües tesmoignent leur bassesse, & les autres monstrent leur desreiglement.

En ce qui est des Hommes, si l'on nous objecte qu'il s'en trouue quantité qui se laissent emporter à plusieurs vices ensemble, il ne faut pas oublier à remarquer qu'il y en a aussi qui sont ornez de toute sorte de vertus; Dieu en ayant voulu faire vn Animal qui fust capable de bien viure par son choix, & d'obtenir la recompense selon ses actions, l'a assorty de deux pieces differentes, à sçauoir d'vn corps plus delicat & plus foible que celuy de beaucoup d'autres Animaux, & d'vne ame capable de s'esleuer au dessus de la matiere, laquelle pourtant est assujettie aux infirmitez de l'Hoste chez qui elle loge, si par vne force singuliere elle ne s'en desgage; Or comme toutes les Ames n'ont pas ce pouuoir, se laissant maistriser par leurs passions qui ont affinité auec le corps, il est vray que l'on en treuue plus qui en sont surmontées, qu'il n'y en a qui s'en retirent. On ne doit point celer de tels malheurs, puisqu'il est besoin que l'on les connoisse, afin d'en estre destourné par l'horreur que l'on en pourra conceuoir: Mais au reste il ne sert de rien de reprocher aux Hommes les infirmitez de leur corps, veu que ce sont des accidens ineuitables à vne substan-

Des vices & des Vertus des Hommes, & de leurs malheurs.

ce si foible, & que mesmes Dieu les a ordonnez, afin qu'ils ne missent point leur esperance aux choses caduques de ce Monde, & qu'ils connûssent que leur Ame, ne pouuoit long temps demeurer dans vn logement qui menassoit de ruine. On doit penser la mesme chose du dommage qu'ils peuuent receuoir de la Terre & de l'Eau, & de tous les autres corps qui les enuironnent, ausquels ils ne se doiuent point attacher d'affection, estant assez aduertis de leur corruptibilité & inconstance : Toutefois s'ils les font tomber dans quelques perils, ils ne sont pas si frequens que l'on les voye arriuer à toute heure, & il n'y a gueres d'Hommes qui ne sçachent les moyens de s'en garentir, de sorte que quand ils meurent, ce n'est point seulement pour les injures qu'ils en ont receües, mais pour leur foiblesse interieure qu'ils ne peuuent reparer. Que si dans leur vieillesse ils perdent quelquefois l'vsage des Sens & du Iugement, ce n'est que par cette infirmité naturelle de leur corps, où leur Ame demeure captiue, iusques à ce qu'elle se soit deliurée de ses liens; & quant aux douleurs extremes ils ne les souffrent pas tous, & ceux qui les souffrent en ont plus d'occasion de meriter.

Sur la brieueté de la Vie.

L'on prend lieu icy d'exaggerer la brieueté de leur vie, comme si pour auoir vne fin fort prompte, ils en estoient plus esloignez de la Perfection : mais l'on se contredit icy, car si l'on fait leur vie si miserable, pourquoy la souhaite-t'on plus longue ? De plus ne doit on pas considerer que leur vie n'estant qu'vn passage, & leur Mort vne Entrée à vne nouuelle Vie, l'on a tort de se plaindre de ce que l'vne les liure bien tost à l'autre ? Quiconque en parle d'autre sorte, ignore ou fait semblant d'ignorer que leur partie la plus excellente, ne va point dans le Tombeau, & que leur Ame qui est spirituelle & immortelle s'exempte des loix du corps : A quoy sert il à plusieurs de comparer l'Homme aux choses de moindre durée & mesmes au neant, sinon pour faire croire auec impieté, qu'il deuient à rien apres sa mort ? Mais c'est prendre leurs pensées en la plus mauuaise part ; Croyons qu'ils n'ont entendu figurer que la brieueté de la vie terrestre, & l'aneantissement de ce qu'elle a de visible ; Souscriuons à ce Sens, & disons que nous souhai-

DE L'HOMME.

tons fort que les Hommes soient ainsi aduertis des imperfections d'vne partie d'eux mesmes, de peur qu'ils ne s'en orgueillissent, & que leur mescognoissance ne les perde, & afin que mesprisant ce foible corps à qui leur Ame est jointe, ils ne se laissent point emporter aux inclinations qu'il leur donne pour les voluptez. A cét effect il est à propos qu'ils sçachent que tous les plaisirs sensuels tiennent de la foiblesse de l'organe par lequel ils sont reçeus, estans de peu de durée & entremeslez de beaucoup de douleurs ; qui sont les Auantcourieres des peines futures que la Iustice eternelle reserue à ceux qui ont mal vescù. Que si quelques vns ont esté si aueuglez de dire, que c'estoit en cette occasion que l'vsage de la Raison incommodoit d'auantage les Hommes, les affligeant non seulemēt de l'aprehension des peines temporelles pour la punition de leurs fautes, mais des peines eternelles ; ie n'ay point estendu au long vne objection si pernicieuse dedans le rang des autres, dautant qu'il ne luy faloit pas laisser prendre place dans les esprits sans y respondre en mesme temps. Ie dy donc en ce lieu que de telles paroles ne procedent que de gens qui voudroient pecher auec toute licence & sans crainte d'estre punis, & qui seroient fort ayses de ne penser iamais à l'aduenir, pource qu'ils ont interest qu'il n'y ayt point d'aduenir. Ils ne se representent pas que s'ils estoient priuez d'vne seconde vie, ils ne seroient point de meilleure condition que les Bestes, & qu'encore que ce soit eux qui taschent à monstrer, qu'ils sont moins fauorisez de la Nature que les autres Animaux, ils ont pourtant vne presomption qui leur faict croire qu'ils valent quelque chose de plus, & ils seroient faschez d'auoir changé de condition auec eux. Mais quoy qu'ils en pensent, leur bonheur ne deuroit point estre troublé par la crainte de l'aduenir, s'estimans mal-heureux pour y estre exposez, veu que le Bien estant promis à l'Homme pour recompense du Bien, comme le Mal pour le Mal, c'est vne Iustice exacte où il n'y a rien à desirer. En vain l'on se plaint de l'aprehension des peines futures ayant le moyen de les euiter ; & se pouuant procurer vne eternité heureuse aussi-tost qu'vne eternité malheureuse ; Cela doit consoler ceux qui craignent le neant, les asseurant de la durée de leur Estre, & de celle du Bien

Estre ; Nous voyons donc que rien n'empesche que l'Homme ne soit estimé capable de Perfection ; Que de ne se pas contenter de l'estat où il a esté mis, c'est ingratitude ou ignorance, & que d'apeller la Nature marastre plustost que douce Mere, comme font quelques Esprits perdus, c'est ne pas considerer que par la Nature, nous ne deuons entendre autre chose que la toute puissance de Dieu, qui estant le Createur de l'Homme, on ne peut sans impieté trouuer à reprendre en son ouurage ; Qu'en vn mot l'Homme n'est point si peu de chose que l'on a voulu inferer, & que si l'on luy a objecté tant d'infirmitez corporelles & spirituelles, ausquelles il est sujet, il se doit resiouyr en ce qu'elles ne tirent leur origine que de son Corps, de la maistrise duquel il se peut deliurer, en surmontant les inclinations qu'il luy donne, & que s'il ne pense qu'à perfectionner son Ame, qui est sa principalle partie, il peut acquerir vne tranquillité certaine & inuiolable.

De l'excellence de l'Homme, & de ses perfections diuerses.

NOVS soustenons ainsi que les Hommes ne sont point nez à la seule Misere comme l'on a publié, & puisque l'on a tasché de monstrer leurs deffaux & leurs Imperfections, si en eschange l'on veut faire voir leur excellence & leurs Perfections, ou ce qu'ils ont de qualitez propres pour en obtenir, il sera aysé de faire ce raport pour adjouster quelque chose à ce que nous en auons desia dit en diuers lieux. A commencer par leur Corps nous pouuons dire que c'est vne merueille que sa composition si commode pour toute sorte d'actions, en laquelle il n'y a rien qui manque, ou qui soit superflu, tant pour l'ornement que pour l'vsage, & qui ne soit capable de prester obeyssance à l'Esprit. On peut loüer en general la belle Structure de toutes ses parties, qui semblent bien dignes d'vn Hoste Celeste; Aussi void-on que l'Homme seul de tous les Animaux, a la taille droite & esleuée pour regarder le Ciel, qui est la demeure où il aspire, au lieu que la plusspart des Bestes sont courbées vers la Terre pour laquelle elles sont nées, & tendent le dos aux Hommes, comme pour estre chargées, & pour vne marque de seruitude. Quelle souplesse & quelle dexterité le Corps des Hommes n'a t'il point encore, pour se tourner comme il veut, & accomplir toute sorte d'ouurages & d'actions?
Qu'elle

Quelle agilité n'ont point quelques vns pour faire des saults prodigieux qui peuuent seruir quelquefois à les tirer de grands perils? S'il y a des Bestes qui nagent naturellement & d'autres qui volent, quant à l'Homme il aprend à nager auſſi bien qu'elles par habitude; Il va deſſus & deſſous l'Eau comme ſi c'eſtoit ſon element, & quoy que la Nature ne luy ayt point donné d'aiſles, l'on tient qu'il a eu l'audace de s'en aproprier, & d'aller par l'air quelque eſpace de temps, pretendant violer les loix de l'Vniuers qui n'ont point mis ſon corps au rang de ceux qui peuuent voler. Si l'on loüe la conſtitution & le mouuement de ſes bras & de ſes jambes & de tout ſon corps, ſes mains ſemblent plus admirables encore, pour l'aptitude & l'habileté qu'elles ont à toute ſorte d'ouurages, de ſorte que c'eſt l'inſtrument le plus neceſſaire des Arts, lequel on peut auſſi nommer l'inſtrument des inſtrumens, puiſque c'eſt celuy qui fait tous les autres. De plus qu'eſt-ce que l'Homme n'execute pas, ayant joint à l'adreſſe de ſon Corps celle de ſon Eſprit; Il n'y a rien au Monde qu'il ne tourne à ſon vſage, & auec quoy il ne produiſe des artifices ſi extraordinaires, qu'il s'eſtonne luy meſme de ſon pouuoir. Il tranſporte où il veut les qualitez effuſiues des Aſtres, comme la chaleur & la lumiere qu'il renuoye d'vn lieu à l'autre par reflexion, & il ſe promet encore d'attirer à ſoy leurs influences les plus ſecrettes. Il n'y a point de Meteore ſi nuiſible dont il ne ſcache ſe defendre, & dont il n'accommode les effets à ſon profit, ou qu'il ne contrefaſſe s'il veut, pouuant former de la pluye ou du vent, & autres Corps par le moyen de pluſieurs Machines & auec l'aplication des matieres neceſſaires, iuſques à imiter le Tonnerre & les Eſclairs par des Bombes & des Canons, & autres feux d'artifice. Il peut auſſi contrefaire le mouuement des Aſtres, comme l'on a veu en la Sphere d'Archimede & en quelques autres, où l'on trouuoit vne imitation de leur cours regulier. Pour les Corps inferieurs qui ſont appellez Elemens, en ce qui eſt du Feu, il ne s'en trouue preſque point icy bas que l'Homme ait fait produire, & l'inuention qu'il a euë de le tirer des cailloux ou d'vn bois tres ſec, ou de la reflexion du Soleil dans des miroirs, auec l'adreſſe de s'en ſeruir

E

en plusieurs de ses necessitez, sont des priuileges qui le distinguent manifestement des autres animaux, lesquels n'en eurent iamais de pareils. Il a beaucoup de pouuoir sur tous les autres Corps principaux, puis qu'il purifie l'air en beaucoup d'endroits, & qu'il fait changer de qualitez & de situation à plusieurs parties considerables de l'Eau & de la Terre. On a suiet d'admirer les Machines Hydrauliques qui contraignent l'eau de se porter en diuers lieux, & de produire des sons, ou des mouuemens & d'autres effets extraordinaires. Pour ce qui est de tous les Corps parfaictement meslez, l'Homme en fait telle aplication & tel ouurage qu'il desire. Il contrefait les mineraux & les metaux, les pierres pretieuses & les perles, & à toutes ces Substances il donne telle melioration, tel embellissement & telle forme qu'il veut. Auec vn choix de matiere & vn certain degré de cuisson il fait le verre, Corps transparent comme l'air, & que mesme il a entrepris de rendre malleable & ductible, ce que l'on pretendoit luy deuoir donner vn plus grand prix qu'à l'or; Il compose les Esmaux qui sont vn meslange de metaux & de quelques substances particulieres; Il tire de tous les Corps des Sels, des Huyles, des Eaux & des Esprits, & il desunit presque les Formes d'auec la Matiere, faisant voir par tout qu'il peut separer le pur d'auec l'impur, & le subtil d'auec le grossier, ou mettre en parfaite vnion les Substances les plus diuerses; Tout cela se fait par le moyen du Feu inferieur & materiel lequel il rend si agissant, qu'il luy donne le pouuoir du Feu superieur & celeste, & dont il dispose auec tant de facilité qu'il luy fait obtenir l'estime du premier des Artisans. Venons aux Plantes qui sont attachées à la Terre, lesquelles reçoiuent vtilement la culture de ses mains; Non seulement il en conserue plusieurs qui periroient sans son secours, mais aussi il les rend plus fertiles qu'elles n'estoient de leur nature, & les entremeslant par les Entes & autres inuentions il en fait naistre des especes d'arbres que l'on n'auoit point encore veus, si bien que d'vn costé acheuant ce que la Nature n'a fait que commencer, & d'vn autre costé adioustant à ses ouurages, ou en faisant des imitations, il se monstre capable en quelque façon de produire vn nouueau Monde. Il ne fait pas pareſtre moins de pouuoir ſur tous les animaux, puis qu'il dompte ou apriuoiſe ceux qui ſont propres à ſon ſeruice, de telle ſorte que l'on les loüe en vain d'eſtre forts ou adroits, veu qu'ils ne le ſont que pour ſon profit; & quant à ceux qui luy ſont nuiſibles, quelques furieux qu'ils ſoient, il a aſſez de forces & de ruſes pour les attraper & en depeupler pluſieurs contrées. Il n'y a rien au reſte de la Nature qu'il n'ait reduit à ſon vſage; Les pierres les plus ſolides compoſent les murailles de ſes Maiſons; Il ſe ſert des autres à faire de la chaux & du plaſtre pour leur liaiſon, & de quelques Terres pour faire de la brique & de la tuille, & le bois des Foreſts eſt employé aux cloiſons & aux planchers. Quant aux Metaux il fond les plus pretieux pour en former pluſieurs vaiſſeaux neceſſaires au meſnage, ou pour faire de la monnoye qui eſt l'entretien du commerce, & l'vn des Metaux les plus groſſiers qui eſt le Fer, eſt rendu le plus neceſſaire, eſtant employé à la cloſture des Maiſons & des Meubles & à fabriquer pluſieurs outils des Arts. Quant aux commoditez que l'Homme a trouuées pour couurir ſon corps, quelques Plantes luy ſeruent à faire du linge; La peau, le poil & la plume des Animaux ſeruent à luy faire des habits; Meſmes le trauail des Vers eſt employé à ſes eſtoffes, & l'or & l'argent ſont filez pour y ſeruir d'ornement. Ce n'eſt toutefois rien des ouurages des Animaux les plus induſtrieux, au prix de l'excellence des ſiens; car qu'eſt-ce que la Coque des Vers à ſoye & la Toile des Araignées, au prix du Damaz, du Satin, du Velours & des Brocatels? Qu'eſt-ce des cellulles des Abeilles, au prix de tant de magnifiques Palais dont l'Architecture eſt ſi induſtrieuſe & ſi diuerſe, & qu'eſt-ce du Nid des Alcyons porté ſur les Ondes de la Mer, auprés des Nauires & des Galeres aſſorties de tant d'equipage que l'Homme fait paſſer d'vn Monde à l'autre malgré la tempeſte & les Vents? il faut confeſſer auſſi que les Beſtes ne doiuent point receuoir d'honneur pour leur induſtrie, puis qu'elle leur eſt vne fonction naturelle, au lieu que l'Homme a acquis la ſienne par habitude. Venons à ſa nourriture pour laquelle les fruits, les fueilles & les racines de pluſieurs Plantes luy ſeruent, auec la chair de quelques Bestes qu'il deguise en tant de façons qu'il les rend mesconnoissables, faisant en sorte que l'appetit le plus languissant en peut estre resuscité. De toutes ces choses & mesmes de quelques matieres minerales, il sçait tirer de si bons remedes à toutes ses maladies, & de si vtiles preseruatifs contre quelques vnes, que si les Loix de la Nature ne l'auoient point fait mortel, il semble qu'il ne deuroit iamais mourir; Et quoy qu'il se serue ainsi de tout ce qui est en l'Vniuers, il ne luy faut point imputer cela à bassesse & à honte; S'il a tantost besoin de la chaleur des Astres & tantost du rafraichissement de l'Eau & de l'Air ou des facultez des autres Corps, l'vsage qu'il en a n'est point vne dependance; Les constitutions naturelles veullent que tout ce qui est au Monde se donne ainsi des secours reciproques, & pour ce qui est de l'Homme, aportant du changement & de la melioration à tout ce qui tombe sous ses mains, & l'accommodant à son profit & à sa gloire comme l'on void qu'il fait, c'est vne marque de la superiorité que le Souuerain luy a accordée. Il y a des choses qu'il ne peut faire reellement comme de Vrais Astres & de vrais Meteores, & mesmes des Plantes & des Animaux qu'il ne peut produire à son gré, mais outre qu'il en imite quelques vns, ainsi que i'ay des-ja dit, de tous ensemble il fait vne agreable representation par la Graueure, la Peinture & la Sculpture, donnant aux pierres & au Metal telle figure qu'il veut, & par la varieté des couleurs produisant les aparences des choses, si bien que ses Statues & ses portraits peuuent passer pour ses Creatures en quelque maniere. Il a mesme le pouuoir d'imiter le mouuement des Animaux les plus agiles, composant des Figures qui se remuent par ressorts, & qui marchent sur vne table comme si elles estoient animées; Il fabrique des Oyseaux qu'il fait voler par l'air, comme l'on recite de la colombe d'Architas, qui peut n'estre point fabuleuse, puis que l'on dit la mesme chose de certaines Mouches qu'vn Ingenieur faisoit pour donner du passetemps à l'Empereur Charles cinquiesme. On sçait aussi que par les Machines Pneumatiques les Animaux contrefaits mugissent, sifflent ou chantent, & que l'on a veu des Statues qui parloient, comme l'on dit de celle d'Albert le Grand. Ayant considéré toutes les choses que l'Homme fait, qu'y a-t'il à dire si-non qu'il est le second Maistre de la Nature, & que s'il n'en ordonne absolument comme celuy qui l'a creé, au moins il en dispose en partie par sa permission, comme estant son Lieutenant icy bas. Ces prerogatiues qui sont attachées au Corps, ne sont rien au prix de celles qui sont purement de l'Ame. C'est en cela que l'on void les auantages manifestes de l'Homme au dessus des autres animaux; C'est vne merueille d'examiner combien de diuerses notions son Entendement reçoit de toutes choses, non seulement des presentes & des absentes, mais de celles qui doiuent arriuer vn iour, ou qui ne sont que dans la possibilité, & comment il les recueille toutes pour en tirer des consequences & des conclusions; Delà deriuent les effets de sa parole, dont les Tons differens guidez par son Esprit, expriment toutes les pensées que l'on peut auoir de tout ce qui agit ou qui subsiste. L'vne de ses plus aimables proprietez est encore dans le Chant, dont l'harmonie diuerse excite à toute sorte de passions, & a vn charme dont on ne se peut defendre. Comme la Parole est le Truchement de ses pensées; Aussi cette Parole a pour son Image l'artifice de l'Escriture, que l'on peut apeller la Messagere de l'Ame, puis que par elle l'Ame communique dans l'absence ce que l'autre peut declarer dans la presence. De mesme que si elle auoit en elle quelque Diuinité, elle conserue par vne longue suite de temps, sur vn papier muet & insensible, les pensées & les discours que l'on a formez dans vn instant qui s'est escoulé, de sorte qu'apres plusieurs centaines d'années, elle peut faire reuiure ce qui sembloit estre mort ou assoupy. A l'inuention commune de l'Escriture, l'on ioint celle des Chiffres, pour cacher les choses à tout autre qu'à ceux à qui l'on les veut descourir, surquoy est interuenu le secret de dechiffrer ce qui est de plus obscur, ce que l'on croiroit ne pouuoir estre fait sans auoir l'Art de deuiner. Apres cecy l'on peut faire cas de l'inuention de l'Imprimerie, par laquelle deux hommes marquent en vn iour sur le papier ce qu'ils ne feroient pas en vn an par l'Escriture ordinaire. Si ce ne sont icy purement des ouura-

E iij

ges de l'Esprit, au moins ils leur rendent du seruice. Mais ou-blierons nous ce qui est de plus important? N'est ce pas vne chose excellente que l'inuention des Nombres & des Mesures par lesquels l'on compte les Corps & l'on iuge de leur grandeur & de leur distance, ce qui a donné la hardiesse aux plus experts de compter iusqu'au sable de la Mer, & de dire qu'elle est la grandeur & la hauteur de la Lune, du Soleil & des autres Planettes. Par ces nombres & ces mesures non seulement l'Homme n'a-t'il pas inuenté les regles de la Musique Theorique, mais encore de l'Harmonie vniuerselle du Monde? N'est-ce point par là qu'il a trouué le moyen de se seruir des Globes, des Carthes & des Astrolabes, & de l'Ayguille aymantée pour sçauoir sous quel degré il se rencontre dans les espaces immenses de la Mer? N'y ioindrons nous point les lunettes à longue veuë qui descouurent presque tout ce qui se fait dans la surface du Ciel? Les Mathematiques & autres Sciences speculatiues ausquelles l'Homme s'occupe font admirer beaucoup d'autres inuentions qui sont la practique de leur Theorie, comme sont toutes celles des Mechaniques, à sçauoir des Horloges, des Moulins & des Machines de diuerses sortes, par lesquelles Archimede esleuoit en l'Air les nauires des ennemis, & se vantoit de pouuoir remuer la Terre hors de sa place, si l'on luy donnoit vn lieu au dehors pour poser ses instrumens. Que si l'on prend garde aux Sciences qui sont purement Contemplatiues ou Rationelles, l'Homme n'y a-t'il pas fait tout ce qui s'y pouuoit imaginer? Y a-t'il rien qui ne soit sousmis a la Metaphysique, à la Physique & à la Logique, & dont la Grammaire & la Rhetorique ne puissent parler pertinemment & eloquemment? L'Homme n'a-t'il pas aussi amené l'ordre du Ciel sur la Terre, lors qu'il a descrit les bonnes reigles de la Morale & de la Politique? A moins que de s'aueugler soy mesme peut-il méconnoistre ces grands auantages qu'il a au dessus des autres Animaux? Mais outre le tresor des Sciences dont il est certain qu'il iouyt, il doit prendre garde que de plus il a ce bon-heur luy seul d'estre touché du desir de la gloire, defaire distinction de ce qui est iuste & honneste, d'auec ce qui est iniuste & deshonneste, d'auoir de la haine pour le vice, & de l'Amour pour la Vertu, de porter ses pensées dans vne vie future autre que celle où il se rencontre, & sur tout d'estre capable de la Foy & de l'Esperance pour les choses immortelles & inuisibles. Ce sont des facultez qui tiennent toutes de l'Esprit, & qui sont aussi pures & aussi releuées, que si son Ame estoit desja entierement separée de la matiere. Quelques Antiens rauis de ces merueilles, oserent apeller l'Homme vn Dieu terrestre, vn animal diuin, ou vn Messager de la Diuinité, asseurant qu'il estoit Seigneur des choses inferieures & familier des superieures, & qu'en luy se faisoit l'alliance & l'Hymenée des choses corporelles & des spirituelles.

Si nous ne nous contentons pas de ce qui est commun à la Nature des Hommes, recherchons encore quelles prerogatiues sont accordées à quelques vns, qui ont des dons si excellens qu'ils ne se ressentent point des miseres & des infirmitez que l'on attribue à leur condition, On en a veu qui auoient le corps si sain & si vigoureux, soit de leur naturel soit par vn bon regime, qu'ils ne souffroient iamais aucune incommodité, & sembloient estre hors de la Iurisdiction de la Mort. Sans parler des premiers Hommes, que la Saincte Escriture dit auoir vescu iusques à vn grand âge, comme Adam qui vescut neuf cent trente ans, & Seth neuf cent douze, elle raporte que ceux d'apres le Deluge eurent encore vne vie assez longue, & qu'Abraham paruint iusques à Cent septante-cinq ans, Isaac à cent quatre vingt, Tobie à cent cinquante huict & Moyse à six vingt. Depuis plusieurs Hommes remarquables ont long-temps vescu, nonobstant le soin qu'ils ont pris des Estats, ou le trauail de leurs estudes. Numa, Solon, & Platon ont passé quatre vingts ans ; Quelques autres sont paruenus iusques à cent ans ; Gorgias Leontin Rhethoricien fameux vescut cent huit ans, & pour monstrer que le nombre de ses années n'auoit rien retranché de la vigueur de son Esprit, non plus que de celle de son Corps, dans son âge fort auancé il composoit encore des Oraisons sur le champ & les prononçoit auec l'admiration de tout le Monde, & il auoüa vn peu auparauant que de mourir, Qu'il n'auoit aucun reproche à faire à la Vieillesse. On raporte qu'en de certaines contrées des Indes, les Hom-

Prerogatiues de quelques Hommes.

Bacon De la Vie & de la Mort. Philost. vie des Sop. Hept. de Torquemade.

mes viuent iufques à plus de huit vingts ans, & que l'on y en trouue quelques vns de plus de deux cens ans, felon ce que leurs compagnons & eux en difent ; On parle d'vn habitant de Tarente à qui fur fa centiefme année, il reuint des cheueux noirs & de nouuelles dents, & fa peau ridée & fleftrie deuint vermeille & frefche, de forte que c'eftoit veritablement eftre rajeuny, & qu'il paffa comme vne feconde Vie iufques à l'âge de cent cinquante ans. Pour la beauté & la bonne mine des Hommes, il a toufiours efté manifefte que quelques vns les ont euës en vn tel degré, qu'ils ont attiré le refpect de tous ceux qui les ont regardez. Il y a auffi de merueilleux exemples dans l'antiquité de la force du Corps, comme de ceux qui pouuoient porter de groffes Colomnes, & qui pouuoient arrefter vn chariot traifné de quatre cheuaux courans à bride abbatuë. La dexterité pour toute forte d'ouurages a efté fort renommée : On a veu des Hommes eftre capables de toute forte de meftiers & de profeffions, & en exercer plufieurs enfemble ou les vns apres les autres. On en a veu encore poffeder abondamment les Biens de la Fortune auec ceux de la Nature, ce que l'on a crû eftre caufé par leur bonne conduite & leur merite. L'on fçait combien ont efté heureux felon le Monde & au moins iufqu'au changement de leurs affaires, tant de Princes Souuerains & de grands Conquerans, & combien d'autres dans vne condition mediocre & particuliere, ont eu toutes chofes à fouhait, comme s'ils euffent efté maiftres des euenemens & du Deftin. Paffons aux facultez de l'Ame que plufieurs ont poffedées dans le fupreme degré. Quelques vns ont monftré des effets prodigieux de Memoire, comme Cyrus qui connoiffoit de vifage & de nom tous les foldats de fon armée, & le Roy Mythridate qui fçauoit le langage de vingt & deux peuples qui luy eftoient fujets, aufquels il pouuoit parler fans truchement, & Marc Année Seneque qui a dit dans fes Controuerfes, qu'ayant ouy reciter deux mille mots, il les pouuoit redire apres tout d'vne fuite. La force de l'Imagination a paru dans les ouurages de plufieurs Peintres, Sculpteurs, Orfevres & Architectes, & fpecialement dans les Pompes qu'Hyeron a inuentées pour l'efleuation des Eaux, &

dans

dans les diuerses Machines de plusieurs Ingenieurs qui ont eu des effets si admirables ; Les beaux escrits des Poëtes dependent encore de cette faculté, qui fait treuuer de la delectation & du profit tout ensemble, dans les vers d'Homere, de Pindare, de Virgile, d'Horace, d'Ouide & d'autres Poëtes que l'on a crû vser du langage des Dieux, ou du moins auoir representé toutes les puissances de la Diuinité sous leurs fictions. L'Entendement n'a pas manqué d'y auoir part, mais il s'est fait valoir le plus dans les discours & les Escrits de tant de Philosophes, de Theologiens & d'autres Autheurs celebres. Que doit-on penser de Platon, d'Aristote, de Ciceron, de Saint Augustin, de Saint Thomas, & de tous ces grands Hommes, qui ont possedé toutes les Sciences tant Diuines qu'Humaines, & nous en ont tracé de si beaux enseignemens dans leurs Liures ? N'auons nous pas eu aussi nos Sçauans dans les derniers Siecles comme les deux Pics, les deux Scaligers, Erasme, Cardan, Fernel, & quelques-vns plus recens d'entre lesquels nous n'oserions en nommer vn seul sans les nommer tous, pource qu'il n'y a pas moins de sujet de loüer les vns que les autres. Mais l'on les connoist assez pour sçauoir que l'on ne peut atteindre plus auantageusement qu'ils ont fait à la sublimité de l'Esprit. Ce n'est pas tout de parler de ceux qui ont acquis les Sciences, si l'on ne parle de ceux qui sont paruenus au comble de la Sagesse, & qui ont cultiué la vraye Vertu. Parmy les Payens on a veu des gens sobres, chastes, & temperans en toutes choses, patiens à toutes sortes d'injures & de douleurs & qui exerçoient la Iustice, mesmes enuers leurs ennemis. Socrate, Phocion, Aristide, & Caton, ont esté des exemplaires de toutes les Vertus morales, autant que l'on les pouuoit auoir sans estre esclairé de la vraye Foy. Si nous cherchons les Vertus intellectuelles en leur souueraine existence, ne les trouuons nous pas dans les Peres de l'ancien Testament, & dans ceux du Christianisme, qui ont eu vn sçauoir si exquis & vne Sagesse si esprouuée ? Se peut-on imaginer vne plus grande Perfection pour les Hommes que d'auoir les dons celestes de Prophetie, & de lire dans l'auenir aussi facilement que dans le passé, & apres vne entiere purgation de l'Ame,

F

auoir l'illumination & l'vnion auec Dieu ? C'est ce qui a esté octroyé aux Prophetes, qui ont predit la venuë du Sauueur du Monde & le progrez de son Eglise, & à tant de Saincts qui pour la fermeté de leur foy & le merite de leurs œuures, ont esté receus dans le Ciel ; Et ne croyons pas que tous ces Biens ayent esté particuliers pour eux ; Ils sont encore offers à tous ceux qui voudront suiure le mesme chemin.

Que le deffaut des biës du Corps & de l'Ame en quelques particuliers, n'empesche point que les Hommes ne soient estimez capables de Perfection.

Ayant consideré des Priuileges si grãds que Dieu a dõnez liberalemẽt aux Hõmes, nous ne deuons point douter qu'ils ne soiẽt capables de Perfection ? Que dira-t'on contre cela sinon que toutes ces graces diuerses ne sont pas faites à tous ; Que pource qui est des Biens du Corps, comme la Santé, la vigueur & la longue vie, il y en a fort peu qui en iouïssent ; & qu'au contraire on en void plusieurs qui sont accablez de douleurs & de maladies, & qui meurent d'vne mort precipitée : Mais il faut prendre garde que cela arriue souuent par leur faute, & qu'en ce qui est des autres Biens du Corps & de ceux de la Fortune leur manquement peut aussi proceder de leur negligence. On leur reproche encore le grand nombre qui se trouue parmy eux, d'ignorans, de Fous & de Vitieux, & que la plus part menent vne vie si desreglée qu'ils paroissent fort esloignez de tous les auantages de l'Ame. Neantmoins il se faut representer qu'en quelque estat, qu'ils soient leur perfection essentielle ne laisse pas de subsister, rien ne pouuant abolir leurs facultez spirituelles, qui leur ont esté données pour connoistre tout ce qui est dans l'Vniuers, en former des raisonnemens, & en tirer diuers Vsages, & se porter à la Vertu ; Toutes lesquelles choses s'ils ne font point, ce n'est que faute d'y apliquer leur intention ; Voila pourquoy comme il est en leur choix de les faire, l'on parle d'eux de mesme que s'ils estoient ce qu'ils peuuent estre, sans que le particulier doiue nuire au general. Il est donc certain qu'encore que ceux qui prennent plaisir à s'auillir de cette sorte, soient iugez fort imparfaits, veu mesmes que la pluspart le confessent & le publient, il faut pourtant qu'ils se reconnoissent parfaits malgré qu'ils en ayent, au moins en ce qui est de leurs proprietez naturelles, & qu'ils auoüent que leurs deffaux ne prouiennent que de leurs volontez corrompuës. Que s'il se treuue quelques hommes qui s'estant formé plusieurs bons desseins, n'en voyent aucun qui soit suiuy d'execution, & dont toute la vie n'est qu'vne suite de malheurs, ou qui pour leur pauureté & leur abaissement sont le mespris des autres, il ne faut pas s'imaginer que cela deriue tousiours de quelque imperfection qui soit en eux: Les personnes les plus vertueuses ne peuuent pas aporter vn changement infaillible aux accidens fascheux qui se rencontrent dans la vie ; aussi ne se doiuent elles pas beaucoup passionner pour cecy, & estre saisies de desespoir ou de simple regret pour de tels succez, puisqu'elles peuuent estre recommandables d'autre sorte ; Car si elles ne temoignent de la Perfection à sçauoir acquerir les Biens de fortune & du Monde, elles en monstrent à s'en pouuoir passer. Tous les Hommes sont estimez parfaits ou d'vne perfection actuelle ou par la puissance qu'ils ont de l'obtenir, & si l'on continue à nous objecter que sans prendre garde à ce que peuuent estre les Hommes, il est certain qu'il y en a d'aussi imparfaits que les Bestes, ie soustiendray qu'en recompense il y en peut auoir au mesme temps d'aussi parfaits que les Anges, & qu'ils pourroient tous se rendre semblables à ces esprits bien-heureux, si leurs inclinations & leurs œuures correspondoient aux graces Diuines, & faisoient leur profit d'vn si bon secours. Quoy ! les incredules & les Errans nous repartiront ils auec opiniastreté, que ces perfections ne subsistent que dans l'imagination ? & que réellement on void des Hommes qui ont des pensées toutes bestialles, & que sans cela toute leur espece a beaucoup de conformité auec les autres Animaux, ayans de mesme leur corps à nourrir, estant forcez de laisser assoupir leurs Sens par le sommeil, & estant sujets aux troubles d'esprit, aux maladies du Corps & à la Mort ? Tant s'en faut que de tels argumens ayent quelque force pour raualler les Hommes, qu'au contraire nous pouuons conjecturer, que si ayant les prerogatiues de la Raison & de la Foy, ils ne laissent pas d'estre semblables aux autres Animaux par beaucoup de qualitez corporelles, ce n'est que pour rendre l'Vniuers accomply, s'y trouuant des Substances dont l'Ame est dependante du corps & meurt auec luy,

F ij

comme celles des Beftes, & d'autres Subftances toutes Spirituelles & fans Corps qui font les Anges, & d'autres qui eftant iointes à des Corps font pourtant fpirituelles, qui font les Ames des Hommes, lefquelles peuuent mefme fanctifier leurs Corps par le bon vfage où elles l'employent, & le rendre digne d'eftre vn iour revny auec elles, pour receuoir la recompenfe de leurs trauaux. Que fi l'on ne ceffe iamais de reprefenter les infortunes qui arriuent à plufieurs Hommes, & les deffaux de leur Police generalle, où les Vertus ne font point recompenfées, ny les vices punis, & où le contraire fe void tous les iours, c'eft en vain que l'on allegue cecy pour marque de leurs imperfections, puifqu'il ne tient qu'à eux qu'ils ne les corrigent & qu'ils ont le pouuoir de l'executer. Ceux qui ont reuoqué en doute que les hommes fuffent capables de quelque Perfection, doiuent eftre fort furpris de ce que ie demeure d'accord de tous les deffaux qu'ils ont alleguez, furquoy ils penfoient auoir excufé leur lafcheté & leurs mauuaifes habitudes; Mais ils doiuent remarquer que ceux qui en iugent le mieux, ne confeffent point que ces malheurs les puiffent vaincre ny eftonner, ny qu'ils nous empefchent de paruenir à la Perfection foit que nous la fouhaitions pour le particulier ou pour le general, & que nous cherchions les difpofitions qui nous y adreffent. I'ay remonftré que les deffaux que l'on fe figuroit en la conftitution du Corps des Hommes, n'eftoient pas tous fort vrays, & que les autres eftoient fuportables par le contrepoids des auantages de l'Ame. Pour les miferes de la Vie & les Vices qui les caufent, ie n'ay garde de les nier eftant manifeftes comme ils font, & fi i'y ay fait icy peu de refponce, c'eft que i'en doy parler dans tout le refte de mon ouurage, qui ne fera prefque employé qu'à chercher des remedes à de tels maux, afin que triomphant de leur deffaite, ceux qui afpirent à la Perfection la puiffent acquerir. La penfée n'en eft point prefomptueufe, puifque nous entendons que cette Perfection foit felon les limites de noftre Nature, & telle qu'elle nous eft accordée pour cette Vie, ou que fi on ne peut obtenir la Perfection fouueraine l'on fe contente de quelques Perfections inferieures & diuerfes, qui ayant toutes du raport en-

DE L'HOMME.

semble composent celle que nous desirons.

Ayant conclu que les Hômes sont capables de perfection, ie leur representeray encore cûbien ils sont obligez de la rechercher. Ce n'est point seulemēt de la part des Philosophes & des Sages du Monde que nous en receuons les exhortations; C'est de la part de Dieu, Vnique & supreme, qui luy mesme ou par ses sacrez Interpretes, a excité les hommes à chercher la perfection; Ce n'a pas esté assez d'en faire esperer le succez: Il y a eu commandement de le poursuiure. Il est raporté dans la Genese que Dieu commanda à Abraham d'estre parfait; Et dans le Deuteronome il est aussi commandé au Peuple Iuif, de se monstrer parfait & sans tache deuant le Seigneur. Or si ce commandement leur a esté fait, il faut croire qu'ils estoient capables de l'accomplir; Car la parole de Dieu ne se fait point ouyr en vain. Quand nous parlons de rendre l'Homme parfait; c'est le faire atteindre à la fin pour laquelle il est né; qui est d'honorer Dieu & se conformer à luy & à ses commandemens par la Vertu; ce qui fait obtenir la perfection & le Bien souuerain. Mercure Trismegiste, le plus esclairé de tous les Payens, assure neantmoins, Que le Bien ne se peut trouuer parmy les Hommes, & qu'il n'en ont que le Nom & nullement l'effet; Que le Bien n'est qu'en Dieu, ou plustost que Dieu mesme est le Bien: Mais pour s'accorder en cecy à la Philosophie Chrestienne, il faut qu'il entende, Que Dieu est tellement le Bien, qu'il n'est eminemmēt qu'en luy, & que c'est luy seul qui le cōmunique à ses Creatures; Qu'il en fait les Hommes participans en quelque sorte dés cette Vie, mais que ce n'est que pour les acheminer à vne autre meilleure, où le Bien & la Perfection leur seront donnez amplement & suffisamment. Les Sacrez Cahiers de nostre Religion, ne contiennent rien encore de plus frequent que les promesses du Bien & de la Beatitude, pour ceux qui ayment Dieu, qui le craignent, qui esperent en luy & qui gardent sa Loy; Il faut aspirer à ce Bien sur de si bonnes asseurances.

Pource qu'il n'y a rien de plus important aux Hommes; Aussi s'en treuue t'il quantité entr'eux qui ayans la capacité d'expliquer les diuins Mysteres, preschent & escriuent sur ce sujet;

Dieu a cōmandé aux Hommes d'aspirer à la Perfectiō, & la leur a promise.

Genes. 17.
Deut. 18.

Pimandre chap. 6.

Tob. 13. 18.
Psal. 12. 1.
Psal. 33. 9.
Pro. 29. 18.

Outre les liures de Deuotion & de Pieté, on en peut escrire de Science & de Moralle pour conduire les Hommes à la Perfectiō.

F. iij

Mais comme il eſt mal ayſé de monter au ſommet ſans paſſer par les degrez, chacun ne peut pas atteindre ſi haut d'abord, & lors que l'on a la hardieſſe de le vouloir faire, il ſe trouue aſſez ſouuent que l'on n'eſt pas pourueu de tout ce qui eſt de beſoin pour l'executer. La Perfection ayant pluſieurs parties, quoy que les plus eſleuées ſoient les plus recommandables, on doit encore auoir eſgard aux plus baſſes pour leur donner leur accompliſſement. La vie actiue eſtant le ſecours de la contemplatiue, & ſe trouuant neceſſaire à la conſeruation de la Societé humaine, elle doit auoir ſa part de nos ſoins; On ne ſcauroit rendre noſtre ouurage de la Perfection de l'Homme aſſez vniuerſel, s'il ne comprend ce qui concerne les Mœurs auſſi bien que les Sciences; Ce ſera là qu'il fera mention des Vertus de Religion & de Pieté; Car qui dit vn Homme parfaict, dit auſſi vn Parfait Chreſtien. Il eſt tres à propos de compoſer des Entretiens ou Exercices de deuotion pour ceux qui veullent viure de l'Eſprit plus que du Corps, & pour retirer meſmes des affections corporelles ceux qui y ſont trop attachez. Ie ſouhaite bien de traiter de ces choſes aux lieux neceſſaires, afin de rechercher tout ce qui apartient à l'Homme; Mais ie ne ſcaurois eſtre obligé d'en rien eſcrire d'vne fort longue eſtenduë, puiſque nous en auons deſia des Liures en quantité faits par des perſonnes Religieuſes de qui c'eſt le propre employ; Soit que l'on les voye les premiers, ou concurremment auec d'autres, on peut s'arreſter encore à nos diuerſes aplications touchant la vie ſtudieuſe & la vie moralle ou la politique. La Science & la Prudence nous doiuent guider à la Sageſſe la plus haute; Les moyens de ſe bien gouuerner dans ſa condition & dans ſes affaires, ſont autant d'aydes pour rendre vne vie parfaite.

Il y a touſjours quelque nouueauté à dire touchant la Perfection.

Il eſt vray que quand l'on entreprend de parler de tant de choſes, il ne ſe peut autrement qu'il n'y en ayt qui ſoient deſia le ſujet de pluſieurs volumes; Mais il ne faut pas que cela nous deſtourne de l'entrepriſe. C'eſt trauailler aſſez vtilement quand l'on ne feroit que recueillir ce qui eſt eſpars, afin que rien ne s'en perde, & que tout à coup cela ſoit preſenté à la veüe; Il faut croire auſſi qu'encore que l'on ayt deſia dit beaucoup

DE L'HOMME.

de choses, l'on n'a pas dit tout ce qui se pouuoit dire, & que ceux qui tiennent; Que l'on ne sçauroit rien dire qui n'ayt desia esté dit, veullent excuser en cela la foiblesse de leur Genie. Le Sage a asseuré; Qu'il n'y auoit rien de nouueau sous le Soleil, mais il l'a entendu pour le general des accidens, non pas pour leurs diuerses especes & circonstances. De plus quand tout ce qui est imaginable, auroit esté dit, cela ne l'a pas esté auec vne telle diuersité, que l'on ne le puisse faire voir sous vne autre forme. Comme vn Architecte fait vn Edifice tout nouueau auec les mesmes pierres qui auoient serui à vn autre; Aussi auec les mesmes matieres dont plusieurs Autheurs ont composé quelques ouurages, rien n'empesche que l'on n'en puisse faire vn tout different : Mais ne nous attendons pas seulement à la difference de la Structure ; Puisque chaque indiuidu a ses proprietez particulieres, chaque Esprit dans ses productions monstre vn caractere particulier qui ne conuient qu'à luy. Celuy qui a choisi de parler de la Perfection, ayant tourné toutes ses pensées à cela, ne doit pas plaindre son trauail & sa recherche, pour n'estre point contraint de se satisfaire de choses communes. Dautant mesmes que la Perfection est malaisée à acquerir, & que beaucoup de choses luy sont necessaires, il y a tousiours quelque nouueauté à en proposer. Quoy que pour le regard de l'Homme, ce Bien s'accomplisse de certaines parties connûes & terminées, il y en a encore qui sont estendues à l'infiny, tellement que l'on en peut bien representer qui iamais n'auoient esté considerées. Quelques Philosophes ont crû que comme apres de longues circulations, tous les Astres se retrouuët en vn mesme lieu; Ainsi toutes les choses de la Terre qui suiuent les influences celestes, retournent en mesme estat apres de certaines reuolutions : C'est pourtant vne erreur insigne de s'imaginer que ce doiuent estre tousiours les mesmes Hommes, les mesmes affaires & les mesmes euenemens, veu que nos derniers siecles ont des maximes fort esloignées de celles d'autrefois, & qu'encore que l'on y ayt les mesmes vices à combattre, c'est sous des figures differentes. Il faut donc de nouuelles instructions pour nous aprendre à chercher la Per-

Ecclesiaste Chap. 1.

fection, & nous deliurer des obstacles qui s'y opofent. Pour estre capable de cecy, l'on doit estudier dans le grand Liure du Monde; C'est là que se sont instruits les premiers ceux que l'on a appellé les Pedagogues du genre humain; Les Enseignemens qui viennent d'ailleurs ne sont qu'erreur & fiction. Que si tout ce qui est bon, fait de la peine à obtenir d'abord, lors que l'on suit les choses naturelles & vrayes, la matiere ayde enfin d'elle mesme à se faire trouuer, tellement que cheminant par le droict sentier, l'on ne manque pas de moyens de se rendre Parfaict.

*DES BIENS DE L'HOMME
tant pour le Corps que pour l'Ame, lesquels on estime
ses Perfections.
Que les Biens du Corps & ceux de la Fortune ne sont
point de vrays Biens;
Qu'il n'y a que ceux de l'Ame qui soient certains &
stables.*

CHAPITRE II.

'ESTANT proposé de rechercher quelle est la Perfection de l'Homme & les moyens d'y paruenir, il en faut parler en general, puisqu'il ne doit rien manquer à ce que l'on veut rendre parfait. L'Homme ayant deux parties differentes qui sont le Corps & l'Ame, elles ont des perfections diuerses chacune, qui toutes ensemble peuuent former vne seule Perfection, laquelle suiuant l'opinion de quelques vns, est le souuerain Bien & la souueraine félicité, ou au moins ce qui les fait obtenir, car on ne doute point qu'vn Homme parfait n'obtienne tout le Bien qui se peut acquerir, & qu'il ne soit souuerainement heureux. Or comme il y a des Perfections diuerses, il faut croire qu'il y a des Biens diuers, subordonnez les vns aux autres, & que pour leur acquisition ou conseruation, l'Homme doit employer ses perfections differentes, qui le faisant paruenir à vne Perfection acheuée, le conduisent pareillement à vn Bien accomply. Ie ne m'esleue point encore à ces rares qualitez : Ie ne suis

Des Biens ou Perfectiōs du Corps & de l'Ame

icy qu'à l'ouuerture des choses. Ie doy chercher quelles sont les perfections particulieres ou les Biens particuliers, auant que de penser à l'vnique Bien & à la perfection generalle. Plusieurs tiennent qu'il faut pouruoir aux biens du Corps autant qu'à ceux de l'Ame, si l'on veut rendre l'Homme parfait. L'vniuers, ce dit on, ne seroit pas accomply s'il n'y auoit des Elemens grossiers tels que la Terre & l'Eau, & des Corps subtils comme le Ciel & les Astres. Rien ne paroistroit haut & excellent, s'il n'y auoit quelque chose de plus bas & de moindre valeur. Employons nous donc à examiner tout ce qui peut conferer à l'homme les auantages qu'il se propose, afin qu'il s'en serue dans le besoin.

S'il faut parler des Biens du Corps deuãt ceux de l'Ame.

Pour proceder par degrez, il semble qu'il faille premierement faire mention de ce qui regarde le Corps, & qu'estant de moindre dignité que l'Ame, cela le doiue faire considerer le premier, à cause que l'on a plus de facilité de le mettre en bon estat, ioint que la vie qu'il a icy bas, est parmy toutes les autres choses corporelles conformes à sa condition, lesquelles l'on n'a point de peine à trouuer pour fournir à ses necessitez; Neantmoins comme l'Ame est sa guide principalle, il a tousiours affaire d'elle pour choisir ce qui luy est vtile, tellement que si elle n'est ornée des meilleures qualitez qu'elle puisse auoir, elle ne sçauroit estre capable de l'adresser à son bonheur; voyla pourquoy l'on peut dire qu'il faut pouruoir à la Perfection de l'Ame auant que de penser à celle du Corps, specialement pour les personnes qui sont en âge de raison & de discernement, & qui se conduisent elles mesmes, ou qui comprennent bien les enseignemens des autres; Car pour les Enfans qui n'ont pas encore l'vsage de la plus haute faculté de leur Ame, l'on pense seulement d'abord à perfectionner leur Corps, afin de le preparer à seruir d'instrument aux puissances de sa superieure, & à mesure que l'âge croist, l'on s'employe pour tous les deux esgalement. Cela est cause que ie pourrois commencer icy par le discours des perfections du Corps sans tomber en faute, comme pour seruir de fondement au reste: Mais ie doy prendre garde si ie ne m'y occuperois point en vain, d'autant que l'on dispute au Corps ses perfe-

DE L'HOMME.

ctions, comme n'eſtant pas vrayes, mais trompeuſes & incertaines. Afin d'en iuger ſeurement, il les faut examiner toutes ſans paſſion, & nous repreſenter quels ſont les Biens des Hommes, tant pour le Corps que pour l'Ame, puiſque l'on entend leurs perfections & leur bonheur, par ce que l'on appelle leurs Biens, & que c'eſt par ces Biens là qu'ils ſont rendus parfaits & heureux.

Les Biens du Corps ſont la Santé, la Vigueur, la Beauté & la Dexterité; Ceux de l'Ame ſont le bon Eſprit, la Science, la Sageſſe & le Contentement. Les Biens du Corps pourroient encore eſtre mis ſous la diuiſion des Biens de la Nature & de l'Art, donnant la Santé, la Vigueur, & la Beauté à la Nature, & la Dexterité à l'Art; Toutefois cela n'eſt pas neceſſaire quand l'on veut parler abſolument de ce qui apartient au Corps. L'on nomme d'autres Biens dont l'on attribue les vns à la Nature, & les autres à la Fortune, comme ils paroiſſent en dependre par leur origine; mais en ce qui eſt de leur aplication, ils ſont pour l'Ame & le corps tout enſemble, & quoy que ce ſoient des Biens externes & ſeparez de la perſonne, ils s'y attachent ſouuent de telle ſorte, qu'ils ne luy ſont pas moins conſiderables que les autres, & peuuent eſtre reduits ſous vn meſme ordre. Ces biens ſont la Nobleſſe du ſang ou autre naiſſance fauorable, les Richeſſes, les Dignitez, la Reputation, & la quantité d'Amis & de Parens. On ne doute point que la Nobleſſe de race & toute bonne naiſſance, ne ſoient du bonheur du Corps, puiſqu'elles en deriuent, & que par meſme moyen ce ne ſoient auſſi des biens de la Nature. Les Richeſſes, les honneurs & les autres biens attribuez à la fortune, ſont de vray entierement externes; & pourtant ils peuuent eſtre rangez auec les auantages du Corps à cauſe qu'ils operent à ſon bien particulier, lors qu'ils luy font obtenir ce qui luy eſt propre, comme les alimens, les veſtemens, l'habitation, & toutes les voluptez ſenſuelles, & meſmes les remedes des maladies, qui ſemblent eſtre d'auantage au pouuoir des gens riches & de credit que des pauures.

Diuiſion des Biens du Corps & de l'Ame, & de ceux de la Nature & de la Fortune.

Ces Biens de Fortune eſtant auſſi acquis par la ſubtilité de l'Entendement, l'Ame pretend que venans de ſa premiere fa-

Comment l'Ame s'at-

G ij

tribue les Biens du Corps, & de la Nature & de la Fortune.

culté, ils luy appartiennent par dependance, & que comme ils luy doiuent leur production, elle s'en peut attribuer la ioüyssance pareillement. Pource qu'elle s'employe à acquerir, ou à conseruer & ameliorer les biens essentiels du Corps & de la Nature, elle range encore tout cela sous son authorité, & s'en sert continuellement à ses fins. Se voulant monstrer la superieure, elle ne se donne pas seulement du pouuoir sur le bien qui luy est propre naturellement, comme la Science ou la Sagesse, mais elle veut tirer profit de tous les autres biens, faisant comme vn Maistre qui dispose de ses Terres & Seigneuries & de tout ce qui y croist, & qui repute à soy tout le trauail de ses esclaues. L'Ame estant dans vn beau Corps, est rauie d'y estre logée comme dans vn superbe Palais que chacun regarde auec admiration; l'honneur en reflechit sur elle, parce qu'il est de ses apartenances. Elle se glorifie aussi d'auoir pour seruiteur & pour confident, vn Corps qui vient de sang Illustre, & qui est sain, vigoureux & adroit pour executer toute sorte de bonnes actions. Elle est comblée de plaisir pour les richesses qui l'enuironnent, par le moyen desquelles elle espere d'auoir toutes les commoditez de la vie. Quant aux Dignitez & à la bonne Estime ou Renommée, c'est souuent sa satisfaction principalle, pource qu'elle se plaist fort aux loüanges & aux soufmissions qu'elle reçoit de chacun. La conuersation auec des Parens ou des Amis, est vn de ses alimens les plus agreables, de sorte qu'encore que ce soient là tous biens externes, & qu'il y en ait qui ne soient destinez specialement que pour la perfection du Corps, on doit croire que l'Ame en augmente la sienne par la ioye qu'elle en reçoit, à cause qu'elle se rend plus parfaite estant contente. C'est ce qui fait que quoy que les Richesses, les Dignitez & le nombre d'Amis ne puissent estre nommez entre les Perfections de l'Homme, si est-ce qu'on en peut faire la discution en mesme endroit, comme estant des Biens ou des dependances du Bien, & comme estant des aydes de la Perfection & souuent de ses effets, puisqu'on ne sçauroit nier, que les habiles Hommes n'ayent en leur disposition plus facilement que les autres les biens & les honneurs de la Terre, & qu'ils n'ayent aussi plus

DE L'HOMME.

de moyens de se faire aimer & d'acquerir vne reputation fort estenduë. De mesme ils peuuent mieux que tous autres se conseruer en Santé & en vigueur, & auoir tous les autres Biens corporels. Il ne faudra donc point trouuer estrange, si parmy les enseignemens de la Perfection, ie parle de ces Biens, d'autant mesmes qu'on desire que tout se raporte au sujet principal.

Neantmoins ne nous laissons pas tromper par les tiltres que l'on donne aux choses sans nous informer qu'elle est leur essence. Si nous examinons à la rigueur, tout ce que l'on nous fait passer pour des Biens, nous trouuerons que ceux qui sont attachez au Corps & qui dependent de la Nature, & ceux qui sont distribuez par la Fortune & le hazard, ne sont point de vrays Biens, quoy que l'on leur donne presque tousiours la qualité de Biens, & que l'on s'en serue comme de tels quand l'occasion le veut ; Pour monstrer qu'on ne les doit point tenir en ce rang, on peut remarquer qu'ils ne sont pas necessaires à nous rendre heureux, & que leur priuation ne sçauroit empescher que l'on n'arriue à vn bon heur souuerain, tellement que n'estans pas des Biens, l'on doit croire qu'ils sont beaucoup moins estimables que ce qui conduit à la Perfection accomplie ; mais pource qu'il y a plusieurs Hommes qui sont gagnez par eux, & en ont vne opinion fort auantageuse, sçachons quels sont leurs pretextes ; & par quelles raisons nous les pouuons combattre.

Que les Biens du Corps & de la Nature, & ceux de la Fortune, ne sont point de vrays Biens.

Considerons premierement la Santé que les Hómes iugent si precieuse ; Il est vray qu'elle rend leur Corps capable de toutes ses fonctions ; Qu'elle leur fait prendre plaisir à voir & à entendre, & à jouyr de toutes les autres facultez sensitiues, & qu'au contraire depuis qu'vne maladie les accable, ils sont dans vne langueur generale. Les Sens ont à cette heure là leurs facultez si alterées, que leurs objects naturels les ennuyent, ou que mesmes ils n'en ont plus la iouyssance ; La veüe est affligée de tout ce qui luy paroist, les oreilles sont estourdies des plus doux sons ; l'odorat est offensé de toute sorte d'odeurs, & le Goust ne treuue aucune saueur aux meilleures viandes ; Toutes les parties où le Toucher reside sentent de la rudesse en ce qui les aproche, outre les douleurs vniuerselles ou particu-

Que sans la Santé l'on ne peut iouyr des facultez des Sens.

G iij

lieres qu'elles fentent au dedans. L'Ame mefme qui eft la Maiftreffe des Sens & du Corps, fouffre beaucoup pour les maux qu'ils luy communiquent; Cette demeure luy eft vne prifon non feulement trifte & obfcure, mais pleine de fuplices & de geînes. Si quelques hommes eftabliffent les plus agreables biens du Corps aux Voluptez lafciues, ils en font alors entierement priuez, pource que l'on n'en fçauroit iouyr quand tous les autres plaifirs les plus naturels & les plus ordinaires s'efuanoüiffent. Mais voyons encore fi la perte des vns ou des autres, nous afflige tant que nous deuions nous imaginer d'eftre dans vn entier malheur par cette priuation; Il y a des argumens affez fubtils fur ce fujet.

Que la iouyffance des Sens & autres biens du Corps ne font pas abfolument neceffaires au bonheur.

Reprefentons nous que nous n'aimons l'vfage des Sens que pour ioüyr de leurs objets, & que les chofes pour lefquelles nous n'auons plus de fentiment ceffent enfin de nous toucher; L'Aueugle ou celuy qui a feulement la veuë baffe, eft peu curieux de tableaux & de tout autre fpectacle. Celuy qui n'a pas l'oreille bonne a peu de foin de la mufique; Le defir des odeurs ne refueille point celuy qui a le cerueau empefché; Le plaifir de l'attouchement n'attire point vn membre ftupide & Lethargique, & en ce qui eft du Gouft, tant s'en faut que celuy qui a peu d'appetit foit excité à manger en voyant des mets delitieux, qu'au contraire il les a en horreur, & s'il ne les void point il les fouhaite moins encore; Bref tous les appetits que donnent les Sens, font ainfi amoindris par leur peu de vigueur, mefme en prefence de leurs objets, & quoy que la Memoire fe puiffe quelquefois reprefenter leurs premieres douceurs, les puiffances ceffant d'en eftre efmeuës, enfin par l accouftumance l'on aprendra à s'en paffer. Cela fait donc connoiftre que ce ne font point là des Biens qu'il faille auoir abfolument pour eftre vn Homme heureux; Car en ce qui eft des Sens, la perte fortuite de quelques vns ou leur priuation dés la naiffance, n'empefchent point que la vie d'vn Homme ne foit conferuée. Ie nommeray en cette occafion la veüe, l'oüye & l'odorat, & i'y ioindray mefmes le Gouft, lequel eftât perdu ou entierement peruerty, on ne laiffe pas de fe nourrir des alimens que la Langue & le Palais ne fauourent prefque plus. Pource que le Toucher reside en toutes les parties tant interieures qu'exterieures, il pareſt de vray que c'eſt vn Sens qui ne nous peut abandonner qu'auec la Vie, mais au moins on dira que ne ſe trouuant point aux membres perclus, quelques Hommes aprennent à s'en paſſer à moitié, & que ſe conſolant dans leurs deffaux corporels par les auantages de leur Ame, ils font connoiſtre que leur felicité ne depend point des choſes caduques. Quant aux plaiſirs lubriques, comme la iouiſſance n'en eſt point neceſſaire, & que pluſieurs s'en paſſent pour leur âge trop bas ou trop auancé, ou pour leurs infirmitez naturelles, ſans en eſtre beaucoup affligez, il ne faut point croire que ce ſoit vn contentement qui doiue entrer dans la compoſition de noſtre bien, & que ne l'ayant point l'on ſe doiue eſtimer malheureux. D'ailleurs puiſqu'on void qu'vne petite maladie nous peut priuer de la iouiſſance la plus naturelle & la plus legitime de tous nos Sens, cela eſtant on ne ſe doit point imaginer que le Bien parfait ſoit eſtably en ce qui nous peut eſtre ſi facilement oſté. Les voluptez lubriques & charnelles ne ſont pas non plus fort aſſeurées, puiſque meſmes elles font perdre au Corps ce bien ſi agreable de la Santé, ſans lequel elles ne peuuent ſubſiſter : Si la Santé eſt neceſſaire pour produire ce plaiſir, elle s'en trouue à la fin deſtruicte, Car c'eſt vn enfant qui tuë ſa mere. Or comme les voluptez qui paſſent les regles de la Temperance nuiſent à toutes les facultez de l'Ame, n'eſt il pas honteux de les prendre pour des biens ou des effets du bien, puiſque ce ſont de vrais maux ? D'ailleurs tous les biens du Corps nous eſtant communs auec tous les autres animaux de la Terre, y a-t'il ſujet d'en faire cas ? Pour monſtrer que nous auons quelque choſe au deſſus des Beſtes, ne faut il pas que nous ayons des biens plus releuez, qui meſmes ſupléent aux autres lors qu'ils nous manquent, & qui nous eſleuent à des choſes plus deſirables.

Replique touchant la priuatiõ des Sens & continuation de ce que l'on allegue des auantages de la Santé.

Sans auoir eſgard à tout cecy, ceux qui veulent exalter les Biens du Corps & de la Nature repliquent, qu'ils ne font aucun cas des argumens tirez de la priuation de quelques Sens & de leurs plaiſirs, que quelques perſonnes ne regrettent point, pource que chacun n'eſt pas de ce naturel qu'on doit nommer stupidité, & que la pluspart des Hommes ne sçauroient oublier les voluptez passées, ny effacer de leur Esprit celles que seulement ils se figurent. Ces Hommes sensuels nous asseurent encore que tous ces Biens pour lesquels ils parlent sont si veritablement des Biens qu'il n'y en a point de plus necessaires, & que mesme tous les Biens de l'Ame en dependent. En continuant de plaider pour la Santé, ils disent que c'est le premier des Biens & le fondement de tous les autres ; Qu'outre les plaisirs que l'on reçoit de la iouïssance des Sens, c'est de la Santé du Corps que depend cette vigueur qui rend les Hommes propres à la vie actiue, & que la Dexterité ou adresse, & l'habileté, n'ont point d'vsage sans elle ; Que le meilleur Artisan priué de Santé ne sçauroit accomplir les ouurages de son mestier ; Que sans elle le soldat n'a pas la force de combattre, & mesme l'Auocat ny le Iuge ne sçauroient estre secourables à ceux qui implorent l'apuy de la Iustice ; Bref qu'il n'y a point d'Homme malade de qui l'on doiue attendre des actions vtiles à la police & à la societé, & qui puisse faire autre chose que de se tenir dans vn lit pour reposer sa foiblesse & obseruer les ordonnances des Medecins ; Qu'en cét estat tous les autres biens luy sont retranchez n'estant point capable d'amasser ny de conseruer des richesses, n'y d'acquerir de l'honneur, ou de la Renommée & des Amis, & que sa Science & sa Sagesse luy sont mesme alors inutiles, faute d'auoir les moyens de s'en seruir.

Contre ce qui est dit pour l'vsage des Sens & pour la Santé. On pourroit adiouster foy à ces choses sur leur simple proposition ; mais il faut aprendre que cela ne passe point sans repartie ; Que premierement ceux qui ont l'esprit bien reglé, ayans perdu l'vsage de quelque Sens, ne sont point si inconsiderez que de se faire mourir d'ennuy & de desespoir pour ce sujet, & que d'vn autre costé il faut demeurer d'accord que quand ils n'auroient pas l'Ame assez forte de nature pour supporter cét accident, ils y trouuent de la facilité en ce que les objets n'ont plus tant d'attraict pour eux ; Que pource qui concerne la perte de la Santé, s'il y a des actions corporelles qui soient interdictes à vn malade, comme de trauailler à quelque ouurage manuel, d'aller combattre à vne bresche, de plaider

plaider vne cause au Barreau ou d'y presider comme Iuge, les actions les plus spirituelles luy restent, au moins pour donner des conseils à ceux qui approchent de luy, & pour reigler ses affaires propres, de façon que pouuant estre vtile aux autres & à soy-mesme, ce sont tousiours des Biens asseurez, & l'on ne sçauroit nier que par là il ne puisse acquerir ou conseruer ses richesses & ses honneurs, & specialement ses amis, qui estant touchez de compassion de son infirmité, pourront redoubler leurs assistances. Que l'on se figure mesme cét homme en estat de ne pouuoir agir de l'esprit non plus que du corps, si ce n'est pour penser à sa maladie, en tout cas l'on ne luy peut oster la gloire de la Patience, & de la Constance, qui tiennent lieu de toutes les autres Vertus. Que s'il y a d'autres Biens ausquels il ne soit point propre alors, la volonté qu'il a euë d'y reüssir, auec le regret d'y auoir manqué, doiuent estre autant estimez que si la chose estoit arriuée, de sorte que le bon-heur que l'on pense oster absolument aux malades ne leur peut estre refusé, puis que l'on ne sçauroit trouuer de plus belles occasions que leur maladie, pour donner des preuues de leur Science & de leur Sagesse. On connoist par là que la Santé n'est pas vn bien qui soit absolument necessaire à composer la felicité des hommes, & que ce n'est pas vn Bien si accomply que l'on n'y puisse rien souhaitter d'auantage ; Si l'on a voulu prouuer que les autres Biens ne sont pas des Biens sans elle, l'on n'a point pourtant monstré que d'elle seule dependissent les autres Biens. Vn hôme peut estre sain, & auec celà estre maladroict à toute sorte d'ouurages, & quand mesme il seroit des plus adroits, les diuers rencontres de fortune peuuent empescher qu'il ne s'enrichisse. S'il est besoin d'accomplir des actions Heroïques, la vigueur du Corps ne luy seruira de rien non plus sans celle de l'Ame : De là il peut arriuer qu'il ne sera ny honoré ny estimé, & qu'en ayant que la Santé pour partage, ce luy sera vn bien defectueux.

Quant à la Beauté qui a son siege principal sur le Visage, quelques-vns pretendent en effet qu'elle est suiuie de plusieurs autres biens, & qu'elle a tout pouuoir sur les honneurs & sur l'Amitié, se faisant respecter & aymer de tous ceux qui la contemplent : Mais quelle asseurance prendra-t'on de sa force,

De la Beauté.

veu que ses reigles de symmetrie sont encore dans l'incertitude, & que ce qui est recherché de quelques hommes est mesprisé des autres. Les vns estiment les Visages longs auec toutes les parties esgallement proportionnées ; les autres estiment les Visages ronds, & ne hayssent pas leurs inesgalitez ; Les premiers y veullent de la modestie & de la douceur ; Les seconds y demandent de la fierté, & mesme de la bigearrerie. Le teint blanc & les cheueux blonds plaisent à plusieurs ; Quelques-autres ayment mieux les cheueux noirs auec le teint blanc ou le brun, & la pluspart n'ont autre loy en cela que leur fantaisie particuliere. De plus quoy qu'il y ayt des Visages qui fassent impression sur les esprits pour le coloris & la delicatesse du teint, &, pour la proportion des parties, ioints à la viuacité des yeux, ce n'est point là vne Beauté qui soit aymée des Sages, lesquels treuuent souuent de la laideur en des objets que le vulgaire adore, & remarquent de la beauté en d'autres que plusieurs mesprisent ; Aussi n'estiment-ils que cette diuine Beauté maistresse de l'esprit & du corps qui est la Sagesse, de laquelle celuy qui a esté reputé le plus sage de tous les Roys, a dit *Qu'elle embellit le Visage de l'Homme*, & l'on peut conclure au rebours ; Que le Vice & l'ignorance l'enlaidissent. Cela estant il se faut garder de donner le premier lieu à ce que l'on appelle vulgairement Beauté. Tant s'en faut que ce soit vn bien, que c'est mesme vn sujet de mal-heur à beaucoup de personnes, tant d'vn sexe que de l'autre, qui sur la croyance d'en estre des mieux partagées, se laissent emporter à la Vanité, & delà tombent dans plusieurs desastres.

Ecclef. cha. 4. v. 1.

De la Dexterité.

La Dexterité se monstre de vray fort recómandable : Ceux qui la possedét font toutes choses auec grace, & reüssisét particulieremét dans les ouurages ausquels ils ont le plus d'aplicatió ; Mais cette faculté est-elle vn Bien suffisant pour nous contenter ? Nous auons desia reconnu qu'elle estoit fort inutile sans la Santé & la vigueur du Corps, lors qu'elle dépendoit de luy ; Et si l'on se vante de quelque adresse de l'Esprit, encore l'execution en sera-t'elle retardée par nos maladies. D'ailleurs toutes les sortes de dexteritez ne sçauroient aporter de remede contre la laideur & la mauuaise mine, & la bassesse de la naissance, si l'on deplaist à quelqu'vn pour ces deffaux-là, &

dautant que les bonnes qualitez des hommes ne sont pas tousjours reconnues, on n'est pas asseuré que pour estre adroit, on acquiere des Honneurs, des Richesses, & des Amis, veu qu'au côtraire l'Enuie s'attache tousiours à ceux qui ont quelque merite particulier, & tasche de les ruïner en toutes manieres.

En ce qui est des aduantages de la Naissance, l'on tient qu'ils donnent beaucoup de facilité à paruenir aux biens de fortune, & à se maintenir dans l'Estime, comme si vn homme est né de gens adroits à quelque art, ou habituez à quelque vertu Moralle ou Politique, on croid ayfément qu'il leur ressemblera, & cecy l'ayant fait naistre dans le credit, il s'y peut maintenir pendant quelques années; Mais si l'on remarque auec le temps qu'il soit tout à fait different de ses ancestres, cela le rendra dautant plus mesprisable. L'auantage d'estre né parmy les Richesses & les Amys, semble estre plus asseuré, pour ce que l'on a veritablement le bien dont il s'agist, au lieu que ce qui depend de la reputation des parens n'est fondé que sur l'opinion. C'est de plus vn auantage de n'auoir pas la peine qu'ont les autres à acquerir ce qui leur est necessaire pour leur subsistence, ayant d'amples facultez toutes acquises; mais nous pouuons perdre nos richesses, ou elles nous peuuent perdre. Quant à l'amitié que l'on a portée à nos Peres, si l'on la met parmy les auantages de la naissance, elle n'est pas neantmoins vn heritage fort certain. Ce qui semble le plus ferme est la Noblesse de Race, que l'on tient ne pouuoir estre perduë de celuy qui en est honoré, pourueu qu'il ne s'employe point à des exercices sordides; Et encore ne se peut-il faire apres cela qu'il n'ayt tousiours le bon-heur d'estre né Noble. Or l'on s'imagine que cette Noblesse acquiert vne grande reputation, & que ceux qui la possedent en sont plutost admis à toute sorte de fonctions honorables; Qu'ils doiuēt aussi y estre preferez à tous autres, pource qu'en effet ils monstrent plus d'adresse & de generosité que ceux qui ne sont pas de leur rang, & que les plus excellentes Vertus semblent estre nées auec eux; Mais cela est si peu asseuré, que l'on void plusieurs Hommes de race tres-noble & tres-ancienne, qui n'ont aucune qualité recommandable, au lieu que d'autres qui ont eu vne naissance fort basse possedent les Vertus en haut degré, & reuss-

Des auantages de la Naissance.

fiffent fi bien en leurs entreprifes qu'ils furpaffent ceux qui tirent leur origine des fources les plus Illuftres ; C'eft que ces Nobles de race fe fians à la reputation de leurs Ayeux ont cette vaine prefomption de croire qu'ils meritent tout pour le prix de la valeur d'autruy, fans rien contribuer du leur; & cependant ils n'obtiennent rien, lors que ceux qui font obligez d'employer leur propre merite, n'ayans autre chofe pour les faire valoir, on trouue que s'eftant rendus fort recommandables, ils ne demeurent gueres fans recompenfe. D'ailleurs pour fçauoir l'eftime qu'il faut faire de la Nobleffe, on doit confiderer, Qu'il n'eft pas fans conteftation, fi ceux là font les vrays Nobles qui font Nobles par autruy, ou ceux qui tirent leur Nobleffe d'eux mefmes; Que fi la Nobleffe de race eft receüe prefque par tout, c'eft fous des conditions fort diuerfes, les vns la faifans defcendre de la feule vaillance, ou force militaire, les autres de l'employ aux charges, les autres des grandes richeffes, & quelques vns ne croyans pas que l'exercice de la marchandife y deroge. Comme il y a quantité de differens là deffus felon les diuerfes couftumes des Nations, il eft mal aifé de rien eftablir fur vn fondement fi douteux, & l'on ne doit point faire beaucoup de cas d'vne dignité qui ne tire pas entierement fes principes de la Vertu.

Des Richeffes. Si l'on donne de grands Eloges à tous les Biens de Fortune, l'on tefmoigne encore plus l'eftime que l'on en fait par leur ardente recherche. Les Richeffes font aimées & recherchées de plufieurs auec paffion, non feulement pour le plaifir qu'ils ont de voir leur amaz, mais pource qu'elles feruent à l'acquifition de quelques autres Biens. En effect tout ce qui contente les Sens eft acheté par les Richeffes; On croid que c'eft par elles que l'on conferue la Santé & la vigueur, & que l'on acquiert la dexterité. On pretend que les Richeffes feruent d'ornement à la Nobleffe, de mefme qu'elles reparent la baffeffe de la naiffance, & l'on fe perfuade de plus qu'elles donnent de la Reputation & des Amys. Il ne fe faut pas figurer neantmoins qu'elles nous puiffent aporter vn contentement parfaict, veu qu'elles font obtenuës auec tant de peine, & conferuées auec tant d'inquietudes, qu'il femble que leur vfage n'ait efté inuenté que pour tourmenter les Hommes. Ceux qui les poffedent, sont ordinairement exposez à l'Enuie & à la hayne, & mesmes aux trahisons & aux embusches de quantité de gens, qui veulent s'aproprier en vn moment, ce que les autres ont acquis en beaucoup d'années. Elles sont ainsi cause à plusieurs d'vne mort auancée & funeste; & si d'autres les perdent sans mourir, ils croyent pourtant auoir perdu le soustien de leur Vie, & ont vn regret plus grand que s'ils auoient tousiours esté paures. Si l'on s'imagine que ceux qui ont des Richesses à souhait, sont en vn estat de bonheur auquel il n'y a rien à souhaiter, c'est ne pas considerer que c'est icy vn Bien fort perilleux, & que ce n'est qu'vn allechement à toute sorte de luxe & de desordre; Que quelques vns estans riches de naissance, cela faict que non seulement ils s'abandonnent aux plus grands vices, mais que s'accoustumans à la faineantise, ils n'ont aucun soin de se rendre habiles dans quelque loüable vacation, & de trauailler puissamment pour maintenir leur fortune, tellement que de leur Richesse vient enfin leur pauureté. Enfin pour connoistre que les autres Biens ne sont point attachez à celuicy, nous n'auons qu'à contempler les Hommes riches dans le temps qu'ils sont surpris de quelque fascheuse maladie; Nous verrons combien ils s'estiment malheureux au milieu de leurs Tresors, qui ne leur peuuent de rien seruir à recouurer la Santé; Car si i'ay dit cy deuant que les Richesses y pouuoient estre vtiles, cela ne s'entend que pour conseruer la bonne constitution par vne bonne nourriture, & par toutes les commoditez de la Vie faciles à obtenir à ceux qui ont beaucoup de richesses, sans que l'on puisse esperer qu'elles rendent les Hommes immortels ou impassibles. Dans la meilleure disposition du corps qu'ayent les Riches, & dans vne allegresse d'Ame dont ils se flattent, il leur arriue d'assez grands malheurs selon la maniere dont leurs Richesses sont acquises; Car si c'est par des fourbes & des larcins qu'elles soient venuës en leur possession, ils doiuent s'asseurer d'auoir plus d'ennemys que d'amys, & qu'ils seront eternellement priuez de gloire & d'estime qui sont le partage des honnestes gens; & s'il leur reste quelque lumiere d'esprit & quelque pointe de courage, ils auront grand sujet de s'affliger de ne pouuoir iouyr de ces Biens qui sont quelquefois accordez aux plus necessiteux. Il y a encore d'autres

H iij

Biens à la priuation desquels, les Richesses ne sçauroient remedier. Si quelques Hommes Riches, ont eu vne basse origine (comme ce sont ceux qui paruiennent le plustost à vne grande opulence, s'y seruant de toute sorte de moyens) ils ont vn extreme despit toutes les fois qu'ils pensent au deffaut que l'on leur peut reprocher en quelque haut degré qu'ils soient paruenus, ce qui auec les autres inconueniens est capable de troubler toute la ioye que leur pourroit donner leur fortune. Auec cecy l'on doit remarquer la conuoitise insatiable de la plusparrt des gens Riches, qui les tourmente nuict & iour, & qui fait que plus ils ont de Richesses, plus ils en veullent auoir, quelques vns estant si malheureux que de s'estimer pauures parmy l'abondance.

Des Honneurs & des Dignitez. Plusieurs se persuadent que les Honneurs & les Dignitez sont des Biens tres-considerables; Ils disent que ce sont les marques & les reconnoissances du merite; Que qui les possede est respecté par tout & fait tout ce qui luy plaist, ne trouuant personne qui luy ose contrarier, & que c'est vne satisfaction extreme de voir tant de gens qui dependent de vous & sont soumis à vos ordres & à vos volontez : Mais combien s'abuse-t'on en de telles pensées? Les charges & les dignitez ne sont point données la plusparrt du temps à ceux qui les meritent, mais à ceux qui ont le plus d'argent & de credit, & ces respects que l'on se fait rendre par la multitude estant d'ordinaire forcez ne doiuent causer aucun vray contentement. Si l'on a le pouuoir de disposer de beaucoup de choses, cela est accompagné de tant de soins & de tant de trauerses, que l'on peut croire que ceux qui sont sans charge & sans dignité ou qui n'en ont pas des plus releuées, sont plus tranquilles & plus heureux dans leur bassesse & leur impuissance. Comme les hautes fortunes sont cause d'ailleurs que plusieurs se mesconnoissent, les portant à la presomption & à l'insolence, il leur en arriue des malheurs ineuitables, qui font que les dignitez & les honneurs du monde sont fort loin de pouuoir estre vn veritable Bien.

De la Reputation ou Renommée. Que dira-t'on apres de l'Estime & de la Reputation ou Renommée, que l'on apelle aussi l'Honneur & la Gloire? C'est vn agreable Bien, à ce que l'on asseure, d'estre estimé de chacun, & par tout où l'on puisse aller, d'y trouuer des gens qui nous regardent auec admiration, & qu'au lieu que ce que l'on fait pour les dignitez est souuent forcé, l'on nous honnore par des deferences volontaires. Ce sont là les veritables honneurs que l'on tient pour la plus noble recompense de la Vertu, & pour monstrer qu'ils ne sont pas de simples effects de congratulation & de recompense, & qu'ils ont vne plus excellente qualité, ils produisent mesmes de nouuelles Vertus, ou bien ils font continuer les anciennes qu'ils tiennent liées ensemble par vne chaisne circulaire. La Gloire est ordinairement donnée aux Hommes pour les belles actions, & si celle qu'ils reçoiuent pour leurs actions propres les excite à les rendre plus accomplies, ou à les produire en plus grand nombre, ils sont encore touchez de la gloire des autres pour tascher de les surpasser s'ils peuuent, ou au moins de les esgaller. De vray les auantages de l'Estime & de la Gloire sont grands & souhaitables, mais s'y peut on asseurer, veu que dans le Monde, on fait souuent le plus de cas de ceux qui n'ont que de fausses Vertus, & se rendent renommez pour des actions qui deuroient les rendre mesprisables? Ceux mesmes qui sont doüez d'vne veritable Vertu, doiuent ils establir leur felicité dans la loüange & dans l'estime d'Hommes, qui estant des plus insuffisans d'entre le vulgaire & des plus incapables de iuger des choses, estiment souuent quelqu'vn sans sçauoir pourquoy ils le doiuent estimer? On peut se representer de plus, s'il est auantageux pour ceux qui ne doiuent pretendre qu'à l'immortalité, de s'arrester aux loüanges & aux aplaudissemens des personnes mortelles. Qu'est-ce aussi que cette reputation? Vne fumée qui se leue & se dissipe incontinent. Y a-t'il rien de moins stable que ce qui est fondé sur l'opinion des peuples qui change à toute heure? C'est par ces raisons qu'on trouue que l'Estime, la Renommée & la Gloire ne sont que de faux Biens de qui l'on est abusé.

Le grand nombre d'Amis semble vn bon secours à quelques vns, à cause qu'ils croyent que s'il leur arriue beaucoup d'affaires difficiles, & beaucoup d'accidens extraordinaires, ils auront assez de gens à leur deuotion pour leur prester du secours; Celuy qui n'aura qu'vn seul Amy, mais qu'il iugera *Des Amis & des Parens.*

tres fidelle, se croira mieux partagé, & dira, Que c'est vn autre soy-mesme, & que par luy il peut augmenter tous les biens de la vie, ou en soulager tous les maux. Voyla des proprietez excellentes qui nous doiuent faire exalter l'Amitié : Mais que dirons nous si pour auoir recherché vne trop grande quantité d'Amis, nous n'en auons point du tout, n'estant pas possible que tant de personnes se rencontrent d'vne mesme volonté pour nous, & qu'à tous nous leur puissions rendre les deuoirs necessaires? Qui s'asseurera mesme en vn seul Amy, parmy les tromperies du siecle, & veu l'inconstance qui est naturelle à tous les Hommes ? On peut dire pareille chose des Parens & de tous ceux qui nous touchent de sang ou d'alliance; Outre que leur affection n'a pas des qualitez plus certaines, il se trouue plus d'occasions entr'eux de rompre les liens de la societé qu'auec les personnes estrangeres, & d'autant plus fortement qu'ils sont ioints à nous, la rupture en est plus fascheuse & plus dommageable, pource que c'est comme si l'on nous deschiroit nos propres entrailles. Posons le cas que les Parens & les Amis soient pour nous dans les meilleurs sentimens d'affection & de bonne volonté ; Il viendra des temps qu'ils n'auront pas le pouuoir de nous assister, & l'on verra d'autres rencontres ou ne deuans tirer du secours que de nos propres forces, si nous nous attendons à eux nous serons en danger de nous perdre. Ainsi ces Biens qui sont vantez plus que tous les autres parmy les personnes du Monde, qui sont les Honneurs, la Reputation & les Amis, ne sont pas plus asseurez en la qualité de Biens, & comme ils dependent de la Fortune, ils participent d'auantage à son inconstance, que ceux qui sont des appartenances de la Nature & sont attachez au corps. D'ailleurs ils sont sujets aux inconueniens de tous les autres Biens dont nous auons parlé ; C'est que quand l'on les a sans leurs associez, l'on ne se peut dire entierement heureux, tellement que d'auoir des Amis & de l'honneur sans la Santé & les Richesses, ce sont encore des Biens imparfaits, ce qui fait connoistre leur foiblesse, puis qu'ils ne se peuuent passer les vns des autres.

Nous

DE L'HOMME.

Nous auons veu le peu d'asseurance qu'il y a tant aux Biens du Corps & de la Nature qu'à ceux de la Fortune. Ie sçay qu'on les peut defendre par des paroles artificieuses, mais on les peut aussi critiquer plus que ie n'ay fait par des discours tres veritables. Ie laisse à vn autre endroit les inuectiues contre leurs abus, & d'vn autre costé les descriptions de leur legitime visage. Il suffit maintenant qu'ayant declaré en bref l'estat qu'on en doit faire, & que c'est beaucoup errer de les prendre pour des biens accomplis, i'y adiouste quelques considerations importantes. Peut-on trouuer vn meilleur tesmoignage qu'ils ne sont pas ce que disent plusieurs, que de voir que ceux qui sont les mieux pourueus de ces pretendus Biens, y trouuent beaucoup à desirer? Si nous les interrogeons serieusement de ce qu'ils en croyent, nous serons asseurez par leur propre serment qu'il ne leur paroist point que les auantages dont ils iouyssent soient du prix que leur donnent les autres hommes: Ce ne sont que ceux qui les enuient qui les estiment iusqu'à l'excez, parce qu'ils ne les ont point esprouuez. On nous remonstrera que quelques-vns les estiment pourtant beaucoup lors qu'ils les possedent: mais nous pouuons dire que les loüanges qu'ils leur donnent ne partent point d'vn courage franc, & que ce n'est que pour se glorifier de leur fortune, d'autant plus qu'ils voyent que les autres se plaignent, comme s'ils estoient les seuls bienheureux. Pource que l'on void mesmes que ceux qui ont perdu des Richesses & d'autres Biens perissables ne cessent de s'en plaindre, c'est là que ie les surprens encore contre leur attente, & que ie leur souftien qu'on ne sçauroit trouuer vne meilleure marque pour faire connoistre, qu'ils ne iouyssoient donc pas de quelques prosperitez aussi grandes & aussi parfaites comme ils se les estoient figurées. Puis qu'apres en auoir iouy, ils se disent accablez de douleur en leur absence, & demeurent incapables de plusieurs bonnes actions, l'impuissance de ces Biens est descouuerte. Hé qu'est-ce que des Biens de qui le pouuoir a si peu d'estenduë? Quoy la Memoire ne demeure-t'elle point chargée de leurs dons, & au moins quand ils ne subsistent plus, n'est-on point heureux par le souuenir de l'auoir esté? On ne l'est point

Consideratíons importantes sur les Biens du Corps & de la Nature & sur ceux de la Fortune.

en effet si le bonheur n'est estably que dans leur possession : L'ame ne cesse d'estre trauaillée alors de soins, d'inquietudes & mesmes de desespoir. De vrais Biens peuuent ils auoir vne si estrange suite, & apres les auoir vne fois possedez, deuroit-on pas estre tousiours heureux ? Croirons nous aussi que ce soient de vrais Biens que ceux qui peuuent perir ? Si nous en voulons trouuer de certains il faut nous adresser à d'autres, & ne point establir nostre felicité en des choses qui ne peuuent nous la donner, & qui venans à manquer nous rendroient les plus miserables creatures de la Terre, suiuant nostre opinion propre. La Santé est alterée par les fatigues & les soins, ou par l'intemperance, la vigueur du Corps est aneantie par les maladies qui suruiennent, & l'vsage de toutes les voluptez sensuelles est terminé par les mesmes indispositions ; la Beauté s'esuanoüit & la dexterité deuiët inutile. Enfin tout cela se perd mesme par vn long âge, de sorte que qui metroit son bon-heur en ces choses, ny vn hõme malade ne pourroit iamais auoir aucun Bien, & encore moins les vieillards, lesquels si tost qu'ils seroiët paruenus à vn certain terme de leur vie, cesseroient d'estre heureux s'ils l'auoiët esté autrefois. Il n'y a pas vne plus grande asseurãce aux autres Biens soit de Nature soit de Fortune, si l'on ne se veut attendre qu'a eux. Encore que quelques Hommes qui les possedent s'en contentent & s'en glorifient, comme font ceux qui s'estiment Nobles de race, ils n'en sçauroient receuoir toute la satisfaction qu'ils s'imaginent. A l'esgard de ceux qui sont priuez de tels Biens, il leur semblera tousiours qu'il n'y a gueres de prudence ny de Iustice dans cet establissement, & dans l'opinion que l'on en a conceuë. Ces Biens là ne se perdent point, à ce que l'on dit, quand on les a de naissance: mais puisque plusieurs en peuuent estre priuez en voyant le iour, à quel point la Nature nous aura-t'elle reduit ? Y a-t'il des biens sur la Terre qui soient de vrais biens & qui soient interdits absolument à quelques Hommes ? Cependant cela arriuera si l'on ne fait cas que des auantages qu'on peut tirer d'vne haute origine ; Ceux qui ne les ont point seront donc plus malheureux que tous les autres, car il y a du remede à esperer en toutes choses excepté en celle-cy, d'autant que l'on ne sçauroit empefcher que ce qui eft ne foit ; Vn malade peut attendre de la Santé, & vn pauure peut efperer des Richeffes, mais celuy qui eft né de bas lieu, ne peut faire que cela foit autrement, quelque vertu qu'il ait, & quand mefme il renaiftroit vne feconde fois d'vn meilleur fang, encore auroit on à luy reprocher fa premiere naiffance. Qu'il y auroit d'iniuftice au Monde fi nous eftions aftreints à ne donner credit qu'à vn bonheur & vn honneur qui ne dependroient point de nous! On ne peut s'imaginer que la Prouidence diuine ait abandonné les Hommes à de fi eftranges loix ; C'eft vne inuention purement humaine qui encore qu'elle foit de quelque profit dans la vie Politique pareft fort contraire aux Vertus perfonnelles, & peut caufer du mal à beaucoup de gens fi on luy laiffe trop de licence : Ne voyons nous pas auffi que quoy que ces prerogatiues de la Nobleffe du Sang foient dignement placées en quelques endroits, elles font principalement apuyées de ceux qui n'ayans autre bien de Corps ou d'Efprit, veullent faire valoir celuy là au deffus de tous ? Confiderons de mefme, s'il y a quelque raifon de conftituer les Richeffes pour vn de nos Biens importans, veu que la naiffance en ayant priué plufieurs, il y en a peu d'entr'eux qui paruiennent iamais à en acquerir, eftans fort loin de cette voye, d'autant que pour deuenir riche, il faut des-ja auoir quelque richeffe qui ferue à en attirer dauantage ; car l'on ne fçauroit entrer dans le grand commerce fans auoir quelque peu d'auance pour le commencer, & fi vn Homme eft tout à fait gueux, il ne trouuera pas qui luy prefte ny qui luy donne plus que ce qu'il luy faut pour apaifer fa faim. A ce compte là on verroit des malheurs dont il ne feroit pas poffible aux Hommes de fortir, ce qui feroit contre la croyance que nous auons qu'ils peuuent eftre maiftres de leur bonheur. D'vn autre cofté fi leurs Peres leur ont laiffé quelques facultez, ou s'ils en ont acquis par leur trauail, ils en peuuent eftre priuez par le feu ou le naufrage, & par des voleries particulieres ou des iniuftices publiques. La Nobleffe mefmes n'eft pas eternellement heureufe. Elle eft ruinée par les mefmes accidens que le bas peuple, tellement que le bonheur dont elle croyoit furpaffer les conditions inferieu-

I ij

res pour l'auantage de son origine, se monstre aussi trompeur que les autres. Si cette splendeur de race estant iointe aux Richesses, en a tiré beaucoup d'esclat, elle demeure inconnuë ou tombe en mespris dans la pauureté, qui la décredite fort & qui la destruit enfin, la contraignant par la necessité de s'abaisser à des professions viles & ignobles. Si l'on veut soustenir que l'honneur rendu à la Noblesse de race, est fondé sur de legitimes raisons, ne faut-il pas dire maintenant pour la defense de sa gloire, que c'est vne grande erreur de s'imaginer qu'elle puisse s'aneantir pour quelque occasion que ce soit? Cependāt il faut auoüer qu'elle est quelquefois tres obscurcie par les mauuaises fortunes qui luy arriuent, specialement si elle s'abandonne à des vices qui luy ostent toute sa splendeur ; Cela fait voir qu'il n'y à rien d'asseuré, ny dans la grandeur de la naissance, ny dans les plus amples facultez, ou les dignitez les plus eminentes, qui ne pouuant sauuer les Hommes des diuers hasards de la vie, on ne leur doit point attribuer les titres du vray Bien. Que penserons nous apres de la bonne Reputation, qui ne sçauroit demeurer en vn ferme estat, veu que ceux qui nous honorent & nous loüent, sont souuent des flateurs qui changent de langage lors qu'ils voyent que la bonne fortune nous quitte ? Qu'esperons nous encore des amis, que l'on ne sçauroit long temps conseruer en ce Monde cy où tout se gouuerne par interest ? Quand il arriueroit qu'ils seroient des plus fidelles & des plus affectionnez, &, que nous aurions des Parens de mesme prix, la mort nous les peut rauir, lors que nous croirons en auoir le plus de besoin : Apres cela serons nous dans le desespoir? Quoy donc si l'on est desnué de toutes ces choses, il faut necessairement estre malheureux? Nous ne deuons point laisser dans nostre Esprit vne si facheuse pensée. Comme il ne se trouue point d'Homme qui puisse long temps iouyr de tous les diuers auantages de la Nature & de la Fortune, il n'y en auroit iamais aucun qui se pust asseurer de gouster le vray bonheur : Ceux qui le veullent obtenir, doiuent s'arrester à des choses plus durables, de sorte que cela nous empesche fort de croire que tous ces Biens passagers soient de vrais Biens ; Ils ne le sont point en effect à comparaison des Biens

DE L'HOMME.

ſtables & infaillibles ; Si nous les apellons Biens, ce n'eſt que pour nous accommoder au langage ordinaire ; Toutefois perſonne n'y peut eſtre trompé, puis qu'ils ne ſont point deſignez ſans leur Attribut de Biens de Nature ou de Fortune, ce qui monſtre qu'ils ne ſont que des auantages foibles & muables.

Les vrays & aſſeurez Biens doiuent apartenir entierement à l'Ame, qui eſtant immortelle a auſſi des qualitez qui ne peuuent perir. Ie luy ay attribué pour ſes Biens, le Bon Eſprit, la Science, la Sageſſe & le Contentement, qui ont d'autres priuileges que les Biens du Corps, ou de la Fortune ; Car pour en parler franchement, auec tout ce que l'on dit de ces Biens-là, quels auantages en peut on eſperer ſans ceux d'vne Ame intelligente & iudicieuſe, qui s'eſt renduë telle par le bon Eſprit & la Science? Soyez ſain, vigoureux, beau & adroict, ſi vous n'auez le iugement de vous conduire, vous perdrez bien toſt voſtre ſanté, voſtre Vigueur & voſtre Beauté, & pour voſtre adreſſe elle vous ſera inutile ; Meſmes dans la Santé la plus parfaite ſans les dons ſpirituels, les autres dons vous ſeruiront de peu, & ne vous ſeront qu'vn vain ornement, lequel ne vous donnera point de credit. En ce qui eſt des Richeſſes, des Honneurs & des Amys, vous ne les ſçauriez long temps conſeruer, veu leur condition muable & incertaine, ſi vous ne ſçauez vſer de toutes les precautions & induſtries que le bon Eſprit ſuggere ; Encore faut il que ce bon Eſprit ſoit eſclairé de quelque Science qui luy donne la connoiſſance de ce qu'il deſire, & qu'il ſoit fortifié par la Sageſſe, ſans laquelle toute puiſſance deuient foible, & ſi le Contentement n'eſclatte parmy cela, il ne s'y trouuera point de parfaict Bonheur. Cela fait connoiſtre que les Biens de l'Ame ſont ſuperieurs à tous autres, qu'il n'y en a point qui ſoient ſi exquis & tant à ſouhaitter, & qu'ils ſont les ſeuls ſtables & certains. On le peut iuger encore par vne propoſition qui d'abord peut ſembler foible & vn peu contraire à ce que l'on veut prouuer, mais qui n'en eſt pas moins ſubtile. C'eſt que la priuation des Biens du Corps & de la Fortune trouue des conſolations en grand nombre dans tous nos Liures de Moralle & de Deuotion, & que toutes les remonſtrances des Predicateurs & des Directeurs de Conſciences, enſeignent à ſe paſſer des plus charmans de ces Biens, quand

Il n'y a que ces Biens de l'Ame qui ſoi nt certains & ſtables.

I iij

l'on ne les a plus, & conseillent mesmes de les quitter quand l'on les a, estans le plus souuent nuisibles ; Mais en ce qui est de la perte des Biens de l'Ame, que chacun vous exhorte à les conseruer le plus long temps que vous pourrez, & l'on ne donne autre consolation ny remede à leur perte, que de chercher les moyens de les recouurer, n'y ayant rien qui soit capable de supléer à leur deffaut. Les malauisez diront ils que les Biens de l'Ame ont en cela vne plus fascheuse condition que ceux du Corps ? Que i'ay desia imputé cét inconuenient aux auantages du Corps & de la Fortune, que l'affliction que l'on auoit de leur perte, & parce que l'on les auoit pû perdre, c'estoit des marques qu'ils n'estoient pas des Biens ? & que la mesme chose arriuant aux Biens de l'Ame s'ils se font d'auantage regretter, ils sont de moindre prix ? Ils n'ont pas bien consideré les vns & les autres. Si la perte des Biens Veritables, n'est reparée par aucune chose ; en recompense quand on les a absolument acquis, ils sont fixes & asseurez plus que tous autres, & mesmes on peut dire que ne les ayant qu'à demy, on a vn bon gage pour les auoir entierement, & que dans leur entiere priuation ou leur perte, le dessein que l'on a pour eux sert beaucoup à les faire obtenir, au lieu que le plus souuent le desir est inutile pour les Biens communs soit de la Nature soit de la Fortune ; Cela tesmoigne vne puissance particuliere qu'ont les Biens de l'Ame au dessus des autres comme estans spirituels, & qu'au lieu de se plaindre inutilement, quand on ne les a pas en vn estat parfait, ou qu'on ne les a point du tout, il ne faut que s'employer auec ardeur à leur recherche.

La Science recommandée partout sans la Sagesse.

Ces qualitez euidentes des vrais Biens, font connoistre que les Biens de l'Ame sont les plus necessaires, & qu'ils sont principalement ceux qui font paruenir à la Perfection. Nous auons nommé le bon Esprit ou bon Entendement pour le premier Bien de l'Ame, comme en effect quelques vns l'estiment tel : Neantmoins peu de Philosophes le mettent en ce rang, le tenans pour l'Ame mesme, & ne voulans prendre pour les Biens de l'Ame que ses habitudes. De quelque façon qu'ils les distinguent, la Bonté de l'Esprit est pourtant vn veritable Bien, que l'on doit considerer comme vn excellent fonds sur lequel on peut faire croiſtre tout ce que l'on voudra. La Science eſt auſſi extrememement vtile à l'Ame, pour ce que ſi l'Ame n'a pas eu vne bonté des plus exquiſes dés ſon origine, elle ſe peut ameliorer par diuerſes inſtructions, & lorſqu'elle eſt paruenuë à la bonté & à la ſubtilité qu'on luy peut deſirer, & qu'elle eſt ſçauante eſgallement, il n'y a rien qu'elle ne connoiſſe & dont elle ne iuge, & ſur quoy elle ne raiſonne; & meſmes il ne ſe trouue point d'actions qu'elle ne ſe meſle de reigler; Mais quelque vtilité que l'on attribue à la Science, il ne faut pas s'imaginer que toute ſeule elle nous conduiſe au vray Bien & à la Perfection: Tous les Biens de l'Ame ne doiuent pas eſtre eſtimez eſgaux. L'Entendement le plus ſublime eſt quelquefois ſujet à s'embroüiller & à s'offuſquer; La Science qui eſt ſon principal ornement, n'eſt priſe que pour vn amuſement vain ſans la Sageſſe, & ſans cette Sageſſe le contentement eſt fort mal-aſſeuré. De fait en ce qui eſt de ceux qui n'ont qu'vne ſubtilité d'Eſprit ſans ſolidité, & ne peuuent compoſer des deux la bonté veritable, ou qui ſont ſimplement ſçauans ſans eſtre Sages, ils ſe trouuent ſi éloignez de la Perfection & de la ſouueraine felicité, qu'il arriue ordinairement que toute leur Doctrine ne ſert qu'à les rendre mal contens & inquiets, & à les precipiter dans des malheurs qu'ils ne peuuent preuoir. Il faut attendre autre choſe de la Sageſſe; C'eſt vn ſi puiſſant Bien qu'il ſe peut paſſer de tous les autres, & que meſmes la Science ne luy eſt pas neceſſaire pour luy donner de l'accompliſſement; J'enten cette Science vague & douteuſe dont les Hommes ont compoſé les reigles ſuiuant la bigearrerie de leurs imaginations; Car au reſte la Sageſſe a beſoin d'vne Science bien reiglée qui ſoit cõforme à la Nature & à la Verité, laquelle luy enſeigne ſon deuoir; Il eſt vray que cette Science eſt auſſi ce que l'on apelle la Sageſſe ou qu'elle eſt au moins ſa compagne. Que s'il ſe trouue vne Sageſſe qui ſoit née auec l'Ame, elle ne va point ſans la Science. Toutes deux ſont auſſi receuës quelque fois par inſpiration diuine, ce qui eſt vne grace ſpeciale, & qu'elles ſoient acquiſes par voye ordinaire ou extraordinaire, elles ſe donnent de l'accroiſſement l'vne à l'autre par vn ſecours mutuel.

Ce que c'est que la Sagesse & à quoy sert la Science.

Pour declarer en vn mot ce que c'est que la Sagesse de l'Homme, on dit qu'elle consiste à connoistre Dieu. De vray qui connoist Dieu, il se connoist soy mesme & toute autre chose. Si l'on dit simplement, Que la Sagesse consiste à se connoistre soy mesme, selon les Antiens Oracles, la verité se peut trouuer encore dans ces paroles, parce que l'Homme se connoissant void qu'il est la creature & la dependance d'vn Createur & Conseruateur qui est Dieu, & par consequent qu'il le doit adorer & seruir, se conformer à luy & suiure sa loy, ce qui est veritablement auoir la Sagesse, laquelle pour la bien definir est la disposition que doit auoir l'Homme, à bien regler ses pensées, ses paroles & ses actions. Or si cela depend principalement de la connoissance de Dieu, nous faut il chercher les enseignemens que l'industrie humaine a inuentez, & nous embroüiller l'esprit de tant d'arts & de Sciences? La Nature a donné cette notion aux plus barbares; Elle est conceuë dans les forests & dans les cauernes, aussi bien que dans les Villes, & s'il nous faut quelque chose dauantage, nous auons receu les articles de nostre Foy des plus fidelles Ministres de nostre Maistre Souueran, sans que les Disciplines communes y ayent autre part que ce qu'il en faut pour publier ces Mysteres & nous les faire comprendre. On void donc que l'on peut estre Sage sans autre Science que celle de Dieu, & que le supreme bonheur peut estre trouué en s'y auançant par le plus droit sentier. C'est icy vn chemin estroit, ou plustost ce n'est qu'vne ligne, & vne trace sans largeur, où l'on ne sçauroit si peu vaciller que l'on n'aille de trauers. Peu de gens y demeurent fermes, & en peuuent retreuuer les adresses quand ils s'en sont destournez. La quantité de connoissances y nuit à plusieurs; C'est ce qui les fait arrester trop souuent, ou qui les fait fouruoyer, iettant l'œil ailleurs qu'à leur but. Les personnes qui ont vne simplicité de cœur & de pensées, ont moins de distractions. Toutefois ne nous abusons point par vne timidité hors de saison: Si la varieté des objets nous perd quand nous ne les aimons que pour eux mesmes, ils nous seruent de beaucoup lors que nous ne les embrassons que pour en estre guidez, & de cette

maniere

DE L'HOMME. 71

maniere nous n'en sçaurions auoir trop. Si nous pouuós trouuer quelques lumieres de Doctrine, ne les tenons point refferrées dans vn lieu caché. Non seulemét suiuós les pour ne nous point esgarer, mais monstrons les aux autres, afin d'estre plus grand nombre dans cette recherche, & que la societé nous fortifie. N'obseruons point vn silence superstitieux: Il ne faut point faire difficulté de donner des preceptes à ceux qui sont dans les trauerses de la vie, puisqu'ils en ont tousiours tant de besoin. Les Preceptes de la Religion sont fort puissans; ils s'estendent sur toutes les necessitez de l'Homme; mais il faut considerer que nous ne sommes pas entierement spirituels, & que nostre foiblesse ne sçauroit estre fortifiée que par des remedes qui luy soient proportionnez. Plusieurs choses sont necessaires à la vie terrestre pour lesquelles plusieurs Arts ont esté inuentez, & mesmes pour ranger les facultez inferieures dans l'obeissance qu'elles doiuent aux Superieures, il faut des disciplines particulieres, que l'Homme est obligé d'aprendre, afin d'estre preparé à toute sorte d'accidens. Il doit auoir la Prudence ciuille & l'œconomique pour conduire ses affaires & celles de sa famille, & s'adonner aussi à la Prudence Moralle, qui sont toutes parties de la Science. Ces rudimens de l'Esprit le cultiuent de telle sorte qu'il est rendu capable de receuoir la Sagesse, & de seruir à son progrez, pourueu qu'elle opere de sa part, & qu'elle l'esleue aux endroits où il ne pourra aspirer auec la Science seule.

Afin d'estre suffisamment instruits touchant la dignité de la Sagesse, nous considererons le pouuoir qu'elle a sur tous les autres Biens, tant du Corps & de la Fortune, que de l'Ame. Entre ceux qui possedent effectiuement les Biens du Corps & de la Fortune, il s'en trouue qui ont si peu de iugement qu'ils croyent qu'il ne faille point aller plus outre pour auoir le vray Bien; Ceux là passent leur vie parmy les voluptez & les vanitez qui les meinent à perdition; Les autres mieux conseillez estant plus amoureux des choses spirituelles que des corporelles, ne veullent iouyr de ces Biens du bas degré, que pour les faire seruir au supreme, & par ce moyen ils peuuent esperer de se rendre parfaits: Mais il y a vn petit nombre

La Sagesse fait posseder tous les autres Biens; D'elle & de la Science vient le contentement & la perfectiō.

K

d'Hommes qui font plus à remarquer que tous les autres lesquels estant priuez de ces Biens inferieurs, & ayant acquis seulement les superieurs, se mettent au dessus de toutes les autres possessions, comme s'ils les auoient obtenuës entierement par la force de leur Ame. Ils sont riches, beaux & sains spirituellement, c'est à dire qu'ils sont aussi contens que s'ils estoient tels en leur Corps, & en leur condition, ou qu'ils ont vne richesse, vne beauté, & vne santé spirituelles, en quoy l'on void l'vn des plus grands effets de la Sagesse, qui est si puissante qu'elle suplée à tout ce qui manque des autres Biens. On ne peut douter du pouuoir qu'elle s'attribue pour reparer les deffaux de la dexterité, & de la naissance, ou pour les faire valoir quand on les a, & de ce qu'elle doit operer pour la bonne reputation & la conseruation des Amis; ny comment elle peut aussi accroistre la Science ou la confirmer. Or pour toute sorte de Biens en general soit qu'elle les gouuerne seule, ou que la Science luy serue d'aide en cecy, elles produisent ensemble vne autre habitude qui est le contentement, lequel procede de toutes les deux, & peut estre apellé vn troisiesme Bien fondé sur ces deux autres. Par ce mot de contentement, nous n'entendons point vn contentement vulgaire, mais celuy qui est la ioye, la tranquillité & la satisfaction entiere de l'Esprit. La Science auroit peine à le produire sans la Sagesse, mais la Sagesse, par son droit de primauté le peut produire seule comme son fruit: Toutefois ne faisons plus ces distinctions de Science & de Sagesse: Qui a la vraye Science, il a la Sagesse, & qui a la Sagesse, il a la vraye Science; il faut croire aussi que le Contentement ne sçauroit manquer d'en resulter, pource que d'estre Content, c'est estre sçauant & Sage. Ces habitudes estans trois en vne, & chacune d'elles se trouuant en toutes les trois, elles ont vne excellence pleine de mystere; C'est ce qui prouue qu'en elles est le Bien veritable, car se trouuant tellement iointes ensemble que tout ce qu'elles ont leur est commun reciproquement, elles ne dependent d'aucune autre, ce qui est leur priuilege de Souueraineté; Et comme elles sont attachées à l'Ame, il s'ensuit encore qu'elles ne luy peuuent estre ostées, ce qui n'est point accordé à des biens communs. La Science, la Sagesse & le Contentement, estant de vrays Biens & de vrayes Perfections, chacun en leur particulier, il ne faut donc point douter qu'on n'en puisse composer le Bien & la Perfection de l'Ame, laquelle a d'ailleurs sa Perfection naturelle reconnuë sous le nom de bon Entendement ou de bon Esprit. Puisque l'Ame est la principalle partie de l'Homme, on doit croire que ses Biens naturels ou d'acquisition sont les plus propres à luy donner cette Perfection que nous luy desirons. Comme il peut estre heureux sans la santé, & les richesses, & sans tous les autres auantages de la Nature & de la Fortune, les supleant par ses facultez spirituelles, c'est les posseder par eminence & en disposer absolument, tellement que soit qu'il les ait en effet, ou que sa force interieure luy aprenne à se passer d'eux ayant la Science & la Sagesse, il est tousiours en son pouuoir de paruenir à vn bien accomply, & au sommet de la Perfection qui ne doit pas estre establie aux choses externes & muables.

Ne croyons point pourtant qu'il faille inferer de cecy que les Biens inferieurs de la Nature & de la Fortune soient entierement à negliger. Faisons icy vne obseruation qui nous tire d'erreur & de scrupule, Si l'on croid que lors que la Prouidence eternelle ne veut pas que nous soyons appellez au partage de toutes les manieres de Biens, les premiers & superieurs nous suffisent & tiennent leur lieu, il ne faut pas neantmoins negliger les inferieurs, soit que la naissance nous ait donné les vns ou que nous puissions facilement acquerir les autres par nostre industrie; Ce seroit euiter les occasions de profiter de leur employ; Ce seroit mespriser les dons de Dieu, & tesmoigner de l'ingratitude enuers toute l'Espece humaine. On sçait que la santé, & la vigueur corporelle auec la dexterité peuuent accomplir beaucoup de bonnes œuures; Que la Noblesse du Sang, les dignitez, & la bonne reputation donnent du credit à ceux qui doiuent instruire & gouuerner les autres Hommes; Que les Amis seruent à nous instruire nous mesmes & à quantité d'autres besoins; Que les richesses peuuent estre employées à la nourriture des pauures,

Les Biens inferieurs ne sont pas a negliger, mais il faut parler auparauant des Biens de l'Ame.

au bastiment des Temples & des Hospitaux & à d'autres despences legitimes. Apres auoir consideré cela, doit on condamner cette sorte de Biens, quoy qu'ils ne soient pas les principaux ? Il est vray qu'en ce qui est d'estre employez à la Perfection generalle ou particuliere de l'Homme, cela ne leur est pas attribué facilement. On croid qu'il n'y a que les Biens de la Nature qui puissent estre receus au rang des Perfections ; En effet d'estre sain & vigoureux, d'estre beau, & adroit, & mesmes d'estre né d'vn illustre sang, ce sont des qualitez à qui on ne peut refuser le titre de Perfections, quoy qu'elles soient des Perfections subalternes à celles de l'Ame; Mais en ce qui est des Biens de Fortune qui sont externes, ils ne sont point de ce nombre, tellement qu'on ne dira pas qu'vn Homme soit Parfait, à cause qu'il est Riche, qu'il a de hautes dignitez, de la Reputation & des Amis; Toutefois on peut dire que ce sont des effets de la Perfection, & que ce luy sont des instrumens pour agir, de mesme que ce sont les instrumens du Bien. Outre cela il est certain que c'est vn tesmoignage de Perfection de sçauoir acquerir ou conseruer les vns & les autres de ces auantages naturels ou fortuits, & en bien vser dans le besoin, de sorte que le temps est vtilement employé à parler de ce qui sert à leur acquisition ou conseruation. La premiere difficulté qui s'est presentée dans ce discours, a esté touchant l'ordre qu'on leur deuoit donner selon la methode d'instruire, surquoy il a esté mis en question s'ils estoient mesmes des Biens, & pource que nonobstant tout ce qui se peut dire contr'eux, nous auons reconnû qu'ils estoient ou des Biens inferieurs, ou des dependances du Bien souuerain, nous n'auons plus à douter si nous les deuons receuoir icy ; Mais en ce qui est de parler d'eux les premiers, pour la facilité de l'instruction de la ieunesse ou des personnes d'age, quoy que cela se peust faire en quelque occasion sans que l'on y trouuast à reprendre, nous auons iugé à propos de suiure maintenant la plus seure voye. La Science & la Sagesse estant les maistresses necessaires des autres Biens, qui ne peuuent subsister sans leur conduite, on entreprendroit en vain de leur donner des reigles si auparauant on ne s'estoit apliqué à des enseignemens plus hauts ; Nous pouruoirons donc aux Biens qui sont purement de l'Ame, auant que de penser à ceux qui dependent de la Nature & de la Fortune ; Ce ne sera pas seulement vn ordre de dignité, mais de necessité & de progrez. Il est vray que ce qu'on dira de la Science pourra comprendre tous les autres Biens, veu que par elle on s'instruit de toutes choses ; mais ce sera tousiours vn retour aux Biens de l'Ame, comme à ceux qui sont le plus à estimer.

DE LA SCIENCE, PREMIER BIEN de l'Ame & de l'Esprit.
De l'ignorance qui luy est opposée, & de ses differentes especes.
Des deffaux de l'Instruction ;
Quels sont les Traitez qui doiuent dependre de celuy-cy.

CHAPITRE III.

PVISQVE la Perfection de l'Homme vient specialement de l'Ame, pour trauailler à rendre l'Ame parfaite, il faut s'adresser premierement à ses principalles facultez, & tascher de cultiuer l'Entendement, qui est capable de receuoir la Science pour l'vn de ses Biens & Perfections. On luy peut encore attribuer la Sagesse, ces deux habitudes estant conionctes, ou plustost estant mesme chose, veu que la Sagesse ne prend sa place dans la Volonté, que lors qu'il est besoin d'agir ou de desirer : Mais pour mieux distinguer les choses, ie ne veux bastir mes discours presentement que sur la Science, & n'auoir aussi esgard qu'à l'Entendement. Pour parler de la Scien-

De la Sciēce premier Bien de l'Ame.

ce en general, ie diray que quoy qu'on ait nommé le bon Entendement ou le bon Esprit pour le premier bien de l'Ame, on peut encore attribuer ce titre à la Science, car si elle ne porte ce Nom en qualité de Bien naturel, c'est en qualité de Bien acquis. Il est vray qu'à ranger tous les Biens dans vn compte exact, on ne fait passer la Science que pour le second Bien, d'autant que la Bonté de l'Entendement semble la preceder, puis-qu'il faut que l'Entendement ayt vne Bonté naturelle ou capacité innée pour acquerir la Science: Neantmoins à cause que l'Entendement bon ou mauuais est de la constitution de l'Ame, il est consideré auec elle comme vne de ses facultez qui luy est attachée inseparablement; C'est pourquoy en cherchant les Biens de l'Ame l'on ne pense ordinairement qu'à ceux qui sont d'acquisition, de sorte que l'on nomme la Science pour le premier Bien, & si l'on luy dispute cette primauté, l'on peut dire au moins, que si elle n'est point iustement apellée le premier Bien de l'Ame, elle peut estre celuy de l'Entendement, quoy qu'il y ayt à poinctiller en ce que l'Entendement peut aussi auoir la Bonté pour premier Bien, apres lequel suiuroit la Science. L'on repliquera que la Science n'apartient qu'à vn Entendement qui est desia bon de luy mesme, & de qui la Bonté fait partie de son essence, tellement que la Science sera tousiours consideree comme son premier Bien. Nous mettons l'Entendement en comparaison auec l'estat du Corps que l'on apelle Santé & Vigueur, si tout y est bien ordonné, ou maladie & foiblesse si tout y va mal; Et de mesme qu'ayant la santé l'on peut recouurer la force & la dexterité auec toutes les autres facultez corporelles, ou se les acquerir entierement comme de nouuelles habitudes; Aussi ayant vn bon Entendement, l'on est capable d'acquerir la Science & toutes les notions qui en dependent. Les premieres instructions que l'Entendement reçoit, sont à l'esgal de la nourriture & des remedes qui entretiennent la bonne disposition du Corps, ou qui la reparent; C'est par ces alimens spirituels que la Science s'insinue dans l'Ame & rend l'Entendement meilleur & plus subtil, que ne l'auoit rendu la naissance; Car pour peu qu'il ayt de principes de Bonté, il tourne à son profit tout ce que l'on luy enseigne; Mais si vn bon Esprit peut facilement se rendre sçauant, la Science augmentera auſſi la bonté de l'Eſprit; Comme elle ſert donc à luy accroiſtre ſes forces, on peut ſouſtenir à bon droict que ſelon l'ordre de progrez elle eſt ſon premier Bien & ſa premiere Perfection. A cauſe meſmes que l'Entendement demeure en ſon naturel iuſques à ce que la Science ayt fait en luy quelque changement, & que c'eſt par elle que l'on trouue les moyens de le perfectionner, il faut parler d'elle principalement, auſſi bien ce que l'on dit de l'vn ſe raporte à l'autre, & leurs auantages ſont communs.

Pour dire en general ce que c'eſt que la Science, c'eſt tout ce que l'on peut ſçauoir, & ſçauoir c'eſt connoiſtre veritablement vne choſe auec toutes ſes proprietez, car ſi l'on reçoit vn menſonge, pour vne choſe veritable, il ne s'en fait point vne Science, d'autant que ce qui forme la Science eſt la Verité. Or ce que l'on ſçait eſt la nourriture, l'ornement, & la vraye poſſeſſion de l'Entendement & de l'Ame. Comme l'Entendement a ſous ſoy la faculté ſenſitiue, la Memoire & l'Imagination, elles luy ſeruent à acquerir ce bien precieux, & en ſe perfectionnant l'vn l'autre par vn frequent vſage de leurs puiſſances, elles le rendent auſſi plus parfaict. Les Sens connoiſſent mieux les objects lors que la Memoire leur repreſente ce qu'elle en a deſia compris, & l'Imagination en forme mieux ſes Idées; Et apres toutes ces actions reïterées, ſi l'Entendement qui contient en ſoy l'Eſtime, le Iugement & la Raiſon, iouyt parfaitement de ces facultez, il eſt certain qu'il doit eſtimer les choſes ce qu'elles valent & bien iuger & raiſonner, diſcernant le vray ou le vray ſemblable d'auec le faux. Par ce moyen il ſe remplit de Doctrine & de ſuffiſance, pour donner des Reigles à toutes les Diſciplines, & à toutes ſortes d'accidens qui ſuruiennent; En vn mot il obtient cette Science qui eſt le premier Bien de ſon Ame & de ſon Eſprit, & il paruient à l'vne des plus grandes Perfections de ſa Nature, qui eſt de connoiſtre la verité de toutes choſes, autant qu'il le peut faire en cette Vie.

Ce que c'eſt que la Science.

Or pour connoiſtre la Verité & la Science qui la comprend, il ne faut pas ſe contenter de voir ce qui leur ſert; On doit auſſi s'informer de ce qui leur nuit, afin d'euiter l'vn pour s'aprocher plus facilement de l'autre. Si l'Entendement reçoit la Science lors

L'ignorance eſt opoſée à la Science.

qu'il s'ayde à propos des facultez qui luy sont soufmises, le contraire luy arriue quand elles exercent mal leurs fonctions. Lors que les Sens ne connoissent les choses qu'auec confusion, comme ils sont les Portes de l'Ame, rien n'y entre en sa plus veritable forme, tellement que la Memoire & l'imagination ne representent rien qui ne soit faux & absurde, & l'Entendement n'y peut asseoir qu'vn iugement confus & vn raisonnement imparfait; Ce qui en resulte s'apelle Ignorance, qui est vne habitude directement oposée à la Science. Si la Science esclaire l'Esprit, elle luy donne des beautez incomparables & le guide à sa felicité; l'ignorance au contraire le met en des tenebres perpetuelles, le laisse difforme & sans ornement, le fait esgarer & le precipite au mal, ou pour le mieux le fait demeurer sans mouuement & sans action; Car l'on trouue de deux sortes d'Ignorances, l'vne qui est presque immobile & insensible, que l'on peut appeller la Mort de l'Ame, & qui est de ceux qui ignorent presque tout ce qu'il faut sçauoir pour leur Bien; L'autre de ceux qui reçoiuent assez de connoissances, mais fausses & confuses & qui ne seruent qu'à les abuser; C'est ce que l'on apelle des Erreurs, parmy lesquelles encore qu'il y ait quelque meslange de Science, elles offusquent tellement l'Esprit que l'on peut dire que l'Ignorance s'y rencontre encore, & que c'en sont des Suites. Ainsi l'Ignorance & l'Erreur sont les contrarietez & les obstacles qui s'oposent à la Science.

L'ignorance n'engendre ny la Science ny l'Admiration.
Quelques Sophistes voulans defendre le mauuais party, & empescher que l'Ignorance ne soit entierement mesprisée, la font vn principe du Sçauoir, comme si vn contraire pouuoir engendrer l'autre. Ils disent que l'Ignorance est la cause de l'admiration, & que l'admiration est la cause de la Philosophie, tellement qu'à ce qu'ils croyent, pource que l'on est dans l'Ignorance en admirant tout ce que l'on void, l'on est porté à philosopher; & par ce moyen l'on est rendu sçauant: Mais il ne faut pas leur accorder ce qu'ils pretendent; Ils ne considerent pas que ceux qui sont tout à fait ignorans, n'admirent aucune chose; Que le Soleil ecclipse, ou que la Mer se retire, & que tous les Corps du Monde leur monstrent leurs plus estranges proprietez, il n'y aura rien dont ils s'estonnent; C'est pourquoy

pourquoy ne demandons point la Science à vne Mere si infeconde comme est l'Ignorance; si ce n'est que nous entendions vne Science modeste & terminée, comme celle des bons Esprits, qui declarant tousiours qu'ils ne sçauent rien, ne cessent de chercher quelque chose de plus que ce qu'ils sçauent; Mais n'estant pas question maintenant de cette Ignorance sçauante, ou amie de la Science, parlons de celle qui s'opiniastre à demeurer ce qu'elle est, & considerons toutes ses especes, afin d'en conceuoir de la haine.

L'Ignorance est renduë odieuse non seulement par sa difformité horrible, mais par le grand nombre d'Hommes Ignorans que l'on rencontre, desquels il y a plusieurs degrez & plusieurs differences. L'on en void qui sont dans vne telle stupidité, qu'ils ne souhaitent la connoissance d'aucune chose, & ne s'informent point s'il y a quelque Science au Monde. Ils menent vne Vie de Brute & n'ont presque rien outre la faculté sensitiue. Tels sont les peuples Barbares qui fuyent toute culture & toute discipline, ou qui ne les cherchent pas parce qu'ils ne les connoissent point, & qu'aucun d'eux n'a iamais eu le bonheur de les reçeuoir. Il s'en treuue d'autres qui n'ont gueres plus de commodité ny de capacité d'aprendre les Sciences, bien que quelques-vns en ayent de certaines lumieres par la pratique de quelques Arts industrieux; Estant tous des Hommes de basse condition qui sont obligez à quelque trauail du Corps pour le soustien de leur Vie, ils n'ont pas le loisir de s'apliquer au trauail de l'Esprit, & de plus leur humeur grossiere les rend mal propres à des pensées si subtiles. Apres il y a ceux qui estant de haute condition ou de mediocre, & estant nez riches pourroient s'attacher à telle Science qu'ils voudroient, mais le trop d'aise & la débauche les en destourne, ou la croyance qu'ils ont que la Science soit trop malaysée à acquerir, & que ce soit vne chose vaine & inutile à leur fortune, tellement que la mesprisant excessiuement, ils ne sont point honteux de ne la pas posseder. Plusieurs d'entr'eux estant aussi occupez à quelques fonctions de la Vie ciuille, se contentent de sçauoir ce qui depend de leur vacation & sont ignorans en tout le reste. La derniere sorte d'Ignorans est de certains Hommes qui

Il y a diuerses sortes d'Ignorans.

L

encore qu'ils se soient donné beaucoup de peine pour devenir Sçauans n'y ont iamais pû paruenir ; & les pires de leur Bande sont ceux qui ne sçachans rien ou fort peu de chose, croyent pourtant sçauoir tout, ou sçauoir beaucoup.

De l'Ignorance de ceux qui ont des fonctiōs importantes.

L'on excuse l'Ignorance de ceux qui n'ont pû estre instruits, ou qui n'ont pas besoin d'vne Science si estenduë, & qui en sçauent assez s'ils comprennent les reigles de leur deuoir particulier. Quant à ceux qui ont le pouuoir & le temps d'escouter toute sorte d'Instructions, il est fort estrange que voulans estre plus estimez que les autres, ils n'ayent point aussi l'ambition de les surpasser en merite & en sçauoir, & qu'ils manquent mesmes à connoistre ce qui est de plus necessaire dans la Vie. L'ignorance des diuerses choses du Monde, & mesmes de celles qui sont indifferentes à plusieurs, a tousiours esté inexcusables pour ceux qui ayant des fonctions importantes, sont obligez à la conduite ou à la conseruation de leur prochain ; Il faut qu'ils se rendét sçauans pour les autres autant que pour eux, specialement aux choses qui dependent entierement de leur condition : Ce seroit vne honte si le Medecin ne sçauoit ce que c'est des maladies & de leurs remedes, si l'Homme de Palais ignoroit les Loix de la Iustice, & si le Theologien n'estoit pas bien versé dans l'intelligence des Saintes Escritures. Il seroit fort mal-seant encore, que celuy qui exerce quelque charge dans l'Estat, ne fust pas informé de toutes ses dependances : Neantmoins par vn malheur assez commun en quelques siecles, il ne s'y trouue que trop de gens qui sont d'vne Profession qu'ils n'entendent pas, & cette ignorance est la plus preiudiciable ; Mais posons le cas qu'ils sçachent tout ce qui se monstre vulgairement dans les Escholes, ie preten qu'ils ne sont pas au plus haut degré de la Science, & que s'ils ne sçauent chacun que ce qui regarde leur profession à l'estroit, ils se trouueront muets en beaucoup de rencontres ; Il y a donc des ignorans en toutes les conditions & vacations, au moins pour ce qui depend des autres disciplines.

De plusieurs ignorans qui ont vne fonction lettrée.

En effet combien void on de gens qui ont vne fonction lettrée, & qui ne sçauent rien de ce que les plus belles Sciences enseignent ; Ils sont Magistrats, ils sont Docteurs, ou d'autres

Professions qui ont commerce auec les Liures, mais à peine ont ils veu ceux qui leur sont absolument necessaires. Ils n'ont eu garde de chercher ce cercle des Sciences qui est l'objet des curieux; Ils ne se sont pas mesmes instruits de la Metaphysique vulgaire ou premiere Philosophie, que l'on dit estre le fondement de toute Doctrine. Aussi peu se sont ils adonnez à la Physique & à la consideration des choses naturelles & corporelles. Ils voyent leuer & coucher le Soleil, & ne sçauent si c'est qu'il s'allume & s'esteint chaque iour, si la Terre a des fondemens à l'infiny, & si cét Astre passe au trauers par quelque conduit pour reuenir sur l'Horison. S'il est possible qu'il soit plus grand que la Terre, paroissant si petit au prix d'elle; Et la suspension de ce Globe, & sur tout l'habitation des Antipodes leur sont inconceuables. Ils ignorent les merueilleuses proprietez des Pierres & des Plantes, la differente complexion des Animaux, & toutes les qualitez tant des Corps composez que des simples, dont la connoissance n'est pas seulement necessaire pour en sçauoir parler, mais pour s'en seruir en diuerses occurrences. Disons mesmes qu'il y en a d'esprit si lourd qu'ils ne sçauent pas seulement qu'il se fasse quelque recherche de ces choses, & iouyssant des dons de Dieu & de la Nature sans les connoistre & les admirer, ils meriteroient d'en estre priuez pour leur stupidité ou pour leur ingratitude. Comment connoistroient ils ce qui est hors d'eux, veu qu'ils ne sont pas curieux de sçauoir quelles sont les parties interieures de leur Corps, quel en est l'vsage, & par quel moyen ils se peuuent employer à leur conseruation. Que s'ils ne penetrent point dans la connoissance des choses corporelles, encore moins peuuent ils atteindre aux spirituelles; Les facultez de leur Ame & l'excellence des Esprits separez de la matiere, sont des suiets dont ils n'ont pas seulement les notions communes.

S'il y en a de plus studieux & qui se veulent orner l'Entendement de richesses extraordinaires, plusieurs ne sont ils pas si mal conseillez que pretendans passer pour des gens qui ont vne Doctrine subtile & secrette, ils ne s'adonnent qu'à des Sciences fausses ou à des curiositez inutiles, que l'on peut prendre

De ceux qui s'adonnent aux Sciences fausses & aux curiositez inutiles.

L ij

pour des erreurs qui aprochent fort de l'ignorance. On en void qui sont tellement attachez à l'Astrologie iudiciaire qu'ils ne feront iamais vn pas hors de léur logis, qu'ils n'ayent dressé vne figure d'Eslection ou d'interrogation sur ce qu'ils entreprennent, & sur le bonheur de cette iournée, & ils dressent l'Horoscope de tous ceux auec qui ils ont affaire, pour sçauoir s'ils ne seront point trompez par eux. Les diuerses predictions de la Chiromance, de la Geomance, ou de la Roüe numeralle, auec l'explication des Songes & autres manieres de diuination, en occupent d'autres aussi friuollement, & le plus grand mal est si delà ils se portent aux vanitez & aux impietez de la Magie. Le trauail que quelques vns employent à tascher de faire de l'Or ou de composer vne medecine à tous maux, ne semble pas vne chose si condemnable, mais elle n'est pas moins vaine, & souuent au lieu de la Richesse & de la longue vie qu'elle promet, elle mene à la pauureté & à la mort. Entre les estudes les plus curieuses, celles de quelques Mathematiciens & autres contemplatifs, nous paroissent non seulement tres innocentes, mais encore tres loüables; Neantmoins si ce qu'ils recherchent ne peut estre reduit à l'action, l'on peut dire qu'il y a de la vanité dans leurs aplications, puisque tous ceux qui s'attachent par trop à des Sciences oysiues, font assez de mal en se destournant d'vne occupation meilleure. Sur tout l'on peut blasmer ceux qui ont trop de passion pour quelques Arts de plaisir, comme pour la danse & la Musique, ou pour de simples curiositez de Cabinet. Si leur Esprit y est occupé entierement, il se rendra ignorant de toute autre chose, & si ce n'est pas vne ignorance que d'estimer de telles gentillesses, au moins est ce quelquefois vn sujet pour empescher que l'on ne deuienne sçauant.

De ceux qui s'adonnent aux Disciplines reseües.

Il est vray qu'entre ceux qui veullent sçauoir plus que leur Profession, il y en a qui ne recherchent ny les Sciences cachées ny les curiositez particulieres, mais qui font estat seulement des Disciplines receües, & principalement de celles que l'on comprend sous le nom de la Philosophie. Ceux là veullent estre Logiciens, Physiciens & Metaphysiciens, mais bien loin de pouuoir examiner serieusement les causes des choses & leurs effets, ils ne se trouuent iamais chargez que d'opinions erronées, qui sont des Chymeres forgées dans l'esprit de quelque Capricieux. On en void aussi plusieurs qui n'aprennent qu'à disputer sans sçauoir rien resoudre; Ils sçauent la subtilité des argumens plustost que la verité du fait, & s'ils s'estiment Philosophes Moraux, on remarquera que ce n'est que pour parler de la Vertu sans la connoistre & sans sçauoir comment il la faut pratiquer, & que par ce moyen l'ignorance & les Erreurs sont encore chez eux meslées aux Sciences; Car ce n'est point vne bône & saine doctrine ny vne asseurance de la verité, de n'estre instruict qu'à des iargons de College, & de ne sçauoir que des choses que l'experience ne confirme point. Quelques autres s'atachent aux Sciences humaines, & sont Grammairiens, Rhethoriciens, Poëtes ou Historiens, selon que leur inclination se porte; I'enten qu'ils font profession expresse de ces choses, ou que seulement ils les aiment; Tant y a qu'estant dressez à ce que l'on apelle les belles Lettres, qui ont plus d'esclat dans le Monde que toute autre discipline, ils s'enflent d'vn orgueil nompareil, & il se trouue pourtant qu'ils ignorent mesme ce qu'ils pensent sçauoir le mieux; Que les scrupules qu'ils ont dans leur langage, l'eneruent entierement; Que nonobstant leurs seueres obseruations, leurs discours ont de la confusion & de l'impureté, & que toute leur Eloquence est fausse ou mal conduite. Que s'ils ont l'esprit plein des plus remarquables exemples de l'Histoire & des plus belles sentences des Sages, ils ont peine à les reduire à l'action, & ils s'esgarent souuent quoy qu'ils semblent ne point manquer de guide. On ne s'estonne point de voir que ceux qui ne pensent qu'à acquerir les biens de la Terre, soient ignorans de toutes les autres choses, & fassent moins d'estat des plus belles Sciences que d'vne poignée d'argent ou de quelque fumée d'honneur: Mais n'est-il pas estrange qu'il y ait plusieurs de ceux qui courtisent les Lettres, qui vsent mal de tous les autres biens, & qui tout sçauans qu'ils se persuadent d'estre, ignorent que la premiere doctrine est de sçauoir les mœurs Ciuiles & Morales. Non seulement ils ne considerent pas ce qui conuient à quiconque veut passer pour honneste Homme ; Ils n'ont pas soin mesme de ce qui est propre à tout homme raisonnable. Les biens du Corps & de l Esprit, qui composent nostre felicité ou qui y seruent d'aide, ne sont point examinez d'eux dans leur veritable valleur ; S'ils en sont despourueus ils se comportent tout au rebours qu'ils deuroient pour les obtenir, & s'ils les possedent, ils en vsent tres-mal à propos. Ils ne s'efforcent d'auoir aucune adresse ou bienseance corporelle ou spirituelle, & ne sçachant point comment il faut conuerser auec toute sorte de gens, ny quelle complaisance il faut auoir pour les vns ou les autres, par la negligence qu'ils tesmoignent à y vouloir reüssir, ils font voir leur ignorance ou leur Barbarie. Que s'ils recherchent quelques dignitez ou quelques facultez plus grandes que celles que la naissance leur a données, ils le font auec tant d'impetuosité & d'imprudence, & tant de poursuites iniustes, qu'ils en sont diffamez par tout. Apres cela à quoy diront-ils qu'ils emploient ce haut sçauoir dont ils se vantent, si l'on ne void point qu'il les rende plus sains ou plus adroits, ny mesmes plus riches ou plus honorez & estimez ? Car l'on leur peut reprocher ce deffaut des biens passagers du Monde, lors qu'ils leur font besoin par leur propre faute. Les doit-on prendre pour habiles gens si l'on void qu'ils ne sçauent pas se gouuerner eux-mesmes, & que leur santé n'est alterée que par leur intemperance, ainsi que leurs affaires sont perdues où embroüillées par leur paresse & leur incapacité ? N'est-ce point de là que peuuent naistre les mespris que l'on fait d'eux, & toutes les disgraces qu'ils reçoiuent ? Que s'ils manquent de cette Prudence commune, si necessaire à tous les hommes, où cherchent-ils non plus la Prudence morale pour se rendre contens & heureux, & comment pourront-ils paruenir à la Sagesse & à la Perfection, en obeïssant comme ils font à leurs passions, & se laissant emporter à plusieurs Vices ? Il ne sert de rien de leur reprocher auec cecy les sentimens peruers qu'ils ont de beaucoup de choses qui se presentent ; Ie n'en diray plus rien, d'autant qu'il est à presupposer que des actions si mal reiglées que les leurs, tirent leur origine d'vn Esprit entierement plein d'erreur.

PR. BIEN DE L'AME.

Ie ne preten designer icy ny les Siecles, ny les Nations, ny les Personnes : Ie sçay que pendant les Siecles passez, il y a eu des hommes vertueux en beaucoup d'endroits de la Terre, & qu'il y en a encore en ce Siecle-cy. Lors qu'il en sera temps, ie les allegueray côme vn bon exemple à imiter, remarquant d'vn autre costé ce qui a esté fait de reprehensible, afin que la honte & l'horreur que l'on en aura fassent euiter de pareilles actions. Pour le present il est seulement question de parler en gros des deffaux & des vices, & de sçauoir quels remedes leur sont necessaires. Ils se glissent par contagion entre les gens d'estude, aussi bien qu'entre les gens du Monde, & entre les Petits comme entre les Grands. Ceux qui n'ont point adoucy leur Esprit par la culture des Sciences, negligent le bien qu'ils ne connoissent pas, & ceux qui n'ont fait que de vaines Estudes, ont receu des connoissances qui les ont plustost enflez que de les edifier. Quoy qu'ils n'ayent pas chacun tous les maux qui sont espandus parmy eux, ils en ont l'vne ou l'autre partie. Cela fait que le desordre des particuliers passe au general, tellement qu'on ne void gueres de Gouuernemens publics où il n'y ayt vne horrible confusion, ceux qui gouuernent ne pouuans trouuer le secret de se faire obeyr, & leurs sujets troublans incessamment leur repos faute de sçauoir qu'il consiste en l'obeyssance. Tout y est perdu par ces trois Pestes du genre humain, l'Ambition, l'Auarice, & la Volupté. Il y a des hommes dans toutes les conditions qui font tout ce qui est en leur pouuoir, pour assouuir leur conuoitise, où ils mettent leur souuerain Bien. Quelques-vns ont esté si temeraires & si aueuglez que d'entrer dans les dignitez sacrées par de mauuais moyens, quoy que mesmes ils n'eussent point la capacité requise, & que leur façon de viure soit fort esloignée de ce qu'elle deuroit estre ; Les autres se sont glorifiez d'auoir les hautes Magistratures, sans se representer qu'ils ne les auoient obtenuës que par argent ou par faueur, & qu'ils s'acquitoient iniquement ou fort legerement de leurs charges. Tous les gens d'espée n'ont point cette valeur dont ils font leur principale vertu ; Il y en a qui ne monstrent leur force & leur dexterité que dans des Duels entrepris auec peu de sujet,

Que le desordre des particuliers, & du public, vient de l'erreur & de l'ignorance.

ou dans des guerres contre leur patrie. Plusieurs donnent pour pretexte à leur vain orgueil, la noblesse & l'antienneté de leur Maison, & soit qu'elle se trouue vraye ou inuentée à plaisir, c'est tousiours pour parestre par les vertus d'autruy plustost que par la leur. Cette presomption mal fondée leur a fait mal traiter, ou au tout au moins mespriser ceux qui sont au dessous d'eux : Mais il se trouue encore des gens plus insuportables, qui sans aucun droict vsurpant les premiers rangs sur ceux qui sont Nobles, & sur ceux qui ne le sont pas, abusent de leur credit pour les opprimer ; Bref l'on void tousiours que les plus forts se iettent sur les plus foibles, & exerçent sur eux vne infinité de voleries, d'extorsions & de cruautez. Que s'ils aboyent apres les Richesses pour obtenir les honneurs plus facilement, c'est aussi pour en achepter leurs plaisirs, & auoir plus de commodité d'en jouyr, & pour se rassasier du luxe des habits, des superbes emmeublemens, & des magnifiques festins, à quoy ils occupent toutes leurs pensées. Les Gens de basse estoffe ne sont pas moins attachez que les autres aux vanitez & aux voluptez sensuelles ; Ils commettent toute sorte d'iniustices & de tromperies pour les obtenir, & s'il se trouue que quelqu'vn nuise à leurs desseins, l'ire les fait armer pour s'en deliurer par des attentats & des homicides. Ce qui fait des querelles entre des particuliers, fait souuent de grandes guerres entre les Nations, où les peuples patissent pour des fautes qu'ils n'ont point commises. Tout cecy met le Monde en tel estat, qu'on y distingue peu les Vertueux d'auec les Vitieux, & les Innocens d'auec les coulpables. Les plus imparfaits & les plus meschans s'y faisans aprehender sont les plus auancez, & pour quelques hommes qui font grand' chere, qui ont grand train & de superbes Maisons, il y en a plusieurs millions qui patissent, & qui sont ruinez pour les enrichir. Il arriue la plufpart du temps que ce sont les Vices qui triomphent par toute la Terre ; Que si quelque Vertu y reste, elle se tient cachée en elle mesme, ou si elle ose se faire voir, elle est incontinent attaquée, & reduite à d'estranges extremitez. Ceux qui ont la volonté de faire du bien aux autres, n'en ont pas la puissance, parce que l'on les tient à mespris, & que l'on

tasche

BIEN DE L'AME.

tafche de les reduire en folitude, pluftoft que de se fier à leur confeil & à leur conduite. Mais si les Bons & les Iuftes fouffrent de la peine, les mefchans & les injuftes n'en font pas exempts. Quoy qu'ils foient les plus Riches & les plus qualifiez, ils n'en font pas plus heureux; S'ils ont caufé le malheur des autres, penfant accroiftre leur bonheur, ils fe font dangereufement trompez. Les chagrins & les mefcontentemens ne laiffent pas de les accompagner fans ceffe, & il leur faut faire mille lafchetez pour leur conferuation qui feroient honte aux plus pauures. Regardons encore vn party auffi bien que l'autre; On n'eft pas entierement fatisfait des Hommes de baffe fortune; il y en a peu qui fuportent auec patience, les diuers accidens de leur vie, & qui en fçachent tirer du profit. Ils empirent leur condition pluftoft que de l'amender, & ils rendent quelquefois le change aux Grands par des dommages plus fafcheux que ceux qu'ils en ont receus. Si l'on s'enquiert d'où ces defordres procedent, que l'on confidere que la plufpart des hommes ne fçauent ce que c'eft que Dieu, ny le Monde, ny eux mefmes, & que les autres font vn mauuais employ de ce qu'ils fçauent; Qu'ils ne donnent point aux chofes le vray prix qu'il leur faut donner; Qu'ils ne connoiffent point la Nature des Biens & des maux. Qu'ils ne fçauent point les deuoirs de chaque condition, & que mefprifant ce qui doit eftre eftimé, ou eftimant ce qui doit eftre mefprifé, ils s'abandonnent aueuglement à des defirs defreiglez & à des actions iniques. Ne voila-t'il pas que la caufe de tous ces defaftres eft l'Erreur & l'Ignorance, & d'où viennent encore leurs peruerfes habitudes, que d'auoir eu peu d'inftruction, ou d'en auoir eu vne mal dreffée? Ceux qui tiennent que l'homme eft fubiect à toute forte d'imperfections, diront qu'il ne faut point chercher d'autres caufes de fes defordres & de fes fautes, que fes propres infirmitez; En effect il faut auoüer qu'il y a quelques deffauts particuliers que l'on ne peut changer, & que l'on void des hommes que leur conftitution corporelle ou les maladies qui leur font furuenues, ont rendu ftupides & infenfez; Mais ce ne font pas là les Oeuures regulieres de la Nature; Ce font fes Monftres & fes Prodiges. Il eft certain que tous les Hommes font natu-

M

rellement capables de Science & de connoissance; Plusieurs ne sont ignorans ou abusez de l'erreur que pour n'auoir pas receu d'autruy l'instruction qui leur estoit necessaire, ou pource que s'ils l'ont cherchée eux mesmes, ils se sont trompez en leur choix; Aussi des Maistres qui errent ne sont pas vne bonne guide pour leurs Disciples, & la pluspart des Liures où l'on se voudroit instruire tout seul, n'ayans pas le pouuoir d'y seruir, l'on peut croire que plusieurs de ceux qui ont employé beaucoup de temps à escouter ou à lire, ne laissent pas d'estre encore dans l'ignorance.

Des deffauts de l'Instruction. Pour parler de l'instruction des Hommes en general & commencer par celle des Escholes, il se faut representer que l'erreur qui corrompt l'esprit des Escholiers, est souuent celle qui s'est prouignée d'vn Maistre à l'autre; Autrefois ils ont esté mal instruicts, & apres ils instruisent mal ceux que l'on leur donne en charge. N'estant pas capables de rien inuenter d'eux mesmes, ils n'ont garde de s'escarter des vieilles routines. Ils font pourtant beaucoup durer leurs preceptes, afin que l'on ayt plus long temps affaire d'eux, & au bout du terme il se trouue qu'ils ne vous ont enseigné que la moindre partie de ce qu'il falloit; Ils vous ont apris le langage des Grecs & des Romains, mais sans vous auoir inspiré la doctrine & la generosité de ces Peuples; Ils vous ont rendu plus babillards qu'Eloquens, & plustost Sophistes que Philosophes. De toutes les curiositez naturelles, vous n'auez entendu d'eux que celles qui sont inutiles, & si vous sçauez la Physiologie des Pierres, des Plantes & des Bestes, vous ignorez celle des Hommes; Si vous auez apris auec eux quelques vaines opinions de la composition des choses, ils ne vous ont rien dit de la Geographie & de l'Astronomie, ny de l'Arithmetique & de la Geometrie, & de toutes les autres parties des Mathematiques, qui sont les principes par lesquels les Anciens commençoient leurs Leçons; & pour comble du mal, s'ils vous ont entretenus d'Histoires, ç'a esté sans ordre & sans choix, car ils ne les ont point rangées sous la Chronologie, ny apliquées pour exemples des Mœurs, & quant ils vous ont voulu instruire sur les Mœurs, ils n'ont pas eu l'adresse de fortifier leurs preceptes d'exemples; Que si la pluspart des Maistres de nos Escholes, ne se meslent point de reigler les connoissances secrettes, & les principaux sentimens, & encore moins les actions morales, ciuilles & politiques, ç'a esté aux Maistres Spirituels & aux Directeurs des Estats, d'employer leur authorité enuers ceux qui se sont trouuez sous leur conduite, comme en effet l'on ne doute point que leurs aduertissemens & leurs ordonnances ne seruent à reformer quelques particuliers, mais c'est en si petit nombre, & le public s'en ressent si peu, que l'on reconnoist aisement qu'il y a en cela quelque deffaut qui vient de ce que les premieres impressions du Bien n'ont pas esté données assez fortement, & que ceux qui y deuroient aporter de la correction sont souuent les vrais Autheurs des desordres; Que s'il y a quelques Hommes qui s'adressent à la bonne Voye, les excez & les iniustices commis par la multitude des autres, sont tousiours capables de perpetuer le mal, ce qui monstre la peine qu'il y a à remedier aux Erreurs des Hommes, & à conuertir leur ignorance en vne Science parfaicte.

On pretend que la lecture peut rendre Sçauant, au deffaut de la viue voix; Mais l'instruction n'en est ny plus certaine, ny plus vtile. Il faut se representer mesmes qu'entre ceux qui veulent persuader à chacun qu'ils aiment les Liures, il y en a plusieurs auiourd'huy qui n'en ont que par parade, & qui n'en sçauent les noms, que pour en tenir le compte; Les Liures sont à ceux là vn meuble inutile, & ne leur seruent qu'à l'ornement d'vn Cabinet, comme les Vases antiques & les Pourcelaines; C'est pourquoy quelqu'vn disoit agreablement à vne personne de cette humeur; Qu'il auoit vn secret à luy donner pour luy sauuer beaucoup de despence, qui estoit de faire peindre dans sa Galerie des perspectiues de Tablettes & de Pulpitres chargez de Liures, qui luy seruiroient autant en peinture que les ayant en effet, & seroient presque vn pareil ornement: Neantmoins quoy que plusieurs ne lisent aucun de leurs Liures, & ne les voyent que par le dos, il est certain qu'ils croyent estre sçauans, parce qu'ils possedent les organes de la Science, & qu'ils les peuuent consulter quand ils en auront le desir. Quelques autres les connoissent d'auantage que par le Tiltre, & se plaisent à y voir des Traitez de la plus

De la Lecture.

haute Doctrine, mais ils s'y occupent quelquefois sans auoir compris les Elemens des Sciences, & s'apuyant sur de mauuais fondemens, tout ce qu'ils edifient est suiet à ruine. Le pis est, s'ils iugent mal des Liures qui leur sont les plus propres, & s'ils ne cherissent que ceux qui leur sont nuisibles ou inutiles. Le mesme danger leur arriue, s'ils n'estiment les Autheurs & leurs opinions qu'à cause de leur antiquité, ne considerant pas que ce n'est point aux rides que la Beauté consiste; Qu'en ce qui est des connoissances humaines, elles se perfectionnent auec le Temps; Qu'il s'y fait vn renouuellement qui est vne Vieillesse raieunie, & que c'est estre fort simple, de ne vouloir pas s'ameliorer auec le reste de l'Vniuers, & faire son profit de ce qui est present aussi bien que du passé. Que si c'est vne faute notable d'adjouster foy entierement à tout ce qui est ancien, ce n'en est pas vne moindre de n'estimer que ce qui est nouueau. Le nombre de ceux qui sont touchez de cette maladie estant fort considerable, ils meritent que l'on leur fasse des remonstrances. Ce mal vient de ce que la pluspart des Hommes se figurent que tout ce qui plaist soit vtile, & pource que les Liures de leur siecle leur agreent plus que les Anciens, ils n'en veullent iamais voir d'autres; Mais comme entre ces ouurages reçens il y en a d'auantage pour le diuertissement que pour l'instruction, ils aportent plus de dommage que de profit, & l'erreur est grande de ceux qui ne s'addonnent à autre lecture. Cependant l'on donne cours auiourd'huy principalement à des Romans qui corrompent l'Esprit de la ieunesse, par des discours & des exemples d'vne trop vehemente passion d'Amour, & qui au reste sont dressez d'ordinaire contre toute sorte de Loix & de Coustumes, & remplis de tant de fautes de iugement, & de choses si peu faisables selon le cours du Monde, que cela ne peut ressembler qu'à ces grottesques de Peintre où l'on void des Elephans qui ont des aisles, & où le corps d'vn Homme est attaché à vne teste d'Oyson. Quantité de gens prennent plaisir à des Poësies où l'on ne trouue que des contre-pointes sur les mots, sans aucun raisonnement solide, & mesmes la pluspart s'arrestent à vne sorte de Poësie la plus basse de toutes, où ceux qui ont dit les plus grandes sottises, croyent auoir le mieux reussi, & dont le nom estranger ne signifie que Moquerie & Bagatelle. Quel-

Burlare en Italien signifie, se railler & se moquer; Et, *Burlesco* est le genre de Poësie Burlesque, plein de raillerie & de moquerie, lequel auiourd'hui on veut imiter en France.

ques personnes plus serieuses n'estiment que des Epistres, où lettres missiues, dont nous auons des Liures si pleins, qu'il semble que leurs Autheurs se soient esloignez exprés pour auoir suiet de les escrire, & la bouffonnerie des vnes, & la fausse eloquence des autres, nous sont si preiudiciables, qu'il seroit à souhaiter que les Messagers les eussent perduës par les chemins, ou qu'elles fussent demeurées dans le Cabinet de ceux à qui elles sont escrittes, plustost que d'en auoir multiplié les exemplaires par l'impression. Il y en a qui n'estiment que les Harangues ou autres discours faits à plaisir, dont les paroles enflées sont vn leurre pour les Idiots, & quand ils ont veu tout cela, ils sont aussi peu satisfaicts, que s'ils auoient esté à ces Banquets de Sorciers, d'où l'on se retiroit aussi affamé qu'auparauant, & dont tous les mets n'estoient qu'illusion & tromperie. Ceux qui pensent faire mieux & se monstrer grands Politiques, ne font cas que de quelques Histoires de Roys ou d'autres personnes fameuses, dans lesquelles ils trouuent plus d'exemples de Vices que de Vertus; Ils y ioignent la curiosité des pieces nouuelles dont la mesdisance est ce qui les fait le plus rechercher, de sorte que pendant nos derniers troubles, on a veu des gens qui en ont amassé plein des Chambres, & s'il leur estoit impossible de tout lire, ce qu'ils en lisoient suffisoit encore pour les destourner d'vne meilleure occupation. Quelques autres sont rauis de voir des altercations Theologiques sur de nouuelles questions, qui ne sont point propres à la simplicité de la Foy, & ne font que troubler la paix des Consciences. De toutes ces sortes de Liures & d'autres plus mesléz, ceux qui les ayment ont assez dequoy se contenter; Car l'on en fait tant sans discontinuer, qu'il s'est trouué vn Curieux qui de leurs seuls Tiltres, fait vn gros Volume pour chaque année. Ce qui est en partie cause de cecy, c'est la quantité d'Autheurs & de Libraires, desquels chacun veut composer & imprimer quelque chose de sa part, afin de se faire rechercher, de sorte que le nombre des Liures est comme du sablon de la Mer; L'humeur de la pluspart des Hommes y contribue, lesquels sont si inconsiderez que quand ils ont de l'argent à mettre en Liures, ils en veullent tousiours de nouueaux, comme si ce qu'ils estimeront mauuais vn an apres pouuoit estre bon auiourd'huy ; Il faut donc que pour les satisfaire, il se produise des nouueautez en abondance, & que la Terre ne donne pas plus de fleurs au Printemps. Il y a long temps que l'on se plaint de cette importune fertilité ; Afin d'y aporter de la consolation, croyons que suiuant ce que le docte Bacon Chancellier d'Angleterre en a dit, on ne se doit pas mettre en peine si le nombre des mauuais Liures surpasse celuy des bons, d'autant qu'il n'en faut qu'vn seul qui soit bon, pour les mettre tous hors de credit, & que c'est comme la Verge de Moyse changée en serpent qui deuora les serpens des Magiciens de Pharaon : Mais les charmes de ce siecle ne sont pas si aysez à destruire, pource que beaucoup d'Hommes prennent plaisir à en estre charmez, & nous sommes encore à trouuer vn Sage & vn Prophete qui les desenchante. Les vains discours agreent plus que les autres, à cause qu'ils ne donnent pas de peine & qu'ils diuertissent ; cependant ce n'est point par ce moyen que la Science & la Vertu sont espanduës dans le Monde ; Cela fait plustost que l'ignorance & le vice y conseruent leur Empire : Mais si ceux qui ont escouté de mauuais maistres, ou qui ont leu de mauuais Liures, n'ont fait aucun profit, la faute vient autant de ceux qui doiuent receuoir l'instruction que de ceux qui la distribuent, parce qu'ils ont quelquefois enchery sur le mal, ou negligé le meslange du Bien, & mesmes quoy que l'on puisse trouuer de bons Precepteurs & de bons Liures, il y a des Disciples & des Lecteurs, qui sont comme ces Animaux qui changent en venim la nourriture des Plantes les plus salutaires.

De l'accroissemēt des Sciences, l. 2.

Ccey est vne ignorance d'autant plus dangereuse que ceux qui en sont infectez, ne voulans point auoüer leur mal, n'ont garde de se resoudre à y receuoir guerison ; Et comme toutes les sortes d'ignorance, aportent grand preiudice à l'Homme, c'est la source de toutes ses imperfections & du mauuais estat de ses pensées & de ses desseins. En effet vn ignorant ne sçauroit estre qu'imprudent & vitieux ; Quelque chose qu'il dise, il se rendra ridicule & odieux à chacun, & la plusfart de ses actions ne seront que des crimes. Voila des maux qui nous es-

Blasme de de l'ignorance & louange de la Science.

pouuantent seulement à les ouyr, mais quelque obstination qu'ayent ceux que l'on voudra guerir, l'on les peut bien porter à se seruir des remedes. Dieu ayant creé l'Homme auec l'Entendement & la raison, si par quelque malheur extraordinaire il n'est entierement priué de ces nobles facultez, rien n'empesche qu'il n'entende & ne raisonne, & qu'il ne comprenne la Verité lors qu'elle luy sera monstrée à propos. Il doit auoir de l'auersion pour l'ignorance par la consideration de sa laideur, & il doit estre attiré à la Science par sa beauté. Estre ignorant & estre vne Beste Brute, c'est mesme chose; mais d'estre sçauant, c'est le propre de l'Homme, & si la Science ne se trouue pas en tous les Hommes, elle se doit trouuer au moins en l'Homme parfaict. Vn ancien Philosophe auoit raison de dire, Qu'il ne connoissoit qu'vn seul mal au Monde qui estoit l'ignorance & vn seul Bien qui estoit la Science; Car comme du mal de l'ignorance viennent tous les maux, du Bien de la Science viennent tous les Biens. La Science est cette heureuse & eternelle possession que les Larrons ne vous peuuent oster; que l'on garde apres le pillage d'vne Ville, & apres vn naufrage sur Mer; Ce sont les biens dont Bias estoit reputé plus riche que Croesus auec les siens; C'est l'instruction des ieunes gens, la guide des Hommes faits, & la consolation des Vieillards. Il n'est rien de meilleur que la Science, puis qu'elle est cause que l'Homme iouyt de sa Nature, qui est de connoistre les choses du Monde & de s'en seruir; Elle purifie son esprit pour ne luy donner que des pensées raisonnables, & ses Discours & ses mœurs en estant guidez, elle luy communique ce bonheur, qu'il aproche plus prez de la Verité & de la Bonté, dont il reçoit quelques rayons, qui sont vne participation de la Diuinité, puis qu'en effet l'on ne se peut rien imaginer de plus excellent en Dieu que la Science, par laquelle il connoist parfaitement ce qui est vray & ce qui est Bon, & qui est vn attribut où tous les autres sont compris. Plus nous auons donc de ces connoissances, plus nous auons de moyen de nous rendre parfaits. Si quelques vns ont dit, Que l'homme orné de Science, differoit autant de l'ignorant que l'Homme sain du malade, ou l'Homme vif du mort, d'autres luy ont donné la mesme prerogatiue-

Strab. de Platon; D. Laert d'Aristote.

qu'auroit vn Dieu au deſſus d'vn Homme. On pourroit icy dreſſer vn grand Panegyrique pour la Science, n'eſtoit qu'elle eſt comme le Soleil qui faiſant voir toutes choſes, eſt auſſi ce qu'il y a de plus viſible & de plus connu dans l'Vniuers; De ſorte qu'vn Ancien diſoit, Que c'eſtoit vne choſe ſuperfluë de loüer cet Aſtre, perſonne ne pouuant douter de ſon excellence. Les qualitez de la Science n'eſtant pas moins connuës, puiſqu'elle ſert à faire connoiſtre tout ce que l'on peut connoiſtre & ſçauoir au Monde, ie m'exempteray à bon droit d'amplifier d'auantage ſes loüanges, d'autant meſme que m'eſtant diſpoſé à raporter icy quelques vnes de ſes parties & de leurs effects, c'en ſeront de continuels Eloges. Commençons à declarer par quelles adreſſes l'on peut obtenir ce qui eſt tant eſtimé; Ce n'eſt pas aſſez d'auoir monſtré les laideurs & les imperfections de l'ignorance, ſi l'on ne fait voir les Beautez & les perfections de la Science, & de plus ſi l'on ne donne le moyen de l'acquerir. Ie croy bien que dans pluſieurs ſiecles, il s'eſt treuué des gens qui ſe ſont rendus Sçauans par les inſtructions qu'ils ont euës & ſur tout par le trauail qu'ils y ont pris; Encore maintenant beaucoup d'autres s'inſtruiront auec plus de facilité, par ce que les obſeruations modernes ſont le progrez des anciennes. Si la Science ne peut eſtre pleinement poſſedée que par ceux qui ſont dans la ſouueraine Perfection, elle n'eſt pas entierement refuſée aux autres; Quoy qu'ils ne puiſſent atteindre à ſon ſommet, on ne les doit pas eſtimer ignorans, pourueu que les enſeignemens qu'on leur a donnez ayent eſté bons, qu'ils les ayent reçeus auec attention, & qu'ils en ayent ſeulemēt profité ſelon la capacité ordinaire des Hommes. Il eſt vray qu'on ne rencontre pas touſiours des inſtructions ſuffiſantes & commodes. Quelques perſonnes plus eſclairées que les autres, s'eſtant meſlées d'enſeigner de viue voix ou par eſcrit, & ayant connû les Veritez vniuerſelles des Sciences, en ont fait des leçons en general ou en partie; Mais la liaiſon en eſt rompuë & disjointe en beaucoup d'endroits, & beaucoup de choſes peuuent encore manquer à leur accompliſſement; D ailleurs côme tout ce qui eſt au Monde eſt ſujet à changer, cette Inſtruction ne ſçauroit profiter à perpetuité ſi elle n'eſt quelquefois renouuellée.

uellée, & renduë conforme au temps & aux lieux, ou si l'on ne luy donne vne forme durable & flexible tout ensemble, de mesme qu'à ces instrumens de bonne trempe, qui ployent sans se rompre, & s'accommodent à toutes mains. Cela m'a fait prendre le dessein de trauailler sur cette matiere, & comme les Traitez que i'en ay faits, ont esté entrepris premierement pour m'instruire moy mesme, possible qu'apres ils seront propres à l'instruction des autres, & que l'on trouuera à propos que ie les aye mis en lumiere, chacun estant receu à donner liberalement ses ouurages au public. Il se peut faire aussi que le Siecle sera assez fauorable à ceux cy pour leur donner entrée en diuers lieux, & que contenans beaucoup de particularitez de nouuelle inuention, ce sera vn saufconduit asseuré pour faire qu'ils soient receus par tout. Or il faut considerer qu'encore qu'ils soient diuisez en plusieurs Parties & Traictez, ce sont neantmoins des membres dont l'on peut composer vn mesme Corps. Ie m'en vay en faire vne briefue deduction, non seulement pour monstrer leur ordre, mais aussi afin que l'on voye ceux qui sont desia publiez, & que l'on s'attende à ceux qui les doiuent suiure.

SI l'on veut dôner vne introductiõ agreable aux connoissances vniuerselles du Monde, & à l'instruction ou institution humaine, il ne seroit pas hors de raison de les commencer par le liure de la Solitude ou de l'Amour Philosophique, qui sous des Fables mysterieuses descrit vne bonne partie de ce qui sera raporté icy. Les ieunes gens & toutes les personnes du Monde, ayant besoin d'estre attirées aux Sciences par quelque lecture douce & aysée, peuuent auoir besoin de ce liure. Soit que l'on le place à l'entrée ou à la fin de ces sortes d'ouurages, il y pourra occuper son lieu iustement, ou bien on se contentera de le voir à part. *Quels liures dependent de celuy cy. De la Solitude ou de l'Amour Philosophique.*

Quant aux Discours precedens de la Perfection de l'Homme & de ses Biens, ils ont encore esté donnez pour vn fondement de l'institution humaine; On y ioindra si l'on le desire, la Remonstrance & les Auant-propos de la Science vniuerselle, laquelle les peut suiure toute entiere, pour estre comprise dans ce qui est dit du premier Bien de l'Ame ou de l'Esprit. *Des Discours de la Perfection de l'Homme. De la Science vniuerselle & de ses auant-propos.*

Toutefois si on luy veut garder le rang qu'elle a obtenu estant composée la premiere, l'on la laissera dans ses volumes particulier, & auec ses Remarques & autres annexes, estant assez considerable par sa grandeur pour marcher toute seule.

De la certitude & de l'vtilité des Sciences, & de l'abregé de l'ordre de la Science vniuerselle.

Au lieu de ce long ouurage, il y aura icy plusieurs Traictez qui pourroient luy seruir de suite, puisqu'ils concernent vne grande partie de son sujet ? Le premier est de la certitude & de l'Vtilité de plusieurs Sciences, qu'il distinguera de celles qui sont vaines & mensongeres, de peur qu'on ne soit trompé en recherchant les vnes ou les autres. Afin de monstrer apres quelque Idée de leur vray ordre, il y en aura vne description concize, suiuant ce qui en est establi dans la Science vniuerselle ; Cela en ouurira le secret, & en sera comme la Clef, faisant voir à descouuert cet enchaisnement, lequel plusieurs ont manqué de connoistre dans sa plus grande estenduë.

Examen des opinions, des Nouateurs, & des Encyclopædies.

Alors pour sçauoir si la Philosophie ancienne a esté changée auec raison, l'on examinera ce qu'en ont dit les Nouateurs, & les opinions qu'ils y ont substituées, & l'on verra en quoy ils s'accordent auec leurs deuanciers, ou en quoy ils different d'eux. Cela nous fera paruenir aussi à vn Examen des Encyclopædies, ou des liures dans lesquels l'on a eu dessein de parler de toutes les Sciences, & de leur donner vn ordre ; Nous tascherons de iustifier par ce moyen l'ordre de nostre Science vniuerselle.

De l'Examen des Esprits, Et des Methodes d'instructiō.

Tous ces desseins sont entrepris pour faire aimer les Sciences ; Mais puisque les lasches & les paresseux, & principalement ceux qui sont auancez en âge, prennent pour excuse de leur ignorance que la Science est difficile à acquerir, & qu'elle est placée en vn lieu dont l'abord est penible & fascheux, il leur faut aplanir le chemin de telle sorte qu'ils le trouuent plus court & plus aysé qu'à l'ordinaire. On se peut preparer à cecy par vn Examen des Esprits propres à chaque profession ou Discipline, mais ce qui y doit le plus seruir, ce sont les Methodes d'instruction, dont ie m'efforceray de donner les plus courtes, & celles qui enseignent le plus de choses, tant pour ceux qui veulent estre sçauans à plein fonds & estudier auec patience, que pour ceux qui n'ont le loisir d'aprendre que les Principes Vniuersels.

Or comme il seroit malaysé qu'vn seul Autheur enseignast toutes choses, & qu'vn petit nombre de Liures continst le particulier aussi bien que le general des Sciences, il ne faut pas estre de ceux, qui ialoux de la gloire d'autruy ne veulent pas qu'autres liures que les leurs ayent cours dedans le Monde; Ie veux indiquer tous ceux qui traitent de chaque sujet, & en chaque maniere differente, ou au moins les plus considerables; Il ne faut pas que l'on manque à connoistre les sources d'où l'on peut puiser la Doctrine. Il est vray que comme l'on parle assez autrepart des Autheurs qui ont traité de chaque Discipline, il n'est besoin que de s'entretenir de ceux qui parlent indifferemment de toutes choses, & principalement de ceux qui ont escrit en nostre langue. C'est ce que i'entreprendray librement pour declarer quel iugement & quel choix l'on en doit faire, en examinant quelques vns auec assez de seuerité; Et afin que l'on puisse mieux iuger de toute sorte de Discours faits de viue voix ou par escrit, & que ceux qui en veullent composer, s'en rendent capables, je rechercheray la maniere d'y bien reussir, & si ce n'est fort amplement, ce sera au moins auec vne clarté assez aparente. *De l'Examen & du choix des liures modernes; Et de la maniere de bien parler & de biē escrire.*

Apres s'estre entretenu des moyens d'acquerir de la Doctrine & de l'erudition, il faut encore contenter ceux qui font des plaintes contre les Sciences, lesquels pour s'exempter de les rechercher, alleguent qu'elles nuisent au bon estat de leur vie, & qu'elles les mettent au hasard d'estre necessiteux & infortunez; Il leur faut faire connoistre que toutes les Sciences ne sont pas oysiues & inutiles, & qu'il y en a vne entre elles qui enseigne à faire valoir les biens de la Nature & de la Fortune, & à obtenir les biens du Corps & ceux de l'Ame, ou à les ameliorer & les conseruer, & mesmes à acquerir des Richesses, de l'honneur & du credit. Ce sont là des effets de la Prudence ciuile ou de la Prudence du Siecle, car il est besoin que cette sorte de Science change ses maximes selon les temps. Si elle n'a point encore esté enseignée si particulierement qu'elle deuroit *De la prudence ciuile & de la prudence morale.*

estre, & si pour ce sujet elle est ignorée, il faut tascher de luy donner la meilleure forme que l'on peut souhaiter à vne connoissance nouuelle, & qui a peu de modelles à imiter. Ses preceptes doiuent estre aprouuez, pourueu qu'ils ne soient point tournez à vn mauuais vsage ; Mais afin qu'ils ne manquent point de correction & de guide, nous y ioindrons les reigles de la Prudence Moralle, qui doiuent aprendre aux plus desreiglez à se remettre dans les bornes du deuoir, pour paruenir à la Sagesse, d'où depend la Perfection & la Felicité.

De la Politique.
D'autant que le Sage est apellé quelquefois au Gouuernement des Estats, & que mesmes pour estre accomply, il est necessaire de sçauoir donner des Loix aux autres Hommes, aussi bien qu'à soy mesme, la doctrine Politique doit suiure la Moralle: C'est pourquoy il faut donner encore plusieurs Traitez du Bon & du parfait Gouuernement, qui ne soient pas seulement de vains discours de l'ancienne Police, mais qui contiennent des choses accommodées à nostre vsage, lesquelles si l'on les obseruoit, seroient assez puissantes pour aporter quelque remede à nos malheurs & à nos desordres.

Conclusion de ce traité
Comme nous voyons que ce qui concerne l'action, s'aprend de mesme que ce qui n'est que pour les paroles & pour les pensées, tout cela peut estre mis au rang des Sciences ; Il faut pourtant reconnoistre qu'il y a des Disciplines, lesquelles ne concernant que le discours & le raisonnement, doiuent estre distinguées de ce qui apartient aux actions. La Physique & la Metaphysique sont de ce nombre, comme estant speculatiues & enfermées dans l'Esprit, tellement que l'on les apelle des Sciences par preference à toutes autres. L'on y joint la Logique, & mesmes la Grammaire & la Rhetorique qui font partie des Estudes ordinaires. Si elles ne sont des Sciences, elles sont de leurs Ministres, & agissent de l'Esprit & de la Parole, comme les Sciences font d'ordinaire. Ce qui regarde les actions Moralles & Politiques, est iustement reserué pour en traicter apres à cause que cela depend de la Sagesse ; Et pource que la Science est vn Bien qui conduit aux autres Biens, il est fort conuenable de la rechercher la premiere. Ayant parlé en general

PR. BIEN DE L'AME. 101

des obstacles qu'elle rencontre qui sont l'ignorance & l'erreur, nous les ferons encore remarquer dans plusieurs Sciences & Arts, raportant ce que l'on y trouue de verité, & comment l'on en peut composer vne Science vniuerselle & parfaite. Par ce moyen l'Homme peut acquerir la Perfection, en ce qui concerne les Sciences ou connoissances.

Fin du Traité Particulier de la Perfection de l'Homme.

LES MÉTHODES DES SCIENCES

OV L'ON VOID PLVSIEVRS TRAITEZ apartenans à la Premiere Partie du Liure de la Perfection de l'Homme.

DES SCIENCES *vtiles & de celles qui sont inutiles ; Les definitions & les principales obseruations de quelques Sciences ; Et des Erreurs de leur instruction ; Auec la Response à ceux qui les veulent accuser toutes de vanité & d'incertitude.*   I.

LA CLEF *de la* SCIENCE VNIVERSELLE, *Ou premierement, il est parlé de quelques deffaux des Cours de Philosophie, & en suite est le Sommaire de l'ordre gardé dans l'ouurage intitulé,* LA SCIENCE VNIVERSELLE, *Auec vne grande Carte qui le fait voir clairement.*   II.

LE SOMMAIRE *des Opinions les plus estranges des Nouateurs Modernes en la Philosophie, comme de Telesius, de Patritius, Cardan, Ramus, Campanelle, Descartes & autres ; Et en quoy on les peut suiure.*   III.

L'EXAMEN *des Encyclopædies, ou Examen des ouurages des Autheurs qui ont voulu enseigner toutes les Sciences*   IV.

dans un seul liure, comme de Martian Capelle, George Valla, Raymond-Lulle, Gregoire Thoulouzain, Robert Flud, Alstedius, & autres, pour conferer leur ordre auec celuy de la Science Vniuerselle, & monstrer en quel lieu se trouve le vray & naturel rang des Sciences particulieres & des Arts, & leur correspondance diuerse selon le progrez qui s'en fait dans l'Esprit de l'Homme.

V. DV VRAY EXAMEN DES ESPRITS, Ou des Moyens d'aprendre les Sciences fondez sur la Nature par l'Examen de la complexion des Hommes.

VI. DE LA GRANDE ET PARFAITE METHODE pour aprendre les Sciences & les Arts dans les Colleges ou Academies; Comment les leçons y doiuent estre autrement reglées qu'à l'ordinaire, pour y estre instruict de plus de choses, & plus facilement & en moins de temps.

VII. DE LA METHODE ROYALLE, Autre Methode plus facile & plus abregée que la premiere, & neantmoins aussi instructiue pour enseigner les Princes & les Grands Seigneurs, ou les personnes qui estant desia auancées en âge, ou occupées à de grands emplois, ne sçauroient s'asuiettir aux Methodes ordinaires.

LES
METHODES
DES SCIENCES

DES SCIENCES VTILES ET DE celles qui sont inutiles; Les definitions & les principalles Obseruations de quelques vnes; Et des Erreurs de leur instruction; Auec la Responce à ceux qui les veullent accuser toutes de vanité & d'incertitude.

PREMIER TRAICTÉ

LA SCIENCE estant prise pour la premiere Perfection de l'Ame, ie ne pense pas que l'on puisse mieux representer son Image que par vne description de toutes les Sciences particulieres qui composent ce que l'on apelle la Science en géneral ; mais comme i'ay desia fait vn ouurage de cette Nature d'assez ample estenduë, il se faut contenter icy d'vn moindre, & qui serue pourtant à l'accomplissement de mon projet. Ie veux dresser vn Traité, qui donne vne ouuerture commode aux plus belles connoissances des Hommes, qui

Auant-propos sur ce Traité, & sur quelques autres de sa suite.

O

donne les definitions de quelques vnes & leurs Obseruations principales, qui rende de l'honneur à toutes celles à qui il en apartient, & en priue d'autres qui en ont esté pourueuës iniustement. Il monstrera combien leur arrangement & leur diuision vulgaires, different d'auec la suite & la connexion que la Nature & la Raison leur prescriuent; Il descouurira par tout des veritez importantes qui les concernent, & sera suiuy de quelques Chapitres ou petits Traitez qui enseigneront des Methodes pour aprendre ces excellentes Disciplines plus facilement que l'on n'a accoustumé. I'ay crû que beaucoup de gens pourroient estre satisfaits de cecy, d'autant que ceux qui ont veu les instructions que i'ay données par cy deuant & qui en ont compris les raisonnemens & l'ordre, ne seront pas faschez de voir reduit en peu d'espace ce qui est plus au long ailleurs, afin que cela leur en rafraischisse la memoire, & en outre d'y trouuer des obseruations qui leur aprennent l'employ & l'vtilité de ce qu'ils sçauent desia, ou leur donnent les moyens de le sçauoir encore mieux & de l'enseigner aux autres. Que si quelques vns ayant leu mes ouurages precedans sans y faire beaucoup de reflexion, n'en ont pas compris le dessein, ils verront icy aisement ce qu'ils ne pouuoient descouurir, pour estre plus excitez à se retirer des tenebres de l'ignorance & de l'erreur. Ayant entrepris de donner des Methodes des Sciences, il faut rechercher si elles ont toutes les conditions du vray Bien, car il sert grandement à la maniere de les aprendre, d'estre asseuré qu'elles soient honestes & vtiles, & de sçauoir leur plus courte voye. N'y ayant rien premierement qui donne tant de facilité à les aprendre que de les aymer, & rien qui serue tant à les faire aymer, que de faire connoistre leur excellence, ce doit estre vne de mes aplications: Mais d'vn autre costé ie ne manqueray pas de remarquer qu'il se treuue autant de mal en quelques vnes que de bien aux autres, craignant que l'on ne perde du temps à s'y employer. I'espere que l'on aura quelque esgard à ce que ie diray quoy que i'aye deux diuerses sortes d'aduersaires à combattre, les vns qui doutent generallement de tout, & qui croyent qu'il n'y a ny verité ny vtilité dans aucune Science, & les autres qui tiennent pour infaillibles toutes celles qu'ils ont aprifes. Il faut leur faire voir que veritablement il y a des Sciences certaines & vtiles, & qui n'ont rien qu'il faille condamner, estant loüables en toutes leurs parties, & remonstrer aussi aux autres qu'entre les Sciences qui sont les plus vtiles au principal, il s'en rencontre qui au reste ont beaucoup de superfluitez, & que tant pour les plus excellentes que pour les mediocres, l'on peche quelquefois dās la Methode auec laquelle on les enseigne; Qu'il y en a mesme qui sont entierement pleines d'erreur, & d'autres dont l'objet estant vain, elles errent assez, en ce qu'elles occupent vainement l'esprit. Il ne faudra point s'estonner si ie parle d'elles d'abord selon l'ordre que vulgairement l'on leur peut donner, puisque c'est pour m'esleuer apres à vn autre où l'on verra la liaison generalle, & parfaite que toutes les sortes de Sciences & de Disciplines peuuent auoir entr'elles, ce qui est le Chef-d'œuvre des Methodes. Ie ne veux point entremesler ce qui se peut dire en particulier de chaque Science, auec ce qu'il faut exposer de leur ordre, parce qu'il a besoin d'estre simple en ce lieu cy afin d'estre mieux conceu; Tant y a que d'vn costé ayant raporté les Sentimens que l'on doit auoir de quelques parties des Sciences, & donnant apres vne brieue Description de leur suite & enchaisnement, ce sera comme vn Abregé & vn deschiffrement du grand Traité de la Science Vniuerselle, & vne Clef de son Tresor. Pource que l'on verra apres vn abregé des opiniōs de quelques Philosophes celebres & vn Examen de l'ordre de quelques Encyclopædies, auec des reflexions sur ce sujet & deux differentes Methodes par lesquelles les Sciences & les Arts peuuent estre apris plus ayfement & en moins de temps qu'à l'ordinaire, ce qui sera suiuy d'vn Examen des Autheurs Modernes, & de quelques Traitez de la maniere de bien parler & de bien escrire, cecy peut estre nommé à bon droit, Les Methodes des Sciences, car ce seront par tout des Methodes pour l'ordre & pour l'instruction.

Nous laissons l'aplication particuliere du Nom de Science à ce qui est connu par sa propre Cause, à ce qui est certain & non point casuel, & à ce qui ne consiste qu'en Reigles de choses contemplatiues, non point de celles qui s'apliquant à l'action

Du Nom de cience,

O ij

font pluftoft nommées des Arts que des Sciences : Les Philofophes vfent diuerfement de ces Noms, mais pour ce lieu cy, ie veux prendre quelquefois le mot de Science plus largement qu'ils n'ont accouftumé de faire.

De la diuifion des Sciences.   On mettra feulement en queftion comment l'on en doit faire icy le denombrement. Nous pourrions fuiure l'ordre vulgaire, qui eft de diuifer toutes les Difciplines en Theoretiques ou Pratiques, contemplatiues ou actiues, & les actiues en actiues ou Factiues. Les Theoretiques ou Contemplatiues font la Metaphyfique & la Theologie, La Phyfique & les Mathematiques ; Les pratiques ou actiues font la Morale, l'œconomique & la Politique ; Les Factiues ou operatrices, font les Arts dont il procede quelque effet ou ouurage, comme font la Peinture & l'Architecture. Apres les Difciplines contemplatiues que nous auons nommées qui font les Contemplatiues réelles, on en nomme de Rationelles qui font la Grammaire, la Logique, & la Rethorique ; D'autres les mettent au rang des Difciplines actiues ou factiues, mais Sermocinalles ou concernans le Difcours. Nous aprouuons ces diuifions felon les endroits où elles font employées, mais parce que les Sciences n'y font diftinguées que felon leurs dignitez, les plus efleuées y eftant nommées les premieres, de tels ordres ne font pas propres pour l'inftruction, de forte que ie ne les fuiuray que lors que i'en auray vne liberté entiere.

Comment les Arts font mis au rang des Sciences.   Puifque nous apellons Science la connoiffance de quelque chofe, bien que la Pratique s'appelle vn Art, on peut mettre au nombre des Sciences tous les Principes & enfeignemens des Arts & des autres Difciplines qui font veritablement des Sciences ou des parties de quelque Science, Ie commenceray par la confideration de la Grammaire, à l'imitation des Maiftres qui enfeignent d'abord à lire & à efcrire auec l'vfage des langues, pource que ce font les outils de la Science. Il femble neantmoins que l'on peut bien aprendre beaucoup de chofes fans lecture & fans efcriture, & auec le feul langage de fa patrie, puifque auparauant que d'auoir inuenté les caracteres, & auoir eftably les reigles des paroles, il a falu que l'on ait acquis la connoiffance de toutes les diuerfitez du Monde, ou de la plufpart,

Mais demeurons conformes en cét endroit aux coustumes receües, & parlons des Sciences dans l'ordre vulgaire.

LA GRAMMAIRE est vne Discipline qui enseigne à parler & à escrire correctement, c'est à dire à prononcer des paroles qui expriment naïuement nos pensées, & à les coucher de mesme par escrit auec vne obseruation exacte, pour ce qui est de l'intelligence, à quoy on adiouste encore l'ordre & la forme des caracteres. Les paroles sont composées de diuers sons de voix, que dans l'Escriture on apelle lettres; les lettres sont diuisées en voyelles & en consones. De ces voix ou Lettres, se forment les syllabes, & des syllabes les mots. La premiere partie de la Grammaire nous aprend les diuerses proprietez de ces mots, la seconde comment il les faut placer, & comment l'on se doit seruir de ceux qui ont difference de terminaison ou autres changemens, selon les cas, les Temps, & les Personnes. Ceux qui pretendent monstrer que toutes les Sciences & tous les Arts n'ont rien d'asseuré, nous obiecteront en ce lieu, qu'à l'esgard de la Grammaire, on n'en doit point faire cas comme de quelque Science solide & vtile ; Que toutes ses Loix & tous ses preceptes n'ont rien de certain ; Que l'inuention des mots est de la fantaisie des Nations, & qu'vn mot signifie icy vne chose & vne autre ailleurs ; Que leurs changemens sont tellement bigearres qu'il y a des Noms & des Verbes en quelques langues, qui ne changent point du tout de terminaison dans leurs declinaisons ou Conjugaisons, & qui reçoiuent des articles & des pronoms pour se faire distinguer selon les Cas & les Temps ; Qu'il y a d'autres langues où l'on void des Verbes qui ont leurs changemens en tous les Temps, les autres ne les ont qu'en quelques vns, & ont au reste tant d'irregularitez, & si peu raisonnables, mesmes dans les langues les plus polies & les plus vsitées, qu'on n'a pas pû faire qu'il ne s'y trouuast beaucoup de Barbarie ; Que tant s'en faut aussi qu'on doiue establir quelque Science touchant le langage, qu'au contraire les plus grands Docteurs n'en sont pas les Maistres, & qu'il en faut croire le peuple pardeuers qui l'vsage reside ; Qu'en ce qui est de l'vtilité de la Grammaire, elle n'est pas si connuë, que le dommage qu'on en reçoit par les desguise-

De la Grāmaire.

mens des mots, dont plusieurs sont souuent trompez. Tout ce que l'on sçauroit dire contre la Grāmaire se raporte à cecy, & ce que i'ay à respondre pour sa defense est fort facile à trouuer. Il faut sçauoir premierement que si quelques langages ont des Loix particulieres elles se raportent toutes à vne souueraine Loy du Langage, laquelle ordonne que les autres Loix ne soient point vagues & inconstantes, mais qu'elles ayent des reigles asseurées suiuant l'vsage de chaque païs, si ce n'est chez les Barbares, & encore ont ils quelque vsage pour leurs incertitudes. Cela fait voir que nonobstant la varieté des langues, il y a vn Art de Grammaire qui subsiste, duquel on peut former vne Grammaire vniuerselle aplicable aux particulieres. Quelque bigearrerie ou instabilité qu'on trouue aussi dans les langages differens, on reconnoist assez l'vtilité qu'il y a de sçauoir les vns ou les autres, lors qu'on fait des voyages, soit par diuertissement soit par necessité, & que par leur moyen on euite plusieurs perils, specialement pendant la guerre, puisque l'on peut passer au trauers des ennemis sans estre reconnu feignant d'estre de leur natiō. Il est arriué en quelques lieux, que les vainqueurs voulans faire main basse sur tous ceux d'vne certaine contrée, & espargner les autres, ont reconnû ceux qui se vouloient desguiser, leur faisant proferer quelque mot que l'vsage ordinaire de leur païs leur rendoit de difficille prononciation, dequoy nous auons plusieurs exemples dans l'Histoire & ailleurs. En toutes autres occasions, il y a quelque vtilité à sçauoir les langues estrangeres, principalement celles des peuples auec lesquels on a quelque chose à desmesler, ou qui nous sont conioints d'affinité & de commerce, & mesmes il est bon de s'accoustumer à leur prononciation la plus naiue. Ceux qui ont quelque pouuoir ou quelque employ dans vn autre pays que le leur, sont forcez plus que tous les autres d'en aprendre la langue le plus parfaitement qu'ils peuuent, non seulement pour la facilité de leurs conferences, mais pour en estre d'auantage aymez des naturels habitans; Car à faute de cecy on a veu quelquefois des hommes d'Estat, tres habiles au reste, donner matiere de risée, iusques aux moindres du peuple. Or s'il y a souuent necessité d'aprendre le langage d'vne contrée dont

Liu. Des Iug c. 12. du mot Schibboleth. Hist. de Fr. du mot Pecquigni, que les Anglois ne pouuoient prononcer Lettre 34. de M de la M. le V. des Langues.

DE LA GRAMMAIRE.

l'on n'est pas originaire, combien y a-t'il d'obligation d'auantage à sçauoir parfaitement celuy du lieu d'où l'on est né, ou de quelque autre dont l'on est voisin, dans lequel on parle mieux? Si ceux qui parlent en public dans les grandes Villes soit Aduocats soit Predicateurs, sont de quelque autre endroit, afin d'empescher qu'on ne diminuë leur estime les reconnoissant pour Prouinciaux, ils doiuent auoir esgard à se corriger des mauuais mots de leur païs & de ses accens, & s'habituer au langage & à la prononciation, qui ont credit dans la Cour des Roys, & dans la Ville capitale du Royaume, parce que c'est là que l'on croid qu'est le meilleur langage, & celuy qui doit estre propre à toute la nation. Il n'y a point de gens d'honneur & de qualité, qui ne soient encore obligez de se conformer à cecy, pour ne point paresstre rustiques & ignorans, & cela estant reconnû pour vray de tout le Monde, on ne sçauroit nier que les Loix de la Grammaire, ou Art de parler correctement, ne soient necessaires à chacun; & qu'il ne soit tres vtile de sçauoir sa langue maternelle le mieux qu'il est possible, & d'aprendre au moins les Rudimens de quelques langues estrangeres, pour iuger mieux de la bonne maniere de parler par la cóference d'vne langue à l'autre. Il ne faut point dire pour descrediter cét Art de Grammaire, que c'est le simple peuple qui est le Maistre absolu des Langues; Ce sont touiours ceux qui sont en reputation de bien parler, ou qui ont quelque credit dans la Cour ou dans les grandes Villes, qui inuentent des Mots, & le vulgaire les suit; Au reste c'est fort mal raisonner, comme ont fait quelques ennemis des Sciences & des Arts, de reprocher que quelques gens ont esté trompez par des æquiuoques & des allusions, ou par des particules mal reglées de la Grammaire, & mesmes par vne mauuaise ponctuation, & de vouloir inferer de là que la Grammaire soit quelque Art trompeur & qu'il n'en faille tenir compte; car c'est ce qui nous doit obliger dauantage à sçauoir parfaitement les langues pour euiter toute sorte de surprises, soit dans les Traictez importans soit dans les conferences ordinaires. Cela est cause aussi qu'il ne se trouue point de Langue, où les obseruations de la Grammaire ne soient absolument requises, si l'on veut que les Paro-

H. C. Agrippa, de la Vani. des Scien- ces.

les respondent aux pensées, & qu'il n'y arriue ny tromperie, ny doute, toute sorte d'ambiguitez & d'obscuritez en estant retranchées, ou suffisamment desbroüillées & esclaircies. Nous aprenons assez à parler d'entendre parler les autres, mais nous ne pouuons sçauoir si nous parlons bien ou mal, sans auoir apris l'Art du langage. Cela est encore plus necessaire aux langues mortes ou estrangeres, que l'on n'aprend ordinairement que par liure, qu'aux Langues viuantes dont l'on se sert aux païs où l'on se rencontre, lesquelles s'aprennent par l'vsage; Mais de plus pour ne point manquer dans cét vsage, encore se faut il regler par la Grammaire. Il nous faut conclurre pour l'vtilité de cét Art, qui non seulement est le lien de tout le Commerce des Hommes, mais est le Truchement des Sciences, & le principal outil de la Raison, puisque sans luy l'on ne pourroit pas former les correspondances de la Société, ny expliquer les secrets des diuerses Professions & disciplines, ny produire au dehors les reflexions & les consequences que l'Entendement tire de toutes choses. Cette belle connoissance doit estre donnée à l'Homme la premiere comme luy estant vtile & necessaire par tout, Il faut considerer que ce que nous disons pour le langage, s'entend aussi pour ce que l'on couche par escrit, car qui sçait bien l'vn, peut bien sçauoir l'autre, & mesmes celuy qui ignore l'Art d'escrire, peut dicter ses pensées à quelqu'vn, ou sans qu'il le sçache on peut mettre par écrit ce qu'il dit. Enfin à l'esgard du sens, la Parole & l'Escriture sont mesme chose.

De l'Escriture. Pource qui est de l'Art de former les caracteres, c'est aussi ce qu'on apelle l'Escriture, qui n'est pas vne Officiere de peu de consequence, ny vne simple Seruante de la Grammaire; Elle luy est beaucoup en recommendation. L'Escriture a esté inuentée pour le secours du langage, lors qu'il ne se peut faire entendre à cause de l'esloignement, ce qui rend son vsage de tres grand profit. Il est certain qu'il ne se peut guere imaginer de chose plus merueilleuse que cette inuention: Ceux qui ne l'auoient point encore connuë, en ayans veu l'effet, en ont esté surpris d'abord. Les Sauuages des Indes voyans que les Europeans se faisoient sçauoir leurs intentions, nonobstant leur absence, par vn morceau de papier qui parloit sans langue & sans bruit

DE LA GRAMMAIRE.

bruit, crûrent que dans les Missiues qu'ils portoient, il y auoit quelque Demon enfermé, & que les diuers traits de plume estoient autant de figures Magiques. L'vtilité de cét Art estant mieux esprouué des Hommes, plus ils ont de sçauoir & de politesse, on n'a garde de le condamner; En ce qui est de son vsage, pourueu que les Caracteres soient tracez auec toutes les proportions requises, & qu'ils soient aysez à connoistre ou à distinguer les vns des autres, & agreables à voir, on les tiendra en cét estat pour les Ministres fidelles & les vtiles secours de l'Esprit & de l'Art de la Grammaire.

Il faut remarquer encore qu'il y a plusieurs disputes touchant l'Ortographe, qui ordonne par ses reigles, de quelles lettres il se faut seruir pour chaque son de voix, & pour representer les syllabes & les mots. Quelques Autheurs veulent que l'on escriue comme l'on prononce, les autres que l'on ait esgard seulement à l'origine des Mots, & que l'on ne trouble point l'ancien vsage de les escrire. Ramus a inuenté vne nouuelle maniere d'ortographe Françoise, mais il faut auoüer que luy & d'autres qui ont pretendu suiure la prononciation, se sont trompez diuersement selon qu'ils auoient vn accét Prouincial, ou d'habitude particuliere, & qu'ayant aussi adiousté ou retranché des lettres dans l'Alphabeth, & changé la forme des autres, cela fait paroistre l'Escriture barbare & fantasque, de sorte que l'on seroit long-temps à s'y accoustumer, joinct que quand l'on le voudroit faire, l'on ne sçauroit laquelle choisir de leurs methodes d'escrire, pour le fondement peu asseuré qui se trouue tant aux vnes qu'aux autres. Celle de Ramus est si extrordinaire que s'en estant voulu seruir dans sa Grammaire Françoise, il a esté contraint d'escrire la mesme chose à costé selon l'ancienne ortographe, comme si c'estoit l'explication d'vne langue estrangere; aussi auroit on eu peine à lire son liure sans cela. Laurent Ioubert, & Antoine de la-Val, Autheurs assez celebres, ont affecté vne ortographe particuliere dans leurs ouurages. Ils n'ont pourtant rien innoué au nombre, ny en la figure des lettres: Ramus n'a point esté suiuy d'eux en cela; Ils ont seulement changé de lettres pour mieux representer la prononciation. Premierement ils ont obserué

De l'Ortographe.

Err. pop & Traicté du Riz de L. Ioubert; Desseins d'Ant. de la-Val.

que par tout où l'E, se prononce comme l'A, ils y mettent vn A, comme au mot, *Antendre*. Ioubert a le plus changé : Il escrit *jantil, accion, parfet, émer*, au lieu de *gentil, action, parfait, & aymer*, & il met difference entre l'V, consonne & l'u, voyelle, voulant que celuy qui est consonne, soit escrit autrement que l'autre. Plusieurs de ses obseruations semblent s'accorder à la Raison, mais il y en a d'autres vn peu irregulieres ; & si l'on pretend qu'il faudroit aprendre toutes ces manieres d'escrire, pour bien sçauoir l'ortographe, ie diray qu'il y en a qui ne sont que des erreurs, que chacun a publiées suiuant son caprice, tellement que pour donner de bonnes reigles à l'ortographe Françoise, il ne faudroit pas s'arrester à l'opinion de l'vn ou de l'autre de ces Autheurs particuliers, sans en ordonner auparauant dans quelque celebre assemblée d'Hommes Doctes & experimentez. En attendant rien n'empesche que l'on n'escriue à la mode ancienne, & que la connoissance de ce qui s'est tousiours obserué, ne soit tenuë pour necessaire, puisque cela a cours ainsi dans le Monde. Si l'on auoit entierement resolu d'y aporter quelque changement, il faudroit que cela se fist presque par vne voye insensible, autrement cela estonneroit les Copistes & les Imprimeurs, qu'il faudroit renuoyer à l'Eschole. Ie soustien mesme qu'il n'y auroit pas grand mal quand les choses demeureroient comme elles sont. Ie sçay que l'on allegue en faueur des estrangers, & de tous ceux qui aprennent à lire & à escrire, qu'il seroit vtile que l'ortographe Françoise fust reiglée suiuant la prononciation, afin que les vns en lisant connûssent comment il faudroit prononcer, & les autres qui sçauroient desia prononcer, en aprissent plustost à lire & à escrire, mais le deffaut qui se trouue en l'escriture Françoise, n'est il pas dans celles de toutes les autres nations ? Les Grecs & les Romains prononcoient ils leurs mots de mesme qu'ils sont escrits, & cela s'obserue t'il non plus chez les Allemands, les Italiens & les Espagnols ? L'on ne sçait pas qu'il est impossible de donner vne reigle certaine à cecy : I en declareray la vraye cause. Lors qu'on a inuenté l'Escriture, on luy a fait imiter la prononciation le plus qu'il a esté possible, mais cette prononciation estant changée de temps en temps, l'Es-

DE LA GRAMMAIRE.

criture qui est plus fixe, n'a pas laissé de demeurer en son premier estat. Cela se connoist en ce qu'il y a des Prouinces de France, comme la Picardie, où l'on prononce encore plusieurs mots de la sorte qu'ils sont escrits, à cause que le changement ne s'y est pas fait de mesme que dans la Ville Capitale du Royaume, où toute sorte de Nations abordent, & où le caprice des Courtisans cause plusieurs diuersitez au langage. Cela fait iuger que quand on corrigeroit nostre ortographe selon la prononciation d'aujourd'huy, on pouuroit desirer qu'elle fust encore changée dans quelque temps, de sorte qu'il vaut mieux la laisser telle qu'elle est, si ce n'est que l'on y aporte des adoucissemens suportables & aysez, ostant ou changeant quelques lettres notoirement superflues ou peu conuenables, & laissant le reste dans l'vsage ancien, pour ne point faire vne Escriture qui espouuente d'abord ceux qui n'en auront pas l'instruction, lesquels la pourroient prendre pour quelque Chiffre secret. Quant aux Chiffres que l'on fait exprez, l'vsage en est fort vtile en plusieurs occasiōs où l'on veut cacher ses pensées: Il suffit que celuy qui en a la correspondance, sçache les moyens de les expliquer, ce qui est l'Art du deschiffrement.

COMME la Grammaire enseigne à parler purement & correctement, la Rethorique enseigne à parler auec ornement & persuasion. On y aprend ce que c'est que les Figures de la diction, & celles des Sentences; Combien il y a de genres de Discours & quelles sont leurs parties. Cét Art sert à donner des loüanges à la vertu, & du blasme aux vices, à persuader ce qui est honeste, vtile & agreable, & à condamner les coulpables ou à defendre les innocens. Nous connoissons assez le profit & la gloire que les Hommes en retirent: C'est vn charme pour apaiser les esprits les plus farouches; Ce sont des chaisnes pour les arrester, & ce sont quelquefois des esclairs & des foudres pour les embrazer, ou au moins pour les estonner. Celuy qui a de telles forces en sa disposition peut estre Roy des volontez, & se faire obeyr sans autres armes que sa parole. Vne faculté si considerable & si triomphante, doit estre fort recherchée, & cét Art qui la donne peut estre estimé en toutes ses parties. Il est vray que la Rethorique a quelques

De la Rhétorique.

figures qui ne sont pas toutes si receuables que les autres, & qui ont trop de rudesse ou de hardiesse, & ne doiuent estre employées qu'au besoin ; Celles là mesmes qui ont le plus de beauté & d'agréement se rendent quelquefois ennuyeuses pour estre trop frequentes, & placées mal à propos, tellement qu'elles peuuent estre vn vice dans vn Discours & le rendre desagreable ; ainsi qu'vn Tableau ne sçauroit plaire, s'il n'y a qu'vne ou deux sortes de couleurs, & seroit defectueux, si l'vne y estoit employée pour l'autre, comme si le rouge estoit mis aux yeux & le bleu ou le verd à la bouche. Tous les ouurages sousmis à la Rhetorique tels que les Epistres, les Harangues & les Histoires ou Narrations, tant en prose qu'en vers, peuuent auoir aussi leurs deffaux, comme leurs beautez, puisque chaque Corps a ses proportions & ses dimensions, qui estant violeés se changent en autant de difformitez : Mais les reigles de l'Art ont pourueu à cela vniuersellement ; C'est à chaque Langue à s'y conformer, & plus particulierement encore, c'est à ceux qui manient diuers sujets à s'y accommoder auec soin, n'y mettant point d'ornemens oratoires sans choix, & dont la mauuaise aplication change les qualitez.

De la Logique.

LA LOGIQVE a tant de raport auec la Rhetorique, qu'vn Philosophe a dit, Que la Rhetorique estoit à comparer à la main ouuerte, & la Logique à la main fermée, pour monstrer qu'elles estoient presque mesme chose, & qu'elles estoient occupées à de pareils emplois qui sont à discourir & à persuader ; Mais que si l'vne le faisoit auec vne puissance estenduë, l'autre le faisoit auec des forces plus vnies. Si l'on ne demeure d'accord que ce soit vn mesme Art traicté diuersement, au moins faut il auoüer que tous les deux ont ensemble vne grande correspondance ; Car la Rhetorique ne sçauroit rien persuader sans se seruir d'Argumens, & c'est la Logique qui luy en donne la forme, estant employée entierement à chercher toutes les bonnes manieres de raisonner ; Que si la Logique veut aussi aporter quelque ordre & quelque ornement aux choses qu'elle inuente, il faut quelle tire son secours de la Rhetorique ; Toutefois pource que les figures du Discours, & les mouuemens de l'Eloquence ont accoustumé de desguiser la verité, & que tout l'Art de Rhetorique, n'a esté dressé que pour plaire & pour persuader par quelque moyen que ce soit; & qu'au contraire la Logique ne se seruant que de paroles simples qu'il luy suffit de ranger dans l'ordre des preuues, ne butte qu'à esclaircir les choses, & à trouuer les manieres d'argumentation les plus conuainquātes & les plus conformes à la Raison, il semble qu'en cela elle ait vn priuilege tout particulier. Elle s'esleue beaucoup encore au dessus de la Rhetorique en ce qu'elle se peut souuent passer d'elle, & n'auoir que la Grammaire pour interprete & pour compagne; au lieu que la Rhetorique ne sçauroit se môstrer puissante sans l'appuy de la Logique. On ne sçauroit rien trouuer à reprendre dans vne Doctrine si necessaire que celle cy, car encore que nous naissions auec la faculté de raisonner; si est ce que nous ne le faisons que par l'habitude que nous en acquerons à mesure que nos connoissances s'augmentent, & nous ne sommes iamais fort certains de la verité de nostre Raisonnement, si nous ne sçauons quel il doit estre pour estre vray; Ainsi que celuy qui chante à l'auenture sans aucune regle de Musique, ne peut sçauoir quand il fait de faux tons. S'il se trouue de la superfluité dans les enseignemens de la Logique, c'est la faute de ceux qui l'ont establie à leur mode, lesquels n'y ont pas distingué ce qui apartient à la Physique ou à la Metaphysique, d'auec ce qui est de la Dialectique simple ou Logique; ou bien c'est que des Esprits oysifs y ayant trauaillé, ils y ont inseré beaucoup de fausses subtilitez qui ont esté leur vain amusement. Il faut reconnoistre de surplus que leur ordre de Categories peut estre plus regulier qu'ils ne le font, & qu'en ce qui est de la forme des Argumens, ils y meslent tant de choses inutiles que c'est abuser de la patience des Hommes. Ainsi les Sciences ou Arts qui concernent le Raisonnement & le Discours, ne seruent quelquefois qu'à faire que les Hommes discourent auec peu de raison; Ces disciplines n'ont pourtant autre malheur que celuy que leur aporte la mauuaise methode de les enseigner; Au reste elles sont bonnes en elles mesmes, ayant esté inuentées pour vn vsage necessaire, & leur credit estant aussi ancien que la Nature des choses, & que la Raison & la Verité, puisque la Logique artificielle n'eſt que l'Image de la naturelle ; Auſſi doit elle eſtre aprouuée de chacun, lors que l'on luy donne des reigles iuſtes qui ſuffiſent en toutes occaſions, & que l'on ſe deliure de ces longs circuits inuentez pour faire valoir d'auantage l'Art, mais qui ſont pluſtoſt capables de le deſcrier.

De la Phyſique. EN CE QVI eſt de toutes les Sciences qui concernent la connoiſſance des choſes & de leurs proprietez, c'eſt en elles principalement que l'on peut trouuer des Erreurs, chacun n'ayant pas l'Eſprit aſſez bon pour en deſcouurir la verité, dautant meſmes que pluſieurs Philoſophes ont fait des propoſitions diuerſes, par la ſeule vanité d'eſtre eſtimez Autheurs d'vne nouuelle opinion. Il faut donc auoir beaucoup de ſoin d'examiner la Phyſique, qui eſt la Science des choſes naturelles, & ſpeciallement des choſes corporelles & ſenſibles ; Car l'on la broüille de tant de Queſtions de choſes incorporelles & ſurnaturelles, que l'on a peine à diſtinguer ce que l'on y trouue, & l'on n'y aprend rien moins que ce que l'on deſire ſçauoir. Il y a quantité d'Autheurs qui ſous le titre de Phyſique, ne debitent que cinq ou ſix Chapitres des Cauſes & des Principes, qu'ils traitent en Logiciens & en Metaphyſiciens, ſans nous rien dire des vrayes qualitez des choſes corporelles, qui doiuent eſtre leur principal ſujet. C'eſt en cela que la doctrine eſt defectueuſe ; D'autres la voulant rendre complette, ne ſemblent eſtre paſſez plus auant que pour en augmenter les fautes, & s'ils traitent des Elemens, des Meteores, & de quelques autres Corps, ils en publient des Qualitez imaginaires, & des Cauſes de leur action & de leur changement, tout autres que celles que l'on leur doit attribuer. A dire vray il eſt tres-honteux que des Hommes que l'on eſtime doctes, ignorent ce qu'il faut ſçauoir de ces choſes, eſtant aſſez bien inſtruits en d'autres matieres, & que meſmes des Autheurs fameux tombent en des erreurs capables de les rendre ridicules aux moindres Eſcholiers qui auroient tant ſoit peu gouſté de la vraye Science. Qu'eſt ce de ceux qui croyent abſolument que les Cieux ſont enchaſſez les vns dedans les autres comme des Cercles, & que les Aſtres ne pourroient ſe ſouſtenir ſans les Orbes qui les portent ; Que pour le certain il y a quatre Elemens,

DE LA PHYSIQVE.

sans qu'ils puissent estre ny plus ny moins, à cause de l'harmonie de ce nombre, & de leurs qualitez pretenduës, par le moyen desquelles ils se transforment les vns aux autres ; Que l'Element du Feu est placé au dessous du Ciel, de la Lune, où il fait vn Cercle dont il enuironne l'air, & que le Soleil n'a aucune chaleur ? N'est ce pas vne pitié d'entendre qu'ils proposent ces choses & beaucoup d'autres semblables, comme vrayes & asseurées, & qu'ils les tirent en comparaison, dans leurs discours ? Cependant ce sont des erreurs qui n'ont aucun fondement qu'vne opiniastreté que l'ancienneté autorise, & qui ne se sont mises en credit que par la paresse des Hommes, lesquels se sont contentez des choses inuentées, pour n'auoir point la peine de faire vne plus longue recherche. Il faut monstrer icy quelque chose de l'abus qui trompe tant de personnes, & par vne partie l'on iugera de tout le reste.

Sçachons premierement que l'on s'est abusé en la diuision des Cieux, qui ne leur a esté donnée par les premiers obseruateurs, que pour remarquer les diuers lieux des Planetes. C'est vne estrange erreur de croire que les Cieux soient distinguez & diuisez comme des planchers differens, & qu'il y ait des Globes particuliers apellez Concentriques, Eccentriques, Orbes deferents, & Epicycles, où les Planettes soiét enfermées comme dans des Estuys ; Car s'ils sont ainsi tracez sur le papier ou aux Cercles des Spheres, ce n'est que pour monstrer quel est le cours de ces Astres. Il faut croire qu'ils se peuuent aussi bien soustenir dans le Ciel ou l'Ether, comme la Terre se soustient en son lieu. Ce Corps subtil dans lequel ils sont posez, estant par tout vniforme & esgal, il ne sçauroit mesmes auoir de bornes réelles. Si dans le denombrement & la description des Elemens l'on a mis le Feu au dessus des trois autres, c'a esté pour le designer leur superieur, comme il l'est veritablement ; Mais ce n'est pas luy faire assez d'honneur de ne le placer qu'au dessous de la Lune, puisqu'il y a des Corps chauds & lumineux qui semblent estre de feu, lesquels paroissent encore plus haut, & que mesme la Lune & quelques autres Planettes qui n'ont point de lumiere en elles sont prises pour des Corps terrestres, tellement que le Feu que l'on place au dessous

Des erreurs touchant le Ciel & les Astres & le Feu elementaire.

n'est pas là encore en son vray lieu. Outre qu'il doit estre plus esleué, il y a mesmes peu d'aparence de croire qu'il soit dans vn Cercle continu au dessus de l'air, qui embrasse toute la masse inferieure, pource que si cela estoit il deuroit eschauffer la Terre de tous costez & continuellement, & neantmoins on ne s'aperçoit pas que la chaleur vienne icy auec esgalité, & que ce Cercle sublunaire ait quelque effet, ny qu'il puisse estre vtile en quelque sorte, ce qui fait connoistre qu'il ne subsiste point puisque la Nature n'a rien fait en vain; Aussi n'est-ce qu'vne chose imaginaire, & l'erreur des Idiots peut venir de ce que les Elemens ayant esté peints de rang pour les distinguer, ils ont creu que le siege principal de l'Element du Feu estoit au lieu ou ils le voyoient, & d'autant qu'ils ne sçauoient aussi où le mieux placer. Il n'y a point de doute qu'au dessus de la Region de l'air où se forment les Meteores humides, il y peut auoir vn Corps aussi subtil & aussi chaud que le Feu, mais il ne sçauroit tousiours demeurer en cercle autour des autres Elemens, comme le Feu pretendu; L'establissement de sa hauteur & de sa mesure, ne se trouue qu'auec fausseté dans la doctrine commune; Il y a en cecy vn secret des plus curieux & des plus subtils de tous ceux qui concernent la Science des choses corporelles. Sçachons que si ce Cercle continu de Feu ou d'Air ardent subsiste, ce n'est point generallement autour de la Terre, ny tousiours en vn mesme lieu, mais qu'il accompagne le Soleil & change de place auec luy; C'est la pensée la plus raisonnable qu'on en puisse auoir, lors que l'on considere que toute la chaleur que nous auons vient de ce grand Astre.

Des Erreurs touchant le nombre des Elemens. Quant au nombre des Elemens, il ne se trouue point tel qu'on le dit; car il n'y a que l'Eau & la Terre qui seruent à la composition des Mixtes, ce qui est prouué en ce que par leur dissolution & separation, on ne void que ces deux Substances, & que ce qui en sort par euaporation n'est point de l'air, mais vne Eau rarefiée; Et pour la chaleur naturelle qui y reside, quoy qu'il faille auoüer que c'est vn Feu, il n'est pourtant pas là comme Element qui serue à composer les Corps; Il n'en augmente point la masse par sa presence, & à quelque chose qu'il serue, il a vne qualité plus releuée que celle d'Element; C'est d'estre le

Corps

DE LA PHYSIQVE. 121

Corps qui agit sur les autres, & qui leur donne du mouuement & de la force. Si vous demandez, où est donc son vray lieu & sa source, quelqu'vn vous respondra hardiment que c'est dans le Soleil, lequel selon la croyance de plusieurs, est le premier Agent de la Nature, & qui veritablement est pourueu de lumiere & de chaleur, ne pouuant exciter ny l'vne ny l'autre, en se frottant seulement contre les diuerses voutes des Cieux ou contre l'air inferieur, comme tiennent les Philosophes vulgaires; Quand il le feroit, encore faudroit il qu'il y eust vn principe de chaleur en luy, pour faire naistre cette chaleur quelque part, pour la communiquer à d'autres Corps, & l'augmenter par refraction ou reflexion, ce qui feroit tousiours contraire à ce qui en a esté proposé. En ce qui est de l'Air que nous n'admettons point au nombre des Elemens, dont les mixtes sont composez, la raison en est qu'il ne sert que de champ aux autres Corps pour leurs diuerses situations, & que ce que nous respirons icy bas n'est point vn vray Air, mais quelques portions de l'Eau changées en vapeur, aussi bien que celles qui peuuent sortir de nos Corps & de ceux des Plantes.

On ne sçauroit faire aussi que la Terre se change en Eau, ny l'Eau en Terre, comme ces Philosophes veullent: On ne fait que tirer de chacune ce qu'elles ont de meslé. L'Eau estant sortie de la Terre en forme d'vne vapeur qui n'est qu'vne liqueur estenduë, la Terre qui reste ne peut iamais estre liquefiée. Pour ce qui est de l'Eau, le Froid l'ayant durcie en Glace, ce n'est point Terre, veu que le Chaud la faict fondre; Et si l'on allegue que c'est auec de l'Eau que le Cristal se fait, lequel est si solide qu'il ne se dissoud pas comme la glace commune, il faut repartir que ce n'est pas auec de l'Eau simple qu'il est fait, mais auec vne Eau terrestre, & compacte, laquelle si l'on ne connoist, l'on ignore les plus grands secrets de la generation des choses. Au reste on ne sçauroit prouuer que la transmutation des Elemens, se doiue faire par le moyen des qualitez qui leur sont attribuées, de l'vne desquelles on dit qu'ils symbolisent chacun auec celuy qui leur est voisin: Ce sont des harmonies inuentées à plaisir, veu que mesmes ces qualitez ne sont pas certaines, l'air n'estant

Des Erreurs touchant la transmutation des Elemens.

Q

point chaud de sa nature comme on le fait, & tous les corps estant froids d'eux mesmes excepté le Feu.

Erreurs touchant les Meteores.

Les Meteores ont leurs erreurs touchant leurs productions. On dit qu'il y a des exhalaisons chaudes & seches dont ces corps se forment, aussi bien que des vapeurs froides & humides : Mais la Vapeur n'est point sans chaleur, au moins dans son commencement, comme l'exhalaison ne pourroit subsister sans quelque humidité. C'est vne absurdité fort grande de soustenir que le vent ne s'engendre que d'exhalaisons chaudes & seches ; veu que l'Eau qui est le principe d'humidité, estant attenuée peut produire cette effusion ; & quant aux feux esleuez que l'on dit n'estre composez que de chaleur & de secheresse, ils ne pourroient s'allumer sans vne humidité vnctueuse. Il n'y a point de partie de la Physique qui ne soit ainsi remplie d'absurditez, & si ceux qui discourent de ces choses, & qui les aprouuent, disent qu'ils en sont aussi satisfaits que s'ils en sçauoient d'autres, & qu'il suffit qu'ils ayent dequoy borner leur curiosité en cette matiere, & dequoy en parler selon les discours qui s'en font, c'est là vne responce de personnes qui prennent plaisir à se laisser tromper & qui croyent que chacun fera le semblable. Mais ne faut il pas auoüer, qu'il y a tout vne autre satisfactió de s'entretenir de choses que l'on sçait absolumét estre vrayes par des experiences réelles, ou par des aparences sensibles, que de se repaistre de tant de Chymeres, veu mesmes que ceux qui s'y arrestent doiuent craindre qu'il ne se trouue quelqu'vn qui leur contredise, & qui rende leur ignorance honteuse en ce qu'ils ne seront point preparez à leur respondre, specialement s'ils ont voulu passer pour Sçauans ? On dira que chacun n'est pas obligé de faire le Docteur & le Philosophe, & que l'on se peut contenter de ce que l'on sçait sans en disputer ; mais quand l'on s'empescheroit de tomber dans les Questions Philosophiques, il y a plusieurs discours qui en dependent dont l'on ne sçauroit se passer, & pour la bonne reputation d'vn Homme, il vaut tousiours mieux qu'on reconnoisse qu'il est habile à descouurir la verité de toutes choses, que s'il faisoit voir qu'il aime à se remplir l'Esprit d'opinions fantastiques.

Ceux qui composent encore aujourd'huy des Cours des Philosophie, ne sont point pardonnables d'y proposer ces choses absolument, comme si elles estoient sans contestation. Ce sont les premieres causes du mal; & ce qui le confirme, c'est de s'attacher aux mesmes opinions dans des discours particuliers faits de viue voix ou par escrit. Considerons quelle vtilité on peut retirer d'vne telle doctrine. Qu'elle force auront ces propositions pour persuader quelque chose, si l'on les allegue en similitude ou en comparaison, pour des matieres Morales & Politiques, & mesmes pour des choses spirituelles tres difficiles à conceuoir? Que doit on dire quand on void vn liure celebre qui tire de là toutes ses preuues, pour monstrer qu'il y a vn Dieu qui a creé le Monde, & qui le conserue, & pour quelques autres propositions de la Theologie naturelle? Quoy qu'il s'y puisse trouuer au reste des manieres d'argumentation assez puissantes, il faut reconnoistre que celles-là sont tresfoibles, lesquelles ne sont fondées que sur des opinions de Physique qui sont reuoquées en doute. L'Autheur a raison de dire que le Monde periroit à cause de ses parties contraires, s'il n'estoit maintenu par vne puissance supreme; Mais l'on peut obiecter que cette contrarieté n'est pas telle qu'il la propose: Car de repeter en plusieurs endroits, que le Feu elementaire qui est au dessous du Ciel de la Lune, pourroit consommer l'Air qui luy est si proche, sans la defense qui luy en est faite par leur commun Maistre, & que tous les Elemens & plusieurs Corps qui en dependent, se destruiroient l'vn l'autre sans cette Loy, c'est vouloir prouuer vne verité par vne Fable, ou par vne Chimere de Philosophe; puisque ce Feu elementaire ne peut pas estre au lieu ou l'on le place, & c'est ne pas considerer que les Elemens ont esté establis dés leur creatió auec des liens d'accord & d'harmonie, & qu'encore qu'il y en ait qui ayent des qualitez differentes, comme l'Eau qui est humide & la Terre qui est seiche, cela ne sert qu'à les rendre meilleures amies, pource que l'vne communique à l'autre ce qui luy manque, & qu'elles en demeurent iointes presque inseparablement. Que si le Feu est capable de destruire les autres Corps, aussi ne doit il point passer pour l'vn des Elemens, leur estant superieur, & de

Des fautes sur les choses naturelles tirées en similitude ou comparaison.

plus il n'est point placé en vn lieu où il les puisse ruiner tous. Il est certain que d'attribuer ainsi diuerses puissances imaginaires à toutes les Substances de l'Vniuers, pour prouuer l'existence de Dieu & sa Prouidence, c'est faire tort à la dignité du sujet. L'on dira que l'on ne laisse pas de prouuer ce que l'on desire en alleguant ces choses comme le vulgaire les croid, mais il semble que si l'on se seruoit de comparaisons plus asseurées, ce seroit donner plus de poids à son ouurage. C'est vn semblable deffaut de parler des cheutes, des retrogradations, & des Ecclipses des Astres, par lesquelles plusieurs pretendent monstrer, qu'encore que ces Corps soient fort nobles, ils souffrent de la diminutiõ en leur pouuoir & que cela tesmoigne leur foiblesse naturelle; Tous ces diuers accidens ne sont que pour nous, qui receuons des obstacles par lesquels nous sommes empeschez de voir leur lumiere, quoy qu'elle demeure tousiours semblable; Cela n'est aussi qu'à l'esgard des lieux d'où nous les considerons, qui les font estre plus hauts ou plus bas, à gauche ou à droit & ombragez entierement ou en partie; C'est comme les Poëtes disent que le Soleil s'esteint dans son Occident, bien que cette defaillance soit imaginaire, & que lors qu'il est pour nous à l'Occident il soit à l'Orient pour les autres. Si l'interposition de la Lune ou de la Terre, nous empeschent de voir ce grand Astre, il ne laisse pas d'estre ce qu'il a accoustumé: Il n'y a que la Lune & les autres Corps opaques qui perdent leur clarté par quelque oposition, d'autant qu'ils ne l'ont que par emprunt; En ce qui est des Corps qui sont lumineux d'eux mesmes, puisqu'ils le demeurent tousiours, si on void qu'vne simple nuée nous peut oster la veüe du Soleil, c'est mal parler en cette occasion de dire, que la force de cét Astre soit aneantie. Lors que nos Passions & nos erreurs se mettent au deuant de nostre Esprit, pour nous empescher de connoistre les effets de la puissance Diuine, cette puissance supreme est elle pourtant affoiblie, & laisse t'elle de s'estendre par tout? Considerons la mauuaise consequence qu'il y auroit à tirer par l'aplication d'vne chose fausse en similitude.

De ceux qui attri- Il y a d'autres erreurs où l'on s'embarasse qui sont tout au rebours de celles qui diminuent le prix des Substances, & qui

leur attribuët plus de perfection qu'elles n'en ont en effet. Beau- *buent aux*
coup de gens tiennent tous les Astres pour incorruptibles, & *Substances*
delà ils concluent qu'ils ne peuuent auoir de fin, si ce n'est par *plus de per-*
la puissance de leur supreme Gouuerneur, & que tous les Glo- *fection qu'el-*
bes qu'ils voyent esleuez, sont d'vne autre excellence que la *les n'en ont.*
Terre sujette à toute corruption : Mais comment descouurent
ils ce qui se passe en ces lieux là ? Les changemens qui s'y font
en de petites parties, s'y peuuent ils voir non plus qu'ils ver-
roient ceux qui se font sur la Terre, s'ils la regardoient seulement du lieu où est la Lune ? Il ne faut donc point soustenir
ces choses, en les proposant seules ou les comparant à d'autres.
Vn Autheur de ce siecle qu'on a voulu faire passer pour fort
eloquent, s'est abusé ainsi lors qu'il a dit, Que la Vertu de
quelqu'vn estoit si pure qu'on n'y pouuoit trouuer non plus de
taches que dans le Soleil ; C'estoit monstrer qu'il ne sçauoit
pas qu'à l'ayde des instrumens Optiques, on trouue des Macules en grand nombre dans cét Astre, de sorte que les comparaisons que l'on tire de son entiere pureté, tesmoignent que
l'on n'est pas bien instruit de sa nature. Plusieurs autres choses
fausses sont alleguées, comme du Fleuue Alphée que l'on dit
passer dans la Mer pour aller chercher la Fontaine Arethuse en
Sicile, & de plusieurs proprietez d'Eaux & de Terres, de Pierres pretieuses & de Plantes, qui sont si incroyables que cela
semble apartenir à la Magie. On conte merueilles du Phenix,
de la Remore & de la Salemandre, & de plusieurs autres animaux, en quoy l'on croid estre bien cautionné, quand l'on a
dit que cela est tiré de Pline ou d'Albert le Grand ; mais si ces
gens là ont pris plaisir à raporter indifferemment tout ce qu'ils
entendoient dire à diuerses personnes, est il seur de s'en seruir ?
C'est vouloir prouuer vne chose peu connuë par vne autre qui *Questions*
l'est encore moins. Le Pere Mersene Minime qui souhaitoit, *incuïes du*
que chacun sçeust autant de curiositez de la Nature comme *P. Mers.*
luy, n'a point trouué à propos que le Bien-heureux François *Minime.*
de Sales Euesque de Geneve, ait pris pour comparaison dans
ses Oeuures Deuotes, Que le Diamant mis entre le fer &
l'Aymant empesche son operation, & que l'ail l'en priue aussi
lors que l'on l'en a frotté. Il a dit que l'vn & l'autre, estoient

entierement contraires à l'experience, & qu'il estoit fort estrange quel'on alleguast ces choses comme vrayes, veu qu'il estoit si facile de les esprouuer, auant que d'auoir la hardiesse de les dire. En effet il ne semble point à propos de se seruir de la comparaison de plusieurs proprietez merueilleuses, mesmes en des suiets importans sans estre asseuré de la verité de ce que l'on dit. Si nous auons quantité de liures de Theologie Morale, & de deuotion, qui en sont remplis, ils n'en sont pas meilleurs pour cela. Dés que l'on aura descouuert du mensonge dans quelque allegatiõ, elle ne sera plus propre à rien affirmer, & l'on ne fera plus tant d'estat des conclusions que l'on en tire. Nous sçauons que celuy qui se sert de cecy, ne le fait que sur la foy de quelque premier Autheur, mais il ne le nomme pas tousiours & quand il le nommeroit, il ne seroit pas plus excusable pour auoir failly auec luy. On peut adiouster qu'on entend comparer la chose dont l'on parle à cette autre, pourueu que ce qui s'en dit soit veritable, & que cela se fait souuent en des suiets de peu de consequence; Mais il faut considerer que cela ne laisse pas de nous preoccuper l'esprit de quantité de fausses opinions dont l'on a peine à se deliurer. Que si l'on dit encore que l'on compare bien plusieurs choses à d'autres manifestement fabuleuses, comme aux actions des Dieux du Paganisme & à toutes les Metamorphoses, il y a à repliquer, que l'on sçait assez que toutes ces choses sont fausses sans que l'on y puisse estre trompé; & qu'au reste aussi faut il auoüer que cela n'a point tant de force qu'auroit la comparaison d'vne chose veritable. D'ailleurs qu'est-il besoin de chercher des mensonges pour fortifier nos discours, veu que nous auons tant de veritez? Il n'y a aucune chose au Monde qui n'ait des proprietez certaines, où il y a autant à remarquer & à admirer qu'à ce que l'on inuente, & si le tout n'est connû, ce qui le peut estre suffit pour tirer des similitudes, & des conclusions en toute sorte de rencontres. Cela nous monstre qu'il est tres necessaire de sçauoir ce qu'il y a de certain dans la connoissance des choses naturelles, non seulement pour acquerir la reputation d'homme qui en parle de bon Sens, mais pour en tenir des discours qui

DE LA PHYSIQVE.

ayent effect & perſuaſion, ſoit que l'on le faſſe comme Philoſophe où comme Orateur.

Venons maintenant à vne autre maniere de faute ; Il y en a beaucoup qui errent par la crainte qu'ils ont d'errer : Ceux qui n'ont de connoiſſance que ce qu'il leur en faut, pour les faire douter generallement de toutes choſes, ne ceſſent de deſtourner chacun de la recherche des Sciences, d'autant peut-eſtre qu'en ce qui eſt d'eux, ils y ont fait peu de fruit. Sur tout ils publient que les obſeruations de la Phyſique ſont vaines ; Que iuſques icy les Philoſophes n'ont pû s'accorder des Principes ; Que Thales ſouſtenoit que l'Eau auoit donné commencement à toutes choſes, Anaximene diſoit que c'eſtoit l'Air, & Heraclite que c'eſtoit le Feu ; Que Pythagore attribuoit cét honneur au nombre, & Epicure à ſes Atomes ; Que Platon auoit pour ſes Principes, Dieu, les Idées & la Matiere ; Ariſtote auoit choiſi la Matiere, la Forme & la Priuation, & d'autres l'ayans corrigé, eſtabliſſoient la Matiere, la Forme & l'Eſprit. Que ſi quelques vns declaroient qu'il n'y auoit qu'vn Monde, les autres ſouſtenoient qu'il y en auoit vne infinité, ou qu'ils eſtoient preſque innombrables ; Qu'ils eſtoient d'eternelle durée, ou qu'ils s'engendroient de la corruption les vns des autres ; Quant à la production & aux qualitez des Meteores, des Mineraux, des Plantes & des Animaux, qu'il y a tant d'opinions differentes ſur ce ſujet, que ne ſçachant laquelle choiſir, on prend bien ſouuent la pire, & que meſmes il n'y en a aucune qui abſolument puiſſe paſſer pour bonne. Toutes ces obiections qui pourroient eſtonner les moins reſolus, ne doiuent point faire d'impreſſion ſur noſtre Eſprit, quand nous conſiderons que les Sentimens des premiers Philoſophes meritent d'eſtre reçeus auec veneration, d'autant que ces gens là eſtoient les inuenteurs de ce qu'ils propoſoient, & que la Philoſophie n'a pû eſtre en ſa perfection dés le moment qu'elle a pris naiſſance ; Que d'ailleurs ce qui nous ſemble eſtrange à l'abord, eſt enfin reconnû pour myſterieux l'ayant bien examiné, & l'on trouue que la verité s'y trouue cachée ; Car il eſt certain que ceux qui prennent l'Eau ou l'Air pour Principes, veullent denoter par là leur facile tranſmutation de l'vn en l'autre, au moins pour ce

De ceux qui doutent de la verité des connoiſſances de la Phyſique.

qui est de l'Air commun; Et celuy qui ne fait cas que du Feu, veut enseigner le pouuoir que ce Corps a sur les autres Corps. Pour ce qui a esté dit du nombre, cela signifie que tout a esté fait auec nombre, poids & mesure. On ne sçauroit nier aussi que tout ne soit composé de parties indiuisibles, que l'on apelle des Atomes, & quant à ce qui est dit des Idées, de la Matiere & de la Forme, ou autres Principes, on leur donne des explications que chacun fait valoir à ses fins; Que si on ne s'en contente pas auiourd'huy, nous ne manquons pas de gens qui ont philosophé auec plus de subtilité, & qui ont estably les choses d'autre sorte. Pour ce qui est des difficultez qui se rencontrent touchant la production des Corps mixtes parfaits ou imparfaits & toute leur nature, en nous reiglant sur l'experience & sur les raisons les plus vray-semblables, nous connoistrons que la Science qui en traite n'est point vaine, & que les incertitudes que l'on en publie, ne sont que pour ceux qui ne s'en veullent point deliurer. Que si on allegue apres cecy les tromperies des Sens, c'est ignorer qu'il n'y a que les stupides qui en soient gagnez, & que l'on ne doit former vn iugement absolu d'aucune chose, sans en auoir fait diuerses espreuues, qui soient conferées aux maximes vniuerselles, dont il n'y a point d'homme raisonnable qui puisse douter. Par exemple on est asseuré; Que le Tout est plus grand que l'vne de ses parties; Que si de ce qui est esgal on oste quelque chose d'esgal, le reste demeurera esgal; Qu'il est impossible qu'vne chose soit & ne soit pas en mesme temps; Que les contraires ne se peuuent trouuer ensemble en vn mesme suiet; Que qui a le plus, peut auoir le moins; Que ce qui conuient au Genre peut conuenir aux Especes, & que les Effets ont du raport à leurs Causes. Il faut se seruir de ces Axiomes ou d'autres semblables selon les sujets, & on trouuera de la certitude aux endroits où ils seront apliquez iustement.

Il ne faut pas tousjours adherer aux opinions des Nouateurs.

Or quoy que i'aye donné à entendre que pour faire du progrez dans la connoissance des choses naturelles; il se faille deliurer de beaucoup d'erreurs anciennes, ie ne preten pas qu'il faille adherer aux opinions de ces Nouateurs, qui pour estre les Chefs d'vne nouuelle Secte, prennent à tasche de contrepointer

DE LA PHYSIQUE.

ter tout ce qui a esté esté dit deuāt eux, & qui veulent que nous reçeuiōs leurs visions & leurs songes pour des veritez. Il ne faut point soustenir des opinions comme rares & excellentes, seulemēt parce qu'elles sont nouuelles & differentes des autres. Si les anciennes sont legitimes, on les doit cōfirmer & iuger des nouuelles sans interest, les conferant au Sens commun & à la Raison. Si l'on s'attache d'abord à la connoissance des Corps principaux, comme la Terre & les Astres, on n'est pas obligé de croire que la quantité en soit plus grande qu'elle ne parest, & qu'elle soit presque innombrable, comme quelques-vns l'ont escrit; Que tout l'Vniuers soit remply de diuers Systemes assortis de leurs Astres, & que les Estoiles lumineuses soient autant de Soleils, qui ne paroissent si petits qu'à cause de leur esloignement, & que pour les Corps qui font reflechir la lumiere, ainsi que la Lune & Venus, lesquels monstrent par là qu'ils sont solides & espais, ce sont des Terres qui peuuent auoir des habitans de plusieurs especes. Il est vray que c'est vne pensée fort agreable, & qui a esté iugée fort plausible de quelques Sçauans de dire que ces Terres & la nostre, sont comme des Isles dans l'Ether, & que la nostre estant suspenduë comme les autres, peut bien estre mobile de mesme, & faire son cours autour du Soleil pour en estre esclairée, plustost que d'estre immobile & d'attendre qu'il la vienne esclairer. Pour apuyer cecy on allegue les aparances des Astres qui s'y accordent, & en outre la reigle de la Nature, qui fait tousiours les choses par la voye la plus facile & la plus courte; Il semble neantmoins que ce soit renuerser les fondemens du Monde, d'oster la Terre de son centre: Les bons Esprits sçauent bien ce qu'ils en doiuent penser; mais quoy que l'on en determine, puisqu'il y a des raisons tres fortes pour chaque party, c'est se monstrer incapable de les conceuoir toutes, de ne sçauoir que les vnes ou les autres. Il y a quantité d'autres effets dans la Nature, dont l'on raporte des causes si diuersés, que si on ne peut trouuer la vraye, c'est beaucoup faire de les refuter presque toutes, ou de reconnoistre s'il y en a quelqu'vne de vray-semblable. Par exemple les anciens Philosophes ayans attribué la cause du flux & reflux de la Mer, à l'obeyssance qu'elle rend à la Lune,

R

quelques Modernes ont dit qu'elle suiuoit vne autre Loy, & que le Soleil estoit plustost la cause de son mouuement; Les autres ont dit que cela se faisoit par la chaleur des feux souterrains, les autres que c'estoit vn souffle qui procedoit de quelques abysmes, & se poussoit & se retiroit en maniere de respiration, ainsi que l'haleine des Animaux, & que c'estoit vne certaine faculté qui auoit esté donnée aux eaux dans leur grand amas, afin qu'estant agitées par reprises, & rejettant vers les bords tout ce qu'elles auoient d'estranger, elles fussent moins sujettes à corruption. On raporte encore diuerses raisons de la salure de la Mer, dont il y en a qui sont à rejetter, les autres sont plus receuables ; mais d'autant que toute la certitude qu'on y pourroit desirer ne s'y trouue pas, le doute en apporte plus d'honneur que de honte. Il y a d'autres sujets où l'on est d'auantage asseuré, à cause que l'on y est fortifié par toute sorte de raisons, comme en ce qui est des Astres, il est estrange de ne leur pas attribuer de la chaleur aussi bien que de la lumiere, & de dire que leurs rayons n'eschauffent que par attrition & par reflexion, & qu'eux mesmes ils ne possedent pas ce qu'ils donnent aux autres Corps. Nous esprouuons icy bas que tout ce qui est lumineux est chaud, pourquoy ne croira-t'on pas le mesme des Corps celestes, qui sont pourueus de la plus esclattante lumiere, & qui font aussi sentir leur chaleur ? En ce qui est des Elemens, quoy que les Peripateticiens en disent, il n'y a point à douter non plus sur l'impossibilité de leur transmutation, puisqu'on ne void point que le Feu deuienne Terre & la Terre deuienne Eau, ou que l'Eau soit changée en Terre. La croyance ne doit point vaciler en des choses dont l'experience est si facile. Pour les choses qui ne peuuent tomber en nos mains, on en iugera par la comparaison à quelques autres semblables que nous auons esprouuées, & quand mesme l'on y suspendroit son iugement, on ne laisseroit pas d'auoir de la satisfaction dans la varieté de la connoissance. Au reste les diuerses proprietez des Metaux, des Plantes & des Animaux, sont manifestes à tous les Hommes, & ce seroit assez de cela pour faire trouuer de la certitude dans la Physique. Son excellence est bien reconnuë des personnes iudicieuses, qui sçauent que

DE LA PHYSIQVE.

cette Science est le fondement de l'Agriculture, de la Cosmographie, de l'Astronomie, de la Chymie, & de la Medecine, & de quantité d'autres Arts necessaires à la vie humaine : voila pourquoy nous iugeons que l'estude en doit estre vtile si elle est reduite aux bonnes methodes. Toutefois chacun ne iuge pas d'elle suiuant ce qu'elle merite. I'ay veu des Peres malauisez qui retiroient leurs Enfans du College dés qu'ils auoient fait leur Logique & leur Moralle, s'imaginant qu'ils n'auoient pas besoin d'aprendre la Physique, pource, disoient ils, qu'ils n'en vouloient pas faire des Astrologues ny des Medecins, mais des Aduocats ou des Iuges. Cette ignorance estoit grossiere; Ils ne consideroient pas que quand on se subtilise l'Esprit dãs quelque cõnoissance, on se le forme à toutes les autres, outre qu'il se peut trouuer quelques matieres de procez touchant les choses naturelles, desquelles il est bon que les gens de Palais soient instruits suffisamment. D'ailleurs s'ils prononçent quelque Plaidoyer ou quelque Harangue où il tombe en sujet de parler de ces choses, il y auroit du deshonneur pour eux s'ils n'en parloient autrement que des aprentifs. Que l'on s'aplique à telle autre Profession que l'on voudra, la Physique sera toujours tres vtile. Plusieurs questions de Moralle, & mesmes de Theologie, sont esclaircies par son moyen, & quoy qu'elle traite des choses corporelles qui semblent estre grossieres, elles sont accompagnées de Sympathies, d'effusions secretes, d'influences, de Formes substantielles, & de qualitez si admirables qu'il y a dequoy profiter dans leur contemplation. Aussi la Physique est la partie des Sciences dans laquelle principalement les diuerses Sectes se sont formées, & plusieurs Anciens l'ont tenuë pour la vraye Philosophie. Il faut commencer par elle à s'accoustumer de remarquer la verité de tout ce qui subsiste en l'vniuers. Si l'on reçoit legerement de fausses opinions touchant les choses corporelles, on en receura de mesme touchant les spirituelles. Bref l'importance de la Physique ne se fait pas connoistre seulement en ce qu'elle sert de fondement à tous les Arts qui s'exercent autour du Corps, mais en ce qu'elle est tres-vtile à donner des reigles à nostre iugement.

DE LA METAPHYSIQVE.

De la Me-taphysique.

COMME la Physique nous guide aux connoissances vniuerselles, elle nous sert aussi d'eschellon pour monter à la Metaphysique, qui traite des choses spirituelles & surnaturelles, ou au moins comme disent quelques-vns, des Choses qui vont apres les Naturelles, & on pourroit dire, qui les accompagnent, car dans la Metaphysique on considere ce qui apartient aux Substances spirituelles aussi bien qu'aux Corporelles, ce qui fait que les Choses dont l'on parle dans cette Science, sont apellées Surnaturelles. On met en leur rang toutes les pensées que l'on a des diuerses manieres d'Estre, à sçauoir de l'Essence, de l'Existence, de l'Vnité, de la Verité, & de la Bonté, ce que l'on apelle les Transcendans. Ces connoissances peuuent seruir à la distinction des choses, si elles sont bien reiglées, mais quelques-vns y ont meslé des Questions si abstractes, & touchant des choses qui subsistent si peu, qu'il y a beaucoup de temps à perdre de s'embarasser de telles subtilitez. De là viennent ces termes de, *Quidditez*, d'*Entitez*, d'*Ecceitez*, de *Velleitez*, de *Personalitez*, & d'*Homeitez*, sur lesquels on peut

Diog. Laert. dãs la vie du Cynique.

dire ce que Diogene dit à Platon, lors qu'il vsoit des Termes de, *Tableite*, & de, *Tasseite*, pour exprimer l'Idée d'vne Table & d'vne Tasse; Qu'il voyoit bien la Table & la Tasse, non pas la Tableité & la Tasseité. Il est vray que Platon luy repartit, que c'estoit qu'il auoit des yeux pour voir l'vn & non pas pour voir l'autre, le voulant taxer de n'auoir pas la veüe de l'Esprit assez subtile, pour comprendre sa Doctrine. Toutefois il ne faut pas abuser de cés Termes abstractifs & de leur signification; Ceux qui s'y sont le plus attachez, & qui les ont augmentez en quantité, sont ces Philosophes des Siecles posterieurs, qui s'arrestans d'auantage aux Mots & aux Noms qu'aux Choses, en ont emporté le Nom de Nominaux, & qui outre cela ne se sont entretenus que de la consideration des Ampliations, des Restrictions, des Supositions, des Exclusions, & autres Figures imaginaires qui sont les Monstres du Raisonnement. Ces longues recherches qui espouuantent les Esprits & qui ont si peu d'vtilité, deuroient estre banies de cette Science. Y voyant aussi principallement la distinction du vray & du faux, il semble qu'on en pourroit traiter fort commodement dans la Logique, ou si l'on vouloit que la Metaphysique en parlast, il faudroit qu'elle acheuast de descouurir tout ce qui est rangé sous les Categories, puisqu'elle a commencé de les entamer, & quant à la vraye Logique ou Dialectique, elle se deuroit contenter de nous exposer l'Art de discourir par raison, & de nous monstrer les diuerses formes des Argumens. Il n'est pas deffendu de repeter les choses selon la necessité, mais il faut prendre garde qu'elles sont souuent brouïllées dans ces deux Disciplines, & qu'il leur faudroit assigner des bornes pour euiter la confusion. Apres auoir parlé dans la Metaphysique de ce qui est, & de ce qui existe, de ce qui est vn, de ce qui est vray, & de ce qui est Bon, si on n'en parle point autrement que comme de choses vniuerselles, qui sont nos manieres de conceuoir, ce qui depend d'vne Logique mentale, se faut il reseruer à chercher en ce lieu l'Estre de Dieu & ses attributs & la Nature des Anges? On y peut parler de Dieu comme d'vn Estre qui comprend tous les autres, mais pour les Anges qui ne sont que ses creatures, il n'y a pas sujet d'en parler non plus que des Ames des Hommes. La consideration des Choses Transcendentes semble estre propre dans vne Partie de la Science qui donne des fondemens à la Raison, & en ce qui est de Dieu & des Anges & de tous les Estres spirituels, pour rechercher leurs attributs & leurs proprietez, il en faut establir des Sciences particulieres, sinon en ce que l'on peut ranger simplement leurs Noms & leurs Titres, au Traité des Categories dans le Chapitre de la Substance. Voyla des sujets preparez pour la Logique & pour la Theologie; Que deuiendra donc apres la Metaphysique si tout ce que l'on luy attribuoit, est partagé à d'autres Disciplines? Sera-t'elle entierement suprimée? Ie sçay beaucoup de gens qui s'estonneroient si l'on retranchoit quelques parties des Sciences; Mais l'ordre & le nombre qu'elles ont, sont ils absolument necessaires? Ce n'est point cela qui les fera conseruer. On peut abolir tout ce que l'ancienne Metaphysique nous a donné d'inutile, ou en mettre vne autre en sa place, dans laquelle on trouuera simplement les Notions vniuerselles & toutes les conditions de l'Estre, ou qui sera la Gardienne de tous les Principes des

Sciences, ce qui pour lors luy obtiendra à bon droict le nom de Premiere Philosophie, & de Science generalle que l'on luy a desia donné; mais elle laissera pourtant à la Logique & à la Theologie, ce qui leur apartient.

De la Medecine. AVANT que de passer à la Theologie, nous auons d'autres Sciences inferieures à nommer qui concernent le bien de la vie humaine. La Premiere est la Medecine qui n'a pû auoir sa place qu'en ce lieu. Parce que la Metaphysique suit ordinairement la Physique & mesmes la Logique, ie ne l'en ay point destachée: Toutefois la Medecine pouuoit marcher immediatement apres la Physique dont elle est entierement dependante; Mais il suffira de la mettre icy, comme apres les Sciences desquelles il n'est point mal à propos de la faire preceder, afin que le Medecin ou quelque autre Estudiant que ce soit, estant monté par les Choses naturelles aux surnaturelles, ait connoissance de tous les Estres, & qu'il sçache aussi la definition & la distinction des choses pour en raisonner & en disputer, auec liberté de retourner apres à sa Profession particuliere. Or la Medecine Theorique est estimée vne Science, & en tant que l'on la met en pratique on l'appelle vn Art: C'est l'Art de remedier aux maladies du Corps humain & selon quelques-vns, c'est l'Art de se seruir des remedes dans l'occasion; Car les remedes des maladies sont assez connûs: Il ne gist que de sçauoir le temps qu'il les faut apliquer pour en tirer vn bon effet. Afin de donner vne plus ample definition de la Medecine & publier toutes ses vtilitez, il faut dire encore, Que c'est vne Science qui enseigne aux Hommes, à conseruer la Santé de leur Corps, & à la reparer quand elle est perduë, & à trouuer les moyens de prolonger leur vie. Comme il n'est rien d'ordinaire qui leur soit plus agreable, que d'estre sains & vigoureux, & de viure long-temps, la Profession de Medecine qui leur promet de l'ayde à cecy, ne manque pas d'estre caressée & aprouuée: Neantmoins on a crû que l'on pouuoit beaucoup diminuer sa reputation, en disant que plusieurs qui ne suiuent point ses Loix, sont plus sains que ceux qui les obseruent ponctuellement, & ont vne vie plus agreable, & que ce bon-heur leur vient de la constance qu'ils ont à mespriser cét art; Mais ne peut on pas dire que s'ils n'v-

DE LA MEDECINE. 139

sent point de ses remedes, c'est qu'ils n'en ont pas besoin, & que leur santé vient de leur forte complexion, qui fait qu'ils se passent facilement de Medecins & de Medecines. On nous representera qu'il y a des païs entiers ou il n'y eut iamais de Medecin, & que les habitans ne laissent pas d'auoir vne vie assez aysée & d'assez longue estenduë. Il faut respondre que leur climat est peut estre fort temperé, & leur maniere de viure fort sobre, & qu'ils s'exercent beaucoup au trauail pour dissiper leurs mauuaises humeurs, & puis l'on ne doit pas asseurer qu'ils se passent entierement du secours de la Medecine, encore qu'ils n'ayent pas de Medecins de Profession, puisque chacun y est Medecin pour soy & pour son Amy, & qu'ils sçauent des remedes que le hasard ou leur raisonnement leur ont apris, & dont l'experience a confirmé la valeur. Que si en de certains endroits il y a de pauures rustiques qui ne cherchent aucun remede à leurs maux, il y en a aussi quantité qui en meurent sans assistance, & le sujet pourquoy l'on ne void pas tant de personnes infirmes parmy eux qu'ailleurs, c'est que presque toutes leurs maladies sont mortelles. Toutefois les ennemis de la Medecine poussent plus auant leurs attaques; Ils disent que dans les villes les mieux policeés & où se treuuent les plus sçauans Medecins, les malades ne reçoiuent d'eux que fort peu de soulagement; Que s'ils en guerissent quelques-vns, ce n'est que ceux qui n'ont pas des maladies dangereuses, mais de celles qui se pouuoient guerir toutes seules, & que pour les autres on ne void point qu'il y fassent des miracles, & qu'ils les chassent des corps dont elles se sont emparées; Que leur Science est aussi toute coniecturale, & que traictant les malades sur vne fausse opinion qu'ils ont de leur constitution & de leur mal, ils leur ordonnent souuent des remedes qui ne leur sont point propres & les reduisent en pire estat qu'ils n'eussent esté s'ils ne se fussent point mis entre leurs mains. Nous deuons repartir à cecy que les Medecins ne sont pas obligez à l'impossible, & à reparer entierement la Nature corrompuë, ou à rendre les Hômes immortels, mais qu'au reste on ne sçauroit nier qu'ils n'aportēt de la guerison & de l'allegement à beaucoup de maux, qui sans eux auroient vne facheuse suite; Que s'il y en a entr'eux qui n'ayét ny sçauoir ny experience, ceux qui en sont bien pouruëus ne laissent pas de conseruer leur gloire, & ne sont pas responsables du fait d'autruy. Encore moins est il iuste d'attribuer les fautes des vns ou des autres à l'Art, puisque l'Art ne laisse pas d'auoir des reigles certaines encore que l'on manque de les obseruer. Ce n'est que contre les Empyriques & les Charlatans qu'il faut dresser ses plaintes, lesquels promettent de guerir des maladies qu'ils ne connoissent pas, & qui encore qu'ils les connoissent, & qu'ils sçachent leur diuersité, se seruent d'vn mesme remede pour toutes. Autant que la fausse Medecine est descriée, autant la vraye doit estre en estime, & s'il y a de la controuerse entre les Medecins pour la qualité des remedes & le temps de les administrer, leurs consultations estant faites meurement & iudicieusement, il en peut resulter des aduis tres-salutaires.

De la Morale.
AYANT recherché les parties de la Science ou de l'Art, occupées à la santé du Corps, il est raisonnable de penser à cette Science qui pouruoit à la Santé de l'Ame : C'est la Morale qui est mise d'ordinaire auec la Logique, la Physique & la Metaphysique, mais il l'en a falu separer pour faire place à la Medecine. De la façon que cette Science Moralle se traicte dans les Escholes, elle est souuent remplie de questions & de doutes qui ont peu de fondement, & qui sont entierement inutiles. Au lieu d'y trouuer les preceptes de bien viure & les reigles de la vie ciuille, ou de la vie particuliere, l'on n'y insere que des obseruations scholastiques qui ne sont d'aucun vsage. Cela n'empesche pas que l'on ne connoisse la certitude & l'vtilité de cette Science, qui est comme vne Reyne mal vestuë & peu suiuie, mais qui est pourtant connuë à la majesté de son visage par ses plus fidelles sujets ; Toutefois il faut auoüer que son Empire est peu estendu, pource que la dignité de ses loix n'est pas assez clairement expliquée ; Et comme les preceptes de la Vertu sont ses principaux enseignemens, & qu'il y a des gens qui les exposent auec de mauuaises raisons & de fort foibles paroles, il s'en void d'autres qui en tirent auantage, & prennent la hardiesse de parler pour le vice auec des argumens pleins de tromperie & de deguisement. Ceux-cy pretendent qu'il

DE LA MORALE. 137

qu'il n'y peut auoir de Vraye Science des Mœurs, & que si l'on en publie vne on n'y sçauroit trouuer aucune asseurance, à cause de la varieté du temperament des Nations, & de leurs diuerses coustumes & habitudes, qui font, que ce qui est estimé iuste en vn lieu, est iniuste en vn autre, & par consequent que cela n'a point de reigle certaine. Mais ne nous arrestons pas à la croyance des peuples barbares ou infidelles, qui ont des coustumes desraisonnables & impies ; Cherchons la souueraine Verité & la droicte Raison qui ne changent iamais, selon lesquelles nous pouuons bien dresser les reigles de la Science Morale.

QVANT à la Science Oeconomique & à la Politique qui suiuent la Moralle, quoy que ce soient deux Sciences fort vtiles, il n'y en a point de si peu enseignées. Parce que la Science Oeconomique ne traite que du mesnage, où de la maniere qu'on doit viure dans vne famille, il semble à plusieurs que le Discours en soit trop bas pour en faire vne des Disciplines des Escholes, ioinct qu'ils croyent que cela s'aprend assez par la practique ; mais cette Science n'est point abjecte, puisqu'elle concerne la principalle conduite des Particuliers, & la facilité de l'aprendre n'est point si grande, que les Preceptes n'y soient necessaires, & il seroit à souhaiter que ce qui s'en trouue separé selon les sujets fust reuny en quelque lieu. La Politique est la Science de gouuerner les Villes & les Estats publics, de laquelle on ne void gueres non plus que les Regens fassent vne partie de leur Cours de Philosophie, pour ce qu'ils craignent de passer leurs limites, & de dire des choses qui soient hors la portée des Esprits des Escholiers, ou qui soient sujettes à reprehension ; Il ne faut pas pourtant negliger cette Doctrine ; Ceux qui en veullent estre instruits, en trouueront des preceptes par escrit, ausquels ils pourront ioindre les exemples de l'Histoire & la pratique du Monde.

De l'Oeconomique & de la Politique.

LA IVRISPRVDENCE qui depend de la Politique, & est vne de ses parties, est bien plus cultiuée que cette Science qui est sa Reyne & sa Maistresse. C'est qu'elle promet vn auancement plus prompt & plus certain, pource qu'elle est vne des Professions lucratiues de la vie ciuille, &

De la Iurisprudéce.

S

qu'elle sert mesmes d'vne entrée necessaire à plusieurs Dignitez. La Definition de la Iurisprudence est prise fort au large, lors que l'on dit, Que c'est la Science des Choses diuines & humaines; Il vaut mieux dire pour se faire entendre, Que c'est la Science de ce qui est iuste ou aniuste, ou la Science qui aprend à faire toutes choses selon les reigles de Iustice, & garder le Droict à chacun. Elle est apellée Prudence de Droict, parce que la Science fait naistre cette Prudence de faire tout iustement. Il n'y a rien à reprendre au dessein qu'elle s'est proposé; Quelques-vns trouuent mauuais seulement que l'on employe beaucoup de temps à estudier le droict des Romains, où l'on rencontre plusieurs choses qui ne sont plus en vsage. Ils croyent que ce seroit assez d'estudier les Loix & les Coustumes de sa Nation, mais outre qu'il y a quelques contrées où l'on se sert encore de ce Droict ancien, il est estimé vn parfait modelle de la Iustice ciuille, sur lequel on se peut regler en beaucoup d'occurrences. On remonstre, qu'il y a des Loix qui se contrarient, & qu'il s'en trouue aussi des gloses diuerses, mais toutes ces varietez ne nous peuuent plus nuire, puisque cela ne sert qu'à nous resueiller l'Esprit, & que nous ayons nostre Droict particulier lequel nous fait iuger des autres.

De la Theologie Naturelle & de la Psychologie & de la Pneumathologie.

AYANT parlé de la Politique & de la Iurisprudence qui ont suiuy la Moralle, pour monter plus haut il faut s'adresser à la Theologie, dont la Profession est estimée la plus excellente de toutes. Auant que de venir à la Theologie sacrée, il faut tirer quelques lumieres de celle qu'on apelle Naturelle. Sa premiere partie est la Psychologie ou Doctrine de l'Ame, non en tant que l'Ame est vegetatiue & sensitiue, & qu'elle donne vie au Corps; Car cecy a pû faire partie de la Physique où l'on a recherché les facultez des Sens internes & externes, & quelle est la puissance impulsiue des appetits des Animaux; On considere icy l'Ame humaine comme raisonnable, & spirituelle, ce qui peut apartenir aux plus hautes considerations de la Psychologie; mais cela est encore affecté particulierement à la Pneumatologie ou Science des Esprits, qui traite de cette Ame comme spirituelle & immortelle, & capable d'estre separée de son Corps, estant vn ouurage diuin & surnaturel qui ne depend point de la matietiere. Cette Science est tres-vtile aux Hommes, pource qu'elle leur aprend ce qu'ils sont, & qu'elle leur acquiert la connoissance de Dieu autant qu'ils la peuuent auoir en cette vie. On trouue pourtant des Hommes qui sont si peu soigneux de rechercher ce que c'est que l'Ame qui est leur principale partie, & qui reçoiuent si mal ce que l'on en dit, qu'il faut declarer à leur honte qu'ils doutent qu'elle soit spirituelle, & qu'elle ait vne autre puissance & vne autre durée que le Corps. Ce sont ceux là qui se figurent en eux autant & plus d'imperfections qu'aux Bestes, & qui par consequent n'ont garde de s'imaginer qu'ils soient capables de receuoir des graces surnaturelles. Pource que leur croyáce est tres-preiudiciable, il est bon de la refuter icy en bref, suiuant ce que les Philosophes & les Theologiens en disent, afin qu'aucun ne pense destruire les fondemens de tout le Bien où nous deuons aspirer.

Nous auons desia fait connoistre dans le traicté de la perfection de l'Homme, quels auantages il a au dessus des autres Animaux, qui n'ont que la faculté motrice & la sensitiue. Certainement ces Animaux iouyssent des Sens exterieurs aussi bien que l'Homme, mais encore que quelques vns ayent en eux des organes fort puissans, ils n'en tirent point vne vtilité entiere, pource que leur Sens commun iuge des choses ainsi qu'elles luy aparoissent sans les pouuoir verifier les vnes par les autres pour les connoistre parfaitement. Au lieu de cela nostre Entendement se monstrant d'vne nature spirituelle, se sert du ministere des Sens, ausquels il peut commander, sans s'y assujettir; Il reçoit les especes des objets, les vnit & les diuise; Il forme dessus des notions singulieres & des notions vniuerselles; Il distingue les choses diuerses; Il reconnoist les semblables; Il compare les effets auec leurs causes, les effets auec les effets, les causes auec les causes; Il en tire des conclusions & en dresse des demonstrations pour paruenir à vne parfaite Science. Si l'Entendement de l'Homme à ces prerogatiues, sa Volonté a celle de la liberté, pour se donner toutes sortes d'affections, & se porter aux actions qui seront de son choix; Au contraire les autres Animaux n'ayant que des connoissances limitées, ne s'arrestent qu'à des actions ou leur Nature les lie: Toutefois quelque excellence

De la spiritualité & immortalité de l'Ame.

que nous puissions attribuer aux Hommes, & à l'Ame qui agit en eux; ceux qui ont resolu de se rendre ennemys de leur propre gloire, taschent de rabaisser cette dignité par toute sorte d'objections; En ayant formé plusieurs touchant la comparaison auec les Bestes, dont nous auons monstré la foiblesse, ils y adjoustent des argumens contre la spiritualité de l'Ame. Ils disent que pendant les resueries des febricitans & la frenesie des insensez, il est fort estrange qu'vne Ame qu'on croid estre d'vne condition si releuée, soit ainsi priuée de ses principales facultez, & que pendant les esuanouyssemens ou le sommeil profond, comme elle n'a plus la faculté du Raisonnement, & qu'elle iouyt fort peu de celle du Sentiment, c'est vn tesmoignage qu'elle depend du Corps, & qu'elle peut perir par ses alterations: Mais les Gens Sages ne se laissent point persuader par leurs Discours temeraires; Ils sçauent que l'Ame humaine estant empeschée d'agir par l'alteration de ses organes, le pouuoir luy en demeure neantmoins, de mesme que celuy qui sonne de la Trompette a tousiours la voix & l'artifice pour en bien joüer, encore que la Trompette soit cassée & rende vn mauuais son. Pour vne preuue indubitable que la principale faculté de l'Ame ne s'altere point, bien qu'elle soit cachée quelque temps pendant la frenesie ou le sommeil, nous pouuons dire d'auantage que quand l'vn ou l'autre nous a quitté absolument, elle ne manque point de paraestre, & que si elle auoit esté alterée comme quelques vns pretendent, il seroit dificile apres de la reparer, & il sembleroit que ce fust vne nouuelle production. De cette independance, on tire des conclusions de sa spiritualité que l'on prouue encore, parce qu'elle ne comprend pas seulement les choses corporelles particulieres & finies, mais les Spirituelles, Vniuerselles & infinies, ce qu'elle fait au moins à sa maniere, & de ce qu'elle fait des reflexions sur elle mesme, ce que les Organes corporels ne font point, les yeux ne se pouuans voir, ny les oreilles s'entendre; Et qu'au lieu que toutes les facultez sensitiues se lassent & se deteriorent par l'exercice, l'Entendemét premiere faculté de l'Ame ne se lasse jamais de mediter & de iuger, le Temps le rendant tousiours plus parfait. Quelle excellente prerogatiue l'Ame a-t-elle encore de connoistre ce que c'est que la Verité &

la Bonté, & d'auoir des Sentimens de Dieu, qui de plus luy a inspiré la Foy & la Iustice ? Qui seroit ce en effect qui auroit donné aux Hommes ces mouuemens de bien viure, & de croire que les Bons seront recompensez & les Meschans punis dans vne autre vie, sinon vn Dieu qui estant iuste & Tout-puissant, leur en veut faire voir les effects? Comme ils ont tous ce desir d'immortalité, pourquoy seroit-il trompeur, veu que les apetits naturels ne se trouuent iamais vains, & si leur Ame a toutes les excellences souhaitables, comme de pouuoir contempler les choses immaterielles & Diuines, ce qui est le Bien estre ou la Perfection de l'Estre, ne peut-elle auoir la durée de l'Estre qui n'est pas de si grand prix, & qui semble estre accordée à des Substances grossieres, comme les Cailloux & les Metaux? Qui a le plus ne peut-il pas auoir le moins? Enfin comme il nous semble que nous pouuons faire durer nostre pensée tant que nous voulons, il n'est pas malaisé de nous persuader que nous ne verrons iamais la fin de la substance où elle reside; Nous croyons plustost qu'apres la ruine du Corps, elle demeurera libre, & ioüyra de son priuilege, ainsi qu'vn oyseau ou autre Animal qui auroit esté enfermé dans quelque machine qu'il faisoit mouuoir, lequel s'enuole ou s'enfuit dés qu'elle est rompuë, & apres cette descharge va auec bien plus de legereté. I'auoüe que si cette comparaison a du raport dans quelques actions, elle n'en a pas dans toutes. L'Animal qui sort de sa prison, a encore tous ses membres pour se mouuoir & agir diuersement, mais l'Ame estant seule n'a point d'yeux pour voir, ny d'oreilles pour ouyr, ny de pieds pour s'auancer. Croirons nous donc qu'apres sa separation d'auec le Corps, ses facultez soient reduictes à n'estre plus qu'vne pure pensée? Ne doutons point que comme elle possede alors tout le bien qu'elle peut auoir en cét estat où elle a plus de liberté d'agir, elle n'agisse aussi de toute sa puissance, & specialement qu'elle n'ayt beaucoup de connoissance de ce qui est hors d'elle. Nous nous figurons bien que cela doit estre, quoy que nous ne sçachions pas de quelle sorte cela se peut faire, pource que nous auons des puissances en nous qui nous sont inconnuës, iusqu'à ce qu'il soit temps qu'elles se monstrent. L'Enfant qui est encore au ventre de la Mere, & celuy qui est venu au Monde priué de tous les Sens ou au moins de la plusparc, ne peuuent sçauoir ce que c'est de voir ou d'ouyr, & par quel moyen cela se fait iusques à ce que les obstacles qui leur nuisent soient ostez. Nous sommes enfermez d'vne pareille closture & suiets à de semblables priuations : L'enclos du Monde nous est vne seconde matrice, & il y a aussi quelques facultez cachées dont nous ne iouïssons pas ; Nous ne sommes pourtant arrestez que par des liens naturels, lesquels estant rompus, nous aurons des connoissances plus parfaites qu'auparauant, & nous deuons d'autant plus nous asseurer d'vn tel Bien que nous en auons desia l'esperance & l'imagination, comme vne felicité auancée, & des arres de celle que nous deuons vn iour receuoir. Ce sont les raisons les plus vraysemblables & les plus plausibles qui nous puissent estre fournies sur ce sujet de la part de la Nature.

Comment l'on peut prouuer qu'il y a des Anges & des Demõs

Pour nous faire croire plus facilement cette subsistance de nostre Ame toute seule, on nous donne encore l'exemple des Esprits separez de toute matiere, que l'on comprend sous le nom d'Anges & de Demons. C'est là vne autre partie de la Pneumatologie, ou Science des Esprits, qui quoy qu'elle traite des choses entierement inuisibles & immaterielles, doit trouuer nostre croyance preparée à la receuoir, puisque non seulement elle nous est certifiée par les reuelations que des hommes bien viuans en ont euës, mais elle se fait encore aprouuer par les lumieres naturelles que nous auons en nous. Toutefois ceux qui ne croyent que ce qu'ils voyent des yeux du corps, n'admettent point cét Estre des Esprits; Ils attribuent à des Choses naturelles tous les accidens estranges que l'on en raconte, ou bien ils les tiennent pour des fables; Mais quand leurs effets ne seroient pas fort frequens icy bas, ne sçauroit on se persuader qu'il y ait de telles substances dans l'Vniuers pour son accomplissement, & que comme il y a des Corps sans Ame, il y a aussi des Ames ou des Esprits sans Corps? Les incredules alleguent qu'il n'y peut rien auoir au Monde qui n'ait quelque Corps, ou au moins quelque matiere ; Nous ne voulons pas repartir que les Anges & les Demons sont d'vn Corps si subtil

NATVRELLE.

qu'à cause de cela, l'on les dit estre sans Corps, quoy que ce soit l'opinion de quelques Docteurs tres considerables & fort suiuis en autre chose. Nous ne proposerons pas non plus que de soustenir que ces Substances soient immaterielles ce soit comme les reduire à rien; pource que quelques-vns disent qu'il n'y a que Dieu proprement qui soit immateriel ; On sçait que par ce qui est materiel, on entend le contraire de ce qui est spirituel, & par consequent que les Substances qu'on croid spirituelles, ne doiuent point estre tenuës pour materielles : Mais telle que soit la Substance des Anges, quel sujet a-t'on de la nier ? Pensons attentiuement à cecy, & en faisons recherche par des voyes naturelles & aysées & que chacun semble conçeuoir de soy mesme. Quoy, y a-t'il des Hommes si stupides que de se persuader qu'il n'y ait aucune chose au dessus d'eux ? Comment cela se pourroit-il faire, veu que dans cette Vie presente ils souffrent tant d'incommoditez, que necessairement ils ne deuroient pas souffrir s'ils estoient les premieres Substances de l'Vniuers ? Ils seroient donc capables de s'imaginer qu'il y a vne Felicité souueraine & vne Science infaillible de toutes choses ; & ils croiroient qu'elles ne se trouueroient nulle part ? Ils sçauent que les Plantes sont superieures à tout ce qui n'a que l'Estre, & que les Bestes ont le sentiment au dessus des Plantes qui n'ont que la faculté de vegeter, & que pour eux qui sont encore d'vn estage plus haut, ils ont des prerogatiues qui ne sont point accordées aux Bestes, & cela estant ne se peuuent ils pas figurer, qu'il y ayt quelque chose de plus releué qu'eux ? Il n'y a point de presomption & d'aueuglement assez grands pour faire méconnoistre aux Hommes leurs deffaux & leurs infirmitez. Ils voyent bien qu'il leur manque beaucoup de choses parmy les dons excellens que Dieu a faits à leur Nature. Encore que leur Entendement ait des facultez exquises ils ne se peuuent pas souuenir à perpetuité de ce qu'ils grauent en leur Memoire ; Ils ne peuuent pas conçeuoir en vn moment ce qui leur est representé, & ils ne sont pas capables de connoistre parfaitement les choses spirituelles. Tout cela est au dessus d'eux tant que leur Ame est retenuë par les empeschemens du Corps. Cela leur doit faire iuger qu'ils ne sont donc pas le plus haut degré des Substances ; mais que s'en doiuent estre d'autres, qui ne sont point sujettes aux infirmitez corporelles, qui ne souffrent aucune douleur, qui ne sont point pesantes & grossieres, & qui se transportent en vn moment où elles veulent, & ont beaucoup de connoissances lesquelles ne sont pas receuës de l'Esprit humain dans cette Vie, si ce n'est par vne grace speciale. Ils se representeront facilement qu'il y en doit auoir de telles, ou bien l'estat de vie le plus excellent ne subsisteroit point au Monde, ce qu'on ne peut se figurer, veu que le Monde seroit defectueux, & que mesmes puisque les Hommes sont assez parfaits pour auoir l'imagination de ces choses, la realité s'en doit trouuer quelque part, & qu'ils pourront vn iour participer à ces Biens dont ils ont desia conçeu l'jdée, qui sont ceux des Anges & des Esprits Bien-heureux.

Qu'il y a vn Dieu vnique, infiny, Tout bon & Tout-puissant.

Ces argumens estant suffisans pour nous faire connoistre qu'il y a des Substances plus releuées que celles qui sont attachées à la matiere corporelle, on conjecture aussi qu'elles ont diuers degrez de dignité & de Perfection, & qu'en l'estat où les Hommes se trouuent & le reste de l'Vniuers, ils doiuent estre sous leur cõduite; Mais il ne se peut pas faire qu'ils dependẽt esgallement de tous ces Estres spirituels & immateriels: On ne se sçauroit figurer qu'ils soient tous absolus, parce que le pouuoir de l'vn destruiroit celuy de l'autre. C'est ce qui nous fait connoistre, qu'il n'y en peut auoir qu'vn qui soit le supreme, & celuy là c'est Dieu, qui est le Maistre du Monde, & qui est vnique, infiny, tout bon & tout puissant. Il se rencontre tant de choses de nature diuerse & contraire, qu'il faut qu'il y ait vne puissance superieure qui les accorde pour en entretenir l'harmonie. Cét ordre ne s'est point establi sans vn autre ordre superieur, pource que les Substances qui n'ont point de sentiment, comme les matieres Elementaires & tous les Corps Principaux, soit les Astres fixes soit les Planettes, ne sçauroient auoir trouué le lieu propre à leur situation ou à leur cours sans y estre guidez: Le hasard ne fait rien de si bien ordonné ; Il faut qu'vne intelligence tres parfaite ait presidé à cet arrangement ; Et pource que tous les Corps deriuez, comme Plantes & Animaux,

maux, & la Terre qui les souftient, sont sujets à vne mutation continuelle, on declare mesmes que s'il n'y auoit vn Estre eternel & necessaire au dessus d'eux, ils seroient incontinent en desordre, & tout ce que nous voyons au Monde ne seroit que des simulachres vains, qu'on ne deuroit pas estimer d'auantage qu'vn Neant. Tous ces Corps qui n'ont que l'Estre & qui conseruent si bien leurs proprietez, ces autres qui ont la vegetation & tant de diuerses qualitez tousiours semblables, & ceux qui ont vne Ame sensitiue conduite par vn instinct, doiuent estre sousmis à vne puissance vniuerselle, qui reigle & qui conduise leurs actions, comme vn excellent Artisan fait iouër en mesme temps plusieurs machines par l'adresse de son Esprit, & par le premier bransle que sa main leur a donné, qui est la cause de leur mouuement; Les Hommes doiuent croire qu'ils dependent aussi d'vne souueraine Prouidence qui void tout, qui sçait tout & qui ordonne de tout; C'est ce que nous apellons Dieu, duquel nous asseurons qu'il est, sans pouuoir dire autrement ce qu'il est, sinon qu'il n'est rien de ce qui se peut comprendre par les Sens & par l'Entendement; C'est celuy qui est par tout, & qui est neantmoins au dessus de tout, qui enclost tous les Temps en soy, & qui est au dessus du Temps; Et pource qu'il n'y a aucune aparence d'attribuer l'eternité à tant de choses qui souffrent de notables changemens en leurs parties & en leur total, & que ce seroit les estimer autant que Dieu, de dire qu'elles soient coeternelles auec luy, on vient à connoistre encore qu'elles ont esté faites en vn certain temps; Or qu'elles se soient faites elles mesmes, cela n'est point croyable parce que leurs forces sont bornées, & qu'elles doiuent auoir esté faites par vne puissance qui soit au dessus d'elles, & qui soit infinie: Il faut donc croire que c'est Dieu qui les a creées par sa toutepuissance quand il luy a pleu, & qui les conserue par son extreme Bonté. Voyla les fondemens de la Pieté trouuez par la force de l'Entendement humain, pour monstrer combien cette Science naturelle nous importe. Ceux qui en veullent traitter en particulier ont beaucoup de matiere d'amplification. Enfin il faut arrester que la connoissance des choses Spirituelles est accordée à nostre Raison, & que s'il s'y rencontre quelque sujet de douter, c'est afin que la Foy acheue le reste.

De la Theologie.

DE LA RAISON qui est vn don naturel, & de la Foy qui est vn don surnaturel, il se fait deux Sciences esgalement occupées ou plustost deux Parties d'vne Science superieure lesquelles ont vn mesme objet, qui est la connoissance des choses spirituelles & diuines. L'vne est la Theologie Naturelle que nous venons de considerer, de laquelle on a besoin enuers ceux qui ne sçauroient estre gagnez d'abord que par les choses sensibles, ou par les conjectures que l'on en tire; L'autre peut estre nommée la Theologie spirituelle & sacrée, n'estant comprise que par la voye de l'Esprit, & par la vertu de la Foy qui est la croyance des choses inuisibles. Il faut donc entendre l'vne pour la croire, & il faut d'abord croire l'autre pour l'entendre. La premiere ne porte le Nom de Theologie que pource qu'elle est comme l'entrée à sa superieure & qu'elle en facilite les aproches; Sans cela il suffiroit de la ranger dans le Supreme degré de la Philosophie humaine. Aussi celle qui demande tant de sousmission d'Esprit est nommée Theologie absolument, pour monstrer qu'elle est la seule vraye Theologie, qui traite des plus curieuses matieres. Quelques Docteurs ont voulu l'enseigner de mesme que l'autre par des raisons humaines & communes, pour la rendre plus intelligible, mais l'effect n'a pas tousiours respondu à leur zele. La Theologie mondaine peut prouuer l'existence de Dieu & celle des Anges & des Ames separées de leur Corps, par des raisons tirées d'elle mesme & conuenables à sa force; Mais elle n'a gueres de pouuoir à nous descouurir de plus hauts Mysteres, comme d'vn seul Dieu en trois Personnes, qui sont le Pere Createur & conseruateur de toutes choses, le Fils qu'il a engendré de tout temps egal à luy, & qui est son Verbe, c'est à dire sa Pensée & sa Parole, & le Saint Esprit qui procede du Pere & du Fils, qui leur est egal & est vne mesme Substance; Que le Fils a esté Incarné au ventre d'vne Vierge par l'operation du Saint Esprit, & a esté fait Homme pour racheter les Hommes de la seruitude du peché; Qu'il a souffert la mort pour eux en Croix; Que trois iours apres il est ressuscité & monté aux Cieux à la dextre de Dieu son Pere; Que

DE LA THEOLOGIE. 147

son Corps & son Sang, son Ame, & sa Diuinité, sont réellement au saint Sacrement de l'Eucharistie; Et qu'il faut manger sa chair & boire son Sang pour auoir la vie Eternelle; Qu'vn iour tous les Morts ressusciteront, & comparoistront deuant luy au iugement vniuersel, pour estre iugez selon leurs merites, & qu'il enuoyera les vns aux tourmens d'Enfer, & placera les autres dans la gloire de son Paradis. Il faut que la Science humaine se taise en ces choses qu'elle ne sçauroit exprimer ny comprendre sans le secours d'vne Science diuine. Ces hauts Mysteres estans des Articles de nostre Foy, ils semblent ne deuoir estre enseignez que par les Liures que le Sainct Esprit a dictez; Neantmoins à cause que la foiblesse des Hommes leur empesche d'entendre les choses sans explication, cette Doctrine sublime qui compose la vraye Theologie est diuisée en Theologie positiue & en Theologie scholastique. La premiere enseigne les choses comme elles sont affirmatiuement, & comme elles sont escrites par les Euangelistes & par les Peres de l'Eglise; La seconde les soustient auec toute la force des Argumens que l'Art a pû inuenter. L'vne & l'autre doiuent traitter premierement de Dieu & de ses Attributs, de la Creation du Monde, & de celle de l'Homme, de la cheute de Lucifer & de ses Anges; Du peché de l'Homme; De l'Incarnation du Verbe; De la mort & de la Resurrection de cét Homme-Dieu, Des Sacremens qu'il a instituez, & de la Foy, de l'Esperance, & de la Charité, & autres Vertus necessaires pour paruenir à la Beatitude. Puisqu'en ces choses il s'agist de nostre salut, & de nous procurer vne eternité heureuse, si nous ne la voulons auoir malheureuse, il n'y a point de Science si necessaire, de sorte que ceux qui ne sont pas capables de la receuoir, doiuent au moins obeyr aux remonstrances de ceux qui la possedent.

NOVS sommes montez au plus haut des Sciences Theo- *Des Ma-* retiques & Contemplatiues; Il faut retourner à d'autres *themati-* qui se reiglent par la Contemplation, lesquelles nous re- *ques.* stent encore à considerer. Ce sont les Mathematiques, que l'on refere auec d'autres disciplines comme vne autre Partie des Sciences, moins excellente que la premiere pour son objet & pour sa fin; Dans la premiere, la consideration des Sub-

T ij

stances spirituelles est comprise, & dans cette seconde, il y a seulement de certaines notions de l'Entendement, qui concernent la Quantité des Choses disjointe ou continue, lesquelles ont produit l'Arithmetique & la Geometrie, à quoy l'on ioint les Idées de plusieurs Arts, qui quant à eux sont estimez corporels, pource qu'ils trauaillent autour des Corps, & par le moyen des Corps & des qualitez corporelles. Toutefois les Mathematiques que l'on leur donne pour premier fondement, & pour leurs Directrices, n'en perdent point leur estime, d'autant qu'en cela elles sont tres vtiles à la vie humaine, & que de plus elles seruent en beaucoup d'occasions à fortifier nostre raisonnement; Aussi les a-t'on tousiours iugées si necessaires que l'on les a apellées l'Alphabeth des Sciences. Ce nom de Mathematiques signifie Aprentissage, & en effect, c'est aprendre beaucoup de choses que de s'employer à de telles disciplines, qui ont vne grande certitude de demonstration. On les diuise en Theoretiques & en Pratiques; Et en pures ou impures, faisant distinction de celles qui sont separées de toutes matieres, & de celles qui trauaillent à quelques matieres. Les Theoretiques & pures, sont l'Arithmetique & la Geometrie, qui peuuent conseruer ce titre, quand on considere leurs reigles sans aucune aplication, mais d'ordinaire elles seruent à compter ou à mesurer plusieurs choses.

De l'Arithmetique. L'ARITHMETIQVE qui est la Science des Nombres estant renduë pratique, sert à compter les Corps & leurs parties, faisant remarquer en quoy ils sont separez les vns des autres, & ce qu'ils ont de diuisé en eux mesmes. Toutes choses seroient confuses sans cette Science qui engendre l'ordre & la distinction: Auec le nombre des choses, elle en fait comprendre le pouuoir & l'efficace. Par elle l'on sçait non seulement le nombre des choses visibles, mais des inuisibles, & de celles qui sont hors de nos mains; On compte le sable de la Mer, les Atomes de la Terre, & iusqu'aux moindres poincts du Firmament, & de combien les Corps qui tombent augmentent leur vistesse dans leur cheute; & cela se fait auec de si petites marques, & des reigles si simples, que l'on a dequoy s'estonner qu'elles puissent comprendre tant de diuers sujets. Cela ne sert pas seulement à l'Astronomie ou à la Geographie, pour compter les Astres & les diuers lieux de la terre, & les diuerses proportions des mouuemens, & du Temps ; Cela sert encore dans le maniment de toutes les affaires des Hommes, de sorte qu'il n'est guere besoin de leur recommander vne doctrine si vtile. Il est vray que plusieurs n'en aprennent que les premieres reigles qui sont l'Addition, la Soustraction, la Partition & la Multiplication, lesquelles se font auec la Plume & par les Chiffres ; Il y en a mesmes qui ne sçauent compter qu'auec les Iettons, parce que cela suffit à leur commerce. Les plus curieux passent à des obseruations plus difficiles, voulant sçauoir l'Algebre qui donne la responce de toutes Questions sur les nombres ; Ils aprennent aussi la proportion des nombres les vns auec les autres & leur harmonie, esperant de trouuer par ce moyen la raison de toutes les choses de l'Vniuers auec plusieurs secrets que le vulgaire ne connoist pas.

LA GEOMETRIE porte vn nom qui ne signifie que l'art de mesurer la Terre, quoy qu'elle serue aussi à mesurer le Ciel ; Cela vient de ce que ceux qui l'ont inuentée, l'apliquerent premierement à la mesure de leurs champs ; Depuis on l'a employée à mesurer tout le Monde. Quand l'on sçait exactement ses reigles, l'on peut dire quelle est l'estenduë de plusieurs lieux par la mesure de nos pieds, ou de la thoise & de la perche ; Nous mesurons aussi la hauteur des Tours, & des Clochers, la hauteur des montagnes & des nuées, & mesmes celle des Cieux & des Astres, nous seruant d'instrumens particuliers inuentez par les Maistres de cét Art, & nous reiglant sur l'obseruation des ombres & des Parallaxes ou Diuersitez d'Aspect. Il est vray que pour les premieres instructions de la Geometrie, on considere les figures & les lignes, comme choses qui n'ont estre que dans l'Esprit ou sur le papier, mais ces contemplations deuiennent enfin plus actiues & s'apliquent à toutes sortes de matieres. La Cosmographie & la Geographie, & plusieurs autres disciplines en dependent, auec l'vsage des Quadrans & des Astrolabes, & de tous les instrumens qui seruent à mesurer. Ce mesme Art estant ioint à vne autre partie des Mathematiques, qu'on apelle les Mechaniques, ils font valoir ensemble plu-

De la Geometrie.

sieurs accidens des Corps comme la Figure & le Nombre, auec la Pesanteur & le Mouuement, ce qui sert beaucoup à la fabrique des outils pour les Arts manuels, & à dresser diuerses machines qui esleuent les fardeaux, ou qui operent en diuers ouurages necessaires à la vie humaine. On n'a garde de condamner la Geometrie ny toutes les parties des Mathematiques, quand on s'en sert vtilement, ny mesmes quand elles ne font que produire des spectacles de curiosité, comme de faire mouuoir des Statues & de leur faire rendre quelque son. Ces gentillesses qui monstrent l'Esprit de l'Homme peuuent mener à des choses de plus grande importance. Ce qu'on pourroit rejetter de cette estude, ce sont de certaines demonstrations touchant la Quadrature du Cercle & autres propositions où quelques-vns croyent auoir bien reüssi, & ceux qui leur veulent monstrer leurs fautes en font quelquefois de plus lourdes. Dans leurs recherches les plus exactes, plusieurs les nomment des speculations oysiues; Neantmoints les Sçauans tiennent que cela donne ouuerture à beaucoup de remarques tres curieuses.

De la Musique. LA MVSIQVE est vne partie des Mathematiques laquelle on peut apeller Science ou connoissance des Accords bien proportionnez, & de l'Harmonie des voix & des Instrumens; Elle doit estre iointe à la Science des Nombres & à celle des Mesures, & ceux qui ne la tiennent que pour vn Art de plaisir & de diuertissement se mesprennent fort; Car quoy qu'elle ait beaucoup d'esgard aux Sons qui resultent de la disposition & accord des Choses, leur conuenance rationelle ne l'occupe pas moins. Ie fay bien connoistre que ce que ie propose est pource qui concerne la Musique Theorique, par laquelle plusieurs ont creu que l'on pouuoit rendre raison de l'ordre des Planettes & des Elemens, & de tout le reste de l'Vniuers. On a dit mesme que le bon Temperament & la Santé des Animaux & la Tranquillité de l'Esprit, dependoient d'vne Musique ou Harmonie parfaite, & que les maladies & les Passions ne procedoient que d'vn desreiglement & d'vn discord des humeurs du Corps & des affections de l'Ame: Mais ce sont des obseruations qui representent seulement le raport des Cho-

DE LA MVSIQVE. 151

ses les vnes aux autres, & qui monstrent que l'accord & l'vnion de quelques Substances que l'on considere, & de leurs effets & proprietez, sont la figure de l'vnion de toutes les autres Substances ; & que comme il faut de certaines proportions de Tons & de Chants pour composer vne bonne Musique d'Instrumens ou de Voix, aussi faut il de certaines qualitez & facultez soit dans les Corps soit dans les Esprits, pour former vn bon accord & vne vraye Harmonie. Ie croy que l'on descouure en cecy tout le secret de cette Musique speculatiue, dont quelques vns ont fait tant de cas, & qui n'est propre neantmoins qu'à donner matiere de discourir, & est remplie de beaucoup d'imaginations inutiles. C'est là dessus que l'on se fonde pour raporter toutes les diuersitez de la Musique, à diuerses choses du Monde. On compare les quatre Parties de la Musique aux quatre Elemens, & aux quatre Saisons de l'année ; Lors qu'il n'y a eu que sept Cordes aux lyres ou aux Luths, on a dit que cela representoit les sept Planettes, & quād on y en a mis neuf ou dix, on a adiousté à la comparaison, le Firmament, le premier Mobile & le Ciel Empyrée. La diuersité des Tons a eu le mesme raport, ce qui fait voir que l'on accommode toutes ces choses comme l'on veut, & qu'il ne faut pas establir grande asseurance en cette Doctrine. En ce qui est de cette partie de la Musique, qui n'a esgard qu'aux diuers sons des Instrumens ou de la Voix, elle a plusieurs reigles pour en former les plus beaux Airs ou Chants, & trouuer les moyens de les chanter agreablement. Il est certain que la Musique est vne inuention excellente, pour adoucir les chagrins de la Vie, & que l'on compose des Airs de tant de diuerses manieres, que l'on les peut reigler selon les inclinations des Hommes, pour leur complaire à ce qu'ils desirent, ou bien pour moderer leurs Passions, & qu'il y a des Chants qui excitent à l'amour & aux Voluptez, d'autres qui inspirent la Modestie ; Quelques-vns qui plaisent aux personnes gayes, d'autres qui agréent aux Melancholiques, les laissant dans l'humeur sombre où ils les ont prises : Mais quoy qu'on en puisse dire, tous ces effets là sont dans la mediocrité, & non point dans l'excez cōme quelques Anciens l'ont publié, voulans que certains Chants eussent mesmes le pouuoir de tirer du vice les Hommes les plus perdus, & ne fuſſent pas moins puiſſans que quelque bonne leçon de Philoſophie : Le pouuoir qu'ils ont ſur quelques Eſprits, n'eſt que ſelon qu'ils les trouuent preparez ; D'ailleurs au contraire de ce que l'on attend, il y a quelquefois des Airs triſtes dont vn Homme gay fera toute ſa joye, & des Airs gays qu'vn Homme triſte conuertira en ſujet de triſteſſe, ce qui eſt bien loin d'attriſter d'auantage l'vn & de reſiouyr l'autre exceſſiuement. Suiuant cette maxime, le Voluptueux ne ſera pas facilement deſtourné de ſes ſenſualitez par la ſeule Muſique, & s'il l'eſt, il en faut trouuer vne meilleure raiſon ; C'eſt que le chant eſt poſſible accompagné de quelques paroles de remonſtrances, qui ont du pouuoir ſur l'eſprit de celuy qui les entend. On peut s'imaginer que ce fut par ce moyen là, que Pythagore fit arreſter de ieunes gens qui vouloient enfoncer la porte d'vne honneſte Femme pour aſſouuir leur lubricité, lors qu'il fit ceſſer leur furie ayant ſeulement fait chanter vn Air ; D'autres racontent que c'eſtoit vn ieune homme qui donnoit vne ſerenade à ſa Maiſtreſſe ſur le ton Phrygien, lequel eſtant mol & voluptueux entretenoit ſa paſſion, & que Pythagore ayant fait changer de notte au Muſicien, & luy ayant fait joüer vn air de la meſure des Spondées qui eſt graue & modeſte, il tempera l'eſprit de l'Amoureux & le rendit ſage en vn moment. Mais ſi l'on veut attribuer ces effets à la melodie du chant & des Inſtrumens de Muſique, il faut croire que pour les rendre de plus grande efficace, la ſignification des diuers tons de la voix y eſtoit jointe, & que cette voix proferoit des paroles puiſſantes & perſuaſiues. N'eſt-ce pas auſſi que l'arriuée de Pythagore donna du reſpect à ce ieune Amant ; Et ſi l'on raporte qu'Empedocle voulant apaiſer le courroux d'vn furieux qui tenoit l'eſpée nuë au poing pour tuër ſon hoſte, ne fit rien que chanter deuant luy vn Vers d'Homere, cela ne monſtre-t'il point le pouuoir des paroles, & l'autorité de celuy qui les dit, pluſtoſt que celuy du chant? Ceux qui alleguent cecy ne font pas ces reflexions: Ils ſe ſeruent tous à la bonne foy de ces exemples comme d'vn lieu commun à la louange de la Muſique qu'il n'eſt plus beſoin d'examiner, & cependant il s'y trouue à dire beaucoup de choſes

ses qu'ils n'ont pas considerées. Pour confirmer cette puissance qu'ils attribuent au son des Instrumens, ils representent encore qu'il n'y a gueres de ieunes gens & d'Hommes d'éprit gay qui ne soient excitez à danser, lors qu'ils entendent joüer vne sarabande, ou qui ne temoignent l'agitation de leur ame par quelque geste du Corps, ou par quelque mouuement d'yeux, & qu'Alexandre ne manquoit pas non plus à prendre les armes, & à se mettre en posture de cõbat sitost que Timothée sonnoit sur sa lyre vn air guerrier. On peut respondre à cecy que ceux que la Sarabande excite à danser, ou à quelque mouuement d'yeux ou de l'Esprit, sont gens portez à la danse & à la ioye, & qu'Alexandre estoit aussi incité au combat par vn son militaire, d'autãt qu'il n'en aimoit point d'autre, & qu'il auoit accoustumé d'aller attaquer ses ennemis lors qu'il en entẽdoit vn semblable; Mais que de tels sons n'ayãs aucun pouuoir sur ceux qui ne sont point portez à ces choses, & ne pouuans forcer leur inclination, c'est où mãque le miracle pretendu de la Musique. Neantmoins ses effets sont assez grands pour en tenir compte. De vray elle ne peut pas changer vne inclination en vne autre, mais pour peu d'attachement que l'on ait à quelqu'vne, elle vous y pousse entierement, de sorte qu'elle vous excite aux passions voluptueuses ou furieuses, quand l'on en est fort susceptible, & si l'on a commencé d'estre touché de Deuotion, elle l'accroist d'auantage & en embraze le Zele; C'est pourquoy non seulement l'on se sert de la Musique aux Nopces, aux Balets, aux Comedies & autres rejoüissances mondaines, mais aux prieres que l'on fait à Dieu dans les Temples. Les mesmes voix & les mesmes Instrumens de Musique, s'y peuuent faire ouyr, mais ils changent de ton selon la reuerence du lieu. Il y a aussi des Instrumens particuliers pour chaque occasion comme les violons pour les Danses, & les orgues pour accompagner le seruice diuin, & comme les vns ou les autres touchent diuersement l'imagination, cela confirme la puissance de la Musique. On allegue encore pour elle que le son de la Harpe de Dauid, chassoit le Demon qui tourmentoit Saül, & que si Dieu interuenoit en cecy, il monstroit l'estime que l'on deuoit faire de cét Art, se seruant de l'organe d'vn Musicien. Ceux qui n'ont rien à dire contre la Musique en general, attaqueront celle du Siecle & nous objecteront que les Chants d'aujourd'huy ne sont plus si methodiques que ceux d'autrefois; Qu'ils ne sont plus accommodez de telle sorte aux paroles & aux mouuemens que l'on veut exciter qu'ils ayent vn effect asseuré; Que l'on ne fait plus d'airs graues, & sçauans, mais que plusieurs de ceux qui sont destinez pour la loüange des Roys, ou pour celle de Dieu, n'ont guere plus de majesté que des chansonnettes & des Vaudeuilles; Que d'auantage il faut obseruer qu'entre ceux qui se meslent de chanter, il y en a qui n'ont aucun soin de bien prononcer les mots qui sont l'Ame de la Musique; Qu'au contraire ils les entrecoupent dans leur gosier, ou entre leurs dents & leurs levres, de telle façon qu'au lieu de les loüer de bien chanter, plusieurs asseurent qu'ils n'ont rien à dire d'eux, sinon qu'ils heurlent agreablement. Cét abus vient de quelques Chantres qui n'ayans pas la voix assez nette & assez belle pour paroistre dans sa simplicité, la deguisent en diuerses manieres, tellement qu'ils confondent les paroles & donnent seulement quelque plaisir aux oreilles, sans aucun fruict pour l'Esprit. Quelques-vns vsent de passages, de roulemens, de feintes, de demy soupirs, & d'autres ornemens de la voix, qui de vray ont quelque chose d'agreable en eux, mais il est mal seant de s'en seruir par tout, & il faut sçauoir distinguer les endroits où cela peut auoir le plus de grace. Il y doit auoir vn Art qui enseigne à placer cecy selon les occasions, & à rendre le chant plus lent, ou le precipiter selon que le Sens des paroles le desire; C'est ce qui est à souhaiter pour rendre la Musique accomplie; mais il ne faut point douter que cela ne soit sçeu aujourd'huy de beaucoup de gens, & que par ce moyen on ne puisse faire des Airs aussi beaux qu'autrefois & les chanter aussi bien. Quelques Hommes ont cette fantaisie, qu'ils croyent que tout ce qui se fait à present, ne vaut pas ce qui se faisoit par le passé; Que l'on ne chante plus si bien, Que l'on ne peint plus si bien & choses semblables: C'est souuent vn vice de leur âge & vne marque de l'erreur où les met le chagrin de leur vieillesse; Ils sont comme ceux qui nauigent, lesquels se persuadent que les riuages s'enfuyent, & ne voyent

DE LA MVSIQVE. 155

pas que ce sont eux qui les quittent; Ainsi estant desia âgez, ils pensent que toutes choses vont de mal en pis, & ne s'aperçoiuent pas qu'ils deschéent eux mesmes, sans qu'il y ait aucun detriment aux autres choses. Cela n'est dit que pour certaines Disciplines ou industries qui conseruent tousiours leur vigueur; car on ne sçauroit nier qu'il n'y en ait d'autres qui effectiuement peuuent diminuer chaque iour de prix & d'excellence.

De la Cosmographie.

IE repren icy le Discours de quelques autres Arts qui dependent des Mathematiques. Ce sont ceux qui donnent la connoissance de tout ce qui est en l'Vniuers. Premierement la Cosmographie ayant vn nom qui signifie la Description du Monde, elle peut parler en effect de tout ce que le Monde contient; Neantmoins l'on la restraint d'ordinaire à la consideration du globe terrestre à l'esgard du Ciel, pour sçauoir sa diuision par la ligne æquinoctiale, la diuersité de la temperature par les Zones, & la distinction des Climats; comment les iours & les nuits croissent diuersement en plusieurs lieux, & à quelle Prouince le Pole est plus esleué sur la Terre. Il y a plusieurs Sciences ou Arts qui accompagnent la Cosmographie, & qui supleent à ce que l'on luy a fait laisser. Premierement il y a la Geographie qui est vne Science à part, laquelle descript l'estenduë de la Terre & des Mers, la situation des fleuues & des montagnes, des Promontoires, des destroits, des Isles, des Ports, & des Villes les plus remarquables. La Topographie est vne partie de la Geographie qui ne descript qu'vne Prouince separée, & remarque plus particulierement le destail des lieux, nommant iusques aux moindres Villages & Edifices. Il y a aussi l'Hydrographie qui est vne Description particuliere des Eaux & particulierement de la Mer; Il y a l'Anemographie, qui est la Description des Vents, où l'on void leur nombre & leurs noms, & de quel costé ils soufflent. Il y a vn Art Nautique pour sçauoir nauiger en toutes Mers, & se seruir vtilement de l'Aiguille aymantée, & plusieurs ont tasché de trouuer le vray secret des Longitudes, pour estre mieux guidez dans les espaces immenses, tant de la Mer que de la Terre. Toutes ces Sciences dependent manifestement de la Geometrie & de l'Arithmetique, qui sont leurs Directrices, ne pouuant estre enseignées, sans que l'on sçache ce que c'est de Points, de

V ij

156 DE LA COSMOGRAPHIE.

Lignes, de Cercles, d'Angles & autres Figures, & sans que l'on sçache aussi le nombre des degrez & autres espaces par le moyen de l'Arithmetique. On aprend ces Sciences par des Cartes qui quoy qu'elles soient plattes, representent artistement ce qui doit estre esleué; Pour vne plus facile connoissance l'on a l'vsage du Globe celeste & du terrestre, & l'on s'instruit dans la Sphere artificielle qui fait voir le Cours du Soleil, & fait comprendre les varietez qu'il cause sur la Terre. L'on monte par là à l'Astronomie, qui nous aprend la Theorie des Planettes, quel est leurs lieu, & quels sont leur diuers mouuemens. On en compose aussi vne Science qu'on appelle l'Vranographie, ou la Description du Ciel; Quelques autres particulieres en dependent, comme la Selenographie ou Description de la Lune, laquelle descrit toutes les faces de cét Astre, auec ses diuerses marques de noirceurs & de blancheurs, selon qu'elles paroissent pendant les vingt-huict iournées de son Cours, dequoy on a fait depuis peu des Cartes tres exactes, en quelques vnes desquelles les Esprits se sont esgayez, s'y estant figuré, des plattes campagnes & des montagnes fort hautes, de grandes riuieres, de spatieuses Mers & diuerses isles; A toutes lesquelles parties on a donné des Noms de quelques Hommes Illustres du Siecle, comme s'ils en deuoient estre les Seigneurs, ce qui s'est fait aussi pour distinguer ces macules; Mais on n'a que le contentement de sçauoir que cét Astre paroist de cette sorte, car on ne peut dire ce que c'est, & si c'est veritablement vne Terre & des Eaux que ce qu'on y void, ou si tout cela n'est que des especes de nuages; Il faudroit estre bien hardy pour oser en rien determiner, & ceux à qui il semble qu'on ait distribué la Seigneurie ou le gouuernement de quelques Prouinces en ce païs-là, n'ont gueres de pouuoir de les aller conquerir. On peut de mesme faire vne Heliographie, ou Descriptiō du Soleil, tant pour obseruer son Cours ordinaire, que celuy des Macules ou petits Astres que l'on a remarquez autour de luy. Ainsi les autres Astres peuuent auoir leur Science laquelle sera bornée à ce qui se void d'eux.

De l'Optique.

CECY nous fait penser à la Science de l'Optique sans laquelle on ne remarqueroit pas tant de choses des Astres,

& qui est neceffaire pour faire connoiftre les effets de la lumiere & des ombres; C'eft par elle que l'on iuge des taches de la Lune, de l'Ecclipfe des Aftres, de la Galaxie ou voye de laict, de la queuë des Comettes, & de tous les Meteores. Elle a d'autres curiofitez touchant des chofes que nous faifons de nos mains, comme les lunettes & les miroirs qui ont diuerfes puiffances: Il y a les lunettes communes dont l'on fortifie la veuë, qui reparent les deffaux des veuës foibles & courtes, en raffemblant les rayons Vifuels ou en groffiffant les objets; Il y a les lunettes à longue veuë, qui portent fort loin ayant des verres placez à certaine diftance, dont l'vn qui eft conuexe groffit les efpeces des chofes que l'on regarde, & l'autre qui eft concaue les infinuë dans l'œil auec diftinction. Pour les miroirs ils reprefentent les Images des chofes exterieures, à caufe que la fueille d'eftaim dont le derriere eft couuert, les empefche de paffer outre comme aux corps Diaphanes. Cela fe fait aux miroirs plains & à tous les autres. Il y en a qui apetiffent les objets, ou les augmentent, ou les multiplient, & font pareftre quantité de diuerfitez dont la raifon fe tire de leur figure & de leur pofition. Ceux qui font faits en colomne que l'on apelle des Cylindres, reprefentent au naif des portraits dont tous les traits ont efté diuifez fur le papier, de telle façon que fans cela l'on n'y pourroit rien reconnoiftre. Les reigles en dependent d'vn Art qu'on apelle, la Perfpectiue, car ayant fait femblables traits fur quelque muraille ou fur quelque carte où l'on ne void rien d'abord que des parties monftrueufes, les regardant apres d'vn certain lieu, tout cela fe reunit pour former vn corps parfait.

LA MESME Science de Perfpectiue enfeigne auffi à *De la Peinture.* faire des Portraits auec des couleurs & des ombres, fur vn lieu plat où elles fembleront releuées. L'art de Peinture depend de cecy; C'eft vne inuention par laquelle l'on reprefente tout ce qui fubfifte dans l'Vniuers. La Sculpture ne reprefente que la figure des chofes, & mefmes des chofes groffieres & maffiues, au lieu que la Peinture reprefente l'Air & les vapeurs, les couleurs les plus diuerfes, & le feu & la lumiere, qui font voir toutes les autres chofes, mais ce n'eft qu'auec vne couleur aparente & vn esclat feint, qui ne peut donner de la clarté & a besoin d'en receuoir d'ailleurs pour estre veu; Neantmoins ce que la Peinture fait est assez exquis pour estre estimé. Quelques Autheurs disent merueilles des Peintures anciennes, comme en effect il y en a eu d'excellentes : Il ne faut pas croire pourtant tout ce qu'on nous en raconte. Si des oyseaux vindrent becqueter les raisins du Tableau de Zeuxis, c'est qu'ils volerent en ce lieu par hazard. Les Bestes ne sont point attirées si facilement par vne simple aparence, & par la seulle couleur. Ce que l'on dit de la vache de Miron pour qui les Taureaux auoient de l'Amour, sont des inuentions de la menteuse Grece, & des sujets d'Epigramme pour les Poëtes. Les derniers siecles ont produit d'aussi beaux chefs-d'œuure de Peinture & de Sculpture que les anciens, mais il ne s'y faut point imaginer vne puissance extraordinaire, non plus qu'en ce que nous auons dit de la Musique. On sçait où vont les forces des artifices humains, & en cét estat l'Art de Peinture & de Portraiture sont tousiours recommandables. L'artifice des graueurs depend des proportions de la Peinture, & pour ce qui est de la Taille douce, elle est fort vtile en ce que par son moyen on garde plusieurs beaux desseins en peu d'espace. L'art d'escrire depend encore de celuy de peindre, & de mesme l'Art de l'Imprimerie. L'vtilité de ces Arts est reconnuë de chacun; On fait seulement quelques Paradoxes touchant l'Escriture, disant qu'elle nuit à la Memoire, pource que se fiant sur ce que l'on garde escrit, on ne se soucie point de l'aprendre par cœur, ce qui met beaucoup de curiositez au hazard d'estre perdues, si les Escrits qui les contiénent estoient bruslez ou dissipez; On remonstre d'ailleurs qu'on en est moins habile en plusieurs occasions ne sçachant rien que par liure; Mais d'autant qu'il est impossible de retenir toutes choses, il faut bien auoir recours à quelques Notes ou Caracteres qui estant tracez quelque part seruent à en faire souuenir. Quant à l'Imprimerie la controuerse en est plus grande & plus puissamment soustenuë; La multitude effrenée des mauuais liures imprimez, fait que l'on condamne l'Art qui sert à les multiplier : mais comme il sert aussi à multiplier les bons liures, c'est ce qui y peut fournir de deffence.

DE L'ARCHITECTVRE.

De l'Architecture.

ENTRE les Disciplines redeuables aux Mathematiques, nous auons l'Architecture. L'Arithmetique & la Geometrie, ne seruent dans la Geographie qu'à mesurer la Terre ou le Ciel, qui sont les edifices que la Nature a bastis dans le Monde d'vne Architecture qui luy est particuliere. Les Hommes en ont voulu construire d'autres par leur artifice, selon leurs diuerses necessitez, à quoy les mesmes Arts leur seruent. De cecy s'est fait nostre Architecture, qui estant l'Art de bastir des Maisons doit contenir beaucoup de connoissances qui en dependent. Il faut sçauoir quelle est la matiere qui peut se trouuer plus facilement en de certaines contrées, comment il la faut employer, comment les bastimens peuuent estre durables, & quelles commoditez on peut pratiquer dans les logemens. On y recherche les ornemens pour le plaisir de la veuë & pour la magnificence. D'autant que l'on s'est seruy diuersement de toutes ces choses selon les Nations & selon les Temps, c'est cette diuersité qu'il faut que nous sçachions, soit pour iuger des bastimens qui ont esté faits par d'autres, soit pour nous reigler en ceux que nous voulons faire. L'Art de fortifier les places est vne autre sorte d'Architecture. Comme le dessein de la premiere est de nous defendre des iniures du Temps, & de celle des Bestes, & des larcins, & violences de quelques meschans Hommes, il y en a vne seconde pour la force extraordinaire, & pour les entreprises de guerre. On en aprend les reigles pour rendre les Villes & les citadelles de bonne defence, & pour sçauoir comment il les faut assaillir. On peut ioindre à cecy, l'inuention de toutes les machines de guerre, tant anciennes que modernes, & tout ce qui concerne l'Artillerie; Mais l'vtilité de ces Arts est amoindrie pour chacun des Peuples, quand il se trouue que leurs Voisins & leurs Ennemis, y sont aussi sçauans qu'eux.

NOVS auons nommé les principaux Arts qui dependent des Mathematiques, dont les preceptes sont tres certains, & tres vtiles, & sont confirmez par vne experience iournaliere. Il y en a d'autres diuers qui peuuent emprunter le mesme secours, au moins en ce qui est des outils & des Machines de leurs Artisans. Ceux-cy trauaillent sur les matieres elemen-

De diuers Arts.

taires. Il se fait beaucoup d'ouurages auec le Feu, l'Eau, & la Terre; Il est certain que la Terre nous sert fort diuersement à cause de la varieté de ses qualitez : Elle a les pierres dont l'on bastit des maisons, la chaux & le plastre dont l'on se sert à les ioindre ensemble; Puis elle a les Bitumes, les sels, les souffres, les mineraux, & les metaux qui sont propres à beaucoup de differends vsages. Les sels & autres sucs seruent à plusieurs compositions tant medecinalles qu'autres, La pluspart des metaux seruent à la fabrique des instrumens de diuers mestiers, ou pour affermir quelques parties de nos edifices, & faire leurs clostures. Delà viennent les Arts de Serrurier & autres Forgerons. L'or & l'argent estans principalement reseruez à faire de la monnoye pour la facilité du commerce, on a inuenté vn Art de Monnoyeur, & pour ce que ces deux metaux seruent encore à fabriquer plusieurs vaisseaux & autres pieces de mesnage, il s'en est fait l'Art des Orfevres. Tous ces Artisans reüssissent bien quand ils veullent à ce qu'ils entreprennent; Les preceptes de leur Art sont certains, & n'ont rien que l'on doiue condamner, si ce n'est qu'ils en abusent exprez au dommage du public. Nous pouuons passer icy à d'autres qui concernent les secours que l'on donne aux œuures de la Nature. Ie vien à la culture des Plantes, dont l'on ne sçauroit douter que l'aplication ne soit agreable & vtile. Les beaux & bons fruits que les Plantes nous donnent, sont la recompense des soins & du trauail que l'on prend pour elles. Il y a des herbes qui nous seruent d'aliment, & d'autres qui sont propres à la cure des maladies. Il y a des Plantes qui n'ont que des fleurs dont la beauté est de peu de durée, & dont la substance n'est d'aucun profit, lesquelles ont au moins des odeurs, ou des couleurs & des figures agreables, capables de recréer les esprits, pour quelque temps. Le soin que l'on a de plusieurs animaux domestiques fait vne partie necessaire de nostre œconomie, puisqu'ils seruent à plusieurs necessitez des familles. Tout cecy fait que l'on estime l'Art des Laboureurs, des Iardiniers, des Bergers, & autres seruans au mesnage des champs. De plus comme plusieurs Bestes farouches se pourroient multiplier en telle quantité qu'elles mangeroient tous les fruits de la Terre,

& exer-

& exerceroient leur fureur contre les animaux domestiques & de seruice, & mesmes contre les Hommes, l'on a inuenté l'Art de la chasse, qui sert pour nostre recreation, & aussi pour nous fournir de nourriture. Auec l'Art de Venerie pour la chasse du Sanglier & du Cerf, & autres Bestes, on a trouué encore l'Art de Fauconnerie pour la chasse des oyseaux, & l'Art de la Pesche pour prendre des Poissons; Enfin de toutes les choses qui sont propres à la nourriture, il s'est fait plusieurs Arts tres Vtiles: Il y a l'Art des Meusniers, des Boulangers & des Pastissiers, qui se seruent de ce que l'Agriculture a fait croistre. En suitte est l'Art des Confizeurs pour les Fruits, & celuy des Cuisiniers, lesquels ne se seruent pas seulement des herbages & de plusieurs fruits de la Terre, mais de la chair des Animaux tant domestiques que sauuages, qu'ils aprestent en diuerses façons. Immediatement apres les Arts qui seruent à la nourriture des Corps, on peut ranger ceux qui seruent à le tenir nettement & proprement, comme l'Art des Barbiers & des Estuuistes, puis pour remedier à ses Infirmitez, les Arts de la Chirurgie & de l'Apothiquairerie, Ministres de la Medecine. Pource qui apartient aux vestemens, il y a les Arts des Tisserands, des Drapiers, des Ouuriers en soye, des Tailleurs & des Brodeurs, & pour les Emmeublemens les Arts des Menuisiers, des Tapissiers & quelques autres. Apres on peut passer aux Sciences ou Arts concernans la vie ciuille, comme sont ceux des Marchands, des Financiers, des gens de Iudicature, & de toutes les fonctions de quelque Ministere, soit pour obeyr simplement à d'autres, ou pour prendre les ordres de quelqu'vn, & en donner aussi à des Inferieurs. On y ioindra la Science des Ceremonies pour les Assemblées Politiques, & de tout ce qui est necessaire dans les deportemens des Grands Seigneurs, & au dessus on mettra la Science des deuoirs Ecclesiastiques. Ces Sciences & ces Arts estant reconnüs pour tres iustes & tres vtiles, sont dans l'aprobation de chacun. Il n'y a que l'Art Militaire & ses dependances, que plusieurs condamnent, comme estant cause de beaucoup de maux: Mais si tous les Peuples vnanimement ne le veullent pas abandonner, il n'est pas seur de le negliger; Car quoy que l'on ne desire point faire de mal aux autres, il faut garder qu'ils ne nous en fassent. Outre les Arts de necessité, il y en a de curiosité comme ceux des personnes qui dressent des Cabinets de diuerses pieces, ce qui est vn diuertissement honeste, & mesme instructif; mais si l'on met l'Art de connoistre les Medailles, & celuy des Blasons, au nombre des simples Curiositez, quelques-vns s'en offenceront, les tenant pour des Sciences ou connoissances vtiles & necessaires, enquoy ils peuuent auoir raison.

De l'Alchymie.

IL NOVS reste de parler de quelques Arts qui sont plus de curiosité que de profit, mais qui seroient pourtant fort vtiles s'ils accomplissoient ce qu'ils promettent. Le plus fastueux de tous, est cét Art qui veut entreprendre de changer les Metaux imparfaits ou autres matieres, en Argent & en Or. Ces deux Metaux auec lesquels l'on achete toutes les delices & les raretez du Monde, sont tellement prisez que l'on croid bien heureux ceux qui en ont en abondance; C'est pourquoy l'on a recherché diligemment si l'on les pourroit produire par artifice suiuant les secrets de l'Alchymie, & plusieurs se sont vantez d'y pouuoir paruenir, tant pour acquerir de la reputation que pour gagner quelque chose dans les auances qu'ils vouloient que l'on leur fist auparauant que de trauailler. Leur tromperie estoit en cela assez aysée à connoistre, puisqu'il y auoit peu d'aparence que ceux qui auoient la puissance de faire tant d'or qu'ils en pourroient souhaitter, en voulussent demander aux autres, & l'on ne deuoit point s'asseurer qu'ils eussent suffisamment esprouué ce secret, s'il n'auoit pas encore seruy à les enrichir. Lors qu'ils ont fait leur essay deuant les personnes qu'ils vouloient dupper, ils ont eu des creusets doubles, ou des baguettes de fer qu'ils auoient remplies d'or; & ils le laissoient glisser dans leur matiere en la remuant, afin que lors qu'elle seroit entierement exhalée, il ne restast que ce metal, comme s'ils en eussent fait vne veritable Metamorphose, ou bien ils auoient desia meslé leur poudre parmy le plomb & le vif argent sur lesquels ils vouloient trauailler. Non seulement il est bon de sçauoir ces fourbes pour s'en garder, mais l'on peut encore aprendre les moyens par lesquels ces Docteurs font esperer qu'ils paruiendront à leur grand Oeuure, qui font en corrigeant dans les moindres Metaux ce qu'ils ont de defectueux, & les efleuant à la fublimité des plus pretieux & des plus Fins. Il faut voir auffi les raifons que l'on donne pour l'impoffibilité de ce deffein. L'on dit qu'il ne fe faut pas imaginer que tous les Metaux fe puiffent changer en or par diuers degrez, & qu'ils ne foient tous que de l'or imparfait; Qu'il faudroit donc pour cecy qu'il n'y euft qu'vne forte de metal qui nous paroiftroit fous diuerfes formes felon fes differêtes cuiffons; Qu'au contraire chaque metal a fa nature fpeciale, & que l'vne ne fçauroit eftre changée en l'autre, non plus que l'on ne fçauroit changer de la craye en marbre, ny vn Chefne en vn figuier, ou vn cheual en vn Homme. Mais fi l'on reconnoift que les Metaux ne puiffent eftre ainfi amenez à vne perfection fupreme, par diuerfes tranfmutations, on affeure qu'on ne laiffe pas d'auoir le fecret de faire de l'or par vn autre moyen, qui eft de trauailler fur les matieres dont il eft compofé, & d'accomplir par Art ce que la Nature a accouftumé de faire toute feule. Ce font d'autres propofitions friuolles; car encore que l'on tienne que le Souffre, le Sel & le Mercure foient les Principes des Metaux, on trauaille beaucoup à chercher l'efpece de ces matieres qui ne doiuent pas eftre les communes. Apres cela qui nous dira quelle en fera la dofe & le meflange, comment feront les vaiffeaux qui les receuront, & principalement quel fera le feu qui agira deffus, pour auoir le mefme effet que la chaleur interne de la Terre, ou que celle du Soleil ? Penfe-t'on faire en peu de temps & auec vne chaleur precipitée, ce qui coufte des fiecles à la Nature? On fe fert d'vne ardeur de feu qui n'eft que moderée, pour eftre moindre & ce feu fera de charbon; On fe fert auffi de feu de lampe, de cendre efchauffée, où de la chaleur d'vn bain, & mefme de celle d'vn fumier. C'eft tout ce que peut faire l'induftrie des Hommes, & de quelque forte que cela foit, cela eft bien different des operations naturelles: Auffi ne voyons nous point de gens qui reuffiffent à ce meftier. Apres que plufieurs y ont defpencé leur bien & celuy d'autruy il fe trouue qu'ils n'ont apris autre chofe qu'à faire des Eaux & des fards, & qu'ils n'ont autre recõpenfe de leurs longs trauaux, que le defefpoir &

X ij

la mocquerie generalle du Monde. S'ils promettent l'or potable & quelque autre medecine, pretendant de guerir les infirmitez des Corps humains, aussi bien que celles des metaux, on reconnoist premierement, qu'ils ne sçauroient reduire l'or en l'estat qu'ils desirent, & que les Cures qu'ils publient, sont aussi fort mensongeres; C'est pourquoy l'on doit estre auerty de ne point perdre de temps à vne profession si nuisible, & de ne pas adiouster foy trop legerement à ceux qui en font profession. Quant à la Chymie vulgaire de qui le Nom retranché monstre qu'elle n'est que comme vn Diminutif de l'autre, elle est pourtant de plus grand seruice, & a dauantage de certitude. Elle ne s'occupe ordinairement qu'à faire diuers Extraits de tous les Corps tant mineraux que vegetaux, & par ce moyen elle se trouue propre à tant de curiositez, que l'on la doit receuoir au nombre des Arts legitimes. Outre qu'elle est employée vtilement à diuers remedes de la Medecine, elle fait voir la Nature à descouuert, & donne beaucoup d'esclaircissement aux Questions de la Physique.

Des Diuinations. JE vien à des Sciences ou Arts que la Theorie peut faire passer pour Sciences, mais dont la pratique est vn Art; Ce sont pourtant des Arts contemplatifs & non point manuels, lesquels n'ont rien de corporel qu'en ce qu'ils agissent autour du corps. Ils peuuent suiure icy la Chymie, pource que ce sont de ces curiositez dont les esprits credules & inquiets se laissent surprendre, & qui contiennent beaucoup d'erreurs dont il se faut garder. Ie veux parler des Diuinations de toutes les sortes, tant pour connoistre le Naturel des Hommes, que pour sçauoir les choses les plus cachées, & predire l'auenir.

De la Physionomie & de la Chiromance. On y employe quelques remarques assez vtiles quand on se sert de la vraye Physionomie, qui est vn indice de l'interieur marqué par l'exterieur, & qui se fait voir non seulement aux animaux, mais aux plantes & autres Corps, ce que l'on apelle les Signatures des Choses: Mais principalement cela donne quelque certitude pour ce qui est de l'Homme, d'autant que l'on a obserué que ceux qui ont les mesmes traits de visage, sont ordinairement de pareille humeur, dequoy l'on trouue assez bien la cause, dans la recherche du Temperament, qui selon sa diuer-

DES DIVINATIONS.

sité fait changer la proportion & la couleur de tous les membres du Corps. La Chiromance ou Diuination par les mains peut aussi auoir quelque chose de certain, si elle s'arreste à des lignes & places dont l'on puisse obseruer la difference selon la Nature & selon qu'elles respondent au Cœur, au Foye, à la Ratte & aux autres parties principalles: car pour celles que l'on attribue à Saturne, à Iupiter & aux autres Planettes, c'est vne inuention sans fondement.

L'Astrologie iudiciaire doit encore auoir moins d'asseurance, dependant entierement des Astres, qui sont si esloignez de nous, & que nous auons si peu de pouuoir de connoistre ; Neantmoins elle gagne le dessus contre la pluspart des autres Diuinations, par l'abondance de ses reigles & par vne specieuse aparence. Nous luy objecterons la difficulté qu'il y a d'obseruer le vray cours des Astres qui change continuellement; Que les significations que l'on donne aux Planettes & aux Signes, ne sont establies que suiuant les Fables des Poëtes Autheurs de mensonges ; Que les douze Maisons de l'Horoscope, pouuoient estre en plus grand ou moindre nombre, & commencer ailleurs qu'elles ne font, & auoir aussi d'autres Pronostiques que ceux que l'on leur attribue, lesquels ne sont apuyez sur aucune raison naturelle : Mais outre que nous n'accordons pas aux Corps superieurs, ces facultez que l'on en publie, nous soustenons que quand ils auroient tout le credit que l'on leur donne, il ne seroit pas possible de dire quelle seroit la fortune d'vn Enfant, à cause que le moment de la naissance est difficille à trouuer, & que l'on met en doute, s'il ne faut point plustost auoir recours au moment de la Conception. D'ailleurs nous deuons considerer que la nourriture & les instructions peuuent changer l'humeur & la volonté des Hommes, & que quand le Temperament les porteroit à quelques Vices, cela ne determineroit pas de quelle sorte cela se feroit, & quels accidens en pourroient arriuer, pource que cela depend des choses contingentes & fortuites. Cela monstre assez la vanité des iugemens des Astrologues ; De plus il se faut representer que l'on les soustient temerairement, sur cette croyance qu'ont plusieurs, que les Astres n'ont esté créez & placez au lieu où ils

De l'Astrologie iudiciaire.

sont, que pour monstrer aux Hommes ce qui leur doit auenir, & qu'ils ne seruiroient de rien au Ciel sans cela: Si plusieurs Estoilles fixes sont aussi grandes que le Soleil, auroit il esté besoin qu'elles eussent vne telle estenduë, pour cét ouurage seul ? Ne suffiroit il pas qu'elles fussent plus petites, & qu'elles fussent plus abaissées pour se faire voir ? Quant à ces Globes qui n'ont point de clarté en eux, ainsi que la Lune, & qui semblent estre des Corps terrestres, ne peuuent ils pas auoir d'autres vsages ? L'aueuglement est grand de ceux qui entreprennent de donner des reigles à ces choses. Il est vray que quand les Astres seroient faits pour d'autres desseins que nous ne connoissons pas, il ne faut pas laisser de croire que leurs aprochemens ou leurs reculemens, & leurs diuers aspects, ont du pouuoir sur les Meteores, & mesmes sur toutes les Choses corporelles, de sorte qu'en obseruant leur Cours, on peut iuger de leurs effets sur les Substances inferieures ; Mais en ce qui est de l'Homme tant de choses concourent à la varieté de sa composition, qu'il est malaysé de sçauoir de quelle complexion il sera, par la seule consideration de l'heure de sa naissance ; Tant s'en faut que l'on puisse predire quelle fortune luy arriuera, & quelles en seront les circonstances diuerses. Des personnes tres sçauantes disent aussi, qu'il y auroit plus d'aparence de croire que l'humidité d'vn lac ou d'vne riuiere, ou la chaleur d'vn feu prochain, opereroient sur la complexion d'vn Enfant qui vient au Monde, que des Estoilles qui en sont extrememét esloignées & dont les influences sont fort imaginaires, tous les Astres n'estant que des Corps qui ont des qualitez sensibles & connuës comme les autres Corps ; Car s'ils en ont d'insensibles & d'inconnûes, elles n'ont donc pas beaucoup d'action : Mais les Hommes ont pensé que tout ce qui venoit du Ciel estoit remply d'efficace ; C'est pourquoy ils ont voulu que leurs Predictions eussent tout ce grand apareil : Neantmoins il faut conclure enfin que quelque pouuoir que l'on attribue aux Astres, puisqu'ils sont du nombre des choses corporelles, les choses spirituelles ne sont point de leur Empire, & quand le Corps de l'Homme leur seroit sujet, l'Ame se retireroit tousiours de cét abaissement.

On prise encore beaucoup la diuination par les Songes, à *De la Di-*
cause qu'elle se fait par des choses qui sont en nous mesmes ; De *uination*
vray les Songes peuuent donner vn indice du Temperament *par les son-*
où vn Homme se trouue, non pas qu'ils soient vn presage de *ges.*
plusieurs accidens particuliers. Si ce ne sont point les humeurs
qui les causent, ce ne sont que des ressouuenirs, & des suites
de ce qui s'est passé le iour precedent, ou des Imaginations confuses, qui nous viennent dans l'Esprit, ainsi que nous en pouuons mesme auoir quand nous resuons sans estre endormis.

Or si nous ne contredisons point à ce qu'il y a de certain *De plusieurs*
dans les Predictions naturelles, nous condamnons toutes celles *Diuinatiōs.*
qui sont artificielles & trōpeuses, & qui tiennent de la Magie,
comme la Geomance, l'Hydromance, la Roüe de Pythagore
& les autres especes de Diuinations, pour la defence desquelles
on ne sçauroit trouuer aucune raison ; Car ou ce ne sont que
des sottises & des jeux pareils à celuy du Dodocedron, & du
passe-temps ou Fortune des Dez, qui ont leurs liures exprez
remplis de Predictions, desquelles on se sert par diuertissement,
& sans se figurer qu'il y ait quelque verité en cela ; Ou s'il y a
quelques Diuinations qui ayent tousiours vn effect certain, on
tient que cela se fait par l'assistance des mauuais Esprits, auec
lesquels nous ne deuons point auoir de commerce, si nous voulons estre bien auec Dieu, puisque nous ne pouuons pas apartenir en mesme temps à des Maistres si differens.

IL n'y a aucune sorte de Magie qui doiue estre aprouuée. Si *De la Ma-*
l'ō apelle Magie ce qui se fait par des voyes naturelles, en apli-*gie natu-*
quant les choses actiues aux passiues, c'est donner vn nom vain *relle, de la*
à des choses vn peu cachées, pour en exalter le secret. Souuent *Magie noi-*
la vraye Magie passe aussi sous ce nom : Tous les Vendeurs *re & de la*
d'Anneaux ou de Figures Astrologiques, & mesmes d'vnguent *blanche.*
des Armes ou de Poudre de Sympathie, se disent Magiciens
naturels, mais la plusparts ne sont que trompeurs & charlatans,
& ne sçauroient faire tout ce qu'ils promettent de leurs drogues
& de leurs Bijoux, ou s'ils le font, ils sont vrais Magiciens &
Sorciers. On croid que toutes ces choses ne sçauroient auoir
sans cela le pouuoir que l'on leur attribuë. La Magie noire, ou
demoniaque, & la Sorcellerie, estant condamnées de toutes les

Nations, il ne faut pas de longs discours pour monstrer combien elles doiuent estre en horreur. Et quant a la Magie blanche que l'on veut rendre differente de la noire, c'est vne resuerie pleine d'impieté, puis qu'on pretend qu'elle se fait de mesme par des ceremonies superstitieuses.

De la Cabale. Il y a vne Science de Caballe, qui sur les nombres attribuez aux lettres des Noms, s'imagine de trouuer de grands Secrets, & par ce moyen d'auoir la puissance d'accomplir de rares choses, & mesmes de faire des miracles. Cette Doctrine est pleine d'imposture, si elle establit tant de puissance aux paroles qui ne sont que le Signe des Choses; Il la faut distinguer de cette Caballe qui ne pense qu'à la bonne interpretation des Sainctes Escritures, & à la recherche des Sciences Contemplatiues.

Des Basteleurs. Apres cecy entre les Arts inutiles, ie ne puis plus nommer que celuy de certains hommes qui veullent encore contrefaire les Sorciers ou Magiciens, & sont fort ayses de passer pour tels, & ne sont neantmoins que des Basteleurs. Les vns font disparoistre vne chose par des subtilitez de mains; Les autres font agir ce qui semble deuoir estre immobile par certains artifices inconnus, desquels on se moque quand on les sçait. Il y en a aussi qui font espreuue en leur personne de ce qu'ils sçauent; ils font des sauts perilleux & dansent sur vne corde esleuée, ou s'y pendent en mille façons. Tout ce que font les vns ou les autres temoigne la subtilité de l'Homme, sa dexterité & la souplesse de son Corps, mais c'est pour vne chose qui ne sert de rien, & pour vne vaine ostentation.

De l'instruction. IL N Y A gueres d'Arts vtiles dont ie n'aye fait mention de mesme que des Sciences, pource que fussent ils vils & mechaniques, leur vtilité ne laisse pas de s'en faire aprouuer, & ie n'enten pas qu'ils soient pratiquez par autres que par ceux à qui ils conuiennent; Ie ne les nomme que pour la subordination qu'ils ont à quelque Science ou à quelque Art releué. Quant aux Sciences & aux Arts inutiles, bien que l'on en laisse quelques vns en arriere, la perte n'en est pas grande. Or ayant declaré quelles Sciences sont à estimer, ie ne leur ay pas donné toutes les loüanges qu'elles peuuent meriter, parce qu'elles se rendent assez recommandables d'elles mesmes. On peut seulement

trou-

trouuer à redire, à ce que quelques vnes sont remplies de superfluitez, & que les bonnes choses y sont placées auec confusion,& enseignées d'vne mauuaise methode. Il semble que par ce moyen au lieu d'estre salutaires, elles sont renduës nuisibles, ainsi que les meilleurs medicamens estant mal aprestez & administrez hors de temps & d'occasion, sont prejudiciables à la Santé du Corps. Ie parle de cecy comme par recapitulation, & selon que cela se peut offrir. Ie diray donc que specialement selon les Methodes communes, la Grammaire a des preceptes trop longs & trop embrouillez, & des reigles si mal aysées à comprendre & à retenir, que les Enfans à qui l'on les monstre, en ont l'Esprit gesné, & y perdent beaucoup de temps; Et que les Hommes faicts à qui l'Enuie ou la commodité d'aprendre ont esté tardiues, en sont aussi tost desgoustez, ou mesmes en sont destournez, seulement par ce qu'ils en ont ouy dire. Aussi trouue-t'on la mesme chose à l'esgard de l'Estude de la Rhetorique, de la Logique, & autres parties du Cours ordinaire de Philosophie, où il y a tant de choses inutiles, que n'estoit que plusieurs les aprennent comme par force lors qu'ils sont enfermez dans les Colleges estant enfans, il s'en trouueroit peu qui s'y arrestassent, & qui peu de temps apres ayant le parfait vsage de la Raison voulussent chosir vne application si ennuyeuse. Il y a plusieurs de ces Escholes où l'on employe neuf ou dix années à aprendre beaucoup de choses qui ne sont pas fort necessaires, & qui ne seruent de rien à la conduite des Mœurs, ny à la vie ciuille & politique. Si on vous entretient là de Fables de l'Antiquité, c'est de celles qui sont les plus ineptes; On ne vous descouure point les plus mysterieuses, & la vraye Histoire ne vous est point donnée autrement qu'en confusion. La Rhetorique mesme que l'on entreprend d'y d'enseigner par plusieurs années d'Humanitez, n'y a point ses plus necessaires ornemens : On ne l'occupe qu'à des Declamations scholastiques, sans la dresser premierement pour les Conuersations & les Conferences, puis pour les Sermons, les Plaidoyers, les Harangues Politiques, les Propositions, & les Remonstrances suiuant l'vsage moderne. Ce qui est encore plus mal, il y a des Maistres en ville, ou qui seruent de Precepteurs dans les Maisons, lesquels n'estant point

Y

sujets aux Loix des Vniuersitez, & se gouuernant à leur mode, pensent donner de bonnes Instructions à leurs Disciples, de les esleuer tout d'vn coup aux plus hautes Sciences, & leur enseignent la Philosophie sans qu'ils sçachent ny Rhetorique ny Grammaire. Il semble à ces Maistres que ces choses ne se doiuent aprendre que dans les petites Escholes, & peut estre sont ils si simples qu'ils croyent que l'on s'en puisse passer, comme si leurs Disciples pouuoient estre bons Logiciens & Metaphysiciens, sans auoir les principes des bonnes lettres, tellement que l'on void des gens qui parlent de Categories, de Sillogismes, & d'Enthymemes, lesquels demeureroient muets si l'on leur demandoit la vraye signification de ces mots, & si l'on les interrogeoit si ce sont là des Noms ou des Verbes, ou si l'on leur faisoit faire la construction ou le demembrement d'vne Peryode, ou que l'on s'enquist s'ils sçauent bien quel est le Regime de tous les Mots qu'ils employent. Nous ne voyons gueres de personnes qui ayant eu de tels Pædagogues en soient plus propres à bien parler & à bien escrire, ny qui sçachent mesmes les choses que sur tout on s'est efforcé de leur aprendre. Outre que ces Disciplines sont pleines d'erreurs, plusieurs sont priuées de leurs principales parties. Quelques Maistres voyent assez la difficulté qu'il y a de bien traiter de la Physique, attendu la diuersité des Opinions qui ont cours aujourd'huy, touchant les choses naturelles, desquelles ils sont peu instruits ; Ils taschent de gagner la fin de l'année sans la monstrer, ou s'ils sont contraints d'en traiter quelque peu, ils ne parlent que des Causes & des Principes, qui sont Matiere de Logique, & par ce moyen ils rendent leur Cours defectueux. Il ne faut point dire qu'il n'y a rien à regretter de n'auoir pas la Physique, comme l'on la donne vulgairement ; Car c'est tousiours vn des Caracteres Philosophiques qu'il faut sçauoir, mais il est vray qu'il sert encore de peu, s'il n'est accompagné des autres, afin de confronter les opinions des Aristoteliciens à celles de Nouateurs. Quelques-vns de ces Maistres qui negligent la Physique, disent qu'ils ne font cas principalement que de la Moralle, parce que c'est la Science qui aprend aux Hommes à bien viure ; Ils ne voyent pas que l'Ethique ou Moralle qu'ils donnent, n'est pas la

Science qui enseigne particulierement les bonnes Mœurs, & que c'est vne Moralle Collegialle & Disputatiue, laquelle n'enseigne que l'origine des Passions, & la distinction des vices & des vertus, sans donner les moyens de fuir les vns & de suiure les autres. Ie soustien qu'en cét Estat, l'Ethique n'est rien qu'vne partie de la Physique ou Philosophie naturelle, qui peut traiter de l'Ame & de ses affections & inclinations, ce que ces Docteurs auroient grand' peine à s'imaginer, estant imbus de leurs vieilles Maximes. On leur accordera bien que leurs Instructions ont quelque chose de bon en particulier, mais il ne les faut pas faire passer pour vne Moralle parfaite. Toutes les autres Sciences ou Connoissances peuuent auoir leurs deffauts d'instruction, soit par la negligence des Maistres, soit par celle des Autheurs qui en ont escrit. Il y a aussi des Disciplines qui ne sont entierement qu'Erreur ou superfluité, comme quelques dernieres que i'ay mises en rang; Toutesfois cela ne stoit point estre cause, que l'on vomisse son fiel contre toutes les Sciences en general, puisqu'il y en a de fort vtiles, & dont la certitude seroit assez euidente si elle estoit diligemment recherchée.

APRES auoir veu ce qu'il y a d'vtile & d'asseuré dans plusieurs Sciences, il ne faut point abandonner leur estude & leur trauail, pour ce que disent ceux qui condamnent temerairement toute sorte de Sciences & d'Arts, soit pour descharger leur mauuaise humeur, soit pour parestre leur Esprit dans vn Discours Satyrique, fait contre l'opinion commune. Il faut leur respondre icy en particulier, & leur faire voir que toutes les Sciences ne sont pas remplies de vanité & d'incertitude comme ils le publient. Quelques-vns veulent autoriser l'ignorance en remonstrant qu'elle a esté pratiquée par vne personne de marque. Socrate, disent-ils, qui a esté estimé si sage asseuroit, *Qu'il ne sçauoit qu'vne chose qui estoit qu'il ne sçauoit rien*; Et pour monstrer qu'il ne sçauoit rien en effet, il n'a iamais rien mis par escrit; Car ne sçachant rien que pouuoit il escrire? Ie respondray qu'il se contredisoit luy mesme dans sa confession d'ignorance, & que de sçauoir qu'il ne sçauoit rien, c'estoit vne Science assez considerable, s'il la

Responce pour les Sciences, contre ceux qui les veulent accuser toutes de vanité & l'incertitude.

Diogen. Laert.

possedoit parfaictement, pource qu'il connoissoit par là quelle estoit l'impuissance de l'Homme, & quelles bornes auoient esté mises à sa recherche ; Qu'au reste quand il auoüoit ne rien sçauoir, c'estoit pour faire entendre, que ce que les Hommes pouuoient aprendre des choses du Monde, n'estoit rien à comparaison de la verité souueraine & vniuerselle. En ce qui est de n'auoir rien mis par escrit, c'est possible qu'il n'y estoit pas propre, quelque grande estime que l'on fasse de luy, pource qu'encore qu'il eust ce Don de pouuoir faire d'excellens raisonnemens sur tout ce qui se presentoit, il n'auoit pas la facilité de les rediger de suite, & l'on pretend mesmes que l'Eloquence de Platon luy a presté beaucoup de choses, & qu'il a fait de longues amplifications sur ses plus simples sentimens. On dit pourtant que Socrate declaroit que s'il n'écriuoit riē, c'estoit qu'il ne pouuoit escrire aucune chose qui ne valust moins que le Papier qu'il y employroit ; Mais cette humilité où il gardoit tousiours vn mesme stile, ne peut enfin temoigner que la reconnoissance qu'il faisoit de la foiblesse de son Sçauoir, lequel n'est point surpassé par celuy des autres Hommes, puisque de son temps il a esté estimé le plus sage de tous. Nous auons à dire neantmoins que s'il a esté si Sage, ce n'a pû estre sans beaucoup de Science, Car si la Sagesse consiste à se connoistre soy mesme, Se connoistre soy mesme, c'est sçauoir ce que l'on est, & de sçauoir cela, c'est auoir acquis vne Science tres-grande. Croyons donc qu'il y a vne Science dont les Hommes sont capables, & ne soyons point rebutez de sa poursuitte par les Discours de quelques Philosophes Sceptiques ou Pyrrhorniens, qui veullent douter de toutes choses, & taschent de nous persuader, qu'on ne peut rien sçauoir de vray au Monde : Ils seroient tres fâschez eux mesmes, que l'on creust qu'ils ne sçeussent rien, & que ce qu'ils disent ne fust pas quelque espece de Science. Cette Science qu'ils professent n'est pourtāt que la Sciēce abusiue, qui par vne maligne enuie voudroit cacher la vraye, & la vraye est celle qui luit malgré tous les nuages dont l'on l'a veut offusquer. Telle qu'elle est dans l'Entendement des Hommes, elle n'est pas si lumineuse comme dans l'Idée Souueraine. Toutefois c'en est vne participation. Les Sophismes que l'on employe

Stobée.
Erasme.

pour la deſtruire ne la ſçauroient vaincre ; Cependant ils paroiſſent tres artificieux, comme ils le ſont en effect, & pource que les Gens qui s'en ſeruent, voyent qu'il y a des Sciences qui ne ſont apuyées que ſur la verité des autres, & qu'il ne faut qu'abatre leurs fondemens pour les ruiner, ils attaquent d'abord les Mathematiques, leſquelles eſtant eſtimées les plus certaines des Sciences, ils croyent que ſi on les auoit fait trouuer fauſſes, on n'auroit plus de creance pour aucune.

Ils ſouſtiennent affirmatiuement, Que voulant que le Nombre ſoit compoſé de pluſieurs Vnitez, & l'vnité n'eſtant point vn Nombre, cela fait qu'il n'y a point du tout de Nombre, ou que le Nombre ne ſe peut nombrer ; Que ſi cét, *Vn*, que l'on joint à vn autre, *Vn*, pour faire deux, eſt tout pareil à luy, c'eſt donc meſme choſe, & l'on n'en ſçauroit faire de multiplication ; Que par ce moyen, quand vous en adiouſteriez pluſieurs de cette ſorte, vous ne feriez touſiours qu'Vn, de meſme que de pluſieurs Sons ſemblables, il ne ſe fait qu'vne Vniſſon, & non point des Sons differens ; Que ſi, *l'Vn*, eſt different de l'autre, *Vn*, comme cela eſt neceſſaire pour faire deux, ce n'eſt donc pas meſme choſe, & on ne doit pas dire, Que c'eſt vn & vn qui font deux, mais qu'vn certain, *Vn*, eſt adiouſté à quelque choſe qui eſt differend pour faire ce Nombre ; Que d'vn autre coſté on peüt croire, que ſi deux vnitez ſont differentes l'vne de l'autre, le nombre de Deux, n'en ſçauroit eſtre eſclos, à cauſe que pluſieurs diſent qu'il ne doit eſtre compoſé que de deux choſes ſemblables. De plus que *l'Vn*, n'eſtant point nombre, il ne ſe peut faire vn nombre de tant d'vnitez que ce ſoit, & que ſi l'on nous donne, Quatre, ou, Trois, pour Nombre, en oſtant de l'vn, Trois, & de l'autre, Deux, il ne reſtera aucun Nombre, ny meſmes aucune choſe, pource que l'vnité n'eſt point Nombre, & que ce qui ne fait point Nombre n'eſt rien ; Que ſi par vne opinion arreſtée, on aſſeure touſiours que l'vnité ſoit Nombre, il y a encore moyen de monſtrer que les penſées que l'on en a ſont abuſiues, & ne ſeruent qu'a embaraſſer l'Eſprit, parce que ſi l'Vnité eſt Nombre, c'eſt donc vne Quantité, & toute Quantité eſt diuiſible, de ſorte que c'eſt en vain que nous adiouſtons tant d'vnitez les vnes

Attaque des Sceptiques.

sur les autres pour faire les plus hauts Nombres, puisqu'il ne faut que diuiser l'vne de ces vnitez, en tant de parties que l'on voudra, & l'on aura la Quantité que l'on desire; Qu'ainsi au lieu d'adiouster Neuf à vn, pour pour faire Dix, il ne faut que diuiser cet, *Vn*, iusques à ce que ce Nombre s'y trouue, & que l'on aura *Neuf*, de reste, comme pour vne bonne Espargne, & qu'enfin tous les Nombres n'estant que choses imaginaires, ce que l'on en a establi n'est que pour vn vsage iournalier des Hommes, lequel peut estre changé, sans qu'il se trouue en tout cecy aucune subsistence. Voyla des subtilitez capables d'estonner tous ceux qui ne sont pas accoustumez à voir les principales veritez reuoquées en doute. Entre plusieurs Argumens qui viennent de l'Eschole de Pyrrho, j'ay choisy ceux cy, à cause que quelques anciens Autheurs, ont creu monstrer par eux la plus grande viuacité de leur Esprit. Quelques nouueaux Escriuains s'en sont seruis encore, accommodant cela au sujet de leurs liures, soit qu'ils y adioustassent foy, ou qu'ils le fissent seulement pour prendre plaisir à contredire en quelque rencontre; Mais vn entre autres des plus remarquables, ayant monstré son sçauoir, & son iugement, en plusieurs liures de Theologie & d'autres sujets, a bien fait connoistre que ce qu'il en a dit, n'a esté que pour exposer au iour ce que les Anciens Philosophes auoient de plus fort, & faire voir apres que cela estoit tres foible, au prix des raisonnemens du Christianisme. D'autres en ont entrepris la refutation expresse pour de certains endroits. Quant à ce que i'en ay allegué icy, i'y respondray de mon inuention & selon mon sentiment.

Ie diray donc, Que c'est en vain qu'on pense prouuer, qu'il n'y ayt point de Nombre, se fondant sur ce que l'on dit, Que le nombre n'est composé que d'vnitez, & que l'vnité n'est point Nombre; C'est ne pas entendre la force des Mots; Car c'est ce qui est vn Nombre, que d'y auoir plusieurs vnitez ensemble, quoy que l'vnité ne soit pas Nombre. Ainsi vne troupe & vn accouplement, se disent de plusieurs choses mises ensemble, quoy que chaque chose toute seule, ne soit ny troupe ny accouplement; Que si l'on dit qu'à cause que deux vnitez se ressemblent, elles ne peuuent composer le Nombre de

Sextus Empyricus de Pyrrh. Hypot.
Iugement des Actiōs humaines de L. Marandé.
Verité des Sciences par le P. M. Mersene. Science vniuer. de la perf. des ch. Sp. ch. 1.
Responce aux Sceptiques.

deux, il faut confiderer qu'il y a grande difference entre fe reſſembler & eſtre meſme choſe. L'on n'opere rien par la comparaiſon de deux cordes tendues ſur meſme ton: Car c'eſt qu'en effet l'air egallement battu n'a qu'vne ſeule agitation, mais elle procede pourtant de deux cordes diſtinctes à leur eſgard; Et comme ces deux Cordes font vne vniſſon, ainſi les deux vnitez font vn certain Nombre. En ce qui eſt de dire que les vnitez font differentes l'vne de l'autre, pour faire le nombre de Deux, autrement qu'il ne pourroit eſtre produit, on en determinera ce que l'on voudra: Il eſt certain qu'elles peuuent eſtre deux d'vne façon ou d'autre, car la forme de l'vnité qu'elles ont chacune, les faiſant ſemblables en cela, ce n'eſt pas à dire pourtant qu'elles ſoient jointes pour ne faire qu'vne vnité; Rien n'empeſche auſſi qu'elles ne ſoient Deux eſtant differentes en quelque choſe, comme en grandeur, en groſſeur & en autre qualité, puiſque la forme d'vnité leur demeure, qui eſt ce qui les diſtingue: Vne groſſe Pierre & vne petite font auſſi bien Deux, que ſi elles eſtoient d'eſgalle proportion. Au reſte quoy l'vnité ne ſoit point appellée Nombre, puiſque pluſieurs vnitez ſe peuuent nombrer, il s'enſuit que chaque vnité ſert à compoſer le Nombre, & qu'elles font quelque choſe. Il n'eſt point à propos que nos aduerſaires ſouſtiennent, que l'vnité ne ſoit rien, parce qu'en ſoy, elle n'eſt pas multipliée comme ce qui eſt Nombre. Si nous ſouſtenons d'ailleurs, qu'elle eſt quelque choſe, il ne s'enſuit pas qu'elle ſoit vne Quantité diuiſible, laquelle on n'ayt qu'à partir en diuerſes portions, pour faire tel nombre que l'on voudra. C'eſt ſe contredire ſoy meſme de nous objecter cecy, & c'eſt reconnoiſtre qu'il y a donc diuers Nombres & diuerſes Quantitez, & pourtant cela ne fait pas que l'on puiſſe diuiſer l'vnité depuis qu'elle a cette Forme. Ce n'eſt pas comme d'vne Goutte d'eau que l'on conçoit ſous l'vnité, laquelle ſi l'on diuiſoit, on en feroit veritablement plus grand nombre de gouttes; Encore faudroit il conſiderer qu'elles ne ſeroient pas ſi groſſes que la premiere, & que toutes enſemble ne feroient que ſa quantité en groſſeur. Qui dit vnité, nomme vne choſe indiuiſible, & cela n'empeſche point que le Nombre ne ſoit compoſé d'vnitez. Enfin il ne faut pas croire que le Nombre ne soit qu'vne façon de parler des choses, selon que nous les conçeuons, establie seulement pour la necessité du commerce; car cela s'accommode aussi à la verité, & c'est contredire la Raison & le Iugement, de ne vouloir pas que les choses multipliées, composent vn certain nombre. Ceux qui soustiennent le contraire ont tant de peine à faire valoir leurs faux Argumens, qu'ils ne sçauroient s'empescher d'y vser de Termes qui les conuainquent, & d'admettre le Nombre en le voulant abolir; Quand ils disent qu'il ne se peut faire vn Nombre de tant d'vnitez que ce soit, ne monstrent ils pas desia, que c'est vn nombre, que cét amas d'vnitez, puisque proposant qu'on mette tant d'vnitez ensemble, c'est tesmoigner qu'il n'y en aura pas là pour vne seule, & comme il leur arriue quelquefois d'vser du mot de plusieurs vnitez, n'est ce pas s'entrecouper beaucoup, & se deffaire de leurs propres armes? Ayant en vain combattu l'Arithtique, ce n'est qu'auec de pareilles propositions qu'ils attaquent encore la Geometrie, nous voulant persuader qu'il n'y a ny figures ny lignes, & que la mesure des choses est impossible. Ils asseurent que la ligne n'estant composée que de Points, ausquels ils ne donnent aucune Quantité, il n'y peut auoir de ligne plus lõgue l'vne que l'autre, & que si l'on attribue au Poinct vne Quantité, elle doit estre diuisible, & par consequent elle peut suffire à telle mesure que l'on voudra. C'est le mesme argument qu'ils ont allegué contre les Nombres; On le peut refuter en remonstrant que la Quantité de Points augmentent la ligne, encore que chaque Poinct ne puisse pas estre diuisé en soy, estant la moindre des Quantitez.

Contre ceux qui condamnent les Sciences & les Arts vtiles auec les inutiles. C'est assez d'auoir donné quelque exemple pour se deliurer de la chiquanerie des Sophistes. Que s'ils ne sçauroient empescher, que nous ne trouuions de la certitude dans les Mathematiques, qui ne concernent que les Idées des choses, nous en trouuerons autant dans toutes les manieres qu'on en peut parler, ce qui nous confirmera le merite de la Grammaire, de la Rhetorique, & principalement de la Logique. C'est pourquoy les Sciences qui traitent des choses mesmes, doiuent estre encore plus asseurées, puisqu'elles ont à representer la verité

rité de tout ce qui subsiste. I'ay desia monstré qu'il y pouuoit auoir de l'asseurance dans la Physique, & aucun ne doit estre si hardy que de condamner la Theologie. Quant aux Arts qui seruent aux necessitez humaines, ils ont leur vtilité manifeste, & pour ceux qui sont faux ou superflus, comme l'Astrologie iudiciaire, la Geomance & autres Diuinations, auec les impietez de la Magie, nous ne manquons point de les rejetter. S'il y a eu des gens si inconsiderez, que de mettre au rang des veritables Sciences des Professions si vaines, afin de les censurer toutes conjointement, ils se sont lourdement trompez. Ils deuoient condamner seulement les Sciences fausses, & ce leur a esté vn crime d'oser attaquer les veritables. Dedans l'antiquité. Sextus Empyricus voulant faire valoir la Secte des Pyrrhoniens & Sceptiques, a dit tout ce qu'il pouuoit s'imaginer contre toute sorte de Disciplines; mais ce sont plustost des Tromperies de Discours pour monstrer les subtilitez de la Logique, que des Argumens demonstratifs & conuainquans. Henry Corneille Agrippa est venu dans les derniers Siecles, lequel apres auoir fait vn liure de la Philosophie occulte, qui ne contient que les vanitez de la Magie, se deuoit borner à en faire vne retractation, non pas vouloir auec cela abolir toute autre connoissance. Ayant fait vn Traicté de l'incertitude, & Vanité des Sciences & des Arts, il s'y est comporté auec tant d'indiscretion, qu'il a condamné indifferemment les Sciences profitables & necessaires, auec les fausses & les nuisibles ou inutiles. Vne telle insolence deuroit estre encore aujourd'huy punissable enuers le liure, ou enuers la memoire de l'Autheur, dont les opinions pourroient estre condamnées solemnellement. C'est estre fort ennemy des bonnes choses, & de tous les Biens des Hommes, de chercher à reprendre en des choses si vtiles comme sont la pluspart des Sciences & des Arts. L'aueuglement n'en est pas moindre, de ne les condamner que parce que quelques-vns en ont abusé. En parlant des Sciences ou connoissances les plus eminentes, on peut bien faire mention de quelques-vnes des plus abaissées qui en dependent, pourueu qu'elles soient honnestes & legitimes: Mais il est estrange que cét Agrippa voulant monstrer que tou-

Z

Contraste insuffisant

NF Z 43-120-14

tes les Sciences, & toutes les Disciplines ou industries sont vaines, comme celles des Courratiers & Negotiateurs de toute sorte de commerce, celles des Femmes d'Amour, & celles du Maquerellage, & que dans les Chapitres precedens, il parle de la Religion, des Temples, des Festes, des Prelats, & des Sectes Monastiques; Non seulement il a eu tort de mettre au nombre des Sciences ou des Arts, les mauuaises Pratiques des Hommes, mais il y a de l'Impieté d'auoir ioint cela auec des choses sacrées que l'on doit reuerer. Quoy que cét Autheur fust sçauant & d'esprit subtil, il a beaucoup manqué d'ordre dans ce liure; D'ailleurs s'il a eu raison de parler contre toutes les sortes de Magie, contre la Caballe, contre l'Art de Lulle, & mesmes contre plusieurs parties de Philosophie, encore en faloit il excepter quelqu'vne, & sur tout il faloit espargner les Sciences diuines, comme la Theologie dont il a tenu peu de compte. Il pouuoit aussi s'exempter d'exaggerer beaucoup de choses comme il a fait, & luy mesme s'en estant voulu excuser dans vn Traicté exprez, il n'en a point trouué d'autre moyen que de dire que son Liure estoit vne Declamation, où ces façons de parler estoient permises & où mesmes l'on pouuoit dire beaucoup de choses feintes & contraires aux choses connuës, seulement pour exercer les Esprits. Si l'on veut cela sera estimé vn Paradoxe, de mesme que le Discours à la loüange de la Follie, fait par Erasme, où il pretend faire passer les plus habiles Hommes pour Sots & pour Fous. Ie sçay que parce qu'entre plusieurs choses fausses, il se trouue là des veritez agreables escrittes d'vn stile elegant, quantité de gens y donnent de l'aprobation; Mais que tels ouurages soient pris pour des Declamations ou des Paradoxes, ils ne laissent pas d'estre scandaleux, s'ils parlent trop licentieusement des choses sainctes. Cela ne sçauroit empescher non plus, qu'on ne remonstre à ceux qui veullent parler generallement contre toutes les Sciences & tous les Arts, qu'ils sont fort iniustes de ne pas considerer que quand il arriue quelque desordre ou quelque mal de certaines Disciplines aprouuées, c'est qu'on n'vse pas d'elles de la maniere qu'on deuroit. S'il y a des Gens qui par vn mot æquiuoque trompent leurs amys & leurs associez, faut-il pour cela condamner la Grammaire ? Si en outre l'on trompe les personnes simples par de faux Argumens de Logique & par les couleurs de la Rethorique, faut-il rejetter ces Arts, veu qu'on a besoin plustost de les aprendre soigneusement, pour sçauoir distinguer le vray du faux, & opoſer la force à la force, quant ce ne seroit que contre ceux là mesmes, qui nous veullent persuader le contraire, comme Empyricus & Agrippa, & qui ont dessein de nous tromper les premiers par les Fallaces de leurs Discours. C'est encore à tort que plusieurs parlent contre des Arts tres-estimables, comme les tenant superflus & capables de fomenter le luxe, & les autres vices ; On leur peut contredire en cela ; Pourquoy ne defendra-t'on pas la Peinture & la Sculpture qui seruent à representer les visages, la Taille, & le maintien des grands Hommes, par les Portraits & les Statuës, & à nous representer aussi leurs actions, par plusieurs figures ou Tableaux Historiques, afin que nous soyons excitez à bien viure en suiuant leurs exemples, qui par le secours de ces deux Arts nous sont tousiours presens? Auec cecy les Peintres & les Sculpteurs ne nous font voir que des objets innocens, comme des Beautez fausses ou Imaginaires, des Animaux de toutes les sortes, & des Plantes ou autres Corps de l'Vniuers, qui nous descouurent les merueilles de la Nature & de l'artifice ; Ils ne sont pas obligez à nous donner des Portraits ou des Statuës impudiques. De mesme la Musique peut n'auoir que des Airs graues ou serieux & Deuots, plustost que des Airs lascifs. Quelquefois aussi ce que l'on impute de lasciueté à quelques-vns, n'est qu'vne certaine gayeté & promptitude qui peut seulement esmouuoir à la ioye, sans auoir rien d'impudique, pourueu que la Poësie qui leur sert d'Ame, ne leur donne point des paroles trop libres. Quant à la Poësie mesme, si elle fait vne profession ouuert de nous debiter des Fables, selon les preceptes des bons Maistres, ne doit ce pas estre des fictions significatiues, & autrefois estre Poëte, & estre Philosophe ou Theologien, n'estoit-ce pas mesme chose ? Pour les autres Arts par lesquels on tient que le luxe s'accroist, ce sont des Arts mechaniques que les Gens de haute condition ne s'amusent gueres à aprendre,

Z ij

mais puisqu'ils se seruent de leurs ouurages faits par d'autres mains, c'est tousiours les aprouuer. Quelques Reformateurs voudroient qu'on les abolist entierement, mais pourquoy le feroit on, s'ils n'ont rien de mal, que dans leur mauuais vsage, qui peut estre conuerty en vn vsage fort bon & fort legitime? L'Architecture, la Menuiserie, les Tapisseries & l'Orfevrie, seruent à donner plus de Majesté aux Palais des Princes & à orner les Temples de Dieu; Les belles estoffes & toutes les autres manufactures, seruent à se tenir proprement & honnestement, ou à fournir à quelques commoditez, ou necessitez humaines. Pource qu'il n'est pas besoin que chacun se mesle de labourer la Terre (ce qui est le seul Art necessaire à la vie, pour prendre les choses à la rigueur) il est bon que quantité d'autres Arts subsistent, afin que la multitude des Hommes soit occupée & soit retirée de l'oysiueté, source de tout vice.

Des curiositez de Cabinet; Des Medailles & des Blasons.

Il nous reste de parler de la cognoissance de quantité de Curiositez ou Raretez, telles que des Coquilles & des Coraux, & des Pierreries, ou des Fleurs & des Insectes, dont l'on fait aujourd'huy vne estude particuliere. On doit loüer vne aplication qui concerne les Choses naturelles, dont les merueilles nous peuuent attirer à l'Amour du Createur. On joint à cecy la recherche des Medailles & des Monnoyes antiques, qui sont d'ordinaire vn autre ornement des Cabinets; Cela parest fort loüable, d'autant qu'on croid que cette Connoissance fait vne partie de celle de l'Histoire, laquelle en reçoit de l'embellissement & de l'esclaircissement; De vray il y a des Reuers de Medailles où l'on trouue des manieres de Deuises qui representent au naïf les affaires de leur Temps, & qui nous peuuent quelquefois tirer hors de doute sur plusieurs poincts de grande importance. La recherche des Blasons & Armoiries, est vne autre Curiosité de quelques Personnes, qui en font autant de cas que de celle des Medailles. Il est certain que les Armes ou Armoiries donnent aussi beaucoup de lumiere à l'Histoire, justifiant l'origine des anciennes Races & Genealogies. Il semble qu'on ne sçauroit blasmer des aplications si vtiles & si diuertissantes: Toutefois les plus seueres Censeurs declarent que la Connoissance des Blasons ou Armoiries, ne doit point estre mise au nombre des Sciences, ny mefmes au rang des Arts neceffaires, parce que tout ce qui en a efté eftably, n'eft que felon la fantaifie des Hommes, & fans aucun fondement; Paffe pour cecy; mais ils affeurent encore, que cela ne fert qu'à augmenter l'orgueil de quelques Gens qui pour venir de certaines Races reconnuës par leur ancienneté, s'imaginent qu'ils doiuent mettre tous les autres à leurs pieds, de forte que quelqu'vn a dit affez à propos; Que la Doctrine des Blafons eftoit fille de l'Ambition, de mefme que celle des Monnoyes & des Medailles, eftoit fille de l'Auarice; Mais l'on pourroit fouftenir que l'Ambition, à auffi donné cours aux Medailles pour faire parefire la grandeur des Princes & autres Hommes puiffans. De plus on remonftre que l'vtilité qu'on reçoit de ces pieces antiques n'eft pas toufiours telle qu'on la publie, d'autant qu'outre que plufieurs Medailles fauffes font debitées pour les vrayes, on trouue que dans les plus certaines, il y a des Figures qui font la plufpart des Enygmes tres-obfcurs, lefquels on explique tout au rebours de ce qu'ils fignifient, & que les Caracteres qui y font grauez y eftant effacez à demy, on les deuine pluftoft que de les connoiftre en effect. Quant aux Armoiries on raporte encore que l'vfurpation qui en eft faite par plufieurs auec leur changement de nom, trompent fouuent les plus experts; Mais quelque chofe qu'on en dife, il ne faut pas croire pourtant qu'on doiue rejetter ces connoiffances, veu qu'elles font tres-profitables quand on s'en fert auec iugement. Toutes les Medailles ne font pas fauffes, ny fi obfcures pour leur fignification ou fi effcacées, qu'on n'y puiffe rien comprendre; Toutes les perfonnes qui fe difent de race Noble & ancienne, n'abufent pas auffi de leurs armes & de leurs Titres: Il y en a plufieurs à qui ils feruent d'vne exhortation puiffante pour leur faire fuyure la trace de leurs Ayeux, tellement que l'on a de l'obligation à ceux qui font vne exacte recherche de ces illuftres marques. On nous reprefentera que l'application de ces chofes, eft quelquefois exceffiue, & que ce n'eft qu'vne vaine curiofité qui les fait rechercher & conferuer par quelques Hommes. Mais il eft bon qu'il y en ayt qui faffent vne particuliere profeffion de cecy, afin que l'on ayt recours à eux dans la neceffité. Pource qui eft des autres curiofitez, il n'eft point mal à prôpos que chacun s'aplique diuersement selon le caractere de son Esprit. Enfin reiglons nous sur cecy pour toute sorte de Connoissances, qu'en ce qui est de celles qui sont bonnes absolument, elles sont tousiours bonnes, & pour celles qui sont vniuersellement mauuaises, l'estude n'en peut iamais estre bonne, si l'on ne la fait auec distinction du mal qui s'y trouue pour le detester ; Quant à l'aplication de celles qui sont indifferentes, qu'on n'y sçauroit pecher que par l'excez, qui augmente aussi le mal des autres. Encore pour les rechercher beaucoup, ont elles quelquefois leur excuse. Nous voyons par ce moyen, que tant s'en faut qu'on doiue blasmer l'estude de toute sorte de Sciences & d'Arts, il n'y en a point à qui l'on ne puisse s'adonner pourueu qu'on ne recherche les Disciplines inutiles, qu'afin de sçauoir le sujet que l'on a de se deliurer de leurs erreurs, & estre d'auantage excité à la poursuite des Choses vtiles ; On y adioustera encore cette condition, qu'on ne s'adonne point tant à aucune, qu'elle empesche d'aprendre les autres, lors que mesmes elles sont necessaires.

Desordres particuliers des Sciences & de l'Ordre general.   Pour moy suiuant mes premieres propositions, ie diray que dans l'Estude des Sciences les plus certaines & les plus vtiles, il se faut garder aussi de s'amuser par trop à ce qui est de superflu dans chacune, & fuyr leurs mauuaises Methodes. Ie les ay desia condamnées en plusieurs lieux, ce que les moins clairvoyans auront pû aperçeuoir, mais le desordre que l'ó a remarqué, n'est que pour le particulier ; Maintenant que les principalles Sciences ont esté desduites, il faut s'informer de l'ordre qu'elles doiuent tenir estant rangées ensemble, & voir si l'on leur en a donné vn quelque part qui soit commode & receuable. Mais il faut auoüer qu'encore que plusieurs Sçauans & curieux, tant de ceux qui escriuent que de ceux qui enseignent, ayent cherché de l'ordre dans chaque Science particuliere, il y en a peu qui s'en figurent pour leur amas entier, & qui taschent d'y trouuer quelque correspondance & liaison. Comme ils ne se representent pas que sans cette connoissance, on ne doit point pretendre à la Perfection de la Doctrine, ils placent seulement les Sciences & les Arts diuersement les vns deuant les autres, selon le dessein qu'ils ont, ou bien selon la diuision

LES SCIENCES.

des Disciplines Contemplatiues & des Actiues, & suiuant la dignité qu'ils leur attribuent. C'est ce que i'ay voulu imiter dans ce present Traicté, afin de laisser ces choses en leur estat ordinaire, lors qu'il ne s'agissoit que de leur vtilité particuliere, & pour faire connoistre apres la difference qu'il y a de l'ordre commun auec celuy qui doit estre dans l'excellence de la Methode & de l'vnion; Car il faut auoüer que selon cét ordre que i'ay suiuy en quelque sorte, il semble que l'on ne fasse que marcher à tastons & estre en doute du but où l'on se doit rendre, au lieu que par le vray ordre, on met toutes choses dans leur situation propre & naturelle, & dans l'estat le plus pur où elles peuuent estre, pour estre purgées des erreurs que l'on y a introduictes. A cét effect il ne se peut rien rechercher de plus vtile, que de s'imaginer vne suite & vne liaison de toutes les connoissances, qui soient trouuées auec facilité & sans contrainte & soient produites ainsi dans l'Esprit de tout Homme raisonnable & iudicieux; pour peu d'attention qu'il y vueille donner, & qui s'estende sur toutes les choses qui peuuent venir à sa connoissance, formant vne Science vniuerselle de l'enchaisnement des Sciences & des Arts.

LA CLEF
DE LA SCIENCE
VNIVERSELLE.

Qui monstre premierement quelques deffaux des Cours de Philosophie, & mesmes des Encyclopædies;
En suite est le Sommaire de l'Ordre gardé dans l'ouurage intitulé, LA SCIENCE VNIVER-SELLE,
Accompagné de quelques Reflexions, qui font voir cét ordre tres clairement.

SECOND TRAICTE

Qu'il y a vne Science Vniuerselle.

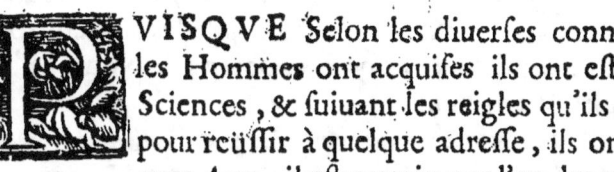VISQVE Selon les diuerses connoissances que les Hommes ont acquises ils ont estably diuerses Sciences, & suiuant les reigles qu'ils ont trouuées pour reüssir à quelque adresse, ils ont inuenté diuers Arts, il est certain que l'on les peut aprendre separément les vns des autres selon la necessité : Neantmoins d'autant que l'on parle tousiours de la Science en general, aussi bien que de la Sagesse, cela fait connoistre que toutes ces diuersitez se doiuent raporter à l'vnité, & qu'il y a vne certaine
con-

DE LA SCIENCE VNIV. 185

connexion entre elles dont il se forme vne Science, que l'on peut estimer vnique dans laquelle toutes les autres sont contenuës. Sçachons que comme toutes les choses particulieres doiuent estre sousmises aux choses generalles & vniuerselles, ainsi que les Especes aux Genres; Aussi toutes les Veritez se raportent à vne supreme Verité, & les Sciences differentes à vne Science supreme. Pour estre parfaitement Sçauant, il faut donc estre instruict en cette Discipline superieure, car celuy qui ne sçayt que quelques Sciences inferieures n'est pas fort habile, & quand il les sçauroit toutes de la façon que plusieurs les aprennent sans chercher leur correspondance, l'on pourroit dire qu'en beaucoup d'occasiós il ne parestroit encore qu'vn demy-sçauant. A cause queles Sciences ont beaucoup de commerce & d'affinité ensemble, elles ne peuuent estre entierement connûes que par le moyen d'vne Doctrine qui les comprenne toutes, & qui soit la Science des Sciences; C'est là que l'on peut voir ce qu'elles ont de commun, & ce qu'elles ont de diuisé. Si cette Science est mise en l'estat qu'elle doit estre, elle aportera vne grande clarté à toutes les autres, & c'est celle qu'on peut nommer vniuerselle. Que si l'on a fort peu pensé iusques icy à cette Doctrine necessaire, c'est que la plusspart des Hommes se sont deffiez de leurs forces ne croyans pas pouuoir comprendre tant de choses à la fois: Neantmoins cela ne leur est pas si malaysé qu'ils s'estoient figuré; Car de la maniere que l'on leur veut proposer, on n'entend pas que cette Science contienne iusques aux moindres particularitez des autres Sciences, mais seulement qu'elle nous donne leurs Principes & leurs veritez les plus importantes, auec la correction des erreurs de quelques vnes, & la meilleure liaison qu'elles puissent toutes auoir. C'est bien assez pour luy faire obtenir le Nom, & la dignité que l'on luy attribue.

Quelques Anciens se sont aperceus de son Existence, & ont entrepris de traicter de diuerses connoissances de l'Homme, desquelles ils ont cõposé diuers Systemes, mais les Dogmes que les Philosophes en ont dressez pour leurs Sectes, ont laissé beaucoup de Sciences en arriere, & ont arrengé les autres d'vn ordre plus capricieux que raisonnable, & qui ne s'est fait que pour *De quelques deffauts des Cours de Philosophie.*

A a

les rendre differens de leurs Emulateurs, Si l'on s'adreſſe au Philoſophe que l'on eſtime le plus aujourd'huy qui eſt Ariſtote, ie ne penſe pas que l'on reçoiue de luy toute la ſatisfaction que l'on demande ſur ce ſujet, car quoy qu'il ait eſcrit doctemens de pluſieurs Diſciplines, quelle liaiſon y voyons nous pour en faire le raport à vne ſeule Science ? Prenons pour excuſe que nous n'auons pas tous les Liures qu'il a compoſez & qu'entre ceux que l'on a publiez ſous ſon Nom, il y en a meſme de diuers Autheurs ; Quoy qu'il en ſoit, nous ne trouuons point dans ſon ouurage l'ordre que nous deſirons ; Encore moins le rencontrons nous dans les Liures de Platon ſon Maiſtre, qui n'a fait que des Dialogues, & qui a traicté la Philoſophie en maniere de Conuerſation ; D'ailleurs quoy que Platon & Ariſtote, ayent parlé de beaucoup de Sciences tres-curieuſes, il y en a pluſieurs dont ils n'ont dit mot, pour ce qu'ils ne s'y eſtoient pas apliquez, & qu'elles n'eſtoient pas en vogue de leur temps. N'eſt-il pas permis de ſupléer à ce que ces deux grandes lumieres de leurs Siecles, & des Siecles ſuiuans, n'ont pas deſcouuert ? Leur eſclat n'a pas pû penetrer par tout ; On rencontre meſmes beaucoup d'obſcuritez dans leurs ouurages que leurs Commentateurs ſe ſont efforcez d'eſclaircir ; Si l'on y trauailloit encore auec eux, peut-eſtre arriueroit il que par de ſubtiles reflexions & conjectures, on y trouueroit l'ordre que l'on cherche, mais auec cét ordre general on demande quelques Inſtructions particulieres, qui n'ont pas eſté au rang des curioſitez anciennes. On doit croire que pour rendre la Doctrine complette, il luy faut donner vn eſpace libre & eſtendu, & parler de toutes les Diſciplines qui ſe peuuent imaginer, les reduiſant à quelque arrangement naturel & aiſé, ce qui ne ſe peut mieux faire qu'en monſtrāt quelles Sciences ſont ſubalternes les vnes aux autres, & cóment elles dependent toutes d'vn ſeul Chef, ce que l'on n'a point encore eſſayé d'accomplir, ou l'on l'a fait d'vne maniere peu conuenable & imparfaite. Ceux qui dans ces derniers temps ont voulu mettre la Philoſophie par eſcrit, ou qui ont fait profeſſion de l'enſeigner dans les Eſcholes, ont ils crû fournir à vne inſtruction generalle, par leur Cours ordinaire compoſé de quatre Parties, qui ſont la Logique, la Phyſique, la Methaphyſique

& l'Ethique, veu qu'il y a beaucoup d'autres choses à aprendre? Il n'y a eu mesme aucun d'entr'eux qui se soit auisé de donner de la liaison à ces Membres diuers, & de l'ignorance de leur rang procede l'inesgalité de leurs situations, les vns plaçant l'Ethique ou Morale apres la Logique, & les autres y mettant la Metaphysique ou la Physique, & les enseignant ainsi diuersement. Ie croy que c'est que la plusparr tiennent cecy pour indifferent, & ne pensent aucunement à rendre raison de leur ordre. Nous voyons le besoin qu'ils ont de sçauoir quel est le vray raport des Sciences les vnes aux autres, & d'estre guidez par la lumiere d'vne Science vniuerselle. Il est vray que la plus part faisans cas principalement de leur Metaphysique, laquelle ils nomment la Reyne des Sciences, ou Premiere Philosophie, & Science vniuerselle ou generale, ils ont pensé que par elle ils pouuoient satisfaire à tout, & donner des reigles aux connoissances & aux Disciplines de l'Homme: Mais si la Metaphysique est propre à la contemplation des idées des choses spirituelles & inuisibles, ce n'est pas assez de ce qu'elle contemple aussi les idées des Choses Corporelles & sensibles; Il faut voir les choses mesmes quand l'on les peut voir, auec leurs proprietez & leurs effects, ce qui ne se peut faire que dans d'autres Parties de la Philosophie vulgaire, ou dans vne Philosophie generalle. Quelques Autheurs tant Latins que François, ayans donné précizement à leurs ouurages le mesme Titre de Science generalle ou vniuerselle, ou autre semblable, ont assez temoigné qu'ils ne le faisoient qu'à cause que cela contenoit les principes des Disciplines ordinaires, & que cela estoit general pour tout ce qu'ils auoient entrepris d'enseigner; Mais ils pouuoient auoüer encore que pour accomplir des ouurages veritablement generaux & vniuersels, il faloit passer les bornes de l'Eschole. Car en effect qu'est-ce de chercher l'Essence ou l'existence des choses tant spirituelles que corporelles, & mesmes toutes leurs proprietez, si l'on ne cherche aussi leur aplication? Or c'est ce qui ne se fait point dans les Cours ordinaires de Philosophie, où la Physique ne contient que les considerations des Mouuemens ou changemens naturels des Corps, & la Morale ne traite que de la Nature des Passions & des affections de l'Homme, tellement

qu'il reste à s'informer des Meliorations qui peuuent estre a-
portées aux choses Corporelles & mesmes aux Spirituelles, ce
que l'on ne sçauroit aprendre que par les Arts, & par vne
Science pratique. La consideration des Mechaniques, & de
toutes les autres parties des Mathematiques, manquent à ces
ouurages que l'on veut faire passer pour des Instructions generalles ; Il faudroit que l'on y vist aussi le Sommaire ou tout au
moins le rang & les premieres dignitez de plusieurs Sciences
& Arts, comme de la connoissance des Pierres, des Metaux
& des Plantes, & ce qui concerne la pratique de l'Agriculture,
de la Chymie & de la Medecine, auec la Science ciuille,
l'Oeconomique, la Politique, & quantité d'autres dont le seul
Nom ne s'y trouue pas seulement. Vn vray Cours de Philosophie ne sçauroit estre accomply sans auoir prescrit l'ordre à
toutes ces Disciplines ; S'il en est despourueu, c'est vn Arbre
à qui l'on a coupé ses principales branches. La Philosophie parfaite doit estre mesme chose que la Science vniuerselle ; Elle
nous doit aprendre le rang & la liaison de toutes les Sciences,
& de tous les Arts, & si elle ne descript amplement que les particularitez de quelques-vnes des principalles Disciplines, encore ne se deuroit-elle pas contenter de nommer les autres,
sans donner quelque adresse pour les acquerir.

De quel-
ques def-
faux des
Encyclopæ-
dies.
 A dire la verité nous n'auons pas manqué de diuers Traictez où l'on a voulu donner des instructions absolument generalles. Il y a eu des Autheurs qui nous ont fait present de Recueils grands & petits & arrangez de manieres differentes,
lesquels ils ont pretendu faire passer pour des Encyclopædies,
ou Cercles & enchaisnemens de Sciences tres-reguliers ; Mais
la pluspart sont de peu de valeur, d'autant que les vns sont dans
vn mauuais ordre, & les autres manquent de beaucoup de parties necessaires. Martian Capelle dans son liure des Nopces
de la Philosophie, a fait vn Traicté des sept Arts liberaux,
vieille routine par laquelle on a pensé comprendre les professions principalles ; Ramus en a aussi fait des Tables, qui ne
comprennent pas toutes les Disciplines ; Il a esté imité par
d'autres qui ont passé plus outre, mais cela n'a encore guere de
liaison. Il a semblé plus raisonnable de suyure quelques Philo-

sophes Anciens, & de diuiser la Science ou Philosophie, en Theorique ou Pratique, comprenant sous la Theorique, la Physique, les Mathematiques & la Metaphysique, & sous la Pratique la Morale, l'œconomique & la Politique, auec tous les Arts tant manuels qu'autres. Le plus grand nombre des Cours Philosophiques & des Encyclopædies s'accorde à cela, s'y trouuant seulement de la difference pour quelques parties, comme pour la Grammaire, la Logique & la Rhetorique, que les vns rangent sous la Theorique rationelle, & les autres sous la Pratique Sermocinalle. Tel est l'ordre de la Margueritte ou Perle Philosophique, de l'Encyclopædie d'Alstedius, & de quelques autres ouurages que i'examineray bien-tost plus amplement. Quelque loüange qu'on puisse donner à ces Encyclopædies, il faut reconnoistre qu'elles ne sont pas au plus parfait estat qu'on les puisse voir : On n'a pas pris garde que ce ne sont que des diuisions simples, & qu'encore qu'elles seruent à establir quelque rang entre les Sciences & les Arts, soit selon leur aplication, soit selon leur dignité, ce n'est pas ce qu'il y a de plus important. Le plus grand secret est de trouuer leur liaison naturelle & leur progrez dans l'esprit de l'homme, ce que l'on n'a point fait par le passé ; Il n'en faut point demander de plus forte preuue que celle-cy ; *Que n'ayant cherché qu'à diuiser les Sciences, on n'a gueres pensé à les conjoindre.* C'est pourtant le vray moyen de les connoistre & de sçauoir à quoy elles sont propres.

En plaçant toutes les Sciences aux endroits où elles conuiennent, on en peut composer cette Science Vniuerselle, qui est la vraye Encyclopædie ; laquelle doit auoir vn ordre tout naturel qui ne peut estre autrement, & qui se doit trouuer dans l'Esprit de tout homme raisonnable, de telle sorte que ceux qui ne l'ont pas inuenté, au moins l'aprouueront. C'est vne chose diuine que l'Ordre ; C'est ce qui fait la beauté du Monde, & ce qui doit faire aussi la beauté de la Science Vniuerselle, qui est le portraict de la Machine de l'Vniuers. Quelques esprits vainement curieux se liurent à des soins & à des trauaux infinis pour chercher le Mouuement perpetuel, & la Quadrature du Cercle, ou pour ce qu'ils apellent la Pierre

Prerogatiues de la Science Vniuerselle.

Philosophale, mais quand ils auroient trouué ce qu'ils cherchent, cela ne seroit point si vtile que cette Science vniuerselle, qui est le vray enchaisnement des Sciences & des Arts, & l'vnique moyen d'obtenir d'eux ce que l'on voudra, pourueu qu'on ait la force de s'y appliquer. C'est ce qui donne de la clarté & de la facilité à l'instruction generale des hommes tant pour leurs connoissances, que pour leurs mœurs; & ce qui leur fait rencontrer vn chemin asseuré pour la perfection. Si quelqu'vn en a donné quelques preceptes qu'il ait tasché de puiser dans les plus pures sources de la Nature, il ne semble pas qu'on y puisse contredire generallement, sans s'oposer à cette Mere commune, & violer ses plus Anciennes loix; Mais qu'est-ce de tous les ouurages que les Hommes font icy bas? Ne doiuent ils pas auoir des defaux qui tiennent de leur infirmité? Il en peut estre resté quantité à celuy dont nous parlons, veu que mesme les choses ne sçauroient estre renduës parfaites au mesme temps qu'elles sont inuentées. Toutefois on pourra se figurer que la grandeur de son sujet luy doit acquerir quelque estime, & que ce n'est pas peu d'auoir trouué ce que chacun n'aperceuoit pas, & d'auoir reiglé ce qui estoit vague & confus. Rien n'empesche aussi qu'on n'y adjouste ce qui y manque, & qu'on y corrige ce qui y peut mal conuenir. Comme cela est pour le bien de tous, chacun y peut aporter sa piece, ou au moins ceux qui en sont les plus capables, & ce qui en a esté fait en ce Siecle pourra estre amendé par le suyuant. Dez à present mesme si ce qu'on y trouue a du raport à ce que les Hommes s'imaginent de plus vray semblable, chacun d'eux peut croire qu'il y a part; Ils doiuent cherir cecy comme vne portion de leur apannage. En effect à prendre la Science vniuerselle au meilleur poinct qu'on se la puisse imaginer, soit qu'vn seul Homme la trouue, ou que plusieurs y trauaillent, c'est vn des plus considerables effets de nostre Raison, puisque c'est le fondement de ce que les Hommes doiuent penser de tout ce qui subsiste. Vne telle doctrine est si necessaire, que l'on peut soustenir que c'est par elle seule qu'il se fait instruire, ou que ceux qui ont desia pris des instructions ailleurs les ont receuës inutilement, s'ils n'aprennent à les apliquer à cette reigle absoluë,

DE LA SCIENCE VNIV.

& à corriger par elle ce qu'ils ont de defectueux ; Elle n'est pas seulement pour l'ordre general, mais pour le particulier, car l'vn enseigne à regler l'autre, & les pensées que l'on a sur chaque particularité sont aussi de sa dependance. On a d'assez bonnes marques pour cónoistre quand cette Science vniuerselle est vraye & legitime, puisqu'il n'y a qu'à voir, quand elle est conforme à la Nature dans sa liaison entiere, & quand tout Esprit iudicieux la doit ranger de la sorte qu'on la trouue. Lors qu'elle est en cét estat, elle a cét auantage que toutes ses parties seront conceuës en tous lieux de mesme façon. Si les Hommes n'ont point par tout vn mesme langage, leurs Termes se reglent pourtant par vne Grammaire qui a du raport à la nostre en quelque chose : Il faut que quelques-vns de leurs Mots, soient des Noms & les autres des Verbes ; Qu'ils se seruent de diuerses terminaisons ou d'articles qui les representent ; Qu'ils ayent tous de pareilles figures de Rhetorique au langage sans qu'il y ayt autre difference, sinon qu'il y a des peuples qui en mettent en vsage quelques vnes plus souuent que les autres ; Que pour les Argumens de leur Logique, ils doiuent estre tous semblables quand ils raisonnent bien, & qu'il en va ainsi de ce qui concerne toutes les Sciences & tous les Arts. Nous voyons par ce moyen que les Grecs & les Romains n'ont rien sceu autrefois, que les François, les Allemans & les Espagnols ne sçachet aujourd'huy, & que les Chinois & les Tartares ne puissent sçauoir encore. Il est vray qu'ils apellent tout par d'autres Nós, & qu'ils peuuent auoir des definitions & des diuisions à leur mode, mais ces déguisemens & ces diuersitez, n'empeschent pas que leur Philosophie ne soit aussi la nostre ; & qu'on ne puisse concilier toutes nos opinions pour les reduire à la Science vniuerselle. C'est ce qui prouue son excellence & sa subsistence admirable. Quelqu'vn souhaiteroit possible qu'outre qu'elle donne des Definitions particulieres elle donnast encore des Maximes fondamentales & des Principes generaux qui fussent pour toutes les Sciences, de sorte qu'on n'en ignorast aucune lors que l'on les sçauroit, ce qui seroit vne vraye Science vniuerselle, encore plus excellente que celle que nous proposons.

Ce dessein est haut & presque Diuin; Ie ne sçay si l'humanité y peut atteindre, & si c'est chose possible à qui que ce soit. Si quelques-vns se vantent d'y auoir reussy, on remarquera qu'ils ont seulement trouué quelques Axiomes communs aux Sciences, & quelques Transcendans de la Premiere Philosophie, mais on entend que cecy pûst instruire de toutes les Sciences absolument. Que l'on s'attende ou non à ce secret, on se doit contenter maintenant d'vn Ordre naturel des Sciences & des Arts, auquel on peut ioindre plusieurs Principes necessaires, auec les sentimens les plus curieux qu'on se puisse figurer sur les sujets importans. Cela doit former vne Science vniuerselle assez complette pour la capacité ordinaire de l'Homme. Qui seroit asseuré de la posseder seulement en cet estat, seroit assez heureux. L'ouurage qui en a esté fait il y a quelques années, est à peu prez selon ce dessein, mais outre qu'il ne peut pas contenir toutes choses, encore qu'il parle de tout en termes generaux, si l'on ne prend la peine de le considerer en son estenduë, ie crain fort qu'on ne le tienne pour quelque autre chose que ce qu'il est; C'est pourquoy ie m'en vay faire icy vne desduction Sommaire de son Ordre. Ce sera pour donner vn Auant-goust des plus amples Traitez à ceux qui n'en ont iamais eu la connoissance, & pour faire mieux remarquer aux autres ce qu'ils en ont veu par cy-deuant. C'est icy proprement vne Clef de la Science vniuerselle, mais elle se monstrera encore plus acheuée & plus vtile, y ioignant quelques autres Discours d'vn semblable sujet. Voicy le Sommaire dont nous auons besoin.

Sommaire de l'Ordre de la Science vniuerselle.

POVR trouuer aysement la Science vniuerselle, & faire que chacun la puisse composer de soy-mesme, ou suiure ponctuellement la Description qui en est tracée, il n'y a qu'à voir son progrez naturel dans l'Esprit de l'Homme, duquel on forme son enchaisnement & son ordre. Il faut donc se representer, que puisqu'on veut auoir vne Science vniuerselle, elle doit comprendre tout ce qui se peut sçauoir au Monde, autant qu'il est possible à l'Homme; Que tout ce qui se peut sçauoir, consiste en deux Chefs generaux; De ce que sont Toutes Choses & de ce qui s'en peut faire; Que de sçauoir en premier
lieu

lieu ce que font toutes les Choses, c'est sçauoir leur Estre & leurs Proprietez; Qu'on ne dit point que la seconde partie de la Science, soit de sçauoir ce que les Choses font, parce que cela depend de leurs proprietez & qualitez; Mais de sçauoir ce qui s'en peut faire, C'est à dire, Comment les Hommes peuuent vser de toutes choses, & quels changemens ils y peuuent donner, ou bien ce qu'ils font par leur moyen: Car s'il y a des Choses sur lesquelles on ne puisse auoir aucune puissance, il se faut contenter d'vser seulement de leurs effets; Tant y a que la Science des Choses se trouue diuisée en ces deux parties, De l'Estre & des Proprietez des Choses, ou de leur vsage; & sous ces deux titres, quoy qu'ils semblent tres-simples d'abord, on peut comprendre toutes les Sciences & tous les Arts, pour en former la Science absoluë que nous souhaitons.

Apres nous considererons qu'il y a des Choses que nous connoissons incontinent, parce qu'elles se presentent à nos Sens, & qu'elles sont grossieres & Corporelles, & d'autres que nous ne connoissons que par la pensée qui sont les Spirituelles. *Diuision des Choses.*

Pour connoistre les Choses Corporelles, il ne faut que nous mettre à descouuert entre toutes les Choses du Monde; Nous verrons qu'il y a de grands Corps & de petits; Que les grands sont les Principaux, & les Petits qui leur sont attachez, lesquels paroissent engendrez d'eux, doiuent estre nommez pour leur vray Nom, des Corps Deriuez. On void vn grand Corps massif qui est la Terre, vn autre coulant qui est l'Eau, vn autre plus subtil & plus Diaphane, qui est nostre Air inferieur, & au dessus l'Ether ou le Ciel, & les Astres; Voila cinq sortes de Corps principaux qu'aucun Homme ne sçauroit nier. Nous sçauons donc leur Estre, & pource qui est de leurs proprietez, nous les connoistrons assez facilement; Car autant que nous auons de Sens autant y a-t'il de sortes d'objets qui se presentent à eux. Ce qui est visible est le premier consideré, parce que la veüe se porte dans vne estenduë fort vaste ou plutost reçoit auec facilité les especes des objects externes dont tout l'Air est remply. On void la Quantité des Corps, on compte combien il a d'Astres lumineux, ou d'autres Corps differens; On void leur situation, & par occasion l'on s'informe s'il y a *De l'Estre & des Proprietez des Corps principaux.*

du Vuide entre quelques Corps, & s'il se peut trouuer dans la Nature ; On iuge aussi par conjecture ou par quelque aparence, quelle peut-estre la figure des Corps les plus esleuez. En considerant la couleur on recherche ce que c'est que la Lumiere qui fait voir toutes les couleurs, & semble leur donner leur origine ; On s'enquiert de l'existence des Tenebres, puis on void quels sont les Astres lumineux d'eux mesmes, ou ceux qui empruntent leur clarté d'autruy, & quels sont les Corps opaques ; On obs... ...des taches du Soleil, & de la Lune, & ce qu'on apelle la Galaxie ou la voye de laict. Quand on vient à parler du Mouuement, on recherche quel est le Cours de tous les Astres, & si c'est le Soleil ou la Terre qui se meuuent, & s'adressant plus bas on demande quelle peut-estre la Cause du flux & du reflux de la Mer. Comme le Son est produit par le Mouuement, on en fait mention apres, mais si les Corps Principaux rendẽt quelque son en leur total, il ne nous est pas cõnû ; Quoy qu'il y ayt eu des Philosophes qui se soient imaginé vne Musique celeste, elle est plus spirituelle que corporelle & sensible. Ce qui se meut naturellement, ne peut pas faire grand bruit ; Il ne s'en fait que par la collision des parties de ces premiers Corps, à cause qu'elle est violente. Au Traité de l'Odeur & de la Saueur, on recherche les odeurs & les saueurs des Corps, mais on ne peut parler en cecy que de ce qui concerne les Corps inferieurs, pource qu'on ne peut sentir ny sauourer les Corps esleuez. La Terre en ses diuerses parties a vne si grande varieté pour de telles qualitez, qu'elles ne peuuent presque estre distinguées ; Celles de l'Eau sont moins differentes : l'Eau a de la douceur dans les fontaines, dans les fleuues & dans les Lacs ; Dans son plus grand amas qui est la Mer, elle a de la Saleure, dont la cause ayant trauaillé l'Esprit de plusieurs Philosophes, il faut voir ce qui en a pû estre dit de plus vray semblable. Comme on a donné à tous les Sens leurs objets excepté à l'Attouchement, il faut examiner les Qualitez qui sont de son apartenance, à sçauoir la dureté ou la Mollesse, la Seicheresse & l'Humidité, la Pesanteur ou la legereté, la Chaleur ou la froideur. On s'enquiert si les Astres sont chauds ou froids, Secs ou humides, ainsi que des Corps plus abaissez, Car si nous ne pouuons nous esleuer iusqu'au Ciel pour les toucher, ce sont eux qui nous touchent par leurs rayons. On esprouue la dureté de la Terre & la Mollesse de l'Eau comme aussi leur poids; L'air mesme est pesé par quelque inuention particuliere. Ayant connu les Qualitez des Corps principaux, pour venir à leurs Principes & à leurs Causes, il semble que leur Principe le plus prochain soit leur Matiere ; Or nous reconnoissons qu'ils ne sont composez que de la matiere humide & de la seiche, à sçauoir d'Eau & de Terre ; Que l'Air n'entre point dans leur composition, ne seruant que de Champ aux autres Corps, & la vapeur qui sort des Corps eschauffez ; n'estant qu'vne Eau attenuée capable de se changer encor en Eau ; Quant au Feu on sçait qu'il n'augmente point le meslange des Corps, mais qu'il agit sur eux, & par consequent qu'il n'y a que deux Corps qu'on puisse veritablement apeller Elemens, qui sont l'Eau & la Terre, mais qu'auec cela on peut composer quelque Harmonie qui aproche de l'ancienne, pour s'accommoder à l'opinion de ceux qui veulent tousiours que le Feu, l'Air, l'Eau & la Terre, soient nommez ensemble, Car on les nommera comme Corps principaux qui constituent le Monde, s'ils ne sont nommez comme Elemens. Les Formes peuuent estre prises pour vne autre Principe des Corps ; En ce qui est des Causes, on considerera qu'il y en a de Premieres & de Subalternes, De necessaires & d'accidentelles, & l'on viendra à la vraye Cause efficiente, ou supreme Cause qui est Dieu, ou la Nature au dessous de luy laquelle est vne puissance actiue qu'il a donnée à plusieurs choses de l'Vniuers. Pour ne point s'esleuer trop tost aux choses spirituelles en traitant des corporelles, on demeurera icy dans les bornes de la Nature,

Comme nous auons trouué qu'il y auoit deux sortes de Corps, les Corps Principaux & les Deriuez, ayant consideré les premiers qui sont les plus grands, nous trouuons qu'ils donnent l'origine aux autres, & sur tout le Soleil qui est le Souuerain Agent de la Nature, & la premiere Cause de ses productions. On recherche particulierement en ce lieu ses proprietez, qui sont d'esclairer & d'eschauffer ; comme ayant en soy le vray Feu du Monde, plus absolument au moins à nostre esgard, que

Du Souuerain Agent & des Corps deriuez, Meteores & autres.

tous les autres Astres ; Il faut sçauoir comment sa lumiere est portée iusqu'icy bas, & si la chaleur qu'il communique aux autres Corps ne vient pas de luy effectiuement, puis en considerant les Corps deriuez qu'il fait produire, on void qu'ils sont Superieurs, ou inferieurs. Les Superieurs ou Esleuez, sont de trois sortes, les Aquatiques ou Humides, les terrestres & humides, & les terrestres & vnctueux ou huileux. Ceux dont la production est la plus facile, sont ces Corps esleuez qu'on appelle Meteores ; On les apelle aussi des Corps imparfaitement meslez, mais en ce qui est de ceux qui sont entierement humides, ils n'ont gueres autre meslange que celuy de l'Eau dont ils procedent ; Ceux-cy que nous apellons Corps humides Esleuez, sont des vapeurs esleuées de la Terre lesquelles si elles ne montent gueres haut, ne sont que des Broüillards ; Si elles vont iusques en la moyenne region de l'Air, elles y composent les Nuées, qui paroissent sous diuerses formes, les vnes estant claires, les autres obscures, & quelques-vnes formant quelquefois l'Iris ou l'Arc en Ciel. Quand cela vient à s'espaissir, & à se rendre plus lourd, il s'en fait vne cheute, tellement que ces Corps les plus esleuez retombent sous diuerses formes, comme de pluyes & de nege; S'ils sont surpris par le grand froid, ils se durcissent en gresle & en glace; Que s'ils sont fort attenuez par la chaleur, il s'en fait l'air commun & inferieur, & si pendant leur attenuation, ils sont contraints de sortir de quelque lieu fort resserré, il s'en fait du vent, lequel estant enfermé dans les grottes sousterraines, cause le Tremblement de Terre. Les Corps terrestres & humides Esleuez, sont quelques exhalaisons que nous ne pouuons pas voir en leur esleuation, n'estant pas d'vne si grande estenduë que les Vapeurs ordinaires, & qui se trouuant d'auantage meslées retombent apres leur espaississement, sous la forme de Rosée ou de Manne, & quelquefois de Pierres & de legumes. On croid aussi que les Grenoüilles qu'on trouue parmy le limon de la Terre apres de grādes pluyes, ont esté formées de ces exhalaisons iointes aux vapeurs. Les Corps deriuez, terrestres, & huyleux esleuez, sont des Exhalaisons ou vapeurs huyleuses dont se forment les Ardens ou Feux follets, le Tonnerre, les Poutres de feu & autres figures ignées, auec les Comettes, au cas qu'elles ne soient point de simples aparences, comme on tient qu'elles sont assez souuent. Les Corps deriuez, terrestres & huyleux, inferieurs & non point esleuez, mais plustost attachez à d'autres Corps, sont les feux qui se font icy bas dans nos foyers par nostre soin, ou ceux qui s'allument par hasard en quelque lieu sur la Terre, puis les Feux sousterrains & le Feu central. Les Corps deriuez, terrestres, inferieurs & Mobiles, ou coulans, sont les Sels, les souffres, les Bitumes, & les autres Sucs, dont la pluspart sont condensez & rendus secs par la chaleur, & se fondent dans l'humidité, & il y en a d'autres au contraire que le froid fait resserrer & que la chaleur fait fondre. Pour les Corps deriuez inferieurs qui sont terrestres, & humides, auec plusieurs differences, & qui sont tenus pour parfaictement meslez, les vns sont fixes & les autres Mobiles. Entre les Fixes il y en a qui en effet ne bougent de la place où ils ont esté produits, & sont certaines Terres qui ont vn particulier meslange, comme la Terre Sigillée & le Bol Armemien ; Ce sont aussi les Pierres grossieres & les Cailloux, & specialement les Pierres precieuses & les Metaux.

Les Plantes qui sont attachées à la Terre sont fixes pour ce regard, mais s'esleuant d'elles mesmes hors de Terre, s'y enfonçant auec leurs racines, & se grossissant par leur vegetation, ce leur est vn mouuement, de sorte qu'elles sont moitié fixes & moitié Mobiles. Elles sont distinguées en Arbres, en Arbrisseaux & en Herbes. *Des Corps vegetatifs.*

Les vrays Corps Mobiles parfaits, sont les sensitifs, entre lesquels on considere premierement les moins parfaits, que l'on apelle quelquefois imparfaits à l'esgard des autres ; Ce sont les Insectes & les Animaux qui naissent de putrefaction. Les Animaux parfaits sont terrestres, aquatiques, ou Aeriens : Il y a les animaux qui rampent sur la Terre comme les Serpens, ceux qui marchent, qui sont les Bestes à quatre pieds, les oyseaux qui ayant deux pieds marchent sur la Terre, & volent aussi par l'air se soustenant de leurs aisles, & les Poissons qui nagent dans l'Eau. Or en parlant des Corps de tous ces Animaux, on en doit considerer les diuerses proprietez & qualitez auec leurs Principes & leurs Causes, de mesme qu'on a fait cel- *Des Corps sensitifs.*

les des Corps Principaux. L'Homme comme Animal est considéré en ce lieu à l'esgard de son corps, & pource qui est de sa faculté sensitiue qui consiste aux Cinq Sens corporels soufmis au Sens commun, ce qui en est dit là peut encore estre appliqué aux autres Animaux.

Des choses spirituelles. Pour le Sens commun de l'Homme estant vne faculté de son Ame qui est raisonnable, & qui est estimée Spirituelle & immortelle, elle est fort distinguée des Ames des Bestes. Les facultez principales de l'Ame sont l'Entendemét, l'imaginatió, la Memoire & la Volóté. On cómence icy d'auoir la cónoissance de ce qui peut estre separé de la matiere. C'est en cét endroit que se trouue la consideration des choses Spirituelles, que l'on dit estre les Ames humaines & les Anges diuisez en Bons & en mauuais ; On s'esleue aussi à Dieu qui est au dessus de tous les Estres corporels & spirituels, & qui est l'Estre vnique & Tout-puissant, & le principe vniuersel & absolu de toutes les choses, dont nous auons cherché l'origine ; Qui les a creées & qui les conserue, & qui ayant vne Science infinie possede en soy les idées de ce qui a esté, de ce qui est, & de ce qui sera, & de tout ce qui peut-estre ou ne pas estre.

De l'Vsage des Choses. La Science vniuerselle ayant deux parties qui sont de l'Estre des Choses, & de leur vsage, la seconde suyt la premiere. On a dit qu'elle traicte de ce qui se fait des Choses, & pour en faire la deduction, il faut garder le mesme ordre qui leur a desia esté donné en parlant de leur Estre, parce qu'y estant accoustumé on ne le doit plus changer, veu que mesme il est tresconforme à la Nature. On recherche donc ce qui se peut faire des Corps Principaux, mais comme on n'a point de pouuoir sur le Ciel & sur les Astres, il se faut contenter de receuoir leur lumiere & leur chaleur, & de l'augmenter par reflexion ou de tascher de l'imiter. Pour l'Air, l'Eau, & la Terre, estant des Corps parmy lesquels nous nous trouuons, nous auons plus de pouuoir sur eux, de sorte que non seulement nous tirons d'eux ce qui nous est vtile en l'estat qu'ils sont, mais nous leur donnons diuers changements. Nous purifions l'Air & l'Eau, nous contraignons l'Eau de se rendre en des lieux où elle n'iroit pas d'elle-mesme ; Nous renuersons la Terre à nostre plaisir, &

DE LA SCIENCE VNIV. 199

selon que nous voulons nous la rendons feconde ou fertile. Nous nous empeschons d'estre offencez des Meteores humides, comme de la Pluye & de la Neige, & nous tirons du profit des terrestres comme de la Rosée & de la Manne. Ie diray le mesme des Bitumes & autres Sucs qui sont tous à nostre vsage. Les Pierres & les cailloux nous seruent à nos bastimens, & les Metaux à diuers seruices. Nous faisons plusieurs choses des Plantes que nous auons encore le pouuoir d'ameliorer & de perfectionner; On enseigne aussi comment l'on perfectionne les Animaux pour leur naissance, leur nourriture, leur croissance, & la prolongation de leur Vie; Comment l'on se sert des influences & des Sympathies au cas qu'elles subsistent; Puis venant à l'Ame on traicte de la perfection & melioration du Sens commun, de l'imagination, de la Memoire, & de l'Entendement, & de la Perfection de la Volonté. Comme apres l'Ame humaine, il y a les Anges à considerer, & Dieu par dessus tout, n'ayant icy que de la sousmission, on taschera seulement d'imiter ces parfaites Substances, sur lesquelles on n'a aucun pouuoir, & on receura les graces & les inspirations qui en viendront.

Ayant consideré en gros tout ce qui concerne l'Estre & l'vsage des Choses tant corporelles que spirituelles, on y peut trouuer les fondemens de toutes les Sciences particulieres & de tous les Arts; mais pource qu'ils ne sont pas declarez d'abord entierement, & par des termes precis, il en faut encore faire icy l'aplication: En establissant le nombre des Corps tant celestes que terrestres, & mesmes des Substances Spirituelles, on a besoin de l'art de compter, & celuy de mesurer est requis pour iuger de la grandeur des Corps, de leur hauteur, de leur distance les vns des autres, & de leur figure: tellement qu'il se faut seruir en de telles occasions de l'Arithmetique & de la Geometrie; La necessité que l'on en a alors, en deuroit faire inuenter les Principes, quand l'on ne les auroit point d'ailleurs; C'est icy l'origine des Mathematiques. Le diuers aspect de ces Corps selon leur situation, auec leur Couleur & leur Lumiere nous font aussi aprendre les Reigles de l'Optique & de la Perspectiue, & tout cela ensemble auec encore le Mouuement, nous fait voir ce que c'est que la Cosmographie, l'Vranoscopie, l'Astronomie, la Geo-

Aplication des Sciences particulieres & des Arts à l'Ordre de la Science Vniuerselle, Et particulierement de ce qui concerne l'Estre.

graphie, l'Hydrographie, & la Topographie. En particulier le Mouuement des Astres, de qui l'on dit que le Temps est la Mesure, est cause qu'on a cherché plusieurs inuentions pour en estre la marque, & mesmes pour mesurer l'vn & l'autre, comme les Quadrans, les Clepsydres, les Horloges de Sable, les Monstres ou Horloges à ressorts. La consideration des Sons nous donne la Musique, & par la connoissance des qualitez connuës de l'attouchement, on peut faire vne Science des Odeurs & des Saueurs & autres qualitez. On peut aussi faire vne Science des Principes & des Causes, comme on en fait vn en beaucoup d'endroits qui passe toute seule pour Physique ou Science des Choses naturelles. La consideration des Meteores nous donne la Meteorologie, & venant aux Corps inferieurs tels que les Pierres, les Metaux, les Plantes & les Animaux, leur connoissance compose plusieurs Sciences, lesquelles ont chacune leur Nom particulier. Pour la Science de l'Ame, on l'appelle la Psychologie, celle des Esprits est la Pneumatologie, & celle qui parle de Dieu est la Theologie; On peut aussi comprendre toutes les connoissances des Choses corporelles, de leurs proprietez & de leurs Principes sous la Physique, & les connoissances des Choses Spirituelles sous la Metaphysique. Lors qu'on traittera de l'Ame sous le tiltre general de la Physique, ou sous celuy de la Psychologie, parlant des affections de l'Ame & de ses Perturbations, dont se forment les habitudes de la Vertu & du Vice, ce sera vne Morale Theorique.

Des Sciences & Arts concernans l'Vsage des Choses.

En ce qui est de la seconde partie de la Science vniuerselle qui est de l'vsage des Choses, & de leur Melioration & perfection, ou imitation, il y a quelques Sciences qui y sont affectées, mais specialement cela s'aplique aux Arts, & mesmes aux Arts manuels qui laissent quelque chose de leur ouurage apres eux. Pour augmenter les effets des rayons du Soleil, & les transporter où l'on veut, on a inuenté l'Art de faire de ces Miroirs qu'on appelle Ardens, & pour receuoir le mesme effect & en profiter, on a fabriqué diuers Vaisseaux & composé diuerses matieres. Pour faire des feux d'Artifice qui imitent le feu des Astres auec leur lumiere & leur chaleur, au moins sous quelque apparence, nous auons la Pyrotechnie; La Pneumatique est l'Art qui concerne

cerne l'Air, & qui apprend à le puriffier, ou à s'en feruir pour faire jouër quelques inftrumens de Mufique & autres. Nous auons l'Hydraulique ou l'art des Eaux pour efleuer les eaux au deffus de leur fource & faire des Pompes & des Iets d'eau de diuerfes façons. Pour ce qui concerne en general le mouuement de tout ce qu'il y a de terreftre & de lourd, on nous enfeigne les Mechaniques, qui donnent les inuentions de toute forte de Machines. La puiffance qu'on a fur les Meteores aboutit à fe defendre des iniures de ceux qui font nuifibles & fafcheux; C'eft ce qui a fait chercher aux Hommes des inuentions de fe couurir d'habits pour fe garentir de la pluye & du vent, & de baftir des cabanes ou des maifons pour eftre mieux à l'abry. Quãt aux Meteores exquis, cõme la Rofée & la Manne, on a trouué quelque Art de s'en feruir. Il en eft de mefme de tous les Sucs tant liquides que condenfez, que l'on foufmet à l'Art de Chymie lequel agit auffi fur les Mineraux & les Metaux, pour leur diffolutiõ & la feparatiõ de leurs impuretez, & mefmes pour la recherche de la Pierre Philofophalle ou de l'or potable, dans laquelle aplication cette partie de Science eft nommée Alchymie, ou Chryfopée. On trouue apres l'Agriculture & tout ce qui depẽd du iardinage & du labourage pour le foin des Plantes, auec l'Art de Bergerie, & de toute autre conduite de Beftail pour le mefnage des Champs; l'Art de Venerie & de Fauconnerie, pour ce qui eft de la chaffe des Animaux de la Terre & de l'Air, & l'Art de la Pefche pour prendre les Poiffons, Il y a auffi vn Art de dõpter les Cheuaux & vn autre de fe feruir de plufieurs Animaux & d'apriuoifer les plus farouches, afin de faire connoiftre le pouuoir que l'homme a fur eux. En fuite on peut confiderer quantité d'autres Arts neceffaires pour la commodité ou la neceffité des Hommes, comme ceux qui luy feruent à aprefter fes alimens, à luy faire des eftoffes pour fe veftir, à luy baftir des Maifons, à fortifier des Citadelles & à fe defendre par les armes contre les ennemys. Ayant penfé à la nourriture des Hommes, on doit faire fuyure immediatement la Science ou Art de Medecine, qui prefcrit des regimes de viure aux Sains & aux malades. La Pharmacie & la Chirurgie l'accompagneront pour remedier aux infirmitez du Corps humain; puis pour l'vsage des influences & des sympathies, on doit rechercher si les Talismans ou figures Constellées, & les Anneaux Astrologiques, l'vnguent des Armes & la poudre de Sympathie, ont quelque vertu suiuant les secrets attribuez à la Magie naturelle.

Sciences ou Arts concernans l'vsage des choses spirituelles.   Ayant consideré tout ce qui se peut faire des Choses Corporelles, on examine l'vsage, la Melioration & la Perfection, ou l'imitation des Choses Spirituelles. Premierement on void ce qui se peut executer à l'auantage du Sens commun, de l'Imagination, de la Memoire & de l'Entendement ; On apliquera en ce lieu si l'on veut toutes les manieres de refuter les opinions des Sceptiques, auec toutes les Methodes pour les Sciences, & tous les moyens de s'instruire facilement pour ameliorer les facultez de l'Ame, comme pourroient estre les secrets qui fortifient la Memoire & autres ; Mais sur tout l'Art de Raisonner y a sa place, tellement que l'on met icy la Logique, mais ce n'est qu'vne Logique mentale pour raisonner à part soy, car nous n'auons point encore fait mention de la maniere de produire ses pensées au dehors. Pource que la perfection de l'Entendement & celle de la volonté, dependent d'vne habitude qu'on apelle la Prudence, ou Preuoyance, afin d'examiner tout ce qui nous la fait acquerir, on prend sujet de rechercher si l'on y peut paruenir par les predictions de la varieté des Temps, ou par les Diuinations faites par l'inspection des signatures des Choses, & par la Physionomie, la Metoposcopie, la Chiromance, la Pædomance, l'Astrologie iudiciaire & la Geomance ; Mais ayant connû le peu d'asseurance qu'il y a en plusieurs de ces Arts, on se doit arrester aux reigles de la vraye prudence qui iuge de l'auenir par vne exacte & solide consideration du present & du passé. L'Entendement estant enseigné par ce moyen, & la volonté guidée, l'Ame dompte ses Passions, & exerce les Vertus. La Moralle practique a donc là sa place, auec l'œconomique & la Politique ; Et afin qu'il ne manque rien à la recherche des prerogatiues de la Volonté, on s'enquiert consecutiuement, si c'est par le secours de l'imagination que la volonté de l'Homme a quelque pouuoir sur les volontez des autres, aussi bien que sur elle mesme, pour changer les affe-

&tions, & les attirer à ce qu'elle souhaitte sans aucune operation surnaturelle. Pource que nous ne croyons pas qu'elle y puisse reüssir par la seule pensée, nous luy accordons les paroles
persuasiues, ou les mouuemens d'yeux & les gestes que l'on
tient quand l'on desire quelque chose, & que l'on a dessein de
l'imprimer dans l'Esprit des autres; Et ne treuuant donc pas
qu'vne Ame opere par la seule volonté & par sa seule imagination, on recherche si elle a plus de pouuoir par les paroles inconnûes & par les superstitions, surquoy on se peut informer
ce que c'est que la Caballe & la Theurgie ou Magie blanche,
desquelles on passe à la Magie. Ces Arts estant contraires à
l'honneur que l'on doit à Dieu, il ne faut parler d'eux que
pour les auoir en abomination & en horreur, & reconnoistre
que le seul moyen d'esleuer l'Ame à son plus grand pouuoir,
c'est de la munir de Pieté & la porter à la vraye religion. C'est
en cet endroict que l'on doit placer vne autre partie de la
Theologie qui concerne le deuoir de l'Homme enuers Dieu.
Il ne reste apres pour atteindre à l'entiere perfection de l'Ame,
que de considerer les idées generalles de toutes choses, dont
les amples connoissances feront trouuer par reflexion vne image de tout ce qu'on peut sçauoir & de tout ce qu'on peut faire,
ce qui comprend toutes les Sciences particulieres & la Theorie
de tous les Arts, auec la Science vniuerselle, & pour vne de
ses dependances, ainsi que nous auons veu ce qui gist en contemplation, & qui demeure dans l'Entendement, nous verrons ses principales facultez au dehors, qui consistent à exprimer les pensées de l'Ame, ce qui est la premiere action qu'elle
fasse pour manifester ce qu'elle contemple, & ce qui est l'Image sensible de sa contemplation. C'est ce qui donne origine
aux Sciences qu'on apelle Sermocinalles ou Sciences du Discours. On considere donc en ce lieu les langages differens, les
Grammaires particulieres & la Grammaire vniuerselle, & la
Logique parlante, ou Art de parler raisonnablement, à la difference de la Logique Mentale, qui n'est que pour le raisonnement interieur. On vient à la Rhetorique qui est l'Art de
persuader auec ornement & de dresser des Discours de plusieurs especes; La Memoire artificielle y est conioincte; Et en

suite comme l'on trouue que la parole n'est que pour les personnes presentes, on cherche par quels autres moyens les Hommes se peuuent communiquer leurs pensées l'vn à l'autre, ou representer tout ce qui est arriué au passé, par des signes materiels, ce qui a fait inuenter l'Art de la Peinture & de la Sculpture, l'Art de l'Escriture, & des Chiffres secrets, & l'Art de deschiffrer. Pour donner secours à tout cecy, on a trouué l'Art de l'Imprimerie, par caracteres rassemblez ou par planches grauées ; Et enfin on n'a plus qu'à voir la Science des Methodes, qui est la Science des Sciences, ou la Science de l'instruction, pour la conclusion de tout l'œuure.

Reflexion sur l'Ordre de la Science vniuerselle, & sur ses Sentimens.

VOYLA vn Sommaire de l'ordre de la Science vniuerselle, lequel on pourroit faire fort long si l'on le desiroit, car on y pourroit adjouster plusieurs diuisions & sous-diuisions, mais il n'est pas besoin de raporter des choses qui se peuuent trouuer ailleurs, & en quoy la nouueauté du dessein ne consiste pas. A ne faire qu'entendre le nom de ces diuers sujets, ie pense que l'on peut remarquer que toutes les Sciences & tous les Arts y trouuent leur rang, & que l'on connoistra bien par là quel doit estre vn ouurage qui les represente de cette sorte. Plusieurs ont beaucoup leu dans les liures de la Science vniuerselle sans en auoir tant compris, pource que s'estant possible arrestez tantost à vne partie & tantost à l'autre, ils n'en ont pû conceuoir la suite, ou mesme ils l'ont perduë faute d'attention en voyant toute la masse. Cette description sommaire supléera à cecy, & pour plus grande intelligence, elle sera depeinte dans vne Carte ou Table generalle auec ses diuisions, qui monstreront cecy tout d'vne veuë, & l'on en pourroit faire encore des Tables particulieres pour estre instruit plus amplement. D'ailleurs il faut sçauoir que pour rendre cette Encyclopædie parfaite, on peut donner plusieurs autres ordres de Disciplines, puisqu'il n'y a gueres de Sciences entre les principales, ausquelles toutes les autres ne puissent estre sousmises à leur tour : Ie croy pourtant que le grand Ordre de la Science vniuerselle, qui est selon le progrez d'vne instruction naturelle, & sans contrainte, est le plus à rechercher ; Qu'il doit estre sçeu premierement, & qu'il faut iuger des autres par luy C'est proprement ce qui est necessaire à tous les Hommes qui veulent estre asseurez de sçauoir quelque chose. Pour les moindres lumieres de iugement dont ils seront esclairez, ils verront bien qu'ils ne sçauroient receuoir d'instruction plus entiere, & qu'il n'y a point de Cours de Philosophie, qui ayt passé iusqu'à tant de curiositez; Car ce que l'on y met d'ordinaire ne contenant que la Logique, la Physique, la Metaphysique, & l'Ethique, où l'on a seulement connoissance de l'Estre & des Proprietez des Choses naturelles, ce n'est simplement que ce qui doit estre enseigné dans la Premiere Partie de la Science vniuerselle; Et pour ce qui est de la Seconde, touchant l'vsage, & la Perfection ou Melioration des mesmes choses, & où l'on void l'employ de plusieurs Arts, c'est à quoy les Philosophes vulgaires ne pensent point. Leur Ethique ou Moralle, ne contient aussi que la description des Passions, & la distinction des Vertus & des vices, au lieu que dans la Science supreme, on doit aprendre les moyens de remedier aux perturbations de l'Ame, & de s'instruire à rejetter le mal & embrasser le Bien. Il n'y a que les Sciences ou Arts du Discours, comme la Grammaire, la Rhetorique & la Logique, qui soient enseignées fort au long dans les Classes des Academies, encore est-ce auec plusieurs obseruations inutiles, qui nous priuent de celles qui sont vtiles; D'ailleurs ces Professions ne sont point là apliquées dans leur rang de dependance & d'enchaisnement naturel, suiuant le progrez qui s'en fait dans l'Esprit. Il se trouue des Gens qui ont passé plusieurs années à l'estude, tant sous les Maistres que dans leurs propres recherches, lesquels neantmoins ne sont pas si capables qu'ils s'imaginent, d'autant qu'ils n'ont point la connoissance souueraine & vniuerselle, & que par ce moyen il leur manque beaucoup de connoissances particulieres dont ils ignorent l'importance & l'vtilité, veu que mesmes ils ne sçauroient rendre bon compte de ce qu'ils sçauent, & le placer en ses vrays degrez. On les empescheroit fort, si on leur demandoit en quel ordre de la Science ils mettent, les Pneumatiques, les Hydrauliques, & tout ce qui concerne le mouuement; En quel endroict ils placent l'Agriculture, la Medecine, la Chymie, l'Astrologie & tous les autres Arts ; Où ils rangent les effets de l'imagination, les Diuinations & la Magie ; & la difference de lieu qu'ils donnent à la Moralle Theorique & à la Moralle practique, à la Logique Mentale, & à la Logique parlante. Ils n'ont point encore pensé à ces distinctiós, & ne connoissent pas mesmes ces Sciences particulieres. Pour ce qui est de l'ordre de toutes les Disciplines, ils ne nous pourroient donner autre chose que leur routine ordinaire, qui est de diuiser toutes les Sciences en Theoretiques & en Practiques, ou bien en Speculatiues ou Contemplatiues, & en Actiues : Mais c'est-là vne Diuision simple, non pas vne suite naturelle & vn progrez tel que nous le demandons. S'ils veullent rendre vne meilleure raison de leur Doctrine, ils le pourront faire desormais en comprenant la liaison de la Science vniuerselle qui met chaque Discipline dans son ordre, & en recueille plusieurs que iusques à maintenant on auoit laissé vagues & esparses. Afin mesme que rien ne luy manque, elle ne parle pas seulement de celles qui sont vrayes & vtiles comme la Physique & la Moralle, pour les faire aprouuer absolument, mais de celles encore qui estant fausses & inutiles, telles que sont l'Astrologie iudiciaire, & la Science des Talismans, ne laissent pas d'estre estimées de plusieurs Hommes, & c'est à cause que dans l'ignorance & la corruption de quelques Siecles, il n'est pas moins besoin de sçauoir ces obseruations ridicules, que quelques bons enseignemens, pour en mieux refuter les erreurs, & empescher que ceux qui se vantent de leur Doctrine mensongere, n'en fassent accroire à ceux qui n'y sont pas instruits. Que si la pluspart des Sciences & des Arts tant bons que mauuais, ne sont point traictez si amplement dans vn tel ouurage que l'on les y aprenne entierement, C'est qu'il suffit de raporter quelques Principes sur lesquels le reste de l'edifice puisse estre fondé, & d'exposer seulement quelques choses qui sont en dispute pour sçauoir ce que l'on en doit croire, specialement touchant celles qu'il est bien seant à tous les Hommes de sçauoir, & qu'il est honteux aux Hommes de Lettres d'ignorer, ce qui fournit assez souuent vne ample matiere pour discourir. Ie ne sçay pas si en ce que i'ay proposé, il y a dequoy contenter ceux qui faisant profeſſion de quelque Science ſoit pour l'enſeigner ſoit par curioſité, ou pour s'en ſeruir aux neceſſitez de la vie, ſont jaloux de tous ceux qui s'apliquent à quelque choſe, & encore plus de ceux qui s'ingerent de parler de tout. Ils diront poſſible qu'on ne ſçauroit auoir acquis auec ſi peu de façon, la Science à laquelle ils s'adonnent depuis ſi long-temps, & qu'il eſt encore plus difficille de ſçauoir toutes les Sciences & tous les Arts en general & d'en pouuoir traicter; Qu'vn Chaſſeur qui pourſuit deux proyes à la fois, eſt en grand hazard de n'en prendre pas vne; & qu'on ne peut tirer à deux buts enſemble; Que pour eſtre fort habile en quelque Science il ne faut s'eſtre apliqué qu'à vne ſeule, & qu'on ne void gueres de gens qui ſoient bons Medecins & bons Iuriſconſultes en meſme temps : Mais ceux qui propoſent ces choſes ſçauent peu dequoy ils parlent; Quelques Hommes doctes leur monſtreroient bien par leur exemple, qu'on peut exceller en plus d'vne Science & plus d'vn Art, au moins en ce qui n'eſt pas de ces Profeſſions neceſſaires à la vie ciuile, deſquelles il faut aprendre iuſqu'aux moindres particularitez pour les exercer, & dont il faut ioindre la Practique à la Theorie; Auec cecy les comparaiſons de celuy qui ne peut pourſuiure deux proyes, ny tirer à deux buts à la fois, ſont hors de propos, parce que ſi ces choſes ne ſe peuuent faire en meſme temps, elles ſe feront l'vne apres l'autre, & on peut auſſi eſtre inſtruit par ordre à des Diſciplines differentes : Mais ſans toutes ces conſiderations, que l'on prenne garde qu'il n'eſt pas icy queſtion d'aprendre les Sciences particulieres, puiſque nous propoſons vne Science generalle & Tranſcendente, Il ne faut point eſtre ſurpris au ſeul Titre de ce deſſein; On ne doit point douter qu'vn ſeul Liure ou vn ſeul Homme, ne puiſſent diſcourir de la Science vniuerſelle, ou qu'on ne la puiſſe aprendre par leur moyen, ſans contreuenir meſmes à l'opinion du vulgaire, qui eſt qu'vn Homme ne ſçauroit eſtre fort expert en plus d'vne Science; Car cette Science vniuerſelle à la conſiderer comme nous faiſons icy, n'eſt qu'vne Science ſeule : Mais de vray c'eſt vne Science aplicable à toutes les autres, & qui leur donne tant de pouuoir qu'elle eſt cauſe que les aſſiſtances reciproques ne manquent à aucune.

Or comme tous les Traictez qu'on en peut faire font remarquables pour deux chofes, l'vne pour leurs nouueaux Sentimens, l'autre pour leur ordre, j'en ay difcouru en bref, dans le Traicté des Sciences vtiles & dans celuy-cy ; Mais ie ne croy pas que cela fuffife, fi ie ne monftre encore que ie ne fuis pas feul qui ne fe foit pas contenté de la Philofophie des Anciens & de leur Ordre de Sciences, & qui fe foit efforcé d'en inuenter d'autres, tellement que ie m'en vay parler des Nouateurs & des Autheurs d'Encyclopædies; Ce fera vne fuite de ce que j'ay commencé, & je feray voir que tout ce qui depend des Methodes des Sciences, peut feruir de Clef à la Science vniuerfelle, comme l'Abregé de fon Ordre que i'en ay donné pour fa principale Clef, eft auffi vne des principales parties de ces Methodes.

SVITE DE LA CARTE OV TABLE DE LA SCIENCE VNIVERSELLE

	Pour augmenter les effects des rayons du Soleil, & les transporter où l'on veut, on a inuenté,	[Les Miroirs ardens.
	Pour l'imitation de la Lumiere des Astres,	Il y a plusieurs manieres de Feux artificiels, & en general on a inuenté la Pyrotechnie.
	Pour l'vsage de l'Air,	[La Pneumatique.
	De l'Eau,	[Les Hydrauliques & toutes les Pompes.
	Et de la Terre, pour son mouuement,	[Les Mechaniques.
	Pour l'vsage des Meteores, ou pour se defendre de leurs injures, & pour leur imitation	Il y a des Arts si differens qu'on ne les peut nombrer.
	Les Sels, les Souffres, & les Bitumes trouuent leur vsage & leur melioration,	[Par la Chimie.
	Les Pierres grossieres sont soumises,	[à l'Architecture.
	Les Pierres precieuses,	[à l'Art des Lapidaires.
	Les Metaux,	aux Arts des Mineurs, des Fondeurs, des Forgerons & des Orfeures, & à l'Alchymie, pour la transmutation par la Pierre Philosophale, de qui l'Art est appellé la Chrysope, ou Art de faire de l'Or.
	L'Vsage & la Melioration des Plantes se trouue par	l'Agriculture ou le Labourage, & par le Iardinage
	Des animaux	par les Art de Bergerie, de Venerie, & de Fauconerie, & part l'Art de la Pesche.
	La Melioration, Guerison, ou Cure du Corps de l'Homme,	par la Medecine, la Pharmacie, & la Chirurgie.
L'VSAGE DES CHOSES Et leur Melioration & perfection donnent l'origine à plusieurs Arts.	L'Vsage & la Melioration des Sens corporels	Ont plusieurs Arts particuliers.
	L'vsage & la Melioration des Sympathies & des Influences, se font,	par la Magie naturelle, par les Talismans ou figures coustellées & par la Poudre & Sympathie.
	L'ame humaine en toutes ses facultez, qui sont le Sens commun, l'Imagination la memoire, & l'Entendement ou Iugement, a pour son vsage, Melioration ou Perfection.	L'Art de raisonner ou la Logique mentale, la Memoire artificielle & tous les Arts qui concernent les Sciences & connoissances.
	La perfection de Raisonner & de bien iuger des Choses estant acquise par la Prudence ou Preuoyance, elles s'accomplissent selon quelques vns,	Par l'Inspection des Signatures des Choses par les presages de la variété des Temps, par la Physionomie, la Metoposcope, la Chiromance, la Pedomance, la Diuination par les Songes, par l'Astologie Iudiciaire, la Geomance, & autres Diuinations, ou plustost par les vrayes Predictions fondées sur les Causes des Choses.
	Pour la Volonté elle trouue sa perfection	par la Morale pratique, la Science Oeconomique, & la Politique.
	En ce qui est de la puissance de l'Ame au dehors, & particulierement pour ce qui depend de la Volonté,	on prétend que cela s'accomplit par les forces de l'Imagination, & par celles de la Caballe, & de la Magie ; Mais le vray moyen d'esleuer l'Ame à son plus grand pouuoir, se trouue dans la Pieté & la vraye Religion.

Pour l'entiere perfection de l'Ame humaine & le resultat de tous ses raisonnemens, Iugemens & autres Meliorations, & pour l'inuention de toutes les Sciences, & de tous les Idées generalles de toutes Choses qui sont l'Image de tout ce que l'on peut sçauoir & de tout ce que l'on peut faire, ce qui gist en contemplation. Et pour faire monstre de ses facultez au dehors & exprimer ses pensées, on a trouué les Sciences Seruinalles qui sont les Sciences ou Arts du Discours, côme	{	La Grammaire vniuerselle apliquée aux particulieres, Les Grammaires particulieres de chaque Langage, La Logique plantée, ou l'Art de parler raisonnablement, La Rhetorique, L'Art de l'Histoire, L'Art de Poësie.
Pour communiquer auec les absens, ou representer ce qui est passé, par des signes visibles & muets, on a inuenté,	{	La Peinture, La Sculpture, L'Escriture, Les Chiffres Secrets, & l'Art de deschiffrer. L'Imprimerie par Caracteres rassemblez, ou par plâches grauées.
Et enfin pour se ressouuenir de toutes ces choses, quand l'on voudra, apres les auoir aprises, ou pour commencer de les aprendre plus aysement on cherche,	{	Les Methodes d'instruction qui sont l'accomplissement de la Science Vniuerselle composée de toutes les Sciences particulieres, & de tous les Arts.

Ces deux Feuilles estenduës qui composent la Carte de la Science Vniuerselle, doiuent estre placées apres la Page 208. ou à la fin du Liure.

A CARTE OU TABLE DE LA SCIENCE UNIVERSELLE.

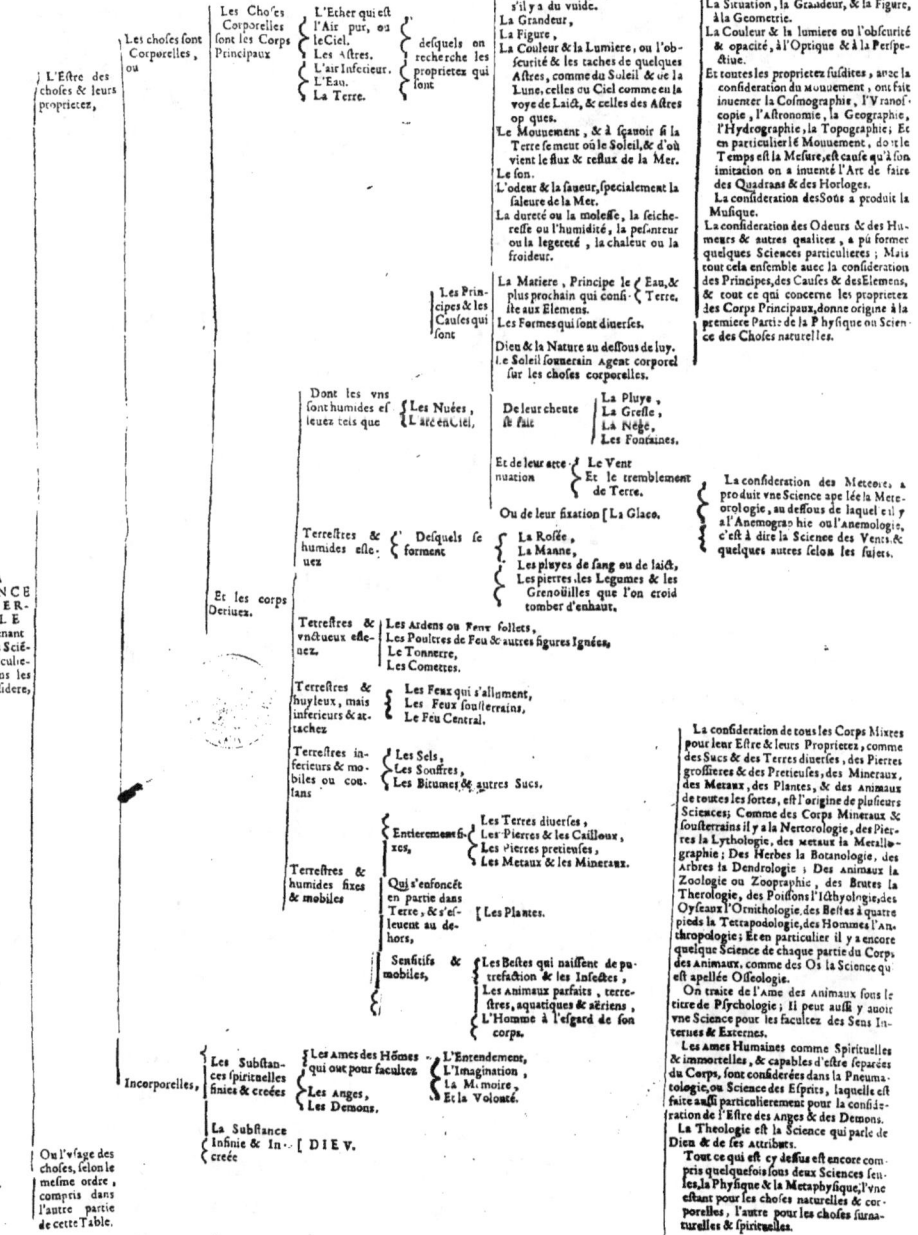

LE
SOMMAIRE
DES OPINIONS
LES PLVS ESTRANGES DES NOVA-
teurs Modernes en la Philosophie,

*Comme de Telesius, de Patritius, de Cardan, de Ra-
mus, de Campanelle, de Descartes & autres;
Et en quoy on les peut suiure.*

TROISIESME TRAICTE'

AVANT que ce l'on apelle le nouueau Mon- *Defense*
de fust descouuert, on auoit peine à croire *des Noua-*
qu'il y eust autre chose que de l'Eau en vn lieu *teurs.*
où il s'est trouué depuis des Terres fort amples, & iamais on n'y fust paruenu, si on eust
resolu de s'arrester à ces Colomnes d'Hercule
que quelques Anciens ont tenu superstitieu-
sement pour les limites de la nauigation, comme si le souuerain Maistre de l'Vniuers y eust graué des defenses expresses
de passer outre. Nous estimons de mesmes plusieurs choses

Dd

pour autres que ce qu'elles font, faute d'auoir la hardieſſe d'en aprocher & de les eſprouuer ; C'eſt eſtre ennemy des plus belles connoiſſances, de ne prendre pas ſoin de rechercher ce que la Nature a de plus ſecret : Il ne faut pas touſiours blaſmer ceux qui aiment de telles nouueautez. Si quelques-vns ne font que des obſeruations fantaſtiques & imaginaires, les autres s'adreſſent à des veritez ſolides, qui pour eſtre cachées en ſont plus à reuerer. Quoy que le ſeul nom de Nouateur ſoit odieux à pluſieurs perſonnes, il faut prendre garde que ſi en matiere de Theologie il eſt à aprehender, il ne l'eſt pas ainſi dans la Philoſophie naturelle & humaine. On y peut meſmes propoſer des choſes plus vray-ſemblables que vrayes qui pourtant ne ſçauroient nuire quand leur peu de poids & de valeur eſt reconnû, d'autant qu'elles ne ſeruent qu'à reſueiller l'eſprit, & luy faire remarquer, les diuerſes penſées qui ſont trouuées là deſſus quand on s'y employe auec attention. Il ne faut donc point faire difficulté de voir les opinions les plus eſtranges de quelques Autheurs, qui ont eſcrit de Philoſophie dans ces derniers ſiecles. Le peu d'aparence qu'on a remarqué en pluſieurs endroits de la Doctrine la plus ſuyuie a eſté cauſe de cecy. On a taſché de ſe ſatisfaire d'vne autre maniere ; Mais il faut conſiderer que tous ceux qui l'ont fait n'ont pas eſté des conteurs de menſonges, & des gens qui priſſent ſeulement plaiſir à contredire. Il s'en eſt trouué qui n'ont point voulu que leur Doctrine paſſaſt pour nouuelle, mais pour renouuellée. Ils pretendent qu'ils ne ſont point Nouateurs pour auoir eſcrit contre l'opinion d'Ariſtote, mais que c'a eſté Ariſtote meſme qui s'eſt monſtré Nouateur, ayant voulu deſtruire toutes les opinions de ceux qui auoient philoſophé deuant luy, pour baſtir vne Philoſophie à ſa mode. Ils diſent que la meſme ambition qu'auoit Alexandre ſon Diſciple pour ſubjuguer tous les Potentats de la Terre, il l'auoit pour abattre le credit de tous les autres Philoſophes & ſe dire leur Prince. Cependant il auoit ſuprimé quantité de belles opinions plus receuables que celles qu'il publioit, & s'il leur a fait cette iniuſtice, c'eſt auec quelque juſtice que quelques-vns ont taſché de mettre leurs penſées en Parallelle des ſiennes, les ayant tirées de celles des Anciens, comme pour luy faire reftituer l'honneur qu'il a ofté aux autres, eftant fournys de pieces fi conuainquantes. Ce n'eft point fans quelque fujet encore que d'autres Autheurs ne voyant rien qui les contentaft ny dans fes Maximes ny dans celles des autres, ont voulu eftablir des Principes de leur inuention, à deffein de voir s'ils aprocheroient d'auantage de la verité. Nous n'auons pas fujet de craindre que nous ayons trop de ces fortes de gens; Car ils font prefque eftouffez du nombre infiny d'Efcriuains qui ont iuré fidelité à leur premier Maiftre, lefquels le fuyuent en tout ce qu'il a efcrit, notamment pour la Phyfique, quoy qu'il n'y ayt aucune partie de fa Philofophie où il ayt plus meflé d'erreurs. Il eft fort à propos de purger les Efprits de ces fauffes croyances, lefquelles ne font pas fi indifferentes que l'on s'imagine, puifqu'en nous accouftumant à iuger des chofes materielles par des raifonnemens de Logique, qui n'ont que de la fubtilité fans folidité, cela tire à confequence pour les chofes fpirituelles dont on pourroit iuger de mefme; Toutefois ces Opinions ont vn extreme credit dans le Monde, comme fi elles eftoient la feule Philofophie. Elles font enfeignées dans les Claffes, & efcrittes en plufieurs endroits. On imprime encore tous les iours des Cours Philofophiques tant en Latin qu'en François, où ces Erreurs font eftallées, de mefme que fi c'eftoient des Propofitions indubitables, & ceux qui compofent de tels ouurages, font fort fimples, s'ils croyent que nous ayons affaire de leurs Liures, qui ne font que redire ce qui a tant de fois efté dit, & qui le font auffi en fort mauuais ordre. Ils font tres-mal inftruits de ce qui fe paffe, de n'auoir pas encore profité de la refutation qui a efté faite de ces fauffes opinions, dans tant de Liures publiez en Italie, en Allemagne & mefme en France. S'ils difent qu'ils adjouftent foy à ces chofes, parce qu'elles font tirées d'Ariftote qu'ils apellent le Genie des Efcholes, on veut bien qu'ils deferent beaucoup à cét excellent Philofophe; Neantmoins ils ne le doiuent pas tenir pour infaillible. Bien qu'il fe foit monftré fort habile en la Moralle, en la Politique, en la Rhetorique & en la Logique, & mefmes en la connoiffance de la Nature des Animaux, puifqu'vn feul Homme ne peut pas tout fçauoir, il n'eft pas eſtrange qu'il ſe ſoit trópé dans la recherche des proprietez de pluſieurs choſes corporelles, & de leurs Cauſes & effets, veu meſme que l'on n'auoit pas encore trouué beaucoup de Secrets dont on eſt inſtruit par des obſeruations nouuelles ; Car que pouuoit-il dire des choſes du Ciel, ſans la vraye Aſtronomie qui n'a eſté connûe que depuis luy, & que pouuoit-il penſer de la compoſition des Corps, ſans l'ayde de la Chymie, qui eſt auſſi de nouuelle inuention ? Nous ne le meſpriſons point pour n'auoir pas connû ce qu'il ne pouuoit connoiſtre qu'auec ces Arts ; Comme auſſi ceux qui les ſçauent ſans les auoir inuentez, ne ſe doiuent pas glorifier de ſçauoir des choſes qu'il a ignorées, & qu'ils ne ſçauent que par le benefice de leur Siecle.

Ariſtote a manqué d'auoir reiglé ſa Phyſique ſur la Logique, non pas ſur l'eſpreuue des Choſes.

Tout le blaſme qu'on peut donner à ce grand Philoſophe, vient de ce qu'on croid que par ſon iugement, il pouuoit trouuer beaucoup de veritez dans la conſideration de ce qui eſt ſenſible, & dans des experiences tres-ayſées, & qu'au contraire il s'eſt embaraſſé dans l'abus & dans l'erreur, ayant voulu reigler la Phyſique ſur la Logique ſeule, ſans ſe raporter à l'eſpreuue des Choſes. Cela luy eſt arriué à cauſe qu'eſtant ſur tout grand Logicien, il a entrepris de faire valoir ſon Art & d'y apuyer toute ſa Phyſique : C'eſt ſur vn ſemblable ſujet, qu'on a repris Platon d'auoir emply quelques-vns de ſes Dialogues de Theoremes & de Propoſitions de Mathematique & d'auoir reiglé toute ſa Philoſophie là deſſus, à cauſe qu'il eſtoit grand Mathematicien. Les Mathematiques donnent ſans doute vn grand eclairciſſement à pluſieurs parties de la Philoſophie, mais il n'eſt pas beſoin de les employer par tout ; Ce ſeroit quelquefois eſtre viſionnaire, & s'imaginer des puiſſances de Nombre & de Figures, ou de Sons & d'Harmonies, qui pourroient eſtre arrangez tout autrement quand l'on voudroit. En ce qui eſt de la Logique, il eſt indubitable qu'elle doit ſeruir à nous donner la connoiſſance de toutes les Sciences & de tous les Arts, car que peut-on ſçauoir de certain ſans raiſonner ſur les choſes ; Mais cependant il faut que ce Raiſonnement ſoit apuyé ſur l'experience, c'eſt à dire ſur la Science meſme, On peut remarquer icy que Bacon ſe plaint de l'hu-

meur altiere de quelques Mathematiciens, qui veullent com- *De l'ac-*
mander à la Physique; Il dit qu'il ne sçayt par quel destin il *croissement*
arriue que les Mathematiques & la Logique, qui ne deuroient *des Scien-*
estre que les Seruantes de la Physique, pretendent la primau- *ces l. 3.*
té sur elle, & se vantent d'estre plus certaines qu'elle n'est. En
effet leur certitude ne depend que de celle de cette Science;
Les Images ne seront pas plus certaines que les Choses mesmes; Si l'on ne tient pas que la Philosophie naturelle soit si
asseurée que la Mathematique, cela s'entend en quelques parties qui n'ont pas encore esté experimentées, car dés qu'elles
le sont, qu'y a t'il à dire? Ne faut il pas croire que la Mathematique qui est la Science des Nombres, des Figures & des Espaces, depend de la Physique qui connoist toute sorte de Quantitez, & de plus les Conclusions que l'on tire d'vne chose à
l'autre par la Logique, sont elles fondées ailleurs que sur ce qui
se void dans le Monde, qui est l'objet de la Science de la Nature? Il y a vn milieu pour accorder ces Sciences, c'est de dire qu'elles se donnent du secours reciproquement, si bien
qu'il les faut conseruer dans leurs rangs & leurs dignitez:
Neantmoins cela ne doit pas estre cause que l'on en abuse, &
que l'on raporte tout à la seule Logique. Aristote ne sçauroit
estre defendu sur ce qu'il y a apuyé toute sa Physique. C'est là
dessus par exemple, que luy & ses Sectateurs se sont fondez
pour soustenir, que tous les Elemens estoient transmuables de
l'vn en l'autre; Car pour prouuer cecy, on ne peut proposer
autre chose sinon, Qu'il y a vne Matiere premiere & vnique
de laquelle tout est composé; Mais cela ne se dit que d'autant
que selon les Axiomes de Logique, Toute matiere n'est tousiours que Matiere, la Substance n'ayant ny contrarieté ny
diuersité; Mais cette vniformité de Matiere ne se trouue que
dans l'Imagination des Hommes & non point dans la realité,
puisqu'il y a veritablement diuersité de Matiere, & qu'on void
vne Matiere humide & fluide qui est l'Eau, & vne Matiere seiche & solide qui est la Terre, lesquelles ne se peuuent conuertir de l'vne en l'autre, & se separent d'elles mesmes ou par le
moyē du Feu, & que le Feu qui les embrase ou les separe, ne s'est
iamais veu changé ny en Eau ny en Terre. Que si on soustient

D d iij

qu'il n'y a qu'vne seule Matiere à l'esgard de Dieu, qui luy a donné telle Forme qu'il a voulu, & qui la peut aussi changer quand il voudra, c'est passer à la puissance surnaturelle dont il n'est pas icy question, veu que l'on parle des conditions naturelles des Corps Elementaires ou des Elemens, qui sont effectiuement distinctes, & que Dieu ayant rendu telles, il ne les changera iamais pour les transformer de l'vne en l'autre, si ce n'estoit pour faire vn Miracle; Et sans cela il monstre assez son pouuoir de les conseruer comme elles sont. Aristote & ses Commentateurs ne s'estant point representé cette consistence diuerse des Elemens, ont manqué dans la description de leurs Proprietez, & de leurs Qualitez, & n'ont pas bien estably ce qui concerne la production des Meteores, ny des Corps Mixtes. De pareilles visions les ont fait errer touchant la Matiere du Ciel & des Astres, ausquels ils n'attribuent aucune des Qualitez corporelles, ne les croyant ny chauds ny froids, mais les tenant presque pour spirituels, & ne laissant pas de se figurer qu'ils sont separez par diuers estages, & que leur chaleur est produite par attrition, ce qui ne se peut faire sans solidité qui est la plus grossiere des qualitez corporelles; Il faut voir comment quelques Philosophes qui sont venus depuis se sont desmeslez de ces propositions, & de plusieurs autres qui y sont iointes. Ie ne veux pas parler seulement de ceux qui ont contredit à Aristote & aux Aristoteliciens ou Peripateticiens, sans nous donner vne autre Philosophie. I'ay desia fait vn Sommaire de ce qui a esté escrit par Iustin Martyr & par quelques autres; Mon dessein est icy de ne m'entretenir que de ceux qui sont Critiques & Nouateurs tout ensemble, entre lesquels nous verrons qu'il y en a qui ont conçeu de nouuelles Pensées, qu'on peut tenir pour legitimes, & que s'ils en ont eu qui semblēt fort extraordinaires, on peut se les rendre familieres par vne consideratiō attentiue, & s'il s'en trouue d'absurdes, elles seront aysement reconnûes, en faisant vn Examen succinct des vnes & des autres, comme nous tascherons de faire pour monstrer en quoy on les peut suyure. Or pource que les plus grandes innouations qui ayent esté faites dans la Philosophie, sont à l'esgard de la Physique où il y a tres-grande varieté d'opinions, ce sera sur ce sujet que nous parlerons d'abord, & parce que les premiers Nouateurs ont paru en Italie, nous les nommerons les premiers, & nous rendrons à cette Nation l'honneur qui luy est deu pour l'affection qu'elle a tousiours portée aux bonnes Lettres.

IL FAVT auoüer que les Sciences ayant passé de la Grece *De Telesius.* dans l'Italie, elles s'y sont maintenuës en quelque vigueur, nonobstant la barbarie de tant de Nations qui sont venu inonder cette belle contrée, de sorte que si elles ont esté quelque temps sans y auoir vne puissance fort estenduë, elles n'ont pas laissé d'y paresstre apres auec auantage plus qu'en tout autre lieu de l'Europe. Cela se connoist en ce qu'il y a eu là quantité d'Autheurs tres-polis & tres-instruits en toute sorte de matieres & de stiles, soit de Philosophie, Poësie ou Eloquence, lors que dans la France & en beaucoup d'autres lieux, il y auoit peu de gens qui s'adonnassent à la culture des Lettres. Nous ne voulons parler icy maintenant que de ceux qui dans les derniers siecles ont esté autheurs de quelques opinions particulieres, entre lesquels il faut nommer premierement Bernardinus Telesius natif de Consenze ville de Calabre, lequel est mis à bon droict entre ceux qui ont innoué dans la Philosophie, puis qu'il en a fait vn ouurage exprez, qui porte pour tiltre, *De Rerum Natura, iuxta propria principia*. En effet quoy que l'on asseure que l'on ne puisse rien dire qui n'ayt desia esté dit, quand les opinions auroient esté tenuës separément par quelques Philosophes anciens, le ramas qu'il en faict seroit tousiours sien auec l'ordre & les raisonnemens ; Mais ayant dit beaucoup de choses de luy mesme, il pouuoit bien se vanter de les auoir establies sur ses propres Principes. Il veut monstrer d'abord que c'est la chaleur & la froideur qui constituent le Soleil & la Terre, & les font ce qu'ils sont, & que le pouuoir que l'vn & l'autre ont d'agir & d'operer leur vient de là; Que le chaud & le froid & la masse corporelle, sont les trois principes dont tous les Estres dependent ; Que les deux Natures agissantes sont incorporelles, & que celle qui reçoit leurs actions est corporelle. Il accommode cecy à ce qui est dit par Moyse ; Qu'au commencement Dieu crea le Ciel & la Terre; Et pource qui est de tous les diuers effects qui se remarquent au

Monde, il fait voir comment le Soleil en eſt la cauſe par ſa chaleur, & que la diuerſité qui s'y trouue, vient de la difference des lieux, & ſelon que la froideur y apporte du temperament. Par ce moyen il pretend rendre raiſon de toutes les qualitez des Corps mixtes, comme de leur ſeichereſſe, humidité, opacité, tranſparence & autres, & ayant propoſé que tout a eſté fait de la Terre par le Soleil, il deſire monſtrer meſme comment cét Aſtre a faict la Mer, ou tout au moins comment il l'a tirée de la Terre. Son ſecond Liure eſt employé principalement à diſputer contre Ariſtote, ſur la matiere commune, & comment elle ſe corrompt; puis à ſçauoir ſi le Ciel eſt de feu, & ſi la chaleur & la froideur ſont des Subſtances. Au troiſieſme Liure il combat les principes de ce Philoſophe, & les qualitez qu'il attribuë aux Elemens; Il croid que la ſeichereſſe n'eſt pas bien miſe auec la chaleur, & l'humidité auec la froideur, parce que la chaleur liquefie, & la froideur deſſeiche. Il amene des raiſons pour monſtrer que toute Eau eſt chaude, & que le Feu eſt ſouuerainement humide, ce qu'il taſche de prouuer meſme par les maximes de ſon aduerſaire. Il diſpute auſſi contre Hippocrate touchant les quatre humeurs dont il tient que les Corps ſont cópoſez, & enfin pource qui eſt des Corps elementaires, il ſouſtient que l'Air ny le Feu n'entrent point dans la compoſition des mixtes, enquoy il a eu vne grande force d'eſprit de s'imaginer le contraire d'vne choſe dont tout le Monde eſtoit perſuadé. Dans ſon quatrieſme Liure il monſtre que la chaleur ne s'engendre point icy bas, parce que le Soleil & les autres Aſtres preſſent l'Air dans leur mouuement ſelon Ariſtote, ſurquoy il raporte pluſieurs raiſons faciles à trouuer contre vne opinion ſi extrauagante, mais en outre il declare en pluſieurs Chapitres de quelle façon la lumiere & la chaleur ſont refleſchies par les Corps, ce qui fait voir que s'il n'y auoit autre chaleur au Monde que celle de cette attrition, l'on n'en receuroit pas des effets ſi vtiles que ceux que l'on en retire. Il examine apres ce qu'Aphrodiſée & Auerroes ont dit ſur ce ſuiet, & finit par quelques diſcours du mouuement des Orbes celeſtes, où il accuſe Ariſtote d'impieté d'auoir attaché le ſouuerain Eſtre à cet ouurage, & il parle contre ſon eternité du Monde. Il l'attaque encore au cinquieſ-
me

me sur l'opinion qu'il auoit de l'Ame humaine, & il en recherche apres toutes les proprietez & facultez suiuant les meilleures opinions, & dans le sixiesme il est parlé de la generation des animaux, & de celle des plantes où il y a des choses assez curieuses, mais à qui l'on n'attribuera point de nouueauté, veu que tout cela se peut rencontrer ailleurs. Le septiesme traicte des Sens externes, & de leurs objets, le huictiesme traicte des Sens internes, & le neufiesme des Passions & des vertus ou vices de l'Ame, ce qui ne s'accomplit point sans contrarier aux Peripateticiens & à leur Maistre, en quoy cét Auteur pense auoir assez raporté de choses extraordinaires, puisque tant de gens suiuent cette doctrine qu'il a entrepris de combattre. Ayant veu le Sommaire de la Philosophie de Telesius, nous luy pouuons repartir que s'il tient le chaud & le froid auec la masse corporelle pour Principes, il confond les Qualitez auec les Substances, & qu'il n'y a point d'aparence aussi de tenir pour incorporelles deux Natures, facultez ou Qualitez agissantes, qui sont attachées aux Corps; De plus que le chaud peut bien estre tenu pour vn principe & vn Agent, mais que le froid est indigne de cette qualité, parce que plusieurs ont crû mesme que la froideur n'estoit qu'vne Priuation de la chaleur. En ce qui est du pouuoir que ce Philosophe attribuë au Soleil, on en peut demeurer d'accord auec luy touchant la production de plusieurs Corps mixtes; L'origine de la Mer n'auroit pas beaucoup de contestation n'estoit qu'on tient que la Mer a esté creée en l'estat qu'elle est en vn seul instant par le Createur de l'Vniuers; Son second & son troisiesme Liure ont des opinions contraires la pluspart à celles d'Aristote, en-quoy on luy a de l'obligation d'auoir pris la hardiesse de choquer cét ancien Maistre de la Philosophie, pour ayder à deliurer de leur seruitude ceux qui s'assujettissent entierement à ses Loix. On luy disputera pourtant ce qu'il propose de la chaleur de l'eau & de l'humidité, si ce n'est qu'il vueille monstrer que l'Eau ne sçauroit auoir vne souueraine froideur, à cause qu'elle la changeroit incontinent en glace, & luy osteroit sa fluidité, Pource qui est du Feu proposant qu'il a de l'humidité, il est certain qu'il doit auoir quelque humidité huyleuse pour se

E e

nourrir, mais ce n'est pas vne humidité aquatique telle que quelques-vns pensent. Au reste Telesius ayant mis en auant, Que le Feu ny l'Air n'entroient point dans la composition des Mixtes, c'est vne opinion tres certaine pour laquelle il merite des loüanges. Son quatriesme liure sur la maniere dont la chaleur des Astres vient icy bas, est vn grand moyen pour desabuser quantité d'Esprits. Il en est de mesme de ce qu'il dit du Mouuement des Corps celestes, de la generation des Animaux, des facultez, des Sens externes & internes, & de tout ce qui depend de l'Ame, pourueu que cela soit conforme aux Principes de la Theologie. Iean Cecile Frey a escrit quelque chose contre Telesius dans vn traicté où il pretend cribler les Philosophes. Il attaque specialement celuy cy, sur la chaleur pretenduë de l'Eau dont il dit plusieurs choses, raportant ses argumens pour les refuter apres, comme de la Neige qui rend les champs fertiles autant que le fumier, ce qu'il attribuë à la puissance de l'Air enfermé dans la Neige. Sur ce que Telesius dit que si l'Eau esteint le Feu, ce n'est pas par la froideur, puisqu'estant chaude elle l'esteint de mesme, Frey respond que c'est donc par l'humidité que cela se fait. Il donne des reparties en plusieurs autres endroits qui ne sont pas toutes de mise, & qui embroüillent vn peu la Question, specialement sur ce que Telesius propose, que nous ne sentons l'Eau froide, que parce qu'elle est moins chaude que nostre main, à quoy Frey respond, Que tout nostre sang est plus chaud d'ordinaire que l'Eau tiede, ce qui ne conclud rien en ce lieu; Et sur ce qui est proposé des Animaux qui ne pourroient viure dans l'Eau si elle n'estoit chaude, Frey respond qu'aucun Element n'est pur, & que l'Eau s'eschauffe par le Mouuement. Afin de trouuer quelque milieu en cecy il y faut faire vne Additiō. Quand on allegue que si l'Eau n'auoit point de chaleur elle se conuertiroit en glace, il faut repartir, Que si elle n'auoit point aussi de froideur elle s'esleueroit entierement en vapeurs; Voyla pourquoy on peut conclure qu'elle a de l'vn & de l'autre pour luy seruir de frein. Quoy qu'il en soit la reputation de Telesius s'estant fort esleuée, c'est ce qui a excité plusieurs Philosophes à rechercher d'autres connoissances que celles des Anciens pour se faire estimer.

Cribrum Philosophorum I. Cec. Frey

DES NOVATEVRS.

FRANCOIS PATRICE autre Italien voyant cette nouuelle Philosophie a pris la hardiesse d'ē bastir vne à sa mode. Il a gardé quelques-vnes des opinions de Telesius, mais il en a aussi inuenté quantité d'autres qu'il a tasché de ranger sous des reigles plus methodiques, y employant auec cela vn stile plus concis & plus pressant, & qui en quelques endroits est pareil à celuy de ces Autheurs qui veullent persuader qu'ils cachent de grands mysteres sous leurs paroles. Il a l'asseurance de dire qu'il a entrepris de former vne nouuelle Philosophie vraye & entiere, & qui traictera de toutes choses; Que ce qu'il alleguera sera prouué par des oracles diuins, par des necessitez Geomettriques, par des raisons Philosophiques, & par des experiences tres certaines. Or afin de commencer par des choses indubitables, & faire que l'on adjouste foy au reste plus facilement, estant persuadé par des choses si hautes, il pose cecy d'abord. Il n'y a rien eu auparauāt ce qui est premier que toutes choses; Apres ce qui est premier, toutes choses suiuēt; Tout viēt de ce qui est Principe; Tout vient de ce qui est vn, & de ce qui est absolument Bon, & de ce qui est le Bien; Tout vient de Dieu, car Dieu est le Bien, l'vn & le Principe. De l'Vn vient la premiere vnité; De la premiere vnité, viennent toutes les autres vnitez, Des vnitez viennent les Estres, des Estres les Vies, des Vies les Intelligences, des Intelligences les Esprits, des Esprits viennēt les diuerses Natures, des Natures les Qualitez, des Qualitez, les Formes, & des Formes les Corps. Il adjouste que toutes ces choses sont dans l'espace, dans la lumiere & dans la chaleur, & que parlà l'on se prepare vn retour à Dieu, & que c'est le but & la fin de toute sa Philosophie. Il dit apres que la Philosophie est l'estude de la Sagesse, Que la Sagesse est la connoissance de toutes choses; Que l'Vniuersité des choses consiste en ordre, & que l'ordre establit ce qui doit estre deuant ou apres, & que si quelques-vns ont commencé à philosopher par les choses qui doiuent aller les dernieres, ils ont tout mis en confusion; Qu'il faut commencer par les choses les plus connuës, & que la premiere connoissance venant à l'Esprit par les Sens, il faut premierement auoir recours à la veuë, qui est

De Patritius.

Ee ij

la premiere en dignité & en puiſſance ; Que la lumiere eſtant ce qui paroiſt principalement à la veuë, il faut commencer par elle. En ſuite de cecy, cét Autheur priſe beaucoup la lumiere celeſte; Il dit que c'eſt par elle que l'on monte à la premiere lumiere & au Pere des lumieres; Qu'il eſt bien raiſonnable de commencer ſa Philoſophie par la lumiere qui eſt l'Image perpetuelle de Dieu, laquelle ſe meſle parmy toutes choſes, & par ce moyen les forme & les viuifie, les vnit ou les deſaſſemble, & eſt l'ornement des Cieux & de tous les autres Corps. Il expoſe auſſi des penſées toutes ſpirituelles, pour tenir l'eſprit dans l'attente de quelque choſe de ſublime, mais ayant promis la doctrine des choſes naturelles, cela ne ſert de rien à nous en inſtruire. Il eſt vray qu'il parle en cecy des Corps qui ont de la lumiere & de ceux qui n'en ont point, & il diſtingue bien les Aſtres lumineux d'auec les opaques ; Et comme les corps lumineux ont de la clarté par tout, & les opaques ont des tenebres iuſques en leur fonds, & ne peuuent eſtre penetrez de la lumiere, il eſtablit vn troiſieſme corps qui n'a point de lumiere en ſoy, ny de tenebres fixes, qui eſt le corps tranſparant lequel peut receuoir l'vn & l'autre. Il cherche auſſi les differences qui ſont entre la lumiere, les rayons & la lueur, ou l'eſclat de la lumiere. Il fait voir dans ce Traicté qu'il s'accorde à Teleſius, en ce qu'il veut monſtrer qu'il y a vne autre lumiere que celle du Soleil & des Aſtres ou du Feu, parce que deuant le nombre & la multitude doit eſtre l'vnité, & il ſemble bien qu'il vueille faire entendre que cette lumiere eſt incorporelle. Il garde les principaux ſentimens de ce Philoſophe lors qu'il dit, qu'il y a deux principes actifs la chaleur & la froideur ; Que leur face eſt la lumiere & les Tenebres, & leurs operations ſont le mouuement & le repos. Il tient de meſme que luy, que le Vuide peut-eſtre introduit dans le Monde par violence, comme cela ſe connoiſt en pluſieurs inſtrumens, mais que naturellement il ne ſe fait point de vuide, d'autant que les corps ſe ſentent l'vn l'autre & ſe plaiſent à ſe toucher. Il taſche de deſtruire ſur tout l'ancienne opinion, touchant la rondeur du Ciel & les diuers cercles que l'on luy attribue. Il pretend monſtrer auſſi bien que ſon predeceſſeur, que le Soleil &

les autres Astres ont de la chaleur, & qu'il n'y a point d'aparence qu'Aristote ayt attribué au Ciel l'espaisseur ou la rareté, disant que les estoilles sont les parties les plus espaisses du Ciel, & que leur ayant ainsi attribué quelques qualitez elementaires, il vueille que ce soit vn corps simple tout differend des autres, qui ne puisse auoir de la chaleur ny autres telles qualitez. Il se moque de ce feu que l'on establit sous le cercle de la Lune que l'on apelle le feu elementaire; Il tient que tout feu luit de sa nature, & que s'il ne luit point, il n'est pas feu, & que ce feu ne descendant point icy bas pour estre meslé aux corps mixtes, le nom d'Elementaire luy est mal donné. Il represente aussi qu'il suffit à la Terre de sa secheresse & à l'Eau de son humidité pour souffrir, & au Ciel de sa chaleur pour agir, sans qu'il soit besoin de s'imaginer vn quatriesme corps au dessous de la machine celeste, sans aucun temoignage des Sens ny aucune apparence de raison. Il attaque puissamment les quatre qualitez attribuées au Corps, & establit ses sentimés là dessus auec beaucoup de subtilité. Au reste il fait de grandes recherches de toutes les choses naturelles les plus cachées, comme des causes du flux & reflux de la Mer & autres, en quoy il va bien plus loin que son predecesseur, mais ce n'est pas peu que Telesius ayt eu l'asseurance de fraper le premier coup; Patricius luy donne aussi la louange d'auoir basty vne nouuelle Philosophie de ses propres forces. Il n'auoit donc qu'à le suiure, & à embellir & acheuer ce qu'il auoit laissé imparfait. Il a eu dessein de monstrer pourtant qu'il pouuoit former s'il vouloit vne doctrine toute differente, ne s'estant pas contenté de ses seuls principes du chaud & du froid, & de la masse corporelle, mais en ayant adjousté quatre autres, qui sont l'Espace, la lumiere, la chaleur, & ce qu'il appelle *fluor*, en Latin, que nous ne pouuons mieux expliquer en François qu'en l'appellant, la fluidité. Ses raisons sont que tous les corps sont engendrez dans l'espace; & ont trois dimensions de longueur, largeur & profondeur; Qu'ils sont rendus visibles par la lumiere & viuans par la chaleur. Il reste cette flueur ou fluidité, laquelle il faut croire qu'il prend pour l'Ame, ou pour les fonctions les plus spirituelles, car il fait vn grand mystere de cecy. Il dit que le Ciel Empyrée n'eſt qu'vne fluidité, & que de là procedent toutes les autres fluiditez ou Emanations. Pource qui eſt de cette maniere de philoſopher qui eſt ſi obſcure, Patrice ne trouuera pas que les perſonnes raiſonnables ſe mettent de ſon party. On tient qu'il a voulu en cela faire le Platonicien; Auſſi eſtime t'il beaucoup Platon au deſſus d'Ariſtote, ayant fait des Parallelles de l'vn & de l'autre, pour monſtrer que là où Ariſtote doit paſſer pour impie & pour ignorant, Platon peut eſtre eſtimé fort Religieux & fort ſçauant. I'ay raporté cela ailleurs en parlant d'Ariſtote & de Platon. Eſtant beſoin icy d'examiner Patritius, comme il a examiné les autres, il faut declarer les ſentimens qu'on peut auoir de ſa Doctrine. Quant à ſes gradations depuis ce qui eſt vn, iuſques aux Eſtres differens & aux Multiplicitez, auec leur retour à leur Principe, ce ſont de belles imaginations pour cacher des choſes aſſez communes ſous des paroles Myſtiques & obſcures. C'eſt preſque meſme choſe en ce qu'il dit de la lumiere, ſinon qu'il s'explique bien pour la difference des Corps lumineux, des Corps Opaques, & des Corps Diaphanes. Sa Philoſophie eſt remarquable en ce qu'il introduit le Vuide dans le Monde, au moins par Art & par contrainte; Qu'il ſe moque de l'erreur de ceux qui croyent que les Eſtoilles ſoyent les parties les plus eſpaiſſes du Ciel & qu'il y ayt vn Feu Elementaire. Mais s'il a ſuiuy Teleſius, en beaucoup de rencontres, il n'a pas agy de bonne foy de nous vouloir donner d'autres Principes que les ſiens qui ne ſatisfont pas d'auantage, car quand Teleſius a nommé la chaleur pour Principe, il a entendu que la lumiere y fuſt iointe, voulant parler de la ſupreme chaleur qui eſt aux Aſtres ſans qu'il fuſt beſoin que Patritius fiſt en cecy quelque augmentation. On luy diſputera auſſi la qualité de Principe qu'il attribue à l'Eſpace ou au lieu qui ne ſont que Proprietez & accidens externes des choſes; Ce qu'il dit de la Fluidité ne ſe peut expliquer, & quand cela s'entendroit des influences, & de toutes les vertus qui procedent des Corps celeſtes, ce ſont des accidens & non pas des Principes. Il temoigne par tout qu'il n'ayme pas à nommer les choſes par Noms vulgaires, c'eſt pourquoy ſes Traitez principaux ont des Noms nouueaux tirez de la langue

Grecque comme, *Panarchia*, *Pancofmia*, *Panaugia*, *Panpfychia*, pour dire qu'il traite des Choses souueraines & de toutes les Choses du Monde, & de ce qui apartient à la lumiere & à l'Ame ou aux Esprits: Mais son discours respond assez à de tels Titres; Et pource que parmy ses nouuelles façons de parler, il a refuté quantité d'erreurs anciennes, il faut faire cas de son ouurage.

HIEROSME CARDAN Medecin Milanois peut- *De Cardan.* estre encore mis au nombre des Nouateurs entre les Italiens parce qu'il a tenu des premiers contre l'opinion d'Aristote, qu'il n'y auoit que trois Elemens, l'Air, l'Eau & la Terre. Il dit que le feu qui consomme toutes choses ne doit point estre appellé Element, Que ce que l'on allegue les quatre humeurs des corps des animaux, ne sert de rien à prouuer que les Elemens soient en pareil nombre, & que Thrusianus Interprete de Galien, monstre qu'il n'y a que trois humeurs diuerses. Cardan nie encore que le Feu soit placé sous le Ciel de la Lune, où il croid sa subsistance inutile & impossible, & en ce qui est de la chaleur qui vient d'enhaut, il soustient que la vistesse du mouuement des Corps celestes, n'en peut-estre la cause, & que si les choses solides s'eschauffent estant remuées & agitées, comme les pierres, les metaux & mesmes les Corps des Animaux, les choses minces & destiées sont d'autant plus froides qu'elles sont plus legerement esmeuës; Que les vens les plus forts sont tres froids, & les fleuues qui courent le plus viste, ont leurs eaux les plus froides. Par ce moyen il pretend monstrer que la matiere des Cieux & des Astres, estant simple & subtile comme elle est, ne sçauroit causer de chaleur par le mouuement, ce qu'il ne iuge pas necessaire, puisqu'il attribue vne chaleur naturelle aux Astres, asseurant que s'il y en a que l'on apelle froids comme Saturne, ce n'est qu'à comparaison de ceux qui sont plus chauds que luy, & que comme tous les Astres sont chauds, tous les Elemens sont froids. Ces opinions cy sont desduites dans les liures de la Subtilité qui ont eu le plus de vogue entre ceux qui ont esté faits par Cardan. Il est contraire à Aristote en d'autres choses qui sont espandües dans cet ouurage,

& l'on treuue en plusieurs endroits qu'il s'est fort aproché de la vraye Raison. Il y a mesmes raporté beaucoup de curiositez, dans lesquelles si l'on n'accorde point qu'il ayt innoué ou changé ce que l'on croyoit auparauant, au moins a-t'il publié des choses qui estoient nouuelles pour la Philosophie vulgaire, laquelle ne s'estoit pas encore occupée aux secrets des Arts qu'il a pretendu mettre en credit. Cecy sera dit aussi pour ses liures de la Varieté, qui traitent presque des mesmes sujets. Quant à ceux de la subtilité, il semble qu'il en ayt voulu faire vne Physique entiere & plus encore que cela. Le titre du premier liure est des Principes, de la Matiere, & de la Forme, Du Vuide du Mouuement & du lieu ; le second est des Elemens ; Le troisiesme du Ciel ; le quatriesme de la lumiere ; Le cinquiesme des Corps meslez & des metaux, le septiesme des Pierreries, le huictiesme des Plantes, le neufiesme des Bestes engendrées de putrefaction ; Le dixiesme des Bestes parfaictes, l'vnziesme de la Forme de l'Homme, le douziesme de son temperament, le treziesme des Sens & des choses sensibles, le quatorziesme de l'Ame & de l'entendement, le quinziesme des subtilitez inutiles, le seiziesme des inuentions merueilleuses, le dixneufiesme des Demons, le vingtiesme des Anges, & le vingtvniesme de Dieu. Les sujets de la Physique ordinaire & mesme de la Metaphysique, se trouuent là en effect, mais il y a joint quelque pratique des Arts, auec vn ordre, qui n'est pas regulier ; D'ailleurs il y a plusieurs de ces traitez qui ne representent pas toute la Nature des choses comme l'on la desireroit dans des liures de Philosophie seruans à l'enseigner. Ce sont des representations de Machines ou d'autres curiositez qui viennent à ce propos, en quoy l'on connoist que par le titre general de l'ouurage qui est de la subtilité, l'Autheur a entendu qu'il deuoit parler des subtilitez qui dependoient des choses naturelles. Neantmoins il y a quelques lieux qui descriuent simplement la nature des choses, sinon en ce qui est du soin que l'on en peut auoir, & de l'vtilité que l'on en retire, comme pour les Bestes parfaites ; mais quoy qu'il en soit, c'est tousiours traiter de subtilité, On auroit occasion de s'estonner de ce que Cardan n'a point fait vn seul ouurage, des liures de la Varieté, & de ceux

de la

DES NOVATEVRS.

de la Subtilité, veu qu'ils traitent de pareilles choses, qui estant assemblées eussent rendu ses propositions plus fortes & plus accomplies. Il n'y en a autre raison, sinon qu'estant d'humeur à escrire beaucoup, & à composer tousiours choses nouuelles, il n'a pas voulu prendre la peine de mesler vn ouurage à l'autre, celuy de la Varieté ayant esté fait le premier. Or quoy qu'il y ayt beaucoup de doctrine dans tous ses escrits, ils n'ont pas laissé d'estre choquez par Iule Cesar Scaliger qui estoit de son temps, & qui ne pouuant souffrir sa reputation, l'a attaqué sur ses Traitez de la Subtilité, contre lesquels il a fait des Exercitations. Scaliger estoit Homme sçauant, & qui auoit merité beaucoup de loüanges par plusieurs de ses ouurages: Neantmoins chacun n'a pas creu qu'il ayt entieremeut reüssi au dessein qu'il auoit d'amoindrir la gloire de cét autre Escriuain. Le liure de Cardan estant remply de quátitez d'obseruatiõs des choses naturelles, il se peut faire qu'il ayt manqué à quelques vnes, comme tous Autheurs semblables y sont subjets, estant contraints d'escrire plusieurs choses sur la foy d'autruy, & possible ne trouuera t'on pas moins de ce genre de fautes dans les liures de Scaliger. Il auoit aussi tant de passion que ces Censures eussent cours, qu'encore qu'il pût estre auerty que Cardan auoit corrigé beaucoup de passages obscurs ou douteux dans vne seconde edition, il ne daigna la voir de peur qu'elle ne l'obligeast à se retracter, & qu'il ne perdist quelque portion de l'honneur qu'il esperoit de son ouurage. Il faut auoüer qu'il s'est monstré assez exact en la recherche de quantité de choses, mais au reste il est fort estrange qu'à cause qu'il faisoit profession de suyure Aristote, il ayt repris Cardan aux endroits où il ne le suyt pas, comme si chacun estoit obligé de suyure ce Philosophe de mesme que luy, & si ses seules opinions deuoient donner la loy aux Hommes. On obserue d'ailleurs qu'il s'est monstré peu instruit en la vraye Doctrine, de faire plus d'estat des vaines subtilitez du discours, que d'vn raisonnement solide apuyé sur l'experience. Quelques-vns pretendent qu'il n'a rien entendu aux endroits les plus subtils des liures de la Subtilité, & que n'ayant point attaqué l'Autheur sur le sujet des Mechaniques, quoy que son ouurage parlast beaucoup de ces

F f

choses pour lesquelles il estoit fait particulierement, on a raison de se plaindre que ce Critique n'ayt employé sa plume qu'à des remarques de Physique & de Medecine: Mais on doit repartir qu'il n'estoit point mal à propos, de disputer contre Cardan sur ce qui apartenoit à sa Profession principalle de Medecin laquelle il estoit obligé de sçauoir plus que toute autre chose. Cardan ayant veu le liure de Scaliger ne pût celer son ressentiment; Il fit vn Discours contre luy qui se trouue imprimé à la fin de quelque nouuelle Edition de ses liures de la Subtilité, & qui porte pour titre, *In Calumniatorem*, *Actio prima*. Il se plaint d'abord du malheur du Temps où des meschans ont la liberté d'essayer d'oster aux gens de lettres & de merite, l'honneur qui leur est deu, quoy qu'ils ne les puissent esgaller; Il dit, Que c'est à l'exemple d'Herostrate qui brusla le Temple d'Ephese, dont il n'eust pas esté capable de bastir la moindre Corniche. Il represente la malice de celuy qui l'ayant loüé dans son Epistre liminaire, le blasme apres dans tout son ouurage; Qu'il a sceu qu'il auoit eu enuie de donner à son liure le titre, *De Futilitate*, au lieu de, *Subtilitate*, si quelques gens ne l'en eussent destourné; Qu'il s'estonne de ce qu'il l'attaque sans sujet, & pourquoy il luy dit mesme des iniures; Mais apres il s'efforce d'en auoir sa reuanche le traittant de foû, d'ignorant & de meschant. Entrant en matiere, il respond sur le nom de Subtilité dont Scaliger tire l'interpretation de Ciceron, luy declarant qu'il ne se faut pas tant arrester aux mots quand il est besoin des choses. En suite il fait voir que Scaliger a repris beaucoup de choses seulement par vn desir de contredire plustost que par quelque connoissance de la verité, comme touchant les Principes & les Elemens, la figure de la Terre, la production des fontaines, les aparences de l'Arc en Ciel, & quantité d'autres sujets qu'il temoigne d'entendre aussi bien que luy. Pour ce qui est de la Nature des Plantes & des Animaux, & leurs denominations, surquoy Scaliger le reprend, il declare que tout cela n'est que chiquanerie, & que mesme ce Critique malitieux n'a pas pris garde à la seconde impression de son liure, où il a changé beaucoup de choses qu'il y auoit laissé couler par la hastiueté auec laquelle il y auoit trauaillé. Il n'oublie pas aussi à dire que Scaliger monſtroit ſon ignorance, lors qu'il eſtoit queſtion de Mathematique & de la vraye Philoſophie naturelle, dont il ne ſçauoit pas ſeulement les Principes, ne s'amuſant qu'à des diſputes de Dialectique & de Grammaire. Au reſte afin de luy rendre encore iniure pour iniure, il luy donne ſouuent le nom de Sycophante, & de *Nebulo*, & il fait bien voir qu'il le meſpriſe ne luy ayant reſpondu que comme par maniere d'acquit, & en des termes ſi brefs qu'il raporte peu de choſe de ce que l'autre a dit, de ſorte qu'il faut ſans ceſſe auoir recours à ſon liure pour trouuer ſes Cenſures, encore y a t'on de la peine. Bien que Cardan apelle cette defenſe, *Actio prima*, comme pour monſtrer qu'elle deuoit eſtre ſuyuie de quelque autre, il n'en a point pourſuiuy le deſſein, & s'eſt contenté de celle-cy, qui n'eſt pas plus groſſe que la dixieſme partie de ſon liure de la Subtilité. Neantmoins il a eu du temps pour reſpondre à ſon aduerſaire, ayant veſcu depuis aſſez d'années pour cela, mais il a crû qu'il valoit mieux s'apliquer à d'autres ouurages, par leſquels il pûſt confirmer la reputation de ſon ſçauoir, comme il en a fait quantité de Philoſophie, de Medecine, de Mathematique, de Moralle, de Politique, & d'autres ſujets, dont il inſere le Catalogue dans quelques Tomes de ſes Oeuures. Or encore qu'il ne ſe ſoit pas touſiours ligué contre les anciennes opinions, ſi eſt-ce qu'eſtant vn Autheur celebre, ce qu'il en a fait doit eſtre remarqué pour luy faire obtenir le titre de Nouateur. Ie ne m'arreſte point à ce qu'il a eſcrit des Demons qui aparurent à ſon Pere, & luy aprirent que leur vie eſtoit limitée d'vn certain nombre d'ans; Ie n'examine pas non plus ſon liure de l'immortalité de l'Ame, où il a poſſible incliné au mauuais party; D'autres ont aſſez parlé de ces choſes. Pource que d'vn coſté il a eu quelquefois des opinions fort libertines, & d'vn autre coſté de fort ſuperſtitieuſes, on a trouué aſſez d'occaſion de blaſmer l'ineſgalité de ſon Eſprit; mais nous ne recherchons icy que les Innouations touchant la Doctrine des choſes Corporelles, laiſſant celle des Choſes Spirituelles aux perſonnes qui voudront s'exercer dans vn ſi vaſte champ.

De Ramus. POVR continuer le Traicté des Philosophes Nouateurs, nous dirons que la France en a eu enfin quelques vns, aussi bien que l'Italie. Pierre de la Ramée vulgairement apellé Ramus, commença de paroistre sous le Roy Henry II. Ayant acquis beaucoup de credit dans l'Vniuersité de Paris pour la Doctrine qu'il tesmoignoit à expliquer les anciens Poëtes & Orateurs, & pour l'Eloquence dont il ornoit ses Escrits & ses Harangues publiques, il ne se contenta pas de la gloire d'estre bon Grammairien ou Rhetoricien, & d'estre propre à tenir les classes des Humanitez ; Il voulut monstrer qu'il se pouuoit esleuer plus-haut, & que les plus beaux secrets de la Philosophie luy estoiët connûs. Afin d'acquerir vne grande reputation, il attaqua celuy qui dans la plus grande part des Escholes est tenu pour le Coryphée des Sçauans. Il se mit à escrire contre Aristote en ce qui estoit de sa Dialectique, & la condamna absolument, comme trop prolixe & trop obscure, & pour estre remplie de beaucoup de choses inutiles. Il composa sur ce sujet vn Liure intitulé, *Scholæ Dialecticæ*, qui est imprimé auec ce qu'il a fait contre la Physique, & la Metaphysique du mesme Autheur, & il fit à part vn autre ouurage intitulé, *Animaduersiones Aristotelicæ*, qui n'est que contre la Dialectique de ce Philosophe qu'il censure selon l'ordre de ses Liures. Dans les Traictez qu'il appelle, *Scholæ Physicæ*, & *Scholæ Metaphysicæ*, il l'attaque encore specialement sur la Logique, & par des subtilitez de Logicien ; Aussi n'a-t-il parlé que contre les premiers Liures de la Physique d'Aristote, qui traictent des principes lesquels sont appuyez sur la Logique seule, pource que c'estoit-là son fait, & qu'il s'estoit principalement estudié à cét Art. Mais comme ce n'estoit pas assez de reprendre Aristote s'il ne cherchoit le moyen de faire mieux, il composa vne Dialectique à sa mode, laquelle estoit plus succinte que toutes celles qu'on auoit veuës auparauant: Il la reduisoit à deux parties, l'vne de l'inuention des Argumens, l'autre de leur disposition. Il bannissoit ainsi les Cinq voix de Porphire, & les Dix Categories, qu'il tenoit pour choses vaines. Il pretendoit abreger toutes les manieres d'instruction par les reigles qu'il donnoit ; Il a dit dans ses Animaduersions, que l'inuention & la Disposition de sa Dialectique estoient communes à toutes choses ; Que tout y eſtoit vniuerſel; qu'il n'auoit eſgard à aucun genre des Choſes, ny à la Subſtance, ny à la Quantité, ny à la Qualité, mais qu'il conſideroit tout en commun, & l'Eſtre en tant qu'il eſtoit Eſtre, & que ſi on doutoit ſi vne choſe eſtoit bien definie, il ne faloit qu'auoir recours aux loix generalles de la definition, & qu'on deuoit faire le meſme des Cauſes, du Genre, de l'Eſpece, & des autres Sujets. Il publioit là deſſus que ceux qui tenoient des Claſſes de Philoſophie, & meſme de Theologie Scholaſtique, prenant des voyes trop longues & trop embaraſſées, eſtoiēt des abuſeurs & des corrupteurs de ieuneſſe. Des paroles ſi libres luy nuiſirent extremement, & luy acquirent la hayne de quantité de gens de ſa robbe, & comme ſa nouuelle Doctrine eſmouuoit beaucoup de trouble dans l'Vniuerſité de Paris, vn certain Carpentarius & quelques autres eſcriuirent contre luy, & deſchirerent ſa reputation en pluſieurs endroits: Neantmoins parce qu'il eſtoit appuyé de quelques Grands du Siecle, & qu'en effet ſon merite eſtoit rare, il ne laiſſa pas d'obtenir vne Chaire de Profeſſeur du Roy pour l'Eloquence Latine, & depuis il reſiſta touſiours conſtamment à l'impetuoſité des malueillans & des enuieux. Il y ſuccomba pourtant par la perte de ſa vie: Enfin à ce iour ſanglant où tant de Huguenots furent maſſacrez dans Paris, ſes ennemis firent croire qu'il ſuiuoit les nouuelles opinions touchant la Foy, & qu'il eſtoit heretique dans la Religion côme dans la Philoſophie. Alors quelques-vns de ceux qui alloiēt de quartier en quartier chercher dequoy exercer leur rage entrerent dans le College de Preſles où il eſtoit logé, & luy ayant dóné pluſieurs coups de Hallebarde le ietterent par les feneſtres, puis ſon corps fut traiſné dans la Riuiere comme beaucoup d'autres. Ainſi finit ce Philoſophe, qui eſtoit tant eſtimé dans l'Allemagne que s'il euſt voulu demeurer en ce païs-là, il y euſt eſté mieux traité qu'en France, pluſieurs Princes & Eſtats luy ayant là offert de grands appointemens. Ce qui luy a donné beaucoup de reputation, c'eſt d'auoir eu l'ame ſi genereuſe, que d'eſtre meſme entré en Parallelle auec les Roys pour la magnificence des fondations; Car ayant employé beaucoup de temps à l'eſtude des Mathematiques qu'il aymoit extremement, il en fonda vne chaire publique, auec vn honneſte reuenu, & perſonne n'eſt admis à la posseder, qu'apres auoir emporté le prix par vne dispute solennelle. Quant à ses ouurages, ils sont tousiours estimez en France parmy les curieux, Mais l'on ne s'en est pas tenu là dans l'Allemagne ; On les a leus publiquement, & sa doctrine a fait vne secte ; Il y a là des Ramistes aussi bien que des Aristoteliciens : Cela nous a produit quantité de liures pour l'vn & l'autre party, & tout cecy ne concerne que la Dialectique, car encore que Ramus ayt escrit de Grammaire, de Rhetorique & de Mathematique, & de tous les Arts qu'il apelle Liberaux, on n'a pas creu que dans le destail il y eust grande matiere de controuerse ; Il n'y a que pour le general que l'on a trouué mauuais qu'il ayt traicté de ces Arts Liberaux, comme estant le seul & vray sujet de la Philosophie. On luy a pû objecter que la Philosophie consideroit les Substances, & leurs proprietez, & tout l'Estre des Choses, non point seulement les Arts, qui ne sont que les moyens d'employer les choses, ou de les mettre en vn meilleur estat qu'elles ne sont. On luy a reproché aussi que d'oster de la Dialectique, les Cinq Voix predicables, les Cathegories & autres enseignemens, c'est y apporter de l'obscurité, qui est vne faute dont il accuse Aristote, & que de ranger tout cela dans les preceptes qu'il donne pour ses Argumens, c'est tousiours au compte reuenir, & estre contraint d'aprendre en vn lieu ce que l'on auroit apris en vn autre auec possible plus de distinction. Nous auons plusieurs volumes remplis de ces altercations, comme de Rennemanus contre Skerbius, de Tempellus contre Piscator, & leurs semblables ; Mais entre tous ces Allemands il n'y en a aucun qui ayt parlé si sincerement & si iudicieusement que Keckerman dans l'vn des liures qui precedent sa Logique, intitulé, *Præcognitorum Logicorum*, *Tractatus secundus* lequel contient l'ordre & l histoire des Logiciens ; Il nous seruira icy d'vne bonne Critique sur Ramus. Premierement Keckerman exalte l'Eloquence de ce Nouateur, & la force de son Esprit, qui estoit capable de faire acquerir de l'immortalité à son Nom aux despens de tel homme celebre qu'il voudroit attaquer. Il raporte aussi comment s'estant adressé à Aristote il auoit condamné absolument sa Doctrine, & auoit voulu monstrer que ſes Eſcrits contenoient beaucoup de redittes, de ſuperfluitez & de fauſſetez, & meſmes que la pluſpart de ce qui eſtoit ſous ſon nom, auoit eſté changé & ſupoſé. Apres entreprenant la Cauſe d'Ariſtote, il dit qu'il faut conſiderer qu'il a eſté tout le premier qui a enſeigné l'ordre des Sciences, & qui a diſtingué les operations des Hommes, & donné à chacune ſa Diſcipline propre pour les accomplir, & que c'eſtoit vne cruauté de le condamner pour de petites fautes; Que c'eſtoit vne choſe preſque diuine d'inuenter, mais qu'il eſtoit facile d'adiouſter aux choſes inuentées, & que c'eſtoit vne inciuilité de demander à vn premier Inuenteur vne Perfection abſoluë; Qu'il faloit ſe repreſenter d'ailleurs, que comme chaque âge du Monde auoit eu ſes mœurs diuerſes, le langage y eſtoit changé pareillement, & que Ramus auoit tort de ſe plaindre de ce qu'Ariſtote n'vſoit pas d'vn ſtile aſſez clair & aſſez bien rangé pour nous eſtre agreable; Que ſi dans ſa Dialectique, on trouuoit vn tres grand meſlange, & ſi on s'y figuroit de l'obſcurité, c'eſtoit que les Preceptes y eſtoient accompagnez de leurs Commentaires, ce que ſes Diſciples ſçauoient bien diſtinguer de ſon temps, parce que là Logique eſtant en eſtime dans la Grece, ſur toutes les autres parties de la Philoſophie, on ne croyoit point alors en pouuoir receuoir trop d'inſtructions; Qu'au reſte ſi Ariſtote euſt veſcu dans ces derniers ſiecles, il ſe fuſt accommodé de meſmes à nos Eſprits & à nos eſtudes. Keckerman continuant de raporter quelle eſt la Doctrine de Ramus, fait connoiſtre qu'elle a retranché les Methodes des Diſciplines, & que les Ramiſtes ſe contentans des definitions & des Diuiſions, obmettent la pluſpart des Proprietez des Choſes, & que l'ancienne façon d'enſeigner vaut beaucoup mieux que la leur, quoy qu'ils diſent qu'il n'eſt pas beſoin d'aprendre en jeuneſſe, ce qu'on doit apres oublier eſtant Homme fait, & ce qui ne ſert de rien en toutes les autres Profeſſions, & notamment qu'il ſe faut deliurer des inſtructions inutiles de la Dialectique. Il declare alors de quelle façon l'on doit enſeigner cette Science, puis il fait voir les commoditez qu'a pû aporter la Doctrine de Ramus, qui ſont qu'il a exercé les Eſprits des faux Peripateticiens qui eſtoient en grande quantité à Paris & qu'il a combattu leurs erreurs; Que de mesmes que les Heretiques profitent aux Orthodoxes & Catholiques en ce qu'ils les excitent à bien expliquer les passages de la Sainéte Escriture & à bien entendre la Theologie; Aussi Ramus qui estoit comme vn celebre Heretique dans la Philosophie, auoit donné sujet aux Aristoteliciens de mieux expliquer la doctrine de leur Maistre, & d'en esclaircir plusieurs endroits qui sans cela fussent demeurez fort obscurs; De plus qu'il auoit beaucoup seruy à l'accroissement de l'Eloquence, mais que d'vn autre costé il y auoit beaucoup nuy, ayant retranché de la Rhetorique l'estude des Passions; Qu'on ne deuoit point pourtant dissimuler ny rejetter ce qu'il auoit posé pour fondement de la Logique, qu'il n'y faloit rien enseigner que ce qui estoit en vsage, & qu'il ne faloit point que l'autorité d'Aristote ny d'aucun autre fist prejudice à la verité. Apres cecy Keckerman declare franchement que Ramus estoit blasmable d'auoir parlé de beaucoup de choses qu'il n'entendoit pas, & d'auoir voulu faire hayr vn Philosophe à qui tout le genre humain auoit tant d'obligation; Et pour conclusion afin mesmes que l'on ne donne point de loüange à Ramus de ce qu'il a escrit d'extraordinare, il soustient que tout cela vient de Louys Viues ou de Rodolphus Agricola qui auoient escrit deuant luy, & il raporte plusieurs passages du liure de Viues *De Causis corruptarum Artium*, lesquels sont conformes à ce que Ramus a allegué. Voyla ce que dit Keckerman de cet Autheur, auquel de vray il n'attribue point de gloire qu'il ne la luy oste aussi-tost, ce qui ne sera pas cause neantmoins qu'on ne reconnoisse que Ramus estoit vn grand Personnage. S'il auoit tiré de quelque endroit ce qu'il auoit publié, il l'auoit tellement amplifié que cela s'estoit fait sien entierement; Au reste il seroit estimé tres-loüable au gré de tous, d'auoir voulu oster les obscuritez & les superfluitez de la Philosophie, n'estoit qu'on pretend qu'il s'est vn peu abusé à les reconnoistre: En eff & l'ordre des Categories qu'il a voulu banir de la Logique, est tres necessaire pour l'intelligence des choses, & si l'on dit que cela est de la Metaphysique & de la Premiere Philosophie, rien ne doit empescher que l'on n'en parle encore dans la Logique ou Dialectique.

On

On peut parler auſſi du Lieu, du Mouuement & du Temps dans la Logique, auſſi bien qu'ailleurs, pource que toutes les Sciences ont de la connexion entre-elles; Mais la bonne Methode de celuy qui enſeigne doit eſtre qu'ayant traicté amplement de ces Choſes en leur place la plus propre, il n'en fera qu'vne Recapitulation ſuccinte aux autres endroits. Il faut croire que ce qui donnoit tant d'auerſion à Ramus pour toutes ces choſes, c'eſt que toute ſa vie, il s'eſtoit adonné à l'Art Oratoire, auquel il ſuffit de l'Inuention & de la Diſpoſition des Argumens; Cependant il deuoit prendre garde qu'au lieu de la vraye & entiere Dialectique, il n'enſeignoit que la Topique, & qu'il eſt fort malayſé de monſtrer les Sciences apres vn ſi grand retranchement de leurs preceptes: Mais encore que ſa Doctrine ne ſoit pas approuuée de tout le Monde touchant la Methode des Sciences, ſi eſt-ce qu'on ne peut nier qu'il ne ſe ſoit rendu fort eſtimable, pour auoir eſté des plus ſçauans dans la Grammaire, & ſpecialement dans la Rhetorique qu'il mettoit tres-bié en vſage dans ſes Diſcours, & pour auoir eu beaucoup de ſubtilitez de Logicien, qui luy ont fait reconnoiſtre des deffaux dans les œuures d'Ariſtote, leſquels s'ils ne ſont tous à condamner, au moins s'en trouuera-t'il vne partie qui n'eſt pas fort receuable; Bref on doit touſiours attribuer cet honneur à Ramus, d'auoir eſté des premiers en France qui ont commencé de deſniayſer les Eſprits, & de leur faire voir que c'eſt vne ſeruitude de s'attacher inſeparablement aux opinions des anciens Autheurs, en ce qui eſt eſloigné de la Raiſon.

L'ASTRONOMIE ayant vne parfaite liaiſon auec la Phyſique, ceux qui ont fait des innouations en cette Science ſont fort à conſiderer. On s'eſtoit long-temps contenté du Syſteme ancien tenu par Ptolomée & pluſieurs autres, lequel eſtablit la Terre immobile au centre du Monde, & fait aller le Soleil & tout le Firmament autour d'elle, mais Copernicus eſt venu qui a reſuſcité vne autre opinion tenuë autrefois à ce que l'on croid par Philolaus, Ariſtarque & Pytagore, laquelle il a amplifiée & mieux expliquée, donnant vn mouuement iournalier à la Terre ſur ſon Centre, & la faiſant emporter par ſon Orbe en vn an, auec vn troiſieſme mouuement qui *De Copernicus, de Galilée, & autres Aſtronomes.*

est de Trepidation ou de Balancement, & rendant le Soleil immobile au Centre de l'Vniuers. On sçait comment selon cette Hypothese la Planette de Venus & celle de Mercure, font leur cours autour du Soleil, & la Lune autour de la Terre, & Saturne, Iupiter & Mars autour des autres. Il y a plusieurs raisons sur ce sujet dans les Dialogues de Galilée, qui pour persuader l'opinion du Mouuement de la Terre, s'efforce de monstrer qu'elle peut aussi bien se mouuoir que la Lune & qu'elle n'est pas vn corps different de cette Planette. Apres il refute toutes les objections que l'on fait contre ce mouuement, afin de monstrer que les ruines que l'on s'en figure ne sont point à craindre, puisqu'il est naturel & sans violence; Que l'experience que l'on allegue de la diuerse cheute des corps ne se trouue point veritable, à cause que les Corps retombent à l'endroit du lieu d'où ils ont esté jettez, cette faculté ayant esté imprimée en eux par le premier mouuement. Kepler a fait plusieurs Traictez qui sont aussi pour le Mouuement de la Terre; Il y en a vn entre autres qu'on apelle; *Somnium Iohannis Keppleri, siue Opus Posthumum, de Astronomia Lunari*, qui n'est que la Description d'vn voyage fait dans la Lune par enchantement, où l'on void quelles faces peut auoir la Terre la regardant de ce lieu là, quelle est la temperature du globe lunaire, & quels sont les Animaux qui y peuuent habiter. Le liure qu'on a appellé, *l'Homme dans la Lune*, & quelques autres semblables, ne font que Bagatelles; au lieu que le songe de Kepler est apuyé sur toutes les veritez Astronomiques. Or cela ne tend qu'à monstrer, que si la Lune qui est vne Terre comme la nostre fait son cours dans le Ciel, la nostre le peut bien faire aussi. Kepler ayant esté de cette opinion plusieurs Astronomes d'Allemagne l'ont suyuie, comme Lansbergius & Origan. Libertus Fromondus a fait contre eux son *Ant-Aristarchus*. Nous auons en France plusieurs Doctes traictez de Monsieur Gassend, où il a examiné l'Hypothese de Copernic auec beaucoup de sincerité. Il y a son Liure intitulé, *Institutio Astronomica*, & celuy, *De Motu impresso à motore translato*, où il a expliqué plusieurs difficultez touchant le mouuement de la Terre. Il y a aussi le, *Philolaus Bullialdi*, ouurage d'vn autre sçauant Homme. Monsieur Morin Professeur en Mathematique tenant entieremēt pour l'antienne opinion, a fait plusieurs traittez contre ceux qui l'ont quittée, où il monstre le grand zele qu'il a pour conseruer ses anciennes opinions, & ne se point departir de celles des siecles passez. Ce mouuement de la Terre ne laisse pas de sembler fort plausible à des Hommes de grand iugement qui croyent qu'il est bien plus faisable que celuy de toute la Machine des Cieux ; Car ils ne peuuent conceuoir que tout l'Ether qui est tres-fluide & tres-subtil, entraisne auec luy tous les Astres en vingt-quatre heures pour esclairer la Terre, qui ne semble qu'vn Atome au prix, mais qui se tourne bien plus aysement sur son Centre dans le mesme espace, pour receuoir de la lumiere en toutes ses parties successiuement, & qui estant emportée pour faire le tour du Monde en vn an, cela est plus vray semblable, que le cours iournalier du firmament. On pretend que cela ne contreuient point au mouuement de toutes les Planettes, & que cela ne sçauroit choquer ce qui est dans l'Escriture saincte ; On dit que les liures Sacrez n'ayant point esté faits pour instruire les Hommes des veritez de Physique, & d'Astronomie, il y a beaucoup de choses naturelles qui n'y sont point expliquées ; Que le peuple Iuif pour qui premierement l'ancien Testament a esté escrit, n'estāt pas vn peuple qui fust accoustumé à de telles obseruations, il luy faloit parler des choses de la sorte qu'il les voyoit & qu'elles luy paroissoient ; Qu'il est dit dans la Genese que Dieu fit deux grands luminaires l'vn pour le iour, l'autre pour la Nuit, qui sont le Soleil & la Lune, comme si ces deux Astres estoient de pareille grandeur ; Et cependant ceux qui ont estudie en Astronomie sçauent, qu'il n'y a point de comparaison de la Lune au Soleil, pour la grandeur, & qu'on ne la doit point aussi apeller vn luminaire, parce qu'elle n'a point de clarté en elle ; Mais que toutes ces choses sont dites à cause qu'elles paroissent telles ; Que de mesme s'il est dit que le Soleil tourne & la Terre ne bouge d'vne place, c'est que cela parest ainsi ; Qu'en ce qui est de la fermeté de la Terre, elle est aussi attribuée au Ciel, & que cette fermeté de la Terre, s'entend pour la durée de sa masse entiere ; Que si l'on disoit qu'au combat de Iosué, ce ne fut pas le Soleil qui s'arresta, mais la Terre, le miracle n'en seroit pas moindre, & qu'on dit que ce fut le Soleil d'autant que cela parut ainsi. C'est de cette sorte qu'en parle Campanella Religieux Dominiquain, dans l'Apologie qu'il a faite pour Galilée, & Sebastien Fantonus General de l'ordre des Carmes, qui a encore escrit sur ce sujet. Campanelle asseure mesme qu'il ne se faut pas mettre en peine, si les Hommes qui habitent en d'autres Terres que la nostre sont infectez du peché d'Adam, n'estant pas descendus de luy, & n'ayant pas besoin de redēption si quelque autre peché ne les a rendus coulpables, sur quoy il conclud qu'on y pourroit trouuer l'application d'vn passage de S. Paul, aux Colossiens, Chapitre premier, où il dit en parlant du Sauueur du Monde, *Qu'il a reconcilié par son Sang tout ce qui estoit en la Terre & aux Cieux.* Mais ce sont des explications faites à fantaisie, & qui ont trop de hardiesse en vne matiere dont il n'est pas permis aux Hommes de rien decider. Il ne faut point aller si loin; Il nous suffit de sçauoir que ce qui a induit Galilée à croire que la Terre estoit vn Astre errant, c'est qu'ayant reconnu à l'ayde du Telescope qu'il a mis en vsage des premiers, que la Lune auoit diuerses aparences qui la pouuoient faire prendre pour vne Terre, & ayant descouuert aussi que la Planette de Iupiter estoit accompagnée de quatre autres, & que Saturne estoit composé de trois Globes qui tous paroissoient terrestres, il s'est persuadé que la Terre que nous habitons pouuoit estre suspenduë de mesme, & faire aussi son cours, ce qu'il a apres tasché de verifier par plusieurs raisonnemens. Le premier ouurage où il auoit fait connoistre ses obseruations auoit esté *Nuntius Sydereus*, dans lequel il a parlé de ce qu'il auoit descouuert de nouueau dans le Ciel, & plusieurs années apres il mit au iour ses Dialogues, qui sont les fruits de son trauail & de ses recherches. D'autres que luy ont encore reconnû, que la Planette de Venus fait vn Croissant selon qu'elle est esclairée du Soleil, & qu'il y a plusieurs autres Globes qui n'ayans qu'vne lumiere empruntée ne sçauroient estre que des Terres. Iean Tarde Chanoine de Sarlat, a obserué que quantité de petits Globes font leur cours autour du Soleil, & tous les iours on descouure de ces Estoiles nebuleuses dans la Galaxie & autres endroits. C'eſt ce qui a obligé les nouueaux Aſtronomes à croire que noſtre Terre pouuoit bien eſtre de la condition de ces autres Globes, & faire auſſi ſon cours d'elle meſme. Les demonſtrations ne manquent point, comme nous auons dit, pour prouuer cette opinion, mais pluſieurs la rejettent parce qu'ils ne la peuuent comprendre, & qu'ils ne la iugent pas conforme à la croyance de l'Egliſe. En effet Galilée fut cité à l'Inquiſition de Rome quelques années deuant ſa mort, & fut contraint de faire vne abjuration de ſes ſentimens ſur ce ſujet. Neantmoins ſes Sectateurs ne s'effrayent gueres de cecy, & ne tiennent point qu'il y ayt peché à croire, Que le Soleil eſt immobile, & que c'eſt la Terre qui tourne, parce qu'ils trouuent des Raiſons qui les y font obſtiner, & qu'ils ne penſent point que cela contredise à la vraye Foy. Ils conſiderent que ſi à preſent aucun ne fait difficulté de croire qu'il y ayt des Antipodes, autrefois cela eſtoit tenu pour Hereſie, de ſorte qu'vn Eueſque de Saltzbourg apellé Virgile fut en hazard d'eſtre priué de ſon Eueſché, & meſmes degradé du Sacerdoce, pour auoir ſuiuy cette opinion. Ils ſe perſuadent que de meſme on pourra bien receuoir vn iour pour veritable l'Hypotheſe du Mouuement de la Terre, qui n'eſt pas encore fort aprouuée aujourd'huy. Neantmoins Tycho Brahé excellent Aſtronome de ſon temps ne l'a pas voulu ſuyure. C'eſtoit vn Seigneur Danois qui ſe plaiſant fort à l'Aſtronomie, auoit fait baſtir des edifices, & fait dreſſer pluſieurs Machines auec grande deſpence pour obſeruer les choſes celeſtes, & qui a fait vne Hypotheſe nouuelle, laiſſant la Terre immobile au Centre du Monde, autour de laquelle le Firmament & les Eſtoilles fixes font leur cours; & n'y ayant qu'elles auec le Soleil & la Lune, qui ayent la Terre pour Centre de leur mouuement, tandis que Saturne, Iupiter, Mars, Venus & Mercure ont le Soleil pour leur Centre, autour duquel ils font leur cours. On tient que cecy s'accorde à toutes les aparences des Aſtres: Quelqu'vn dira pourtant qu'encore que ce Thyco euſt l'eſprit aſſez ſubtil pour connoiſtre la vrayſemblance de l'Hypotheſe de Copernicus, il en a voulu inuenter vne à ſa fantaiſie pour acquerir d'auantage de reputation: Toutefois que l'on se figure tant de diuers Systemes que l'on voudra, cela ne fait pas que la chose soit ainsi, puisqu'elle ne peut estre que d'vne sorte ; I'auoüe que maintenant les plus Sçauans Astronomes tiennent pour le Mouuement de la Terre, mais tout le reste des Hommes ne se peut resoudre si facilement à receuoir de telles propositions.

De Iordan Brun.

IE ioindray auec beaucoup de raison aux Nouateurs Astronomes, ceux qui ont publié quelques Opinions touchant la pluralité des Mondes, & qui pour les faire valoir, ont estably diuers ordres d'Astres lumineux & d'opaques. C'est icy vn des inconueniens de l'opinion du Mouuement de la Terre. Il n'y a point de doute que l'vne de ces opinions a fait naistre l'autre, & que l'on ne croid que le Monde est d'vne estenduë infinie, qu'à cause que premierement on s'est persuadé que la Terre n'en est point le Centre, & qu'il se trouue plusieurs autres Globes pareils. Personne n'a proposé cela plus hardiment & plus distinctement qu'vn certain Iordanus Brunus Nolanus, de qui il faut que nous parlions à present. Il a fait quelques ouurages sur l'Art de Raymond Lulle, & sur la Memoire artificielle, mais ce n'est pas où il a paru le plus. Il a composé des Poëmes sur lesquels il a fait luy mesme des Commentaires en prose, qui traictent de plusieurs questions de Mathematique, de Physique, & d'Astrologie ; Le premier Poëme est, *De Minimo*, lequel traicte des Atomes & de leur existence ; En suite est celuy, *de Mensura & Figura*, qui est touchant la diuision, l'augmentation & la mesure des Corps, où l'on trouue principalement des propositions Goometriques, mais ce n'est que pour donner entrée à son Poëme, *De immenso & innumerabilibus seu de vniuerso & Mundis* ; C'est là qu'il propose que le Ciel est vn Champ infiny où des Globes innombrables sont soustenus sur leur propre poids, les vns se tenant immobiles ou tournant sur leur centre, & les autres faisant leur cours autour d'eux ; Que tous ces Globes estant des Membres de l'Vniuers, demeurent sans peine & sans contrainte en leurs lieux, sans y estre à charge de mesme que les membres ne sont point lourds à leur Corps, & que les vns ne doiuent point estre estimez plus hauts ou plus bas que les autres, parce que tout l'Vni-

DES NOVATEVRS. 239

uers eſt eſgal & que le Centre s'y trouue par tout; Que les Globes lumineux ſont autant de Soleils, & les Globes obſcurs ſont des Terres; Qu'il n'y a aucune Eſtoille au Firmament qui ne ſoit vn Soleil, & que ſi celuy qui nous eſclaire eſtoit auſſi eloigné; il nous paroiſtroit auſſi petit; Qu'il y a pluſieurs Terres qui font leur Cours autour de ces Soleils, comme font autour de noſtre Soleil, la Terre ou nous ſommes, & les Planettes qui ne ſont auſſi que des Terres, mais que nous ne pouuons pas voir celles qui ſont eſloignées à cauſe de leur opacité. Il dit là encore beaucoup de choſes de leurs ſituations, de leurs reuolutions, & de leurs aſpects; Et pour prouuer que l'Vniuers eſtant infiny, il y doit auoir vn nombre infiny de Globes qui le rempliſſent, il remonſtre, Que Dieu ayant pû faire vn Bien infiny en creant pluſieurs Mondes, il ne faut pas penſer qu'il l'ayt fait finy, & qu'il n'y a point de repugnance de la part de la Matiere qui ſe peut accroiſtre infiniment, comme l'on connoiſt aux ſemences des Vegetaux, & meſmes des Animaux qui produiſent à l'infiny, & au Feu qui s'augmente tant que l'on luy donne dequoy ſubſiſter en ſon accroiſſement. Ces argumens de Iordan Brun ne ſemblent pas mal-ayſez à refuter: On repond qu'il n'eſt pas neceſſaire que les eſpaces infinis de l'vniuers contiennent des Globes ou Aſtres à l'infiny, puiſque Dieu y a pû placer telle autre choſe qu'il luy a pleu, & que de s'imaginer d'ailleurs que la creation d'vne infinité de Mondes ou d'vn tres-grand nombre, ſoit vn Bien que Dieu ayt voulu, c'eſt iuger d'vne choſe qu'on ne ſçait pas, & qu'il faut croire que ce que Dieu a fait eſt au mieux qu'il doit eſtre, veu qu'il ne peut faillir. Quant à la matiere que Iordan tient capable de l'infiny, l'exemple de la Semence ne le prouue que pour la continuation dans la ſuite du Temps, & meſmes en beaucoup d'endroits les accidens qui arriuent peuuent rendre la matiere incapable d'engendrer & rendre ſa production finie. Pour l'augmentation du Feu à l'infiny, auparauant que de monſtrer qu'elle ſe peut faire, il faudroit auoir prouué que la Matiere fuſt infinie, car le feu peut bien s'augmenter à l'infiny, pourueu qu'il y ayt matiere à l'entretenir, mais où eſt cette infinité de Matiere? Si meſmes les Corps des

Animaux augmentent leur groſſeur lors qu'ils s'auançent en âge, ce n'eſt que de ce qu'ils tirent de leurs alimens; Ainſi le feu ne s'accroiſt que de ce qui luy ſert de nourriture, car rien ne ſe perd au Monde, & ce qui va à l'accroiſſement de l'vn vient de la diminution de l'autre; La ſemence meſme ne ſe peut renfler que d'vne matiere humide qu'elle tire de dehors. Apres cecy n'objectera-t'on pas à celuy qui parle pour l'infinité des Mondes, qu'elle ne ſe remarque pas comme il la propoſe, puiſqu'il n'y a pas tant de Globes comme il y en peut auoir; Toutefois cette obiection n'eſt pas ſi forte que l'on penſe: Diſons la verité en bref; On ne void pas tant d'Aſtres au Ciel comme il y pareſt d'eſpace pour les contenir; mais il ne ſe faut pas figurer que les Cercles où ſont les Planettes pourroient encore en auoir d'autres en plus grand nombre, & qu'il en eſt ainſi du Firmament, ou autre lieu dans lequel ſe trouuent les Eſtoilles fixes. Dieu a fait les choſes comme il eſtoit conuenable; S'il y auoit plus d'vn Soleil proche de noſtre Terre, elle en ſeroit conſommée: Vne multiplicité des autres Planettes cauſeroit auſſi des alterations trop frequentes & trop vehementes dans les Corps qui leur ſeroient expoſez. Iordan Brun n'a point penſé que l'infinité des Corps celeſtes fuſt ainſi dans l'eſtenduë de ce que nous voyons, & dans les parties des Syſtemes, mais dans le nombre des Syſtemes ſeulement. Toutes les parties de chaque Syſteme doiuent auoir leur ſituation arreſtée pour garder leur Temperature, & cela n'empeſche point que ces Globes diuers ou Mondes ſeparez ne s'eſtendent à l'infiny; Voyla ce qu'on peut reſpondre pour ce Nouateur. A cecy ie repliqueray que nous accordons que les Eſtoilles fixes ſont des Corps lumineux d'vne exceſſiue grandeur, & qu'ils peuuent auoir des Planettes qui les enuironnent, comme celles qui accompagnent le Soleil, mais ce n'eſt point à dire qu'il y ayt de tels Corps à l'infiny, Car de ſouſtenir que la Perfection des Choſes conſiſte à eſtre infinies, cela ne conclud pas, qu'elles le ſoient: On ſçait que Dieu n'a pas fait toutes les choſes dans l'eſtat ou elles pouuoient eſtre, parce que ſa Diuine Prouidence n'a pas iugé à propos qu'elles fuſſent telles: Il n'a pas fait la Lune auſſi éclattante que le Soleil, ny les Hommes auſſi parfaits

faits que les Anges, quoy qu'il le pût faire, d'autant qu'il n'agit pas necessairement, & neantmoins ses attributs ne sont pas rendus contraires; Sa volonté ne s'opose point en cecy à sa Toute-puissance; Il ne faut point dire qu'il ne veut pas faire tout ce qu'il peut faire, car sa puissance consiste à mettre les choses en l'estat naturel où elles doiuent estre. Le Monde n'est point infiny parce que l'infinité n'apartient qu'au Souuerain Createur. Le Pere Mersene a raporté quelques-vnes des opinions de Iordan Brun dans son Liure contre les Deistes, ou il parle de cét Autheur comme d'vn Athée & d'vn Docteur d'impieté, qui a esté bruslé à Rome par iugement de l'Inquisition : Toutefois on peut croire que c'estoit pour autre chose que ce qui est compris dans ses Liures *De Minimo, & de immenso*; Il a pû faire de ces sortes d'ouurages selon la doctrine de quelques Anciens Philosophes, qui tenoient qu'il y auoit plusieurs Mondes, ce que l'on raporte tous les iours, & il n'y a pas plus de mal, ce semble, à le voir chez luy que dans Plutarque ou dans Diogenes Laertius. Il est vray que quelques Autheurs en ont parlé indifferemment, & qu'ils en ont escrit dans le Paganisme & luy dans le Christianisme; Et si quelques Chrestiens l'ont fait, ce n'est point auec tant d'apareil, mais en trois mots seulement : Toutefois cela porte coup enuers les personnes iudicieuses, & nous sçauons des Physiciens modernes qui n'ont pas celé que le Monde pouuoit estre infiny, & il s'en faut peu qu'ils ne disent qu'il est infiny en durée comme en puissance; Ils ne s'en exemptent qu'en ne parlant point de son origine ny de sa fin. Ils ressemblent à ce docte Italien à qui comme l'on demandoit ce qu'il pensoit de la durée du Monde & s'il estoit eternel respondit, Que s'il n'estoit eternel, au moins estoit-il bien vieil. Nostre Religion nous instruit de la Creation du Monde & de sa fin & de son estenduë de lieu: Mais quoy que Iordan Brun ayt pû estre dans l'erreur aussi bien que quelques autres, il faut considerer la qualité de son liure qui est vn Poëme, & que comme il a tousiours esté permis d'employer des Fables & des Songes en ce genre d'escrire, on ne doit pas trouuer estrange qu'il l'ayt fait, & cela semble d'autant plus diuertissant que par vne agreable industrie, il a fait la description de l'infinité des Mondes, & nous a fait sçauoir de quelle

H h

façon Metrodore, Leucippe, Epicure & quelques autres Philosophes ont pû conceuoir cecy, C'est vne chose inoüye que cét arrangement de Globes qu'il fait voir, & cette distinction de Soleils & de Terres, qui sont les deux especes differentes de Corps Principaux qu'il establit dans l'Ether, lequel est vn Ciel ou vn Air pur de grande infinie. Il est vray que voulant imiter Lucrece Poëte Epicurien, il a affecté de remplir ses vers de mots antiques, en quoy il n'a pas tant de grace que son original; Enfin pource qui est de ses propositions, quoy qu'il ne reussisse point mal en ce qui est contre Aristote & ses Sectateurs, il est certain qu'on ne luy accordera pas ce qu'il dit contre quelques Theologiens qui croyent que le Monde est finy, & qu'au delà il y a vne lumiere infinie & vn Monde immateriel: Neantmoins il asseure tousiours que Dieu est par tout, & remplit toutes choses, attribuant à la supreme Essence tout ce que nous luy deuons, & comme il ne touche aucun des poincts de la Foy, nonobstant quelques petits mots de ses Commentaires, qui paroissent vn peu libres à ceux qui les entendent, il auroit bien pû sauuer le reste & se sauuer soy-mesme; faisant passer tout cela pour des Hypotheses & des supositions qu'il n'aprouuoit point, & qu'il auoit composées dans l'Allemagne où il auoit esté quelque temps, qui estoit vn païs où ces opiniós là plaisoient, & où la liberté estoit plus grande qu'en Italie. Il est fascheux qu'vn Homme qui auoit composé de fort belles choses soit si malheureusement pery. Iules Cesar Vaninus autre Autheur de Physique, a eu vne semblable fin à Thoulouze par Arrest du Parlement. Celuy-cy n'a gueres eu de pensées Philosophiques dans ses premiers Dialogues qu'il n'eust prises de Cardã, de Scaliger & d'autres; Tout le mal est dans son dernier où traitant de la Religion il fait assez connoistre qu'il n'en auoit point. On se plaint encore de Pomponace, comme n'ayant pas assez appuyé la verité de l'immortalité de l'Ame dans le liure qu'il en a fait, & dans vn autre ayant raporté toute sorte d'enchantemens & de miracles à la seule imagination: Toutefois l'esgarement de ces Esprits ne fait rien contre l'honneur de leur patrie; Toute contrée porte des Hommes d'humeurs & de qualitez differentes, & mesmes pource qui est de

DES NOVATEVRS.

l'Italie, il s'y void parmy les gens de Lettres, plus d'exemples de vertu que de vice : Elle a toufiours esté le pays des Saincts & des Sages, & des vrays Sçauans. Il n'est pas icy question des œuures de Theologie & de Pieté ; Nous ne parlons que de ce qui regarde les Choses Physiques dont plusieurs ont escrit dignement selon les anciennes opinions, comme le Cardinal Contarenus qui a fait vn Traicté des Elemens, & vn autre de la premiere Philosophie, & qui a respondu doctement à Pomponace touchant l'Immortalité de l'Ame. Zabarella & les deux Piccolominj, ont fait de gros liures de Physique qui sont fort estimez. Entre les Escriuains plus recens, on a veu vn Fracastor, & depuis vn Licetus qui ont escrit auec beaucoup de sincerité & de pureté, specialement l'vn pource qui est de la Sympathie & de l'Antipathie des Choses ; & l'autre touchant les Lampes inextinguibles, deux beaux sujets apartenans à la Philosophie naturelle. L'ordre du Temps nous contraint maintenant de parler de quelques Autheurs d'autre nation.

IE V A Y parler d'vn François qui fait grand honneur à sa *De Bernard* patrie, & qui peut monstrer l'excellence de certains Esprits *Palissy.* qui s'y trouuent, lesquels lors qu'ils se veulent adonner à quelque estude particuliere n'ont pas besoin de rien emprunter d'ailleurs. Celuy que ie mets sur les rangs est Bernard Palissy, Homme rare, mais peu connû que parmy les tres-curieux. Il a composé vn liure en langue Françoise dans lequel il fait la leçon à plusieurs Philosophes Grecs & Latins, sans auoir iamais veu leurs œuures, ayant trouué par ses experiences & par son iugement, la raison de plusieurs choses naturelles auparauant cachées. Il a fait des Dialogues où il introduit la Theorique & la Practique, qui parlent ensemble. Dans le premier qui est appellé, *Discours admirables de la Nature des Eaux & des Fontaines*, il touche quelque chose de la puissance des Feux souterrains qui seruent à la production de plusieurs Corps mixtes, & il monstre là aussi que l'origine des Fontaines n'est point de l'Air qui se va enfermer dans les concauitez de la Terre, mais de l'eau des Pluyes, qui se conserue en maniere de Cisterne. Cela se peut trouuer vray en quelques contrées : Il n'a manqué qu'en ce qu'il n'y a pas ioint que cela se pouuoit faire encore par des esleuations de vapeurs causées par la chaleur souterraine, afin de pousser son opinion iusques au bout ; C'est qu'il n'a consideré en ce lieu, que ce qui pouuoit estre imité pour faire des sources par artifice, comme il auoit entrepris de l'enseigner ; Il a descouuert beaucoup d'autres Secrets. Ayant parlé de la Marne & des diuerses Terres, il parle des diuers Sels, & dit que nulle chose Vegetatiue, ne peut vegeter sans l'action du Soleil, & que si le Sel estoit osté du corps de l'Homme, il tomberoit en poudre en moins d'vn clin d'œil ; Qu'ainsi seroit il du bois, des pierres, & des Metaux. Il nomme entre les Sels, la Couperose, le Nitre, le Vitriol, le Borax, le Sucre, le Sublimé, le Salpestre, le Sel-gemme, le Salicot, le Tartre, & le Sel Ammoniac, & apres il raporte diuerses proprietez des sels en general. Au traité du sel commun il parle de la maniere de le faire aux marais salans, dont il vante l'vtilité ; Il se moque de ceux qui disent que le sel se fait seulement de l'escume de la mer, & reprend aussi vn Autheur de son temps qui depuis que les impositions sur le sel auoient esté augmentées, auoit dit que l'on auroit esté bien heureux en France, si l'on auoit eu des fontaines d'eau salée comme en Lorraine & ailleurs ; Il asseure que ce ne seroit pas assez d'vne centaine de telles sources, & mesmes que quand il y en auroit mille, elles seroient inutilles, pource que toutes les forests de France ne pourroient suffire en cent ans à faire autant de Sel de fontaines, ou puits salez, qu'il s'en fait en Xaintonge à la chaleur du Soleil, non pas en vne année, mais seulement depuis la My-May iusques à la My-Septembre, puisqu'il ne s'en peut faire en aucune autre saison. Cét Auteur exalte alors la bonté du sel de Xaintonge au dessus de celuy des autres contrées, & faisant vne enumeration des vertus du sel, il dit entr'autres choses, qu'il donne le goust à tout, qu'il donne le son aux metaux, & que tout se peut vitrifier par luy ; & qu'enfin il est compagnon de toutes natures. Palissy nous a donné encore vn Traité des Pierres, où il nie qu'elles soient engendrées par Vegetation, reconnoissant que cela se fait par augmentation congelatiue, comme qui ietteroit de la cire fondüe sur vne masse de cire desia congelée, ce qui se fait par diuerses eaux qui ont passé dans les carrieres. Il adjouste qu'ayant consideré que plusieurs pierres estoient faites comme des glaçons qui pendent aux gouttieres, il auoit reconnû qu'elles se faisoient d'vne eau congelée, mais il ne tient pas que ce soit vne eau commune. Il dit aussi qu'il y a des Pierres qui se congelent d'vne certaine eau congelatiue au milieu des autres eaux, & que ce sont celles qui ont forme quarrée, triangulaire, ou pentagone ; Que le cristal est de cette nature, & qu'il a obserué cecy par la congelation du salpestre. Il asseure que tout corps soit celuy d'vn animal, ou d'vne plante, peut-estre changé en pierre, si cette eau congelatiue le surprend ; Il attaque Cardan sur l'opinion qu'il a des coquilles & autres choses petrifiées, qui se trouuent dans les montagnes, ce que cet Auteur croid auoir esté amené là par le deluge. Il dit qu'il y a des rochers tres-massifs dans lesquels l'on trouue de tels coquillages, & que l'eau ne les y a pû faire entrer, mais qu'autrefois, il y auoit là des lieux creux, que l'air & l'eau remplissoient, & qu'il s'y engendroit des poissons & des huistres ; Cecy est pour les coquillages qui ont quelque raport à ceux de la mer ou des riuieres ; Mais pour ces petites coquilles blanches qui se treuuent dans quelques pierres, l'on void bien qu'elles participent de la nature des corps parmy lesquels elles sont nées, & qu'elles ont eu mesme matiere, ce qui fait beaucoup pour l'opinion de Palissy. Au reste du discours il parle de la generation de quelques Pierres precieuses & des Marcassites, taschant de donner la raison de leur forme & de leurs couleurs : Mais ce qu'il a de particulier, c'est qu'il s'est vanté d'auoir vn cabinet où toutes ces sortes de matieres estoient par ordre, & qu'il prouuoit par elles ce qu'il proposoit ; Comme les Pierres qu'il disoit auoir esté congelées, estoient celles qu'il auoit trouué attachées aux voutes des carrieres, & qui y pendoient comme des glaçons, ce que leur figure monstroit ; Celles qui auoient des angles estoient celles qu'il tenoit s'estre formées dans les eaux ; Les pierres de plastre, de Talque & d'Ardoise, qui se desassembloient par fueillets, auoient esté formées, à ce qu'il disoit, par des matieres tombées à diuerses fois au trauers des terres, & par autant de fois les congelations s'en eſtoient faites ; Il monſtroit auſſi diuers corps petrifiez & diuerſes coquilles enfermées meſmes dans de certaines pierres, & rendoit raiſon de cela. Il aſſeure enfin auec hardieſſe, que tout autant qu'il y a eu d'Alchymiſtes, ils ſe ſont trompez en ce qu'ils ont voulu edifier par le deſtructeur; d'autant qu'ils ont voulu faire par le feu ce qui ſe fait par l'eau, & par le chaud ce qui ſe fait par le froid, dont il dit qu'il donnera des preuues euidentes deuant les yeux de chacun; Et que l'on regarde bien en toutes les Minieres metalliques, que l'on trouuera ſur la ſuperficie du metal vn nombre infiny de pointes taillées par faces naturellement, ce qui fait connoiſtre que tout cela s'eſt formé dans les eaux, & que la matiere des metaux demeure inconnûe dans les eaux & dans la terre, iuſqu'à ſa congelation; Que cette matiere eſt vne eau ſi ſubtile qu'elle penetre au trauers des autres corps, comme fait le Soleil au trauers des vitres, & qu'ainſi que l'huyle ſe ſepare de l'eau, de meſme la matiere metallique & celle des Pierres precieuſes, ſe retirent des autres matieres pour former les corps dont elles ſont capables. De toutes ces choſes là, il en faiſoit donc voir les teſmoignages aparens & infaillibles dans pluſieurs pierres, Marcaſſites & autres corps metalliques & mineraux, arrangez chez luy tres-curieuſement. Il auoit meſme fait afficher par les carrefours de Paris, qu'il promettoit de monſtrer en trois leçons tout ce qu'il auoit reconnû des fontaines, pierres, metaux & autres natures, ce qui attira chez luy quelques curieux, leſquels, a ce qu'il dit, ne luy contrarierent en aucune choſe, & demeurerent fort ſatisfaits. Nous gardons pour la fin à conſiderer particulierement ce qu'il y auoit de plus admirable en cecy, c'eſt que ce nouueau Docteur qui choquoit toutes les opinions antiennes par les preuues qu'il tiroit des choſes qu'il auoit veuës, & qu'il faiſoit voir, eſtoit vn Homme ſans eſtude qui ſuiuant ſa propre confeſſion, auoit leu d'auantage dans les Marcaſſites que dans Ariſtote, & qui a confeſſé ingenuëment en quelques endroits, que ſi l'on vouloit ſçauoir quel eſtoit le liure des Philoſophes ou il auoit apris la pluſpart de ſes ſecrets, ce n'eſtoit qu'vn chaudron à demy plein d'eau poſé ſur le feu, ou autre pareille inuention. De plus il a auoüé, qu'ayant grand desir de sçauoir si les opinions des Anciens s'accordoient aux siennes ou si elles y contredisoient, & n'en pouuant auoir connoissance pour ce qu'il n'entendoit ny Grec ny Latin, il s'estoit auisé de faire quelque assemblée afin de voir ce que les plus habiles luy pourroient alleguer pour le combattre. Cét Homme qui n'estoit qu'vn Potier de terre, s'estoit excité de luy mesme à rechercher les choses naturelles, en cherchant le moyen de faire vne nouuelle poterie enrichie de diuerses couleurs & esmaux, enquoy il reussit fort bien, & en fit diuerses espreuues, mesme pour les embellissemens des edifices ; Aussi dans vn autre liure qu'il a fait de l'Agriculture lequel il apelle, *Recepte vniuerselle pour augmenter ses tresors*, il prend qualité d'Inuenteur des Rustiques figulines du Roy. Il suit là encore les mesmes opinions touchant les Sels, les Terres, & les pierres, & ce qu'il y a de particulier touchant les pierres precieuses, est qu'il tient que l'eau dont elles sont formées a passé entre quelques Marcassites ou Metaux dont elle a pris la teinture. Il dit que l'eau de la Topaze a passé par quelque mine de fer où elle a pris la teinture iaune, que l'Esmeraude a passé au trauer des minieres d'airein ou de couperose où elle a pris la couleur verte, & que le Diamant n'est autre chose qu'vne eau cóme celle du cristal, mais qu'elle a esté congelée par quelque rare espece de sel tres-pur, qui s'est endurcy grandement dans la congelation. Dans le premier liure de Palissy, il y a vn Traicté des Metaux, ou il soustient aussi qu'ils sont engendrez des eaux coulantes, & pour le prouuer il allegue le vif argent qui est fluide comme l'Eau, lequel il apelle vn commencement de metal. Il est merueilleux que cét Homme soit paruenu à ces connoissances diuerses par la seule force de son raisonnement apuyé de quelques experiences qu'il auoit faites, & que là dessus il ait osé auancer des propositions toutes nouuelles. On peut s'adresser à luy pour sçauoir ce que c'est que l'Eau congelatiue & generatiue, qu'il apelle vn cinquiésme Element. Quelques autres en ont parlé sous d'autres noms, comme de Sel ou d'Esprit vniuersel, ou de Semence vniuerselle, ce qui reuient à mesme chose. Quiconque a connoissance de cecy trouue aysement par quel moyen plusieurs Corps mixtes sont produits, ce que l'on ne çauroit aprendre de la Philosophie vulgaire. Il n'y a point à contredire sur de telles propositions.

De Gorlæus.

SVIVANT l'ordre des temps, nous viendrons à des Nouateurs qui ont escrit en Latin, aussi bien que d'autres qui les ont precedez, & qui se sont seruis des reigles de la Philosophie. Entre les Modernes de qui l'on peut faire quelque cas, il y a vn Dauid Gorlæus Hollandois, qui a fait vn liure apellé, *Exercitationes Philosophicæ*, où il entreprend de combatre toute la Philosophie Theoretique des Peripateticiens. Ayant parlé de la Meraphysique, il vient à la Physique; Il traicte de toutes les qualitez des Corps, selon diuerses opinions, dont les vnes sont nouuelles & les autres simplement renouuellées. Il monstre que ce que l'on apelle le Ciel, n'est que l'estenduë de l'Air, & qu'il n'y a que deux Elemens, la Terre & l'Eau; Que le feu n'est point vn Element, mais vn simple Accident. On ne luy peut accorder entierement ce dernier Article, car si le Feu est estimé vn accident, ce n'est qu'à l'esgard de celuy que nous faisons par artifice; Il faut reconnoistre qu'il y en a vn autre qui est vne veritable Substance, laquelle si elle n'est vn Element, doit pourtant estre prise pour vn des Corps Principaux qui constituent le Monde.

De Carpentarius.

NOVS auons vn liure apellé *Philosophia libera*, dont l'Autheur est vn nommé Carpentarius qu'on a creu Anglois. Ce sont des Paradoxes assez subtils, où premierement l'establissement des Categories & la multiplicité des Estres sont cōbattus; Apres il est monstré, Que le lieu n'est rien; Que tous les Elemens sont lourds; Que toutes choses se font de rien; Que les Sens ne peuuent errer; Que le feu est humide; Que les Cometes ne sont point des Meteores enflammez, & quelques autres choses qui sont contre l'opinion commune. Il n'y a pas de la verité par tout; Neantmoins il se trouue de l'aparence en quelques endroits, comme en ce que cét Autheur dit des Cometes, qui ne sont quelquefois que des fausses representations, & des reflexions de la lumiere sur des exhalaisons fort esleuées. Pour les Elemens, il est certain qu'ils ne peuuent estre dits legers, qu'à comparaison les vns des autres, puisque tout Corps a de la pesanteur, soit peu, ou beaucoup; Que si cét Autheur

dit

dit qu'il y a de l'humidité au Feu, il luy en faut de vray pour s'entretenir, mais elle est tellement dilatée par la chaleur qu'elle tend à la secheresse & luy ressemble. C'est ce qui fait que tout le vulgaire s'estonne quand on dit que le Feu est humide : On ne le doit pas apeller humide pour si peu d'humidité qu'il a. Les Corps prennent la denomination de leurs qualitez, de ce qui abonde le plus en eux. C'est pourquoy cette proposition doit estre corrigée & moderée.

EN l'année 1623. il fut imprimé à Paris vn Liure intitulé *Enchyridion Physica restituta*, lequel on a sceu estre vn ouurage de Messire Iean d'Espagnet President au Parlement de Bourdeaux, pource que quelques personnes qui estoient de sa connoissance en ont asseuré, & qu'on a aussi tiré des conjectures de cela, à cause qu'au commencement du Liure, il y a cette deuise, *Spes mea est in agno*, & au deuant du Traicté de Chymie, *Penes nos vnda Tagi*, qui sont deux Anagrammes de son nom. On peut dire que c'est le premier Liure qui ayt paru en France ou il y ayt vne Physique complette contraire à celle d'Aristote. Cependant l'Autheur pretend que ce n'est que l'ancienne Philosoph equ'il a restablie en ses droits. Il y a mis pourtant beaucoup de choses de son inuention. Il refute l'opinion de la Matiere premiere, qu'on a tenu estre estenduë par tout sans estre aperceuë en aucun lieu, & desirer incessamment l'alliance des Formes sans en auoir aucune, estant la base & le supost des contraires, c'est à sçauoir des Elemens qu'on dit en estre produits. Il remonstre que ce fondement de la Nature est imaginaire, qu'il n'y a aucune contrarieté dans les Elemens & que celle qui s'y remarque ne procede que de l'excez de leurs qualitez, & que lors qu'elles sont temperées il ne s'y trouue point de contrarieté. Neantmoins il croid qu'il y a vne Matiere premiere dont les Elemens resultent, & deuiennent la Matiere seconde des Choses, qui sont l'Eau & la Terre, car il ne tient point l'Air ny le Feu pour Elemens. Les Elemens selon son opinion, ne se transforment point de l'vn en l'autre: Il n'y a que l'Eau qui monte en vapeur, & la vapeur deuient Eau par circulation. Pour le vray feu du Monde, il le place dans le Soleil lequel il n'apelle pas seulement l'œil de l'Vniuers, mais

De l'Enchyridion de la Physique restituée.

l'œil du Createur de l'Vniuers, par lequel il regarde d'vne maniere sensible ses Creatures sensibles, & qui est le premier Agent du Monde. Dans tout le reste de son Liure il se trouue beaucoup de particularitez tres-curieuses touchant l'origine des Choses, leur subsistace & leurs diuers changemens, ce qui se raporte fort au dessein que ce nouueau Philosophe a eu de parler de Choses Chymiques; Aussi a t'il mis en suite vn Traité qu'il apelle, *Arcanum Hermeticæ Philosophiæ opus*, dans lequel il parle de la matiere de la pierre Philosophalle & de ses Digestions, des degrez du Feu, de la figure des vaisseaux, & de celle du Fourneau ; De la composition de l'Elixir,& de sa multiplication. Veritablement comme beaucoup de gens bien sensez tiennent la pierre Philosophalle pour vne Chimere, cela pourroit decrediter tout le Liure, n'estoit que sa belle maniere de s'expliquer luy a donné de la reputation. Ceux qui sont du party des Peripateticiens le condamneront entierement; D'autres aprouueront quelques opiniõs,& reietteront celles qui semblent encore tenir de ces Philosophies particulieres qu'on croid estre remplies de visions, comme de dire que la Lumiere du Soleil & toute autre lumiere est spirituelle, & que nostre Feu materiel est spirituel en quelque sorte. Les choses n'y sont proposées que par Canons ou Articles succints qui laissent beaucoup à deuiner & à desirer, mais l'entreprise n'a esté aussi que de faire vn Enchyridion ou Abregé. Ce liure a esté traduit en François depuis quelques années sous le nom de, *La Philosophie des Anciens restablie en sa pureté*. Ceux à qui la langue Latine n'est pas familiere le peuuent voir en cette sorte.

De Basson. IL se trouue vn autre Liure latin dont l'impression est presque de la mesme datte, qui est, *Philosophia naturalis aduersu Aristotelem, libri XII. In quibus abstrusa veterum Physiologia restauratur & Aristotelis errores solidis rationibus refelluntur, A SEBASTIANO BASSONE, Medico.* Il y a là beaucoup de pensées curieuses touchant la Nature des Choses, la Matiere & le Mixte,& la Forme, le Mouuement & l'Action des premieres qualitez. On y rencontre aussi vn Traité du Ciel, vn autre de la veüe, & vn autre des Meteores. Les opinions d'Aristote y sont conferées auec celles de plusieurs modernes, & il ne faut point douter que la verité ne s'y defcouure en beaucoup d'endroits parmy ces altercations ; Mais il femble que le deffein de l'Autheur n'eftant que d'efcrire contre Ariftote comme le titre de fon Liure le porte, il y deuoit proceder auec plus de methode, & choifir mieux qu'il n'a fait tous les fujets qui font le plus en conteftation.

VN grand Nouateur qui a paru de noftre temps a efté Thomas Campanella, Religieux de l'Ordre faint Dominique, remarquable pour la quantité de fes efcrits fur toutes fortes de Sciences. Il a fait vne Grammaire, vne Logique, vne Rhetorique, vne Poëtique, & vn art de l'Hiftoire, vn gros volume de Metaphyfique, vn autre qui contient la Phyfique, la Moralle, l'Oeconomique, & la Politique, auec plufieurs Traictez à part, qui font tous affez efloignez des opinions des Peripateticiens. Il s'en fepare entierement dans fa Logique pour ce qui eft des Categories ou Predicamens, ne retenant point les mefmes que fuiuãt la doctrine la plus receuë. Il nõme la Subftance, la Quãtité, la Figure, la Faculté, l'Operation, l'action, la Paffion, la Similitude, la Diffimilitude, & la Circonftance. C'eft à fçauoir fi l'on fe peut feruir de cecy plus vtilement que des anciennes Categories ; Neantmoins Campanelle a monftré fon bel efprit par de telles inuentions. Sa Phyfique eft toute remplie d'opinions nouuelles ou renouuellées, & l'on peut s'affeurer qu'aucun Autheur ancien ny Moderne, n'a rien propofé qu'il n'en foit touché quelque chofe en ce lieu ; y ioignant des augmentations ou reflexions. Si dans fes autres ouurages il n'a pas eu la liberté de s'efcarter des opinions receuës, il les a au moins accompagnées de quelque hardieffe. Pour fon Liure, *De Jenfu Rerum*, quoy que chacun n'en vueille pas approuuer les propofitions, & qu'il y en ayt beaucoup de douteufes touchant les diuerfes correfpondances des chofes & leurs Sentimens, fi eft-ce que l'ouurage en eft agreable, comme eftant le Caractere & l'Idée d'vne nouuelle Philofophie, qui apres auoir pofé fes Principes fe trouuant bien pourfuiuie, acquiert toufiours quelque gloire à fon Autheur. Ce qui a pû empefcher que la reputation de celuy-cy ne fuft fi eftendüe comme l'on s'imaginoit d'abord, c'eft qu'on s'eft perfuadé que fa fa-

De Campanella.

çon d'efcrire n'eſt pas des plus polies, & de plus qu'ayant eſcrit d'Aſtrologie iudiciaire, on a crû qu'il eſtoit homme adonné aux ſuperſtitions. Ayant compoſé vn Liure de Medecine ſur la fin de ſes jours, il n'a pas pû encore en auoir de l'aprobation, parce qu'on le trouuoit fort different de ce que les vrays Medecins en pouuoient eſcrire, leſquels ſont meſmes d'vne Profeſſion qui ne ſouffre gueres que l'on entreprenne ſur elle. Cela fit deſcrier Campanelle, comme vn Homme qui pour auoir l'ambition d'eſcrire de toutes choſes, compoſoit des ouurages qui n'eſtoient pas touſiours dans les bonnes regles. D'ailleurs quelques perſonnes ont cherché déquoy cenſurer en la liberté de ſes paroles qui ſe remarque en pluſieurs de ſes Eſcrits, qu'ils n'ont pas iugé conformes à ſa condition de Religieux; mais il ſe pouuoit defendre par les prerogatiues de la franchiſe Philoſophique. Pour ce qui eſt de l'eſtime qu'on doit faire en general de ſes Liures, il me ſemble qu'il y a plus à admirer qu'à blaſmer, d'auoir eſcrit d'vne ſi grande varieté de ſujets, & en pluſieurs auec vne doctrine profonde. Il eſtoit auſſi fort merueilleux en ſa perſonne, eſtant capable de parler ſur le champ de toute ſorte de matieres, ce que pluſieurs perſonnes ont eſprouué en France, lors qu'il s'y retira pour ſe deliurer de la perſecution que les Eſpagnols luy faiſoient en Italie, à cauſe qu'il auoit compoſé quelque choſe qui n'eſtoit pas à leur auantage.

De René Des-Cartes.

PRESQVE au meſme temps nous auons eu vn Philoſophe François qui s'eſt acquis beaucoup de credit, tant pour la nouueauté que pour la ſubtilité de ſa Doctrine; C'eſt René Deſcartes Breton, fils d'vn Conſeiller au Parlement de Rennes. Son premier ouurage a eſté, *vn Diſcours de la Methode pour bien conduire ſa Raiſon, & chercher la verité dans les Sciences.* Les Eſſays de ſa Methode ſont premierement, Qu'au lieu du grand Nombre de Preceptes dont la Logique eſt cõpoſée, il a declaré, qu'il luy en ſuffiſoit de quatre; Le premier de ne receuoir aucune choſe pour vraye qu'il ne la connûſt & d'éuiter la preuention & la precipitation; Le ſecond de diuiſer chaque difficulté en autant de parcelles qu'il pourroit; Le troiſieſme de conduire par ordre ſes penſées, & de monter par degrez des objets les plus ſimples aux plus compoſez; Et le dernier de faire des denombremens si entiers qu'il ne pûst rien obmettre. Il est certain que ces Reigles sont bonnes, mais il en faut encore de plus particulieres pour faire des recherches asseurées. Au commencement de ce Discours cét Autheur se depeint luy mesme embarassé de plusieurs doutes & erreurs ; Mais il dit qu'ayant pris garde, que luy qui pensoit que tout estoit faux, il faloit qu'il fust quelque chose, & qu'ayant remarqué cette Assertion, *Donc ie suis*, il la trouuoit si ferme que les suppositions des Sceptiques ne la pouuoient esbranler, & il iugeoit qu'il la pouuoit receuoir sans scrupule pour le premier Principe de sa Philosophie, & que ce qui l'asseuroit qu'il disoit la verité, c'estoit que pour penser, il faut estre ; Or comme il y auoit d'autres choses qui luy paroissoient moins certaines, il connoissoit que puisqu'il doutoit, il y auoit quelque Nature plus parfaite dont il dependoit, qui auoit la connoissance & les Idées de toutes choses, c'est à dire pour s'expliquer en vn mot qui estoit, Dieu. Son preface des Methodes ne contient enfin que les moyens de connoistre Dieu & soy mesme, par des raisonnemens naturels, ausquels il ioint quelques propositions de Geometrie : Car son aplication ordinaire estant les Mathematiques desquelles il se croyoit grand Maistre, il en a fait vn Traité à part qu'il a mis dans le mesme liure auec vn autre pour enseigner le moyen de faire des lunettes à longue veuë plus excellentes que les communes ; Mais quelques curieux pretendent que cela n'auroit pas l'effet qu'il a pensé, & que mesmes les verres se casseroient plustost que d'estre taillez de la maniere qu'il a prescritte, & auec les Machines & les instrumens destinez à cela. Ensuite il y a vn Traité des Meteores qui est fort extraordinaire. L'Autheur ne parle pas là beaucoup de la generation de ces Corps esleuez, ny de leur composition ou de leur Matiere ; il parle principalement de la forme de leurs parties, voulant que les vapeurs qui s'esleuent soient de petits corps qui tirent sur la rondeur, & qui soient barbus & dentelez, & que l'eau qui coule sur la Terre, dans les fleuues ou ailleurs, ne soit point liée sans diuision, mais que ce soit de petits corps longs en forme d'Anguilles qui soient attachez les vns aux autres. En vn autre endroit il décrit mesme les effusions Sympathiques de l'Aymāt, &

il en a aussi fait la peinture. On peut dire là dessus qu'il a prudemment agy de s'estre vanté, d'auoir le secret de faire des Lunettes d'vne bonté extraordinaire, d'autant qu'il a eu besoin d'en auoir d'excellentes pour voir toutes ces choses. Cecy a quelque raport à la Philosophie d'Epicure touchant les Atomes; Cét Autheur ayant fait depuis vne Physique, y a introduit par tout la consideration de quantité de petits corps, dont il tient que les choses sont composées: Il les fait mouuoir en diuerses manieres, & en establit de particuliers dans chacun des Systemes qu'il se figure en l'Vniuers, lesquels estant tous des Mondes comme celuy-cy, ont des Astres qui y font leur cours, ce qu'il apelle, *Vortices*, & que son Traducteur a nommé, *des Tourbillons*. Il les croid presque sans nombre, & il dit que la Terre est vne Planette ou Estoille errante, & le Soleil vn des Astres fixes, & que trouuant vn milieu entre l'hypothese de Copernicus & celle de Thyco, il donne du Mouuement à la Terre sans luy en donner; Qu'à proprement parler ny la Terre ny toutes les Planettes ne se meuuent point, mais c'est le Ciel qui les transporte, & que la Matiere du Ciel est fluide & tres propre à se mouuoir; & qu'enfin suiuant son opinion tous les Phenomenes peuuent estre reiglez. Pource qui est des Elemens, il tient qu'il y en a trois, dont le premier est de certaines parties d'vne petitesse indefinie, qui se meslent entre tous les Corps, & se fourent où les autres ne peuuent passer; Que le second contient des Corps Spheriques plus gros que les premiers, & le dernier contient d'autres parties de la Matiere, qui ne peuuent pas estre meuës si aysement. Il sembleroit que par le premier Element, il voulust entendre l'Ether ou l'Air tres subtil, qu'on dit s'entre-mesler par tout pour empescher le vuide; Mais ce n'est point par l'introduction d'vn tel Corps qu'il a soustenu que le vuide ne se trouuoit point dans la Nature. Dans la seconde partie de sa Philosophie, il remonstre qu'il est impossible que le vuide se trouue dans les Corps ny entre les Corps, pource que l'estenduë de l'espace ne differe point de l'estenduë du Corps, & que comme nous concluons que le Corps est vne substance, de ce qu'il est long, large, & profond, il faut conclurre la mesme chose de l'espace

DES NOVATEVRS.

où le vuide est suposé, pource qu'y ayant de l'estenduë, necessairement il y doit auoir quelque Substance. I'ay veu des gens admirer cét argument & le tenir pour infaillible : Neantmoins c'est plustost vne fausse subtilité qu'vne verité; Car si nous nous imaginons vn quarré vuide au milieu de quelque matiere, l'estenduë de longueur & de largeur, n'est elle pas à l'esgard des limites du Corps qui l'enuironne? Ceux qui tiennent que le Monde que nous voyons est finy, & qui disent qu'au delà du premier Mobile ou du Firmament il n'y a rien, ne laissent pas de se figurer que ce dernier Ciel a vne certaine estenduë au dehors. On dira qu'il n'y a point de profondeur dans le vuide, mais elle est à l'esgard du terme d'vn Corps à l'autre; C'est pourquoy Descartes vse encore d'vne subtilité qui n'est pas receuable, disant que si Dieu ostoit d'vn vase tout les Corps qui y sont, ses costez se deuroient toucher, parce qu'il n'y auroit rien entre-deux. Cela est captieux; Il n'y a rien entre-d'eux, donc ils se touchent; Le vase gardant sa figure ronde, ou quarrée, ses costez n'ont garde de se toucher. Ce Philosophe pouuoit monstrer par ses propres Principes, qu'il n'y deuoit point auoir de vuide sans auoir recours à des Sophismes; Aussi proposant apres que toutes les parties de la Matiere s'estendent par tout, & ont vne fluidité nompareille, il nie qu'il se puisse trouuer des Atomes ou des Corps qui soient indiuisibles, ce qui pourtant semble contraire à tant de Corps qu'il introduit, aussi petits que l'imagination se les peut figurer. Au reste il dit que le Soleil & les Estoilles sont composez du premier Element, parce qu'ils donnent de la lumiere; Que les Cieux sont composez du second, parce que la lumiere passe au trauers, & que la Terre, les Planettes & les Comettes, sont composées d'vn troisiesme, estant solides pour faire refleschir la lumiere. Il monstre par là qu'il entend que la lumiere soit ce Corps qui entre par tout, mais puisque les Corps solides luy resistent, il ne sçauroit passer au trauers pour empescher le vuide. Toute cette Philosophie est pourtant bastie sur de tels Principes. La Terre, l'Eau, & l'Air selon ce Philosophe, sont composez de globes diuers, desquels toutes leurs proprietez dependent. Entre tous les Nouateurs on n'en void point qui s'esloigne d'auantage des Pensées cómunes. Les Peintures de ses Tourbillons imaginaires & d'autres choses semblables, peuuent estonner d'abord, & il n'y a point d'homme qui les voyant sans lire le Discours, peust iamais deuiner ce que cela signifie ; Neantmoins ces Figures & quantité d'autres, sont pleines de ces petits Corps si peu connûs, qui y sont representez auec autant d'asseurance que s'il les auoit veüs clairement. Or ceux qui considerent bien cela, ne se persuadent pas que toutes ces opinions viennent de son inuention propre ; Ils croyent que c'est quelque chose qu'il a pris de la Philosophie de Democrite & de celle de Iordan Brun, & mesmes de l'Enchyridion de la Physique restituée, qui estoit fait auparauant son liure, & qui propose que l'Vniuers peut estre remply de quantité de Mondes peuplez d'innombrables Habitans, & que ce sont comme autant de Prouinces & de villes d'vn mesme Gouuernemēt, & que mesme cette opinion ne repugne pas à la Saincte Escriture, laquelle n'a entendu parler que des productions de nostre Terre, & de nostre Creation. Descartes dit aussi que les Hómes doiuent prendre garde de n'auoir point vne trop haute opinion d'eux mesmes, & de ne point croire que tout estant fait pour eux, ils puissent conceuoir quelles bornes Dieu a mises à l'Vniuers, comme s'il finissoit au lieu qui ne leur sert de rien; Qu'encore que dans la Morale ce soit vne marque de Pieté de dire, Que Dieu a fait toutes choses pour les Hommes, afin qu'ils soient d'autant plus excitez à luy rendre graces, & plus enflammez de son amour, & quoy que cela soit vray en vn certain sens au moins afin d'exciter nostre Esprit à considerer tant de rares choses, & conceuoir ce que c'est que Dieu par ses œuures merueilleuses, qu'il n'est pas pourtant vray-semblable que toutes choses ayent esté faites pour nous de telle sorte, qu'elles n'ayent autre vsage, & qu'il seroit tout à fait ridicule & impertinent de parler de mesme maniere dans la Physique, veu que nous ne doutons point que plusieurs choses ne soient maintenant au Monde, ou n'ayent cessé d'y estre, qui n'ont point encore esté veües ny entenduës des Hommes, & n'ont esté en vsage à aucun d'eux. Mais encore que les Hommes n'ayent pas la connoissance de plusieurs choses, elles ne laissent pas de leur

seruir

DES NOVATEVRS.

seruir par des moyens cachez; Et s'il y a de l'humilité en quelques-vns de croire, Que le Monde n'est pas fait pour eux, il y peut auoir de l'impieté en d'autres qui croyent la mesme chose, parce qu'ils tiennent le Monde pour infiny. Nous aurons tousiours vne pensée fauorable de Descartes, & d'autres personnes de sa sorte dont les escrits n'ont point monstré qu'ils eussent autre intention que de parler des Choses naturelles, selon que l'on les aperçoit, & qui n'ont parlé que de la pluralité des Mondes, non pas de l'infinité. L'autheur de l'Enchyridion ayant dit que la Terre peut estre mise entre les Astres comme la Lune, & que les autres Globes ne doiuent point estre oysifs & steriles, il adiouste que le Soleil est suspendu au milieu du Palais du Souuerain, pour esclairer tous ses ouurages, ce qui fait connoistre qu'il establit quelque fin au Monde; Car ne disant point qu'il y ayt des Estoilles qui soient autant de Soleils, il faut croire qu'il se figure quelques limites à l'esclat de nostre Soleil. Il faut remarquer aussi que comme Descartes nous auertit de ne point borner la puissance de Dieu, aussi entend il qu'on ne s'imagine point ses œuures trop amples, trop belles & trop absolues, ce qui seroit les porter à l'infinité qui ne leur conuient pas. Pour ce qui est de l'imitation qu'on pretend que Descartes ayt faite de quelques autres Autheurs, elle n'est pas telle qu'il n'ayt beaucoup enchery dessus, & l'on reconnoist qu'il y a adjousté tant de subtiles pensées, que cela doit estre iugé entierement à luy: Quelques vns disent que sa Philosophie est obscure & pleine d'imaginations bigearres; mais il faut considerer que les Choses extraordinaires surprennent tousiours à l'abord, & que ceux qui inuentent vne nouuelle Doctrine & la rendent complette en son espece, ont quelque chose qui semble deuoir surpasser les communes Loix. On dit d'auantage que la maniere de philosopher de Descartes n'est pas des plus agreables, parce qu'il ne fait aucune Demonstration qu'auec la marque des lettres Capitalles, comme dans vn Liure de pures Mathematiques; Au lieu qu'vn Homme qui sçait l'Art d'escrire nettement & intelligiblement, se fait assez entendre par les seules Descriptions de son Discours, comme l'on void dans quelques autres liures de Philosophie. Mais chacun a ſa Methode particuliere d'eſcrire, & Deſcartes pouuoit dire que les Demonſtrations qu'il faiſoit, auoient beſoin de telles marques & de tels renuoys, pour eſtre données à comprendre plus ayſement. Il a fait encore des Meditations Metaphyſiques pour prouuer l'exiſtence de Dieu & celle de l'Ame, qui ne ſont rien que ce qu'il auoit deſia dit dans le liure de ſa Methode. Quelques Sçauans luy ont fait des Objections auſquelles il a reſpondu. Son dernire Liure eſt celuy des Paſſions de l'Ame, dont on ne void pas que les Deſcriptions ſoient fort extraordinaires, & ce qu'on y a le plus remarqué c'eſt qu'il dit, Qu'il y a vne petite Glande dans le cerueau dans laquelle l'Ame exerce ſes principales fonctions: Les Anatomiſtes & les Philoſophes ne ſont pas tous de ſon auis en cecy. La pluſpart des opinions de René Deſcartes ſe trouuent dans vn liure de Philoſophie, fait par vn certain Regius Hollandois qui en quelques endroits s'eſt ſeruy de ſes meſmes termes, & y a mis auec cela les meſmes Figures de Taille douce, de ſorte qu'on le peut nommer ſon Abreuiateur & ſon Compilateur. Depuis peu on a auſſi imprimé la premiere Partie d'vne Phyſique de Iacques du Roure ſuiuant les ſentimens des nouueaux Philoſophes & principalement de Deſcartes. Cela peut ſeruir à l'explication de cét Autheur, qui ne manque point d'auoir des Sectateurs.

Des Nouateurs Chymiſtes; de Paracelſe & autres, & particulierement d'Eſtienne de Claues.

IL NOVS reſte de parler des Nouateurs Chymiſtes, qui de toutes les Parties de la Philoſophie ne conſiderent que la Phyſique ſeule, mais l'accompagnent de Contemplations fort obſcures & Cabaliſtiques, ſi ce n'eſt qu'on en excepte quelques-vns plus raiſonnables que les autres. Les vns raportent tout à la Santé du Corps humain, les autres à la tranſmutation des Metaux; & quelques autres à la connoiſſance des merueilles de la Nature pour leur ſeule ſatisfaction. Ces derniers ont beaucoup ſeruy à la recherche des Veritez Philoſophiques, nous ayant apris à ioindre l'experience au raiſonnement. Raymond Lulle, Arnauld de Villeneuue, & Bernard Treuiſan, ont eſté celebres en leur Art de Chymie. Paracelſe eſt enfin venu qui a le plus mis en credit la Medecine Chymique, & qui a auſſi fait connoiſtre ce qu'il penſoit des Principes naturels. Pluſieurs ont escrit apres luy comme Crollius, Libauius, Quercetanus & autres, mais tout cela ne seruant qu'à leurs operations Medecinales ou Metalliques, ce qu'on en peut tirer pour la Physique generalle, c'est qu'ils establissent trois Principes, le Sel le Soulphre & le Mercure, lesquels ils pretendent trouuer en toutes choses, les croyant estre les vrays Principes de mixtion & de Generation. Vn certain Autheur qui prend le nom de Cosmopolite, a fait vn Traicté particulier du Soulphre & des autres Principes; Le sieur de Nuisement en a fait vn du Sel ou Esprit du Monde; Tout cela n'a encore du raport qu'aux imaginations de la Pierre Philosophalle: Il nous faut attacher aux Autheurs qui ont esté plus vniuersels & qui ont eu dessein de traiter de la vraye Philosophie. Ie choisiray icy Estienne de Claues Docteur en Medecine, qui dés l'année 1624. se fit passer pour Nouateur en Physique, sans en auoir rien escrit, car lors qu'Antoine Villon surnommé le Philosophe soldat, entreprit de soustenir des Theses contre la Doctrine d'Aristote dans l'Hostel de la Reyne Marguerite, c'estoit luy qui deuoit faire les experiences deuant l'assemblée auec le fourneau & les Alembics; Depuis De Claues a voulu parestre Philosophe par ses Escrits, ayant fait vn liure des vrays Principes de Nature & des Elemens, dans lequel il tasche de refuter les opinions communes & d'establir les siennes. Il ne reçoit point là les quatre Elemens des Peripateticiens, & pour monstrer qu'il est impossible qu'il y ayt vn Feu elementaire au dessous du Ciel de la Lune, il dit que les Optiques l'improuuent, d'autant que les Refractions de deux Elemens & Milieux, rendroient les Especes visibles difformes, & qu'il seroit impossible d'auoir des mesures certaines de la Grandeur, de la Figure & de la Situation des Corps celestes, selon l'exemple d'vn Baston fort droict qui paroist tortu par deux milieux diuers de l'Eau & de l'Air. Les Philosophes respondent à cela, Que leur Feu elementaire est encore plus subtil que l'Air, de sorte qu'il ne s'y peut faire de Refractions comme dans l'Eau; Mais on leur representera qu'encore que le Feu soit tres subtil, il ne sçauroit auoir cette transparence qu'ils luy attribuent, puisque le Soleil & les Estoilles ne l'ont pas, quoy qu'ils soient vn vray Feu.

ayansde la chaleur & de la clarté : Aussi les Corps qui esclairent les autres n'ont pas besoin d'estre transparens ; Cela n'est necessaire qu'à ceux au trauers desquels les Especes des Objets doiuent passer ; Pour eux, ils ont vn amas de lumiere qui esbloüit. De Claues dit encore, Qu'il n'y a point de Feu elementaire au dessus de l'Air, & qu'à cause de sa grande estenduë, il embraseroit en peu d'heure tout ce qui seroit au dessous, surquoy il raporte que les Peripateticiens tiennent qu'il est semblable à l'Eau de vie, qui quoy qu'elle s'enflamme, a moins d'ardeur en cét estat qu'vne Eau qui bout, & qu'auec cecy la chaleur du Feu Elementaire va tousiours en montant, de sorte que l'Air ne s'en peut ressentir : Mais cét Autheur respond, Que l'Eau de vie brusle d'auantage que l'Eau boüillante, & que les Plantes qu'elle touche sont reduites en cendre promptement, & pource qui est de cette chaleur qu'on pretend s'esleuer fort haut ou demeurer en mesme lieu sans s'abaisser, il dit au contraire, Que si l'on accorde que la chaleur deriue du Soleil, quoy que ses rayons ne soient estimez ny chauds ny froids & que leur puissance soit attribuée à l'attrition, à plus forte raison le mouuement du dernier Ciel deuroit repousser en bas le Feu elementaire, & qu'outre cela l'Air estant desia moderement chaud, suiuant l'opinion des mesmes Peripateticiens, il en deuroit augmenter sa chaleur iusqu'à l'excez. Au Chapitre suiuant de Claues veut respondre à quelques objections qu'on luy peut faire, comme de la Flamme qui monte en haut, ce qui semble inferer qu'elle veuille retourner à son Element. Il dit que les vapeurs spiritueuses ou huyleuses s'esleuët de mesme, & que la flamme n'est point vn Element, mais vn accident qui s'attache fortuitement à l'huyle ; Qu'elle ne peut estre vne Substance elementaire, autrement la Forme ignée auroit deux sujets ou Suposts, la Substance du Feu & l'huyle ; Que si l'on objecte, que le feu seroit donc humide, il l'accorde aussi, & qu'il n'a pas besoin d'estre sec pour desseicher puisqu'il ne desseche pas de soy, mais par accident en separant d'vn Corps les humiditez volatiles. Par l'huile dont il parle & qu'il apelle Element, il entend le Souffre, l'vn des trois Principes des Chymistes ; mais chacun ne peut pas aprouuer que l'on tienne ces trois matieres pour les premieres des autres, & qu'il n'y ayt rien au delà, veu que toutes les trois peuuent estre reduictes en tel estat par les distillations & separations, qu'il ne s'y trouuera que deux Elemens qui sont l'Eau & la Terre, leurs autres differences ne venant que de leur diuerse mixtion. Le mesme Autheur voulant acheuer de refuter les raisons de ceux qui logent le Feu elementaire sous la concauité du dernier Ciel, il attaque principalement les Philosophes du College de Coimbre, qui ont dit que la forme de ce Feu est reprimée en plusieurs façons, & specialement par l'influence des Astres, & par des proprietez naturelles qu'ils ont à cét effect. De Clâues dit fort à propos que ces raisons ne sont pas de mise chez les Physiciens, qui ne reçoiuent pas pour choses valables les vaines imaginations des Astrologues, lesquels nous voudroient persuader qu'entre les Planettes, il n'y en a pas seulement de chaudes, mais qu'il y en a de tres-froides; Que selon les Peripateticiens, les Cieux n'ont point de qualitez elementaires; & que si pour temperer la chaleur de ce Feu que l'on place au dessous d'eux, on a recours à la froideur de l'Air, elle n'est pas telle qu'elle le puisse rafraischir, & s'empescher d'en estre vaincuë; Que la glace mesme ne peut souffrir la moindre chaleur sans se liquefier, quoy que la chaleur des rayons du Soleil estant portée icy bas soit quelques-fois moindre de plus d'vne vingtiesme partie, que ne seroit celle de ce Feu sublunaire que l'on s'est imaginé; Et qu'aussi n'y faut il adjouster aucune Foy, puisque ce mesme Aristote que l'on veut suiure en toutes choses, a declaré que ce que l'on apelloit Feu au dessus de la Sphere de l'Air n'estoit pas vn Feu, mais vne Substance vn peu plus subtile que l'Air commun. Apres cecy toutes les raisons & les explications que l'on cherche ne seruent de rien, veu mesme qu'on ne sçauroit monstrer que le Feu soit vtile en ce lieu là. Il ne doit pas tenir vn Cercle au dessus de l'Air, de l'Eau & de la Terre, pource que les eschauffant de toutes parts & continuellement, il y auroit de l'excez; Que s'il ne les eschauffe point, on peut dire qu'il est là inutile & mesme qu'il ne s'y trouue aucunement. De Clâues refuté apres ce que l'on a dit pour prouuer le nombre des Elemens par

K k iij

quatre premieres Qualitez. Il dit que la chaleur, la froideur, l'humidité & la seicheresse, ne sont pas premieres Qualitez, d'autant qu'elles ne dependent pas immediatement de la Forme, & que leur Sujet peut estre sans elles, car l'Eau que les Peripateticiens croyent extremement froide, non seulement peut estre sans froideur, mais peut auoir vne extreme chaleur qui est le contraire. En suite il destruit toutes les conuenances que l'on a establies sur ce que l'on s'est imaginé que chaque Element symbolise auec ceux qui luy sont voisins, qui est la raison par laquelle on croid qu'ils sont transmuables: Aussi monstre-t'il clairement que la Terre ne se transmuë point en Eau, ny l'Eau en Terre & ainsi du reste, parce que les Elemens ne changent point leurs formes estant incorruptibles. Il refute aussi ce que l'on allegue des quatre Humeurs du Corps humain remonstrant qu'elles n'ont aucun raport auec les quatre Elemens, & que le contraire de la Terre ne doit point estre le Feu, mais quelque autre Corps plus subtil. Sur tout il se mocque de ceux qui comparent les Elemens aux quatre Saisons, comme si elles estoient necessaires & infaillibles par tout le Monde, au lieu qu'on y trouue vne grande diuersité sous les cinq Zones. Il pretend faire voir qu'il y a d'autres Qualitez, qui sont plustost Premieres que celles que l'on met en vogue, & qui tout au moins les precedent en dignité, lesquelles sont, la Congelabilité, l'Inflammabilité, la Fusibilité & autres qu'admettent les Chymistes; Et pour ayder à son opinion, auec le Mercure, le Souffre & le Sel, il adjouste pour Elemens, l'Eau, & la Terre. En ce qui est de cét endroit, il ne peut estre approuué que de ces gens qui ayans trauaillé aux fourneaux, ont voulu que pour salaire de leur peine, on leur fist l'honneur de leur laisser constituer vne Secte à part; Mais ny leurs trois Principes ordinaires ne sont point des Elemens, ny on ne doit point en nommer cinq y adjoustant l'Eau & la Terre; C'est là vne des propositions des Theses que De Claues & Villon deuoient soustenir, non sans quelque temerité. Ils deuoient faire difference entre ce qui est Principe de Mixtion & ce qui est Element. De Claues continuë d'estre iniuste lors qu'il allegue plusieurs qualitez secondes, qu'il ne croid point estre causées par quelqu'vne des premieres Qualitez, comme est la chaleur, remonstrant que tous les Corps qui sont chauds, n'ont pas la mesme qualité, soit d'inflammabilité, soit de saleure; On luy repartira que c'est la chaleur qui leur a donné l'vne ou l'autre, selon les dispositions qu'elle a trouuées dans la Matiere, tellement que cela ne peut seruir pour prouuer que l'inflammabilité soit vne Qualité premiere. En ce qui est des Qualitez que l'on a accoustumé de donner aux Elemens, il ne tient point que la Froideur doiue estre attribuée à l'Eau ny à la Terre. Il croid que cette qualité leur vient indifferemment, & il n'attribuë la Froideur en proprieté qu'à l'Air. Pour ce qui est de l'Odeur, il dit que l'Eau, la Terre, & le Sel n'en ont point, & qu'il n'y a que le Souffre ou l'huyle qui en ayent. Il partage ainsi toutes les proprietez & les Qualitez à sa mode. En vn autre endroit voulât prouuer suffisamment ses cinq Elemens, qui sont l'Esprit ou le Mercure, l'Huyle ou le Soulphre, le Sel, l'Eau, & la Terre, il dit qu'ils ont des proprietez specifiques qui leur conuiennent tousiours, comme à l'Esprit d'estre Fermentable, à l'Huyle d'estre inflammable, au Sel d'estre Coagulable, à l'Eau d'estre congelable & à la Terre d'estre Friable ou discontinuable. Là dessus il raporte diuerses opinions des Chymistes, dôt quelquesvns selon Paracelse tenant encore pour l'ancienne Philosophie, reçoiuent la Terre, l'Eau, l'Air & le Feu pour Elemens, & le Sel, le Souffre & le Mercure, seulement pour Principes de Mixtion, & les autres qui n'admettant que ces trois pour Elemens & pour Principes, tiennent l'Eau & la Terre pour Excremens, selon l'auis de Pierre Seuerin Danois ; car en ce qui est de l'Air la pluspart ne le mettent point au nombre des Elemens, à cause qu'il n'entre point dans la composition des Corps. Les opinions de De Claues sont à mon gré les moins receuables en vn tel sujet. S'il s'estoit contenté des trois Principes ordinaires de Mixtion, on n'y trouueroit rien à redire, puisqu'ils ont vne aparence de certitude, quelque nom que l'on leur vueille donner ; Si on tient auec cecy l'Eau & la Terre pour Excremens, cela peut encore auoir vne explication raisonnable, en ce qu'ils ne sont apellez Excremens, qu'à l'esgard des Mixtes parfaits parmy lesquels ils se sont trouuez:

Mais de tenir tous les cinq enfemble pour Principes & pour Elemens, c'eſt n'en pas faire de diſtinction. On void bien que les derniers Chymiſtes fe font auifez de ce meſlange pour auoir l'honneur d'innouer quelque chofe comme ceux qui les ont precedez. Il fe faut tenir à ce qui eſt bien inuenté, quoy que De Claues ne l'ayt pas voulu faire. Il eſt vray qu'à l'exception de cela, il a fait pareſtre beaucoup de fubtilité dans ce liure des Principes. On fe peut aſſeurer qu'on ne trouue guere ailleurs plus d'ouuerture pour la connoiſſance des Elemens & de la compoſition des Chofes, car mefmes en ce qui eſt le moins probable il y a lieu d'y trouuer quelque fauorable explication. Il a compofé vn autre bon liure, *Des Pierres & Pierreries*, duquel il faut encore donner quelque Sommaire. Il raporte trois opinions diuerfes fur la production des Pierres; Qu'elles fe font d'Eau & de Terre deſſeichées par la chaleur violente, ou qu'elles fe congelent par le froid, ou que c'eſt vn Suc terreſtre & viſqueux qui fe petrifie. Apres voulant examiner les Autheurs qui en parlent; il commence par Ariſtote qui a dit, Que les Pierres fe formoient d'vne Exhalaifon feiche & bruflée, à quoy il refpond, Que fi les Pierres fe formoient d'vne fimple exhalaifon, elle ne fe pourroient agglutiner, & qu'en outre la Terre ne fçauroit auoir la qualité de Feu, fans paſſer par plufieurs milieux, ce qu'elle ne fait point. Il allegue beaucoup de raifons contre cela, & contre d'autres paſſages d'Ariſtote fur le mefme fujet. Il declare que l'Opinion de Theophraſte eſt fi obfcuremét expofée qu'il s'y arreſte peu, & paſſant à Auicenne, qui dit que les Pierres font faites de bouë & d'vne eau craſſe & lente, il refpond que toutes les bouës feroient donc capables de fe petrifier. Il trouue qu'Agricola reüſſit mal, quoy qu'il eſtabliſſe vn Suc dont s'engendrent les Pierres, pource qu'il ne dit point quel eſt ce Suc; Il traite de mefme Fallope, Scaliger & Cardan, faifant voir qu'il y a de l'erreur dans leurs opinions, faute d'auoir fçeu le vray meſlange des Chofes, qu'on ne peut aprendre fans eſtre inſtruict des Principes de la Chymie. Apres auoir parlé de la matiere des Pierres, il traite de leur caufe efficiente, où il refute ce que les Autheurs precedens en ont dit, puis voulant defcouurir fes Sentimens, il

propofe

propoſe qu'il y a vn Feu central, enquoy il garde vne autre œconomie ſoufterraine, que ceux qui ſe ſont imaginé qu'il y auoit vn grand froid en ce lieu-là; Il y met vne extreme chaleur, telle que celle du Feu, & au milieu vne temperature, & au haut de la Terre, du froid & du chaud ſelon les ſaiſons. Or il dit que ſon Feu central agit ſur toutes les Matieres enfermées dans Terre, faiſant couler d'vn coſté & d'autre les ſouffres, les Bitumes, & les Sels, dont pluſieurs Terres ſont empraintes: Il deſcrit comme il s'en fait auſſi d'autres diuerſes productions, entre leſquelles eſt celle des Pierres & des Pierreries. En ſuite il traicte la Queſtion de leur Semence, dont pluſieurs reuoquent en doute l'Eſtre, ſurquoy il raporte encore diuers aduis d'Autheurs, qui donnent l'accompliſſement à ſon Liure, auec ce qu'il dit de la Vegetation & nutrition des Pierres.

HENRY de Rochaz qui faiſoit Profeſſion à Paris de la Medecine Chymique il y a quelques années, peut eſtre mis au nombre de ceux qui ont innoué dans la Philoſophie, puiſqu'il en a fait des Liures exprez. On en a veu vn premierement lequel traicte des Eaux mineralles, & de quelques ſecrets concernans les Mineraux, mais cela n'aboutiſſoit qu'à monſtrer que les Bains mineraux pouuoient eſtre imitez par art. Depuis il a voulu faire vn ouurage plus accomply, ayant compoſé vn liure intitulé, *La Phyſique Reformée*, lequel contient au commencement la refutation des Erreurs populaires touchant les Principes & les Elemens. Rochaz remonſtre là qu'il n'y a perſonne ſur la Terre qui connoiſſe les Mixtes par leur premiere compoſition, & que pour cét effet il faudroit auoir eſté preſent lors que Dieu les creoit, & auoir vne connoiſſance antecedente qui n'apartient qu'à Dieu; mais qu'au lieu de cela l'on peut connoiſtre les choſes par reſolution, qui eſt vne connoiſſance poſterieure apartenant aux Hommes, & ſpecialement à ceux qui ſont Philoſophes Chymiques. De là cét Autheur voulant prouuer que les Elemens vulgaires n'entrent point au meſlange des Corps, il refute le Feu elementaire par les raiſons de la chaleur & de la lumiere qu'il deuroit communiquer icy bas, & ce qu'il en dit de moins commun & de plus ſubtil, c'eſt que ce Feu deuroit eſtre dix fois plus atenué que

De Henry de Rochaz.

l'air, & par consequent occuper dix fois plus de place, si bien que suiuant ses mesures, le Ciel de la Lune deuroit estre beaucoup plus esloigné que l'on ne le croid. Or ayant monstré que ce Feu ne subsiste point, il destruit par ce moyen la combination des qualitez pretenduës, & venant à parler de l'Air, il prouue qu'il n'est pas plus humide que l'Eau, & qu'il n'entre point dans les Mixtes non plus que le Feu. En parlant des Principes des Chymistes, il dit que le sel est ce qui rend les Corps solides & massifs, & qu'entre les Arbres le Buys & le Fresne, ont le plus de Sel; Que ce qu'on apelle Huyle aux Plantes, c'est gresse aux Corps des Animaux, & c'est Soulphre aux Mineraux, qui est le second Principe; Et pour le Mercure qui est le troisiesme, il ne manque pas d'auoir beaucoup de choses à en dire. Puisque quelques-vns le prennent pour le Phlegme ou pour l'Eau, nous remarquerons qu'il dit apres, que l'Eau est le Principe de toute nutrition; Qu'il n'est pas besoin que la Terre s'y mesle pour la nourriture des Plantes, & que mesmes il ne croid pas que si la Terre y estoit meslee, elle pûst passer au trauers des pores du germe & des racines. Nous luy repartirons que la Terre se joint à l'Eau par petites parcelles, qui peuuent passer facilement où celles de l'Eau passent. Mais cét Autheur n'admettant point vne telle opinion propose cette autre, Que l'Eau seule nourrissant les Corps mixtes se corporifie pour leur nutrition & leur augmentation, par vn Esprit vital inherent. Il semble que les opinions de Palissy, luy ayent donné cette visée; mais il a eu plustost esgard à celle de Nuisement, attribuant à l'Eau ce que Nuisement attribue au Sel ou à l'Esprit vniuersel du Monde qui se corporifie & se spetifie en toutes choses. Rochaz veut passer plus outre que tous les autres, tenant mesme que toute la Terre a esté faite de l'Eau, & que Dieu voulant créer le Monde n'a point fait deux sortes de Matiere, mais vne seule qui estoit l'Eau, & qu'estant dit dans la Genese, Que l'Esprit de Dieu estoit porté sur les Eaux, & qu'il separa les Eaux des Eaux, cela monstre que tout estoit Eau, & que de l'Eau tout a esté fait. Ce sont icy des aplications peu asseurées; Car il est dit, Qu'au commencement Dieu crea le Ciel & la Terre, & la Terre est nommée deuant l'Eau. Pour ce qui est des autres veritez de Physique recherchées par cét Autheur, il declare en vn autre endroit, Que les Corps n'ont que deux Qualitez positiues, la chaleur & l'humidité, & que la froideur & la secheresse ne sont que des Priuations, ce qui peut estre defendu en quelque sorte. Il y a vne seconde partie à son ouurage, où l'on void encore ce que c'est que les Trois Principes des Chymistes, Comment les maladies en sont causées, & comment elles sont aussi gueries par leur moyen, à quoy il joint des exemples des Cures qu'il a faites, ce qui n'est plus de nostre sujet. I'aurois eu assez d'autres Chymistes à nommer s'il n'auoit esté question que de leur art, mais il n'estoit besoin de parler que de ceux qui nous ont donné quelques œuures de Physique, & en cela il ne faut point auoir esgard à l'estime que l'on fait d'eux parmy les gens de leur profession. Quelques autres Autheurs ont des opinions de Chymie qu'ils font seruir à leur Science ; Pour ce qu'ils sont plus Physiciens que Chymistes, nous les laissons en leur rang.

QVELQVE estime que l'on fasse des Autheurs dont i'ay parlé, il est certain qu'ils sont la pluspart des principaux Nouateurs des Sciences. Ayant donc fait vn rapport succinct de leurs opinions où l'on void ce qu'il y a de plus exquis dans toute la Philosophie, cela excitera les Lecteurs à voir les propres ouurages qui en traictent, ou peut estre cela suffira-t'il pour satisfaire leur curiosité quelque temps, iusqu'à ce qu'ils fassent rencontre de tels Liures, y en ayant de si rares & de si chers (comme peut estre celuy de Patrice) que de leur prix on auroit vne petite Bibliotheque. Ce seroit mesme quelque chose de n'auoir fait que les indiquer, mais en outre i'ay raporté ce qu'ils ont de plus extraordinaire, & i'y ay ioinct quelques reflexions, sur lesquelles on pourra donner iugement d'eux. On remarquera qu'il y a de ces Philosophes qui à cause du dessein qu'ils ont pris de contredire aux Anciens en toutes choses, ont publié des visions & des extrauagances, & y ont pourtant meslé des veritez remarquables. Il faut loüer la grandeur de courage de Telesius, d'auoir osé le premier censurer les anciennes erreurs, attribuant de la chaleur aux Astres, & soustenant que le Feu ny l'Air n'entrent point dans la composi-

Considerations sur le Sommaire des opinions des Nouateurs.

tion des Mixtes ; Patrice est aussi fort recommandable d'auoir destrompé son siecle, touchant beaucoup d'opinions absurdes des Corps celestes & des terrestres ; Ces premiers auec Cardan & quelques autres, ont nié qu'il y pûst auoir de Feu Elementaire, & ont fait connoistre que le vray nombre des Elemens, n'est que de deux, qui sont l'Eau & la Terre, à quoy s'accorde Gorlæus & l'Autheur de l'Enchyridion. Copernic, Galilée, Iordan Brun, & Des Cartes, nous aprennent tout ce qui se peut imaginer & suposer du nombre, de la situation, & du mouuement des Corps Principaux de l'Vniuers ; Des Cartes nous a encore apris quelque chose de la Metaphysique & de la Methode de s'instruire. Palissy, De Claues, & tous les Chymistes, taschent de nous faire connoistre quelle est la composition des Corps. Les principaux enseignemens de Ramus, ont esté touchant la Logique, mais ils seruent pareillement à l'esclaircissement de la Physique. On trouue des Nouateurs en plusieurs autres parties de la Science, desquels il est fort vtile de s'enquerir ; Neantmoins la varieté des opinions n'est si grande nulle part, que sur ce qui concerne les choses naturelles : C'est pourquoy ie me suis adonné à recherchet ceux qui en ont eu les plus belles & les plus curieuses pensées, & s'il y en a qui semblent se contrarier, comme Palissy qui tient que les Corps mixtes sont produits par l'Eau, & De Claues qui veut qu'ils soient produits par le Feu central, il y a moyen de concilier les deux opinions, disant que le Feu sousterrain esleue les vapeurs qui sont apres reduites en Eau, & qui ayant esté rarefiées par la chaleur sont congelées par le froid. Les propositions de plusieurs Philosophes peuuent estre ainsi soustenuës pour valables : Nous auons assez descouuert ailleurs ce qu'elles ont de bon pour donner à connoistre qu'il ne les faut pas toutes rejetter comme font quelques hommes indiscrets. Estant coiffez des vieilles opinions, ils condamnent vn Autheur sans mesme auoir veu ses œuures, dés qu'ils entendent dire qu'il y a mis quelques opinions nouuelles ou differentes de celles de leur premier Maistre. Leur repartie est incontinent ; Pense-t'il estre plus-sçauant qu'Aristote ? Mais que leur iugement est precipité ! Pensent-ils eux mesmes que pour s'esloigner des sentimens de cét Autheur, on soit touché de quelque orgueil extraordinaire, & qu'on ne puisse au moins supléer à quelque chose qu'il a obmis, ou reformer ce qu'il a de peu conuenable? Pourquoy condamnent-ils ce qu'ils ne connoissent pas encore, & pourquoy estce qu'ils loüent vniuersellement ce qu'ils connoissent si peu ? Aristote a-t'il esté vn Autheur qui ne pûst faillir ? Son liure est-il vn second Euangile auquel on doiue croire par vne obligation indispensable ? Ne sçauons nous pas qu'il n'est rien de plus faux que ce qu'il tient touchant la composition des Mixtes, le nombre & la transmutation des Elemens, les proprietez des Corps celestes, sa Matiere premiere & ses trois Principes, où auec la Matiere & la Forme il met la Priuation, comme si le Neant estoit autheur de la production des choses, vaines imaginations de Sophiste & de Logicien trompeur, qui veut regler la Physique par la Logique ? On trouue aussi à reprendre à sa Metaphysique & à sa Morale, qui ne s'accordent point en toutes choses à la croyance des Chrestiens ; Et quant à sa Rhetorique, son liure des Animaux & autres ouurages, quoy que beaucoup de gens les aprouuent, ce n'est pas d'eux qu'il doit tirer son estime, puisque mesmes ses principaux Sectateurs ne les mettent pas au nombre de ses liures Philosophiques, ne reçeuant pour tels que ceux qui dependent des Loix Logicales. N'est ce pas auec cecy vne terrible manie, qu'il y ait des Hommes dont l'opiniastreté aille si loin, qu'ils veullent que ce Philosophe ait eu raison par tout, & qui lors qu'ils reconnoissent qu'il ne dit pas la verité, & qu'il se contrarie, donnent la gesne à ses paroles, & les tournent en plusieurs façons, pour leur faire dire ce qu'ils souhaitent, plustost que d'auoir la honte & la fascherie de s'en departir en quelque endroit ? C'a esté le procedé de tous ses Commentateurs, & ce l'est encore de quantité d'hommes qui se meslent d'expliquer sa Doctrine & de l'enseigner. Si on leur remonstre que leur instruction est imparfaite, n'enseignant que les Propositions d'vn seul Autheur, ils diront peut-estre qu'il y a du dommage à s'en separer, pour ce que celuy-là est le meilleur de tous, & qu'entre les Maistres de nostre siecle qui ont voulu enseigner vne autre Philosophie, il y en a peu qui ayent reüssi. Mais s'il est arriué par malheur que ceux qui ont voulu s'adonner à de nouuelles inſtructions, n'en ayent pas eu la capacité, on n'en doit pas tirer vne conſequence au meſpris de la Doctrine qu'ils ont publiée; Et ſi au contraire on en void aujourd'huy qui n'enſeignant rien que de vieilles routines toutes remplies d'erreurs, ne laiſſent pas d'acquerir beaucoup de reputation, il ne faut pas s'eſmouuoir pour les imaginatiõs du vulgaire, & croire à cauſe de cela que tout ce que les Nouateurs ont enſeigné ſoit ſujet à Cenſure. Quand on y trouueroit quelques defectuoſitez ſous ombre d'vn mauuais Nouateur, tous les autres ne doiuent pas eſtre condamnez. Repreſentons nous que l'intereſt ſe fait voir icy par la propre confeſſion des mauuais Pædagogues, qui n'ont aucun eſgard aux inuentions nouuelles des habiles Hõmes, & qui diſent que s'ils s'y attachoiet ils craindroiẽt de perdre la pluſpart de leurs Eſcoliers; S'ils ſe contentent de leurs Methodes telles qu'elles ſoient, c'eſt donc pour ce qu'elles ſuffiſent à les enrichir; C'eſt neantmoins vn intereſt mal conduit & peu iudicieux. Il eſt certain que quand de bons Maiſtres embraſſent les meilleures & les plus certaines de toutes les nouuelles opinions, tant s'en faut que les Eſcholiers les quittent pour ce ſujet, qu'au contraire ils en ont plus grand nombre: Il y à preſſe à les aller ouyr, & des Hommes âgez s'y meſlent parmy les ieunes gens. Il y a gloire de ſe pouuoir garentir des erreurs, plus elles ſont generalles. Veut on chercher des exemples de quelques perſonnes qui n'eſtoient pas meſme dans la plus haute Perfection, & qui ne faiſoient qu'esbaucher les deſſeins de la Reformation de la Philoſophie, & qui pourtant ont eu quelques aprobateurs. Lors qu'Antoine Villon fit publier dans Paris les Theſes de ſa Philoſophie nouuelle, & lors qu'il s'apreſtoit à la diſpute, la Salle eſtant deſia preparée, Meſſire Nicolas de Verdun qui eſtoit Premier Preſident au Parlement, en ayant eſté auerty, en parla en homme d'eſprit & de bon ſens comme il eſtoit: Il dit, Qu'il s'en rejoüyſſoit, & que cela reſveilleroit les vieilles Muſes de l'Vniuerſité de Paris qui dormoient depuis long-temps; Toutefois le Recteur & ſes Aſſeſſeurs ne creurent pas que cela leur fuſt auantageux, & ils eurent tant de credit qu'il y eut Arreſt pour empeſcher la diſpute. N'eſtoit-ce point vn ſcrupule du temps qui faiſoit alors condamner ces choses pour leur seule nouueauté ? Si les Regens de Paris tenoient la Doctrine de Villon pour fausse & facile à renuerser, que ne comparoissoient ils à l'assignation par ordre de leurs Superieurs, pour la destruire ; au lieu qu'empeschant qu'elle ne fust publiée, ils donnoient sujet de croire qu'ils la redoutoient ; Et si elle estoit bonne, pourquoy ne la vouloient ils pas escouter ? Il y pouuoit auoir quelques Propositions à rejetter, mais les autres estoient soustenables, & il y eust eu profit à les entendre : Aussi beaucoup de gens eurent regret en ce temps-là, de ce qu'on les auoit priuez de ce diuertissement remply d'instruction. Excusons vn Siecle qui ne manquoit pas d'habiles Hommes, entre lesquels il y en auoit d'assez capables pour respondre à ces Philosophes. On craignoit que cela n'aportast quelque preiudice, & que cela n'emeust des disputes qui concernassent la Religion, dont l'Heresie vouloit alors sapper les fondemens, autrement on auroit eu tort de defendre vne dispute de simple curiosité. Les Professeurs des Sciences eussent ils aprehendé, qu'on ne choquast trop fortement leur Aristote, & que si on eust fait parrestre quelque deffaut en luy, on ne les reduisist à ne sçauoir plus quel Autheur suiure ? Ignoroient-ils que ce mesme Philosophe auoit esté autrefois condamné en France, & chassé ailleurs de toutes les Escholes Chrestiennes ? Puis qu'on la receu depuis, cela ne monstre-t'il pas, qu'on donne telle face qu'on veut aux choses ? Il faut reconnoistre qu'auiourdhuy on est fort destrompé de cét attachement, & que les plus habiles ne se tiennent point obligez de croire aux Philosophes Payens, veu que le fonds de leur croyance, n'a esté qu'Erreur & impieté ; C'est ce que Campanelle a voulu mõstrer dans vn Traicté fait exprez. Th. Campce. De Gentilismo nõ retinendo.

On doit auoüer aussi qu'entre les diuers liures, ie ne dy pas de nos Nouateurs, mais de ceux qui ont suiuy les vestiges anciens de la Philosophie, il s'en trouuera plusieurs aussi propres pour l'instruction que ceux d'Aristote. Il est iuste de s'accorder aux sentimens que l'on a de cét Autheur alors qu'ils sont raisonnables. Nous voulons bien qu'on le tienne pour vn des Oracles de l'antiquité, que ses Escrits en soient des plus pretieuses reliques, & qu'on y ait tousiours recours comme à vne des sources de la Science, afin d'auoir vn lieu asseuré d'où l'on tire les diuers Axiomes de la Philosophie humaine ; Mais on ne se sert guere de son Texte seul sans explication, & encore les plus esclairez, y changent ou corrigent ce qui ne s'accorde pas aux dernieres obseruations. Les autres Maistres des Sciences ne sont point autrement traictez, s'ils ont escrit des choses qui doiuent estre changées ou ameliorées. Hypocrate qui tient dans la Medecine, le lieu que tient Aristote dans la Philosophie, a parlé de quelques maladies, & de leurs remedes, selon le temperament des Hommes de son Temps & de sa Nation ; Seroit on d'auis qu'on le suiuist en cela aujourd'huy, & mesmes si l'on a trouué quelques manieres plus ayfées de traicter les malades, fera-t'on difficulté de les obseruer ? Ainsi la Doctrine des Anciens Philosophes, ne doit point auoir tant de credit qu'elle ne cede la place quelquefois aux experiences & aux raisonnemens des Modernes. Cela ne destruit point la reputation qu'ils peuuent auoir ; Au contraire ie preten que l'on leur fait plus d'honneur de les receuoir ainsi corrigez ou moderez, & accommodez à nostre vsage, que de leur vouloir adjouster foy entierement sans aucune connoissance de cause, comme font plusieurs Hommes inconsiderez, & ie ne voy pas qu'il y ait quelque auantage à receuoir pour les Eloges que donne l'Ignorance. Nous temoignons icy que nous voulons moins de mal à Aristote qu'aux Aristoteliciens : Ce sont eux qui ont de l'obstination pour s'oposer à des choses, ausquelles s'il viuoit il seroit content d'adherer, pour faire son profit des nouuelles lumieres qu'il verroit parestre. Cependant ces aueugles volontaires osent publier qu'il ne faut souffrir aucune innouation ny reformation dans les Sciences, quoy que ce soit le seul moyen de les rendre parfaites. Mais à qui croira-t'on plustost, ou à des Esclaues & des Mercenaires, qui ne font simplement que distribuer par leurs Escrits & par leurs leçons, la Doctrine qu'ils ont trouuée dans les Escrits des autres, ou à des Hommes de condition libre & des-interessée, qui sont eux mesmes les inuenteurs de ce qu'ils donnent ? Considerons la necessité qu'il y a de ioindre aux obseruations des Anciens quelques obseruations nouuelles, & de prendre des instructions ailleurs que chez les Maistres communs. L'Esprit de l'Homme est dans

vne

vne enqueste continuelle ; Il cherche par tout dequoy satisfaire sa curiosité, & comme il y a des Hommes bigearres qui se plaisent à inuenter de nouueaux Systemes & de nouuelles maximes des Sciences, quelques-vns tromperoient les plus simples auec leurs propositions extraordinaires, s'ils n'auoient connoissance de ce qui a esté trouué de plus certain par des Nouateurs plus curieux & plus discrets. Que penseront ils sur les diuerses altercations des Elemens & des Principes de Mixtion, sans les recherches des Chymistes, & à quoy s'arresteront-ils touchant la grandeur, la hauteur & le mouuement des Corps celestes, s'ils n'ont consulté les bons Astronomes ? Or l'on sçait que la Chymie n'a esté mise parfaitement en vsage que depuis quelques siecles ; Auparauant on faisoit diuers ouurages auec le Feu lesquels pouuoient donner à connoistre le nombre des Elemens par la separation, & s'ils estoient transmuables par la rarefaction ou la condensation, la liquefaction ou le desseichement : Mais cela n'instruit point entierement pour le meslange des Corps comme les inuentions Chymiques. Quant à la vraye Astronomie, elle n'a esté trouuée que de nos iours, tellement que ce que l'on en a dit ou escrit autrefois n'estoit qu'incertitude, & que pour auoir plus d'asseurance & de satisfaction il faut auoir recours à ce que l'on en a inuenté de nouueau ; Aussi ne fait on plus difficulté de s'entretenir des curiositez naturelles les plus rares & les plus inoüyes. Si les Maistres ordinaires ne les monstrent point, on s'en instruit assez autre-part, & mesme il se trouue des Precepteurs excellens qui donnent auec distinction les diuers Caracteres de la Philosophie, & ne laissent rien ignorer, s'ils peuuent, à leurs Disciples. Ce n'est pas qu'il faille faire estime de ces gens qui courent aussi tost à toutes les nouuelles opinions, & qui les suiuent aueuglement par le seul desir de se distinguer des autres. Si nous ne sommes pas obligez de deferer à Platon & à Aristote en toutes choses, quoy que nous les tenions tous deux pour de grands Hommes ; Nous ne deuons pas souffrir non plus de voir mespriser leurs ouurages sans exception. On doit garder vn milieu en cecy : Tant s'en faut que les opinions des Anciens ou des nouueaux Philosophes, doiuent estre receües pour le seul respect de leurs personnes, qu'il ne les faut considerer que par elles mesmes, & suspendre son iugement en toutes celles qui seront trouuées incertaines ; Pour moy ayant recherché les Autheurs qui ont eu de nouuelles pensées dans la Philosophie, ce n'a pas esté seulement pour en auoir vn recüeil qui fust à estimer pour sa curiosité, mais pour monstrer que les obseruations & les maximes qui se rencontrent sur ce sujet dans la premiere Partie de la Science vniuerselle, ne sont pas seules qui s'escartent de l'ancienne croyance Philosophique : Toutefois on y remarquera que si quelques Autheurs y ont esté suiuis en ce qu'ils ont de certain, ils ont esté abandonnez en ce que l'on croid qu'ils n'ont inuenté que pour se rendre remarquables par quelque opinion extraordinaire. Auec cela ie me suis efforcé de donner quelque chose de moy mesme en des sujets dont ie n'ay rien rencontré ailleurs, mais tousiours auec cette circonspection qu'alors je n'ay point voulu affirmer les choses, en quoy ie me suis comporté fort differemment de quelques Escriuains qui passent pour Nouateurs, lesquels debitent leurs opinions comme infaillibles. Vne des marques de cecy, est que nonobstant le soin que i'ay pû employer à rendre cét ouurage agreable, cela n'a pas empesché que quelques Hommes ne se soient estonnez de n'y pas trouuer ce qu'ils deuoient croire absolument de toutes choses, auec vne conclusion resolutiue où ils vissent le sentiment de l'Autheur : Mais que ces gens-là auoient fait peu de progrez dans la vraye Science, & dans le bon vsage de la Raison, puisqu'ils n'auoient pas encore reconnû qu'il y a plusieurs choses desquelles c'est vne temerité de rien proposer affirmatiuement. Ils comprennent mal le pouuoir & l'intention de celuy qui escrit ; Entre vne vingtaine d'opinions qu'il allegue quelquefois, il luy eust esté permis d'en choisir quelqu'vne pour la sienne, & de la defendre plus fortement que les autres, mais s'il l'auoit fait par tout, il auroit crû abandonner la sincerité & parler contre sa conscience. En effet il y a des Choses au Monde desquelles on peut dire, Elles ne font point cela absolument, & ne se font point comme cela, mais on ne peut pas dire ce qu'elles font, & comment elles se font, & de deux ou trois opinions que l'on tient pour vray-semblables, il n'y en a quelquefois aucune que l'on doiue pluſtoſt ſuiure que les autres ; Auſſi la Science des Hommes conſiſte autant à ſçauoir ce que les Choſes ne ſont pas, qu'à ſçauoir ce qu'elles ſont. Ceux qui eſcriuent d'autre ſorte en ces matieres cachées, ſont des Eſprits de Pedans qui s'attachent obſtinement aux opinions de quelque Ancien, dont ils ne veullent iamais démordre, ou ce ſont des orgueilleux & des trompeurs qui veullent faire croire qu'ils ſont capables de decider les plus-hautes Queſtions, & qu'il en faut paſſer par ou ils veulent. Ie penſe auoir aſſez fait connoiſtre les endroits où l'eſprit humain trouue des bornes ; Pour quelques autres moins obſcurs, i'ay monſtré que toutes les diuerſes opinions eſtoient quelquefois receuables, & qu'vn meſme effect pouuoit auoir diuerſes cauſes. C'eſt de cette ſorte que ie m'y ſuis comporté ſans exclure les nouuelles obſeruations que l'on peut adiouſter à l'auenir d'vne part ou d'autre, ainſi que depuis quelques années on a fait pluſieurs experiences touchant le Vuide, qui meritent bien que tout ce qui en auoit eſté eſcrit auparauant ſoit reformé ; On en fera de meſme ſur d'autres ſujets ſelon les occaſions. C'eſt la reigle qu'il faut obſeruer pour les choſes qui tombent ſous les Sens, & dont l'on peut tirer quelque eſclairciſſement par diuerſes eſpreuues.

L'EXAMEN
DES
ENCYCLOPÆDIES
OV,

L'Examen des Ouurages des Autheurs qui ont voulu enseigner toutes les sciences dans vn seul Liure,

Comme de Martian Capelle, George Valle, Raymond Lulle, Gregoire Thoulouzain, Robert Flud, Alstedius & autres;

Pour conferer leur ordre auec celuy de la Science vniuerselle, & monstrer en quel lieu se trouue le vray & naturel rang des Sciences & des Arts & leur correspondance diuerse, selon le progrez qui s'en fait dans l'Esprit del'Homme.

TRAITÉ QVATRIESME

SERVANT DE SVITE A LA Clef de la Science vniuerselle.

COMME le desordre qui se trouue aux Recueils des Sciences, peut estre mis au nombre de leurs Erreurs; Aussi la bonne maniere de les arranger, que plusieurs Autheurs ont pretendu y introduire, peut passer pour vne innouation, laquelle nous deuons examiner à l'esgal des autres nouuelles institutions. *Que l'ordre & l'vniuersalité des Sciences sont fort necessaires.*

Apres les sentimens particuliers de chaque Science, il ne se peut rien imaginer de plus excellent que leur ordre, soit pour le particulier soit pour le general. Nous en auons desia assez vanté le Secret, & remonstré comment cette liaison des Sciences & des Arts, faisoit acquerir vne vniuersalité de connoissances capables de donner quelque satisfaction à l'Esprit de l'Homme. Ce sont ces Anneaux qui se ioignent en cercle estant touchez de l'Aymant, & qui par ce moyen forment vne chaisne plus naturelle qu'artificielle; C'est ce Chœur des Muses qui dansent en rond & les mains entrelassées selon les imaginations mysterieuses de la Poësie. Quand on a l'vne des Sciences, on les a toutes par cette inuention admirable: Il est si necessaire de s'y adonner pour ceux qui veulent estre habilles en quelque Profession, que sans cela on ne sçauroit auoir qu' des Notions imparfaites. La pluspart des Hommes estãt portez à la vie ciuille, & à la recherche de leurs interests, ils ne pensent qu'à ce qui les regarde, & croyent en sçauoir assez s'ils sçauent la Science Oeconomique, mais ils n'y peuuent faire grand progrez, s'ils ne s'entremeslent des affaires du Monde, & s'ils ne sçauent la Politique; & toutes ces deux Sciences ne peuuent estre bien reiglées, sans la Moralle. La vraye Moralle d'ailleurs aura plus de finesse que de prudence, & d'Amour propre que de Charité, si elle ne refere tout à l'Amour de Dieu, duquel la connoissance n'est obtenuë que par la Theologie; Or pour paruenir à cette haute Science, il faut que la Physique & la Metaphysique y seruent de degrez, & connoissant les Choses naturelles & les surnaturelles, on se portera facilement à plusieurs Sciences & Arts qui en dependent. Il faudra sçauoir la Logique pour raisonner sur toutes ces choses, & les Mathematiques pour en comprendre la quantité, auec la Grammaire, & la Rhetorique, pour en sçauoir parler purement & elegamment, & faire des Discours de toutes especes suiuant les occasions qui s'offriront. Voyla comment les sciences sont necessaires les vnes aux autres, mais il arriue pour le Bien de l'Homme, que comme vne seule Science suffit à les attirer toutes, il n'y en a aussi aucune qui ne fasse la mesme chose, se ioignant à ses associées, ou ses plus confidentes par diuers endroits, & s'en seruant pour en amener d'autres à leur suite. On ne sçauroit nier qu'elles n'ayent toutes ce pouuoir quand elles sont possedées pleinement, mais on doute de trouuer vn sujet propre à les receuoir en leur estenduë, & en leur multiplicité. Si l'Esprit humain est susceptible de toutes formes & de toutes habitudes, c'est à en parler generallement dans sa supreme Perfectiõ, à laquelle chacun des Hõmes ne peut pas atteindre: Toutefois n'y ayant rien qui leur soit tant recommandé que de se rendre Parfaits, ils sont obligez d'y aspirer le plus qu'il leur est possible. L'vne de leurs Perfections principales estant la Science, & la Science ne se produisant point plus facilement au dehors que par la Parole, il s'ensuit que ceux qui ont à conferer auec des personnes importantes ou à parler en public, doiuent estre Sçauans, s'ils veulent qu'on fasse cas de ce qu'ils

DES ENCYCLOPÆDIES. 279

difent, & qu on les tienne capables de quelque haute fonction, & particulierement de celle qu'ils entreprennent pour l'heure, de forte qu'il n'y a aucune Science qu'ils puiffent negliger. Ciceron dit dans fes Liures de Rhetorique, que l'Orateur doit auoir vne connoiffance vniuerfelle des chofes, qui eft cette Perfection que nous defirons. Beaucoup de gens de remarque, ont bien fait connoiftre qu'il y auoit neceffité à cela, foit qu'ils fe contentaffent d'eftre Sçauans, pour leur Inftruction propre, ou pour celle d'autruy; Ayant compris tout ce qu'ils pouuoient des Sciences les plus releuées, ils fe font mefme enquis de ce qui concernoit les Arts, afin qu'ils femblaffent ne rien ignorer. Quelques Hommes de nos derniers fiecles qui ont efté des plus celebres dans les Chaires publiques & font paruenus aux hautes Prelatures, ont temoigné cette affectation de pareftre par l'vniuerfalité de la Doctrine : On les a veus aller dans les Boutiques des Artifans pour s'informer de leurs ouurages, & de ce qui dependoit de leur meftier; Ce font leurs recherches ou d'autres femblables, qu'vn Autheur moderne a publiées dans vn liure où il raporte tous les Noms des principaux Arts, de leurs inftrumens, & de leurs effets, afin de foulager à l'auenir ceux qui s'adonneront à l'Eloquence en fe feruant de fon trauail. Certainement il y a des endroits du difcours, où encore qu'il ne foit queftion que d'vne Difcipline & induftrie commune, vn Homme demeurera muet faute de fçauoir comment on en doit parler, ou fera contraint de parler d'autre chofe, & de laiffer perdre d'excellentes preuues de ce qu'il vouloit perfuader : Mais quant auec tous les Termes des Arts, on fçauroit tous ceux qui apartiennent aux Sciences principales, ce n'eft fouuent qu'vne vaine reprefentation de fuffifance. Pour eftre fort habile homme, il faut poffeder la vraye Doctrine qui confifte à fçauoir exactement les chofes les plus certaines & les plus neceffaires; C'eft pourquoy les Bons Efprits ne voulans point manquer de ce qui leur eft de befoin, ont toufiours fait le plus grand amaz de Sciences qu'il leur a efté poffible, s'apliquant à celles qu'ils ont trouuées à leur bienfeance, & qu'il leur a efté ayfé de retenir : On reconnoift pourtant que plufieurs n'ont fuiuy aucun ordre en leur inftruction;

Effay des Merueilles de Nature & des plus Notables Artifices; par René Françcois.

Que s'ils se sont rendus fort capables, ils l'eussent pû estre d'auantage en gardant vne Methode reguliere, & que si elle auoit esté mise en credit en beaucoup de lieux, il se seroit fait plus grand nombre de Sçauans. Ceux qui ont esté des plus iudicieux, ont donc tasché outre leur aplication particuliere, d'en auoir vne veritablement generalle, qui donnast lumiere & action à tout le reste. C'est ce qu'on a apellé l'Encyclopædie ou le Cercle des Sciences & Disciplines, lequel quand on possede entierement, c'est comme ces Roües d'horloges, à pas vne desquelles on ne sçauroit toucher, qu'on ne fasse mouuoir toutes les autres, & qui ont besoin d'estre dans vne iustesse continuelle, pour faire que le mouuement de la Machine soit en sa Perfection. Les vrays Sçauäs pretendent que toutes les Sciences se raportent si bien à vne seule, qu'on pourroit faire qu'il n'y eust qu'elle de necessaire absolument. C'est vne assez raisonnable pésée de croire que les premiers Hommes de qui la Nature n'estoit point encore corrompuë & qui n'estoient pas sujets à toutés les infirmitez qui les ont accablez depuis, ioüyssoient de cette Science vnique, ainsi que l'on dit qu'ils parloient tous en mesme langue, mais que la confusion qui arriua parmy eux pour la multiplicité du langage, fut suiuie de la varieté des Sciences, dont chacun eut quelque portion sans participer au general. Depuis ce temps là on vid peu d'hommes veritablement Sçauans; Neantmoins les plus affectionnez au Bien se doutans de ce qu'ils auoient perdu, s'efforcerent tousiours de le recouurer. Il faut croire que quelques vns y sont paruenus, puisqu'on a veu de grands Personnages dans tous les Siecles, composer des ouurages où il semble qu'ils n'ont pû reüssir sans auoir des connoissances vniuerselles, comme sont les liures d'Aristote, de Ciceron, & de Pline : Mais autre chose est d'auoir la Science, & de la pouuoir communiquer. Quelques-vns ont pû acquerir vne Science generale par des moyens secrets & insensibles qu'il leur eust esté malaysé d'exprimer. Chacun s'en est formé à sa mode, & selon la facilité qu'il y a rencontrée. Ainsi pour retenir mieux les choses chacun trouue de soy mesme diuerses figures & inuentions, mais ceux qui sçauent le vray Art de Memoire, y reüssissent plus

aysé-

DES ENCYCLOPÆDIES.

ayſément. Si pluſieurs arriuent à vn meſme lieu par diuers chemins, celuy qui ſçait le droit ſentier y arriue le pluſtoſt, & ſans aucun danger de s'egarer. Quoy que beaucoup de gens n'ayent pas eu la force de s'imaginer, qu'il y ayt quelque ordre vnique pour les Sciences, les grands Maiſtres l'ont touſiours recherché, & ce qu'ils ont faite n a porté quelque image. Les Rabbins qui eſtoient les plus doctes d'entre les Iuifs, auoient autrefois leur Caballe qu'ils receuoient par traditiō, dans laquelle on dit que toutes les Sciences eſtoient contenuës. Ils luy dónoient deux Parties, dōt la premiere apellée Bereſchith qui traitoit des choſes, comprenoit, à ce que l'ō penſe la Phyſique, la Metaphyſique, & l'Aſtronomie. On dit auſſi que la ſeconde partie appellée Mercana, qui traitoit des Noms, comprenoit la Grammaire, & l'Arithmetique, à cauſe qu'ils ſe ſeruoient de leurs Lettres pour compter; Neantmoins vray-ſemblablement, cela n'a point eſté inuenté pour traicter de toutes les Sciences, car elles ne s'y trouuent pas; Cela n'a du raport qu'à vne ſeule, qui eſt d'expliquer toutes les choſes du Monde ſelon les accouplemens & les tranſpoſitions des lettres, pour en faire diuerſes ſignifications; C'eſt en quoy conſiſte la principalle Doctrine des Cabaliſtes. Quant aux plus Sçauans de tous les Payens, qui ont eſté les Philoſophes, entre ceux qui ſe ſont rendus Maiſtres de quelque Secte, la pluſpart ont pretendu eſtablir des diuiſions & des ſuites à leurs enſeignemens. Les vns ont diuiſé leur Science en Connoiſſance celeſte ou terreſtre, & des Dieux ou des Hommes, comme les Platoniciens; En Theoretique ou Practique, comme les Peripateticiens; En Logique, Phyſique, & Ethique, comme les Stoiciens; ou en Canonique, Naturelle, & Moralle, comme les Epicuriens. Beaucoup de Diſciplines manquent à cecy pour former vne Doctrine generalle; Mais on dira qu'elles ſont ſous-entenduës, ou que ces Philoſophes n'ont pretendu donner que celles qui compoſent le Cours ordinaire des Eſtudes; Ce ne ſont donc point de vrayes Encyclopædies. Il eſt inutile auſſi de les chercher dans les Cours modernes ſi amples qu'ils ſoyent. Keckerman en a fait vn fort grand lequel contient la Logique, la Phyſique, l'Aſtronomie, la Geographie, la Methaphyſique, la Moralle, l'Oeconōmique, la Politique, la Rhetorique & plusieurs Traictez qui en dependēt. Nous sçauons que de mesme Campanella a traité de plusieurs sujets, mais ny les vns ny les autres, n'õt point pensé à dōner quelque liaison à leurs ouurages. Ils peuuent auoir fait cela comme Aristote qui a donné plusieurs Traictez à part, à sçauoir les liures du Ciel, de l'Ame & des Animaux, ou ceux des Morales, de la Politique, & de la Rhetorique. On ne sçauroit trouuer mauuais que chacun escriue ainsi à sa fantaisie, mais si on veut rendre vne Doctrine complette, encore y faut il mettre quelque enchaisnement, ou bien y pouruoir par quelque ouurage separé de si peu d'estenduë qu'il soit, lequel rēde raison de tout l'ordre, & cela est d'autant plus necessaire à ceux qu'on veut estimer les souuerains Precepteurs des Hommes. Cependant ceux qui se disent auiourd'huy leurs Sectateurs ou leurs Commentateurs, ne tirent d'eux que leurs quatre parties ordinaires, la Logique, la Moralle, la Physique, & la Metaphysique, ce qui est vne Philosophie fort defectueuse, quand mesme ils l'auroient remplie de meilleures opinions qu'ils n'ont fait. On n'y void que la consideration de l'Estre des choses du Monde & de leurs proprietez, & à peine est-ce la moitié de la Science vniuerselle, & de la vraye Philosophie, puisque la consideration de l'vsage des choses & de leur melioration & Perfection y a esté oubliée. De vray ce que l'on y desire, ne concerne que les Arts, mais leur conduite est vne Science : La Pratique depend tousiours de la Theorie. On a pû connoistre comment on se rend bien plus capable de toute sorte de fonctions sçachant toutes ces choses, que lors qu'on les ignore. Accostez vn Hōme qui n'aura que ses quatre parties de Philosophie dans la teste, & luy demandez si l'Astrologie iudiciaire est veritable ou fausse, s'il sçait ce que c'est de la Geomance & des autres Diuinations, & par quelles raisons ils les faut condamner ; Qu'est-ce que la Chymie, Qu'est-ce que les Mathematiques & les Mechaniques, Qu'est-ce que la Grammaire vniuerselle & les Chiffres, & quantité d'autres curiositez, il dira qu'il n'est pas obligé de sçauoir ces choses ; Mais quelle obligation a-t'il aux autres ? A quoy bō tous ces traictez du Lieu, & de l'Infiny, de ce qui est Categorematique, ou Syncategorematique, & d'autres choses semblables?

DES ENCYCLOPÆDIES. 283

Cela est-il de quelque vtilité dans la vie ciuille? Ce qui regarde les Arts, ne vient il pas plus souuent en question, & n'y a-t'il pas vne necessité de le sçauoir pour ceux qui sont dans les grãds employs & dans les petits, ou au moins pour ceux qui veulent estre estimez Doctes? N'est-il pas vray que si on est priué d'vne partie de ces Connoissances, on ne peut estre asseuré des autres, puisqu'elles ont entre-elles des Loix communes, & qu'elles seruent à s'expliquer reciproquement. Les cours ordinaires de Philosophie ne satisfaisant point à cela, le bien qui est à souhaiter n'a pourtant point esté caché. Nous ne doutons point qu'il n'y en ayt eu assez qui ont sçeu qu'il faloit tenir vn compte exact de toutes les Disciplines, afin que les Hommes vissent en peu de temps quelles pouuoient estre les richesses de leur Esprit, & qui pour y donner plus de facilité, ont tasché de reduire tant les Sciences que les Arts dans leurs dependances & leurs limites, mais ils n'ont pas tous reussi à trouuer leurs correspondances & leurs iustesses: Voyons quels sont ceux qui ayans donné vne estenduë generalle à leur ouurage, ont trouué la vraye forme d'vne Encyclopædie.

POVR parler des liures où l'on a entrepris de faire vn assemblage de toutes les Sciences & de tous les Arts, ie feray mention premierement du liure de Martian Capelle, dans lequel il a voulu traiter des Sept Arts Liberaux. Le Titre de ce Liure est, *Martiani Minei Felicis Capellæ, Afri Carthaginensis, De Nuptiis Philologiæ & Mercurij, & septem Artibus Liberalibus.* Il compose vne agreable Fable des Amours de Mercure Dieu des Sciences, auec la Nymphe Philologie, qui peut signifier l'affection & l'inclination que l'on a de parler de toutes choses. Iupiter fait assembler tous les Dieux pour celebrer leur mariage, & il paroist des Nymphes qui ayant chanté les loüanges de l'Espoux & de l'Espouse en beaux vers Liryques, font recit chacune en bonne prose de la Profession à laquelle elles sont propres Il y en a sept qui sont pour la Grammaire, la Dialectique, la Rhetorique, la Geometrie, l'Arithmetique, l'Astronomie, & la Musique. Ces Arts sont là traictez exactement dans leurs regles, & ce qui s'y treuue de bon, c'est que la brieueté des Discours n'empesche point qu'ils ne contiennent ce qu'ils doiuent raporter de

Des nopces de la Philologie, par Martian Capelle.

Nn ij

principal. Il y a pourtant à remarquer, que le Discours de la Geometrie n'est qu'vne Descriptiõ de la Terre & de sa mesure, & sa Diuision par Zones, Climats & Regions, & en suite les proprietez de chaque contrée, comme l'on les met dans vne Geographie, sans qu'il y ayt rien des reigles de la Geometrie ordinaire, si ce n'est fort peu de chose à la fin, qui ne sert mesme que pour les mesures du Monde, comme touchant les Cercles & le Diametre. Cecy nous fait connoistre que quelques Anciens ne se sont point voulu seruir de la Geometrie sans la reduire en practique ; C'est que prenant la signification de ce mot au pied de la lettre ils l'expliquoient, *La Mesure de la Terre*, & croyoient que cét Art n'estoit que cela. En effect on tient que sa premiere inuention a esté parmy des Peuples qui auoient beaucoup de contentions pour les bornes de leurs champs, tellemẽt qu'il les falut mesurer de tous les costez, & l'on en trouua de Circulaires, de Triangulaires, de Quadrangulaires, & d'autres figures diuerses. De la mesure de la superficie qui est la longueur & la largeur, on vint à celle de la grosseur & de la profondeur pour les Corps solides ou massifs, pour les Edifices & les vstenciles de mesnage, & il s'en fit apres vn Art qui seruit non seulement à la mesure de la Terre, mais du Monde entier, par diuerses inuentions qui furent trouuées des bons Esprits. Or puisque cét Art de Geometrie, qui n'a esté apellé ainsi que pource qu'il a commencé par la mesure de la Terre, sert encore à la mesure du Ciel, on peut dire que Martian Capelle n'a pas eu raison de faire plustost vne Profession à part de l'Astronomie, que de la Geographie qu'il a confonduë sous la Geometrie. Il pouuoit ranger & l'Astronomie & la Geographie sous cét Art, ou bien ne donner qu'vne Geometrie simple auec ses Principes qui sont communs à beaucoup d'autres Arts. Si on vouloit suiure par tout la methode de cét Autheur, en parlant de l'Arithmetique, au lieu de ne mettre que ses reigles ordinaires, on y pourroit encore inserer le nombre de toutes les Plantes & de tous les genres d'Animaux, auec le nombre des Cieux & des Estoilles, & par ce moyen on feroit vne Description du Monde en comptant ses parties, aussi bien que dans la Geometrie en les mesurant ; Mais il faut laisser

DES ENCYCLOPÆDIES.

chaque Science & chaque Art dans leurs limites. On doit considerer de plus que pour n'oublier aucun des Arts dont Capelle a voulu faire mention, il en faloit mettre huit au lieu de sept, y adioustant la Geographie, car encore qu'elle soit rangée sous la Geometrie, elle est assez importante pour auoir son lieu separé. On pourroit de vray la mettre auec l'Astronomie, parce qu'elles ont beaucoup de choses conjointes, & qu'en aprenant l'vne on aprend souuent l'autre, car on ne sçauroit estre instruit de la temperature des Zones & des Climats, & de la diuersité des iours & des Saisons, sans entendre parler du Cours du Soleil. Cét Art plus estendu, eust esté apellé si on eust voulu, la Cosmographie ou la Description du Monde. Le Ciel & la Terre eussent esté son object, & en vn mot toutes les Substances corporelles, de sorte que l'on y eust parlé de ce qui concerne la Physique; On repartira que la Physique n'a point icy de rang, d'autant qu'elle est vne Science & non point vn Art: Toutefois de sçauoir la mesure du Ciel & de la Terre, le Cours des Astres & leurs effets par leur chaleur & leur lumiere, n'est-ce point vne Science pareillement? On a apellé cecy vn Art, à cause que l'on s'y sert de Globes, de Spheres, d'Astrolabes, & autres instrumens pour connoistre ce que l'on desire, & que c'est faire quelque chose où il faut auoir de l'adresse, & en quoy on se rend plus habile par l'exercice & l'experience: Mais pour acquerir la Science des Choses naturelles, ne faut-il pas de mesme faire plusieurs espreuues dans lesquelles il y a grand artifice? Nous sçauons qu'encore que la Chymie n'ayt pas tousiours esté en vsage auec ses Extractions, Congelations & Fixations, il y a eu depuis long-temps vne Pyrotechnie ou Art du Feu, par lequel on a trauaillé diuersement soit à la forge soit à la Fonte, ce qui est cause de plusieurs connoissances qu'on a acquises touchant les Metaux & autres matieres; Qu'est-ce que l'on sçait aussi des Plantes sans l'Agriculture, & des Corps des Animaux sans la Medecine? Nous voyons donc que la Physique ayant tant d'Arts en sa dependance, pouuoit estre traictée comme vn Art, ou bien que tous ces Arts deuoient tenir leur rang en particulier, & estre à bon droit adioustez à ceux qui ont eu le Nom d'Arts Liberaux, afin de former quelque espece d'Encyclopædie : Neantmoins s'ils auoient entraisné toutes les Sciences auec eux, elles seroient possible employées fort improprement. Il vaut donc mieux que Capelle en soit demeuré là; N'ayant parlé de cecy, que dans l'incident d'vne Fable, il sera facilement excusé de n y auoir pas mis beaucoup d'ordre & de liaison, pource que la Nature de l'ouurage ne le permettoit pas, & que c'estoit assez pour luy d'auoir eu l'inuention de traicter de Choses si serieuses parmy des gentillesses Poëtiques. On dira qu'il pouuoit encore mieux employer son sçauoir, & traicter serieusement vn sujet serieux, qui meritoit bien qu'il en composast quelques volumes exprez, comme il en auoit la capacité : Mais encore qu'il ne l'ait pas fait, plusieurs ont aprouué le dessein qu'il a eu de mettre sous le nom d'Arts Liberaux les principales Disciplines, tellement qu'il a laissé la coustume à la posterité de les apeller ainsi, iusques au temps que l'on a consideré le deffaut qu'il y auoit dans ce nom là & dans l'ordre qui y estoit sousmis; Car quelques vns ont reconnû depuis, que c'estoit vne Methode imparfaite de suiure ce denombrement des Arts; Ils ont crû qu'il n'auoit esté inuenté que par le vulgaire, & que les Doctes estoient mal auisez lors qu'ils suiuoient les ignorans, au lieu de se seruir de leur propre Doctrine.

Du Proprietaire de toutes choses.

IL S'EST passé vn long-temps sans qu'on ait essayé de faire des liures qui parlassent de plusieurs Sciences ou Arts. On en a veu enfin quelques-vns entre lesquels ie nommeray le premier celuy que l'on apelle le Proprietaire de toutes Choses, qui se trouue en François & en Latin. Pource que c'est celuy qui a le moins d'ordre de tous ceux qu'on a faits depuis que l'on a commencé de s'apliquer à ces sortes d'ouurages, ie croy qu'il est aussi des plus anciens, & que ce n'estoit qu'vne esbauche de ce trauail. Il parle de Dieu, des Anges, de l'Ame raisonnable, des Humeurs & des Parties du Corps de l'Hommes, des maladies & de leurs remedes, du Ciel & du Monde; Du Temps; Des Elemens; De l'Air, des Meteores, & des Oyseaux; Des diuerses Eaux & des Poissons; De la Terre & de ses diuerses contrées, & puis des Metaux & des Pierres, tant precieuses que communes; Des herbes & des Arbres, & des Bestes terreſtres; Apres des couleurs, des odeurs, des ſaueurs, & des liqueurs, comme du miel, du laict, & des diuerſes ſortes d'œufs: Puis de la difference des nombres & des meſures, des poids & des ſons, & des diuers inſtruments de Muſique. On a mis en ſuite vn traicté des Eaux artificielles, & vn recueil de quelques receptes, mais cela n'eſt pas du corps du liure, qui eſtoit aſſez bigarré ſans cela. Lors que celuy qui l'a faict a voulu rāger les choſes ſelon leur dignité, il y a pourtant laiſſé beaucoup d'ineſgalitez; C'eſt à ſçauoir encore ſi la Methode eſt bonne de ne parler des Oyſeaux que dās le traicté de l'Air, des Poiſſons que dans celuy de l'Eau, & des Plantes & des Animaux que dans celuy de la Terre; N'eſt-il pas plus à propos de traicter à part des Corps principaux, & des Elemens, & apres des Corps meſlez imparfaits ou parfaits? L'Autheur a pēſé qu'ē parlant de la Maiſon, il faloit incontinent parler des hoſtes qui y logeoient; Cependant voulant traicter du corps de l'Homme deuant tout autre, il a parlé des qualitez elementaires & des humeurs qui en procedent, ce que l'on ne ſçauroit entendre ſi l'on ne ſçait ce que c'eſt d'Element. Cela fait connoiſtre que cette Methode d'aprēdre les choſes par l'ordre de leur dignité, n'eſt pas touſiours fort ayſée, ſpecialement quand on en trouble le rang comme il a fait. Au reſte ſon liure eſtant apellé le Proprietaire de toutes choſes, il contient les proprietez de la pluſpart des choſes du Monde, non pas en tel nombre & en tel ordre que l'on les void dans nos bons liures. Il y a mis quelques Diſcours qui regardent la Theologie, la Phyſique & la Medecine, & puis il parle vn peu de la Coſmographie & de l'Aſtrologie. Si l'on attribue ce qu'il dit des Nombres à l'Arithmetique, cela n'eſt pas dans l'ordre neceſſaire; Cela eſt à la fin du liure comme vne addition. Il ſemble pourtant qu'il vueille que cela ait du raport au Sens de l'ouye, y ioignant les Sons pour la Muſique, à cauſe que les Sons ſe ſeruent de Nombre, & d'auantage il y a là quelque choſe des Meſures; Ces Traictez ne ſont pas tels, que l'on puiſſe dire que les Mathematiques y ſoient contenuës, mais il n'eſt pas beſoin de tant raiſonner ſur vn Liure, qui a eſté fait auec peu d'induſtrie & de Methode.

De la Marguerite Philosophique.

LE LIVRE intitulé *Margarita Philosophica*, passe encore prez de quelques gens pour vne de nos premieres Encyclopædies. La Philosophie y est diuisée en Philosophie Theorique ou Speculatiue, & en Philosophie practique, & la Theorique en Réelle, & Rationnelle. Sous la Réelle est la Metaphysique, les Mathematiques & la Physique, & sous la Rationelle, la Grammaire, la Rhetorique & la Logique. La Philosophie practique est diuisée en l'Actiue & en la Factiue; L'Actiue comprend l'Ethique, la Politique, l'Oeconomique, & la Monastique; La Factiue, a pour ses parties les Arts Mechaniques; Mais nuls autres n'y sont nommez que l'Art de trauailler en laine, ou de faire des draps, l'Art de faire la guerre, l'Art de nauiger, l'Agriculture, la Venerie ou l'Art de chasser, la Medecine, & l'Art Theatrique. La premiere diuisió estant assez ordinaire ailleurs, on la peut soustenir; Il n'y a que celle de la Philosophie Factiue qui ne semble pas receuable parce que les Arts qui en dependent, y sont mal ordonnez & mal choisis. Les Arts qui seruent à la nourriture du Corps n'y sont point nommez. L'Agriculture qui y sert s'y trouue veritablement, mais elle deuroit estre nommée la premiere, & en suite l'Art de faire du pain & quelques autres; Puis il faloit parler de tous les Arts qui seruent à se vestir, aussi bien que de celuy de faire de la laine, & de l'Art de bastir qui est l'Architecture. On eust parlé apres de la Medecine, de la Nauigation, & de la Venerie, & de l'Art Militaire, ausquels il eust falu pourtant en adjouster d'autres pour les bien lier. Pour la Theatrique, soit que ce soit la Poësie, ou la representation Comique, ou l'Art de dresser des jeux & des spectacles, elle n'est necessaire qu'en tant que l'on se persuade que les hommes ayent besoin de cette recreation. Or quoy que cette partition de Philosophie soit au deuant de la Marguerite Philosophique, elle n'est pas entierement suiuie dans le corps du liure. On void premierement la Grammaire & apres la Dialectique, la Rhetorique, l'Arithmetique, la Musique, la Geometrie, la Physique & la Morale. On y a adjousté quelques instructions pour la langue Grecque & l'Hebrayque, auec des traictez d'Architecture, & d'Optique, de la composition de l'Astrolabe, de la

Quadra-

Quadrature du cercle, & de la Perspectiue. Voyla les Sciences & les Arts qui s'y trouuent, aufquels il n'y a ny ordre ny liaifon, & pource qui eft de la Doctrine elle y eft expofée fort vulgairement, & auec beaucoup de brieueté. Le corps du Liure n'eft qu'vn Dialogue entre le Maiftre & le Difciple, ce qui eft vne fujection qui empefche que les Sciences n'y foient traictés diftinctement auec leurs branches les plus eftenduës, à caufe des continuelles interruptions qui s'y font. On peut auffi trouuer à reprendre en ce que le Difciple s'informant du Maiftre de toutes les chofes qu'il faut fçauoir, & le Maiftre ne les raportant que fur fon interrogation, il faudroit donc que le Difciple euft defia connoiffance de ce qu'il demande, & s'il y a quelque chofe à luy refpondre qui foit digne d'eftre fçeu, tellement que ce feroit pluftoft au Maiftre à interroger qu'au Difciple, & cela fe peut apeller le Monde renuerfé, tant cela eft groffierement bafty: Neantmoins il fe peut trouuer des endroits où il eft fort à propos que le Difciple s'informe du Maiftre touchāt l'explication des chofes qu'il ne luy a encore aprifes qu'à moitié, afin qu'elles luy foiēt defcouuertes entierement. Quoy qu'il en foit, quiconque a fait cela y a crû pipper, ayant apellé fon ouurage, *Margarita Philofophica*, fur la croyance qu'il auoit, que comme la Fleur de la Marguerite, eft compofée de plufieurs petits brins raffemblez, il auoit ainfi ramaffé curieufement toutes les Sciences & tous les Arts; Ou pluftoft pource que le Mot de *Margarita*, fignifie auffi vne Perle, il a entendu que fon Liure eftoit vne Perle vnique en excellence. C'eft la Couftume de plufieurs Autheurs de donner de beaux Noms comme celuy-là à leurs Liures, afin que dés qu'on en void le Tiltre on en ait bonne opinion, mais on la perd quelquefois en paffant plus outre.

ON A EV vn recueil plus ample & plus fçauant que ceux qu'on auoit auparauant veus, qui eft celuy de Georgius Valla, dans lequel il pretend faire diuifion des Sciences, felon ce qu'en ont efcrit la plufpart des Philofophes. Commençant par les Mathematiques, il traicte de l'Arithmetique, de la Mufique, de la Geometrie, des Machines qui feruent à l'efleuation des Eaux, & de l'Aftrologie; Apres il vient à la

Du Liure de George Valla.

Physiologie & à la Medecine; Puis il traicte de la Grammaire, de la Dialectique, de l'Art Poëtique, de la Rhetorique, de la Philosophie Moralle, de l'Oëconomie & de la Politique, où il comprend le Droict ciuil & le droit Canon. Voyla l'ordre qu'il donne aux Sciences & aux Arts, ce qui de vray est plutost vn desordre; Si cecy a quelque raport à la diuision des Sciences en Speculatiues ou Practiques, en matiere d'Encyclopædies il est besoin d'vn autre ordre, & mesmes celuy-la n'est pas obserué entierement: Il n'y a aucune raison de lieu pour les differentes Disciplines. L'Arithmetique, ou Art de nombrer, doit il marcher en teste? Qu'a-t'on à nombrer ou compter, quand on ne connoist encore aucune chose? Ne faut il pas sçauoir auparauant qu'il y a diuerses Substances? Parce que les sons diuers consistent en proportions, est-ce vne pertinente raison pour ranger la Musique immediatement apres l'Arithmetique? Ceux qui en ont traicté en parlant des Sens n'ont ils pas mieux faict? A quoy sert la Geometrie apres cela, elle qui est la mesure de la Terre & de tous les autres Corps, lors que l'on n'a point parlé encore d'aucune partie du Monde; & puis les machines Hydrauliques sont elles necessaires auant que de parler de l'Eau & de ses proprietez? L'Astrologie doit elle venir en suite sans auoir parlé de l'Estre & des qualitez des Astres, dont on ne peut faire mention que dans la Physique qui n'est donnée qu'apres? Où sont aussi la Metaphysique, & la Theologie naturelle que l'on ioint d'ordinaire à la Physique? L'Autheur n'en dit rien, ayant haste de passer à la Medecine qu'il traicte fort amplement. La Grammaire, la Dialectique, la Poëtique, & la Rhetorique sont fort bien apres, pource qu'elles ont dequoy parler; Elles n'ont pas encore neantmoins au deuant d'elles tout ce qu'elles doiuent auoir, puisque la Moralle n'est qu'à leur suite. Pourquoy les Sciences Sermocinales, n'ont elles pas esté separées de ce corps de Philosophie, & mesme pourquoy y met on la Poëtique, deuant la Rhetorique qui doit preceder. Voyla comment l'ordre de ce liure est contrarié, & quant au titre & au dessein on le peut encore reprendre, estant ainsi, *Georgij Vallæ Placentinj, de rebus fugiendis & expetendis opus*. Comme chacun escrit à la guise, & tasche de trouuer quelque chose de nouueau, cét Autheur a voulu que son ouurage ayt porté le titre Des

DES ENCYCLOPÆDIES.

choses qu'il faut rechercher ou fuyr, s'imaginant que cela estoit propre à son sujet ; Mais où est-ce qu'il execute cela ? C'est peut estre au Traicté de la Medecine, où il dit les choses qu'il faut euiter pour conseruer sa santé, ou pour se guerir d'vne maladie, & celles qu'il faut rechercher pour le mesme effect, ou bien c'est en sa Moralle dans laquelle il dit quels sont les vices qu'il faut fuyr, & quelles sont les Vertus que l'on doit suiure, & dans les Chapitres qu'il a adioustez à son Liure, des commoditez & incommoditez du Corps & de l'Ame, & sur ce qui touche les choses externes, comme la Fortune, les richesses & les honneurs. En ce qui est du reste, il n'y a guere d'endroits ou son titre soit à propos, quoy qu'il le mette par tout, puisqu'il escrit les Mathematiques & autres disciplines en stile dogmatique, declarant les choses à peu prez comme il les faut sçauoir & obseruer, sans qu'il y ayt de controuerse. Quant à la doctrine qu'il enseigne, comme elle est peu methodique, elle est aussi fort obscure ; Elle se sent des erreurs du vieux temps, pource qu'il mesle quantité de superstitions Astrologiques parmy la Medecine, laquelle il traicte si amplement qu'elle semble estre son principal object, & pourtant les Medecins d'aujourd'huy ne demeureroient pas d'accord de ce qu'il y propose.

QVELQVES VNS des Nouateurs ont fait des liures que plusieurs mettent inconsiderement au rang de ceux qui parlét de toutes choses; Cela ne se doit point faire s'ils n'ont parlé de toutes sortes de Disciplines. Si par exemple Patrice a donné à son ouurage, le titre de Philosophie nouuelle de toutes Choses, encore qu'il ayt traicté de leur vniuersalité, ce n'a esté que pour leur Theorie, non pour leur Practique, & mesmes il n'a pas parlé fort ouuertement des Choses spirituelles. Laissant donc plusieurs des Nouateurs en leur place, nous nous entretiendrons seulement du fameux Ramus, lequel merite que l'on fasse mention de luy auec ceux qui ont composé des Recueils de quantité de choses en maniere d'Encyclopædies. Toutefois il semble que veu sa Doctrine, il n'y ayt pas encore bien reüssi, estant retourné à la premiere inuention de traicter de plusieurs Disciplines, sous le nom des Arts Liberaux.

Des Arts Liberaux de Ramus.

Nous auons vn liure de luy de ce titre, où l'on trouue la Grammaire Latine, la Grecque & la Françoise, & apres la Rhetorique & la Dialectique, l'Arithmetique, la Geometrie, la Physique & l'Ethique. Quoy que l'on nomme ordinairement Sept Arts Liberaux, il n'y en a là que Cinq, car la Grammaire des trois Lãgues, ne sçauroit passer que pour les parties d'vn seul Art, & pour la Physique & l'Ethique, ce ne sont point des Arts, mais des Sciences. Il y a aparence que cela n'a esté publié qu'apres la mort de l'Autheur qui a laissé son Oeuure imparfait; Possible y eust il adjousté la Cosmographie & l'Astrologie, s'il eust vescu dauantage : Toutefois comme ce sont ses Sectateurs qui ont mis cecy en lumiere, & mesmes Thomas Freigius dont le nom est à la premiere page du liure, lequel se deuoit connoistre à l'ordre des Sciences & des Arts, en ayant entrepris vn liure en son particulier, comme il a fait, il est croyable que celuy de Ramus qu'il a publié, receuoit des-lors de l'aprobation. Le titre est de cette sorte en son estenduë, *Petri Rami Professio Regia, hoc est Septem Artes Liberales, in Regia Cathedra, per ipsum Parisijs Apodicto dicendi genere proposita, & per Ioannem Thomam Freigium in Tabulas perpetuas seu Stromata quædam relata, ac ad publicum omnium Rameæ Philosophiæ studiosorum vsum editæ.* On connoist par là que c'est la Doctrine que Ramus a enseignée aux Escholes : mais l'on void aussi que Freigius y a mis la main pour la reduire en Tables ; Neantmoins le tout est attribué à Ramus auec grande raison. Or nous considererons que s'il n'a point mis en rang la Cosmographie & l'Astronomie, non plus que l'Optique & les autres parties des Mathematiques, c'est à cause qu'elles dependent toutes de l'Arithmetique & de la Geometrie, sous lesquelles il se faut imaginer qu'il les comprenoit. Quant à la Physique & l'Ethique s'il les a employées dans son œuure, c'est qu'il pretendoit parler de tout ce qui apartient à la Philosophie, comme l'on void dans la premiere diuision de ses Tables, où pour son Chapitre souuerain il met, *Curriculum & Opus Philosophicum*, ce qui promet tout au moins vn petit Cours Philosophique, mais cela estant, pourquoy a-t'on mis en titre que ce sont les Sept Arts Liberaux ? N'est-ce pas faire tort à Ramus de luy attribuer vne telle pensée ? Faut-il croire que suiuant sa Methode

DES ENCYCLOPÆDIES.

il ait luy mesme confondu les Arts, & ce que nous appellons des Sciences, sous le nom d'Arts, voulant entendre par là des habitudes à faire ou à aprendre quelque chose & à s'en ressouuenir, & qu'apres selon le commun vsage, on y ait adjousté l'Epithete de Liberaux, & mesme le nombre de Sept, pource que l'on trouue sept differentes sortes de Disciplines ? Sont-ce là de fort pertinentes raisons ? Pour continuer cette Critique, on remarquera que sous le titre de la Physique, il n'y a que les secrets de l'Agriculture selon les Georgiques de Virgile, & sous l'Ethique rien autre chose que la Description des mœurs des anciens Gaulois, recueillie des Commentaires de Cesar, le tout reduit par tables, ce qui n'est pas traicter entierement des choses morales ny des naturelles. On respondra que c'est tout ce qu'on a pû recouurer de la main de Ramus ; Et qu'en ce que ces Tables contiennent, elles sont diuisées fort regulierement. Pour monstrer que l'on a mis dans ce Liure tout ce qui n'auoit point encore esté veu de cét Autheur, il y a au commencement vne Methode d'instruction pour la ieunesse formée sur la vie de Ciceron, ce qu'il apelle, *Ciceronianus*, où il fait connoistre qu'il estoit admirateur de ce Romain, qui en effect a esté autant recommandable pour la Philosophie que pour l'Eloquence. On ne sçauroit s'empescher d'estimer toutes ces choses, mais plusieurs continueront de reprendre le titre du Liure : Neantmoins ie diray icy qu'on ne doit point le trouuer si estrange apres y auoir bien pensé, & que Ramus a bien pû en estre l'inuenteur, veu qu'estant fort Zelé pour l'honneur de l'Vniuersité de Paris, de laquelle il estoit l'vn des principaux membres, il a consideré que la premiere dignité que l'on conferoit en cette celebre Academie pour seruir de degré aux autres, estoit celle de *Maistre és Arts*, & que ceux qui en estoient pouruels, pouuoient enseigner la Grammaire & la Rhetorique & mesme la Cosmographie, l'Astrologie, & toutes les parties des Mathematiques, que l'on mettoit au nombre des Arts, & qu'ils enseignoiët aussi quelquefois la Philosophie & la Iurisprudence qui sont des Sciences veritablement : Toutefois on peut repartir que ces Hommes-là ne monstroient pas les Sciences en qualité de Maistres és Arts, mais de Docteurs & de Professeurs, &

de plus l'abus d'vne couſtume ne doit pas autoriſer le nom que l'on donne à faux à vn liure qui eſt pour l'eternité. On ſe doit repreſenter de vray, qu'en ce qui eſt du nom, d'Arts Liberaux, il eſt plus raiſonnable en Latin qu'en François; Car, *artes Liberales* en Latin ſignifie des arts libres, & dignes d'hommes libres & nobles, au lieu qu'en langage François, ce mot de, *Liberaux*, ſignifie prompts à donner & à beaucoup donner, ſe prenant pour la liberalité pluſtoſt que pour la liberté. C'eſt ce qui a fourny vn ſuiet de raillerie à pluſieurs qui ont demandé, ce que pouuoient donner les Arts Liberaux, veu qu'au contraire ils ſembloient oſter le bien à tous ceux qui les recherchoient, les reduiſant à la gueuſerie. On ſe ſouuient à ce propos du conte d'vn pauure Pedant, qui demandant l'aumoſne à vn certain ouurier ou homme de meſtier d'vne ville, luy diſoit, qu'il eſtoit Maiſtre paſſé aux Sept Arts Liberaux, à quoy l'ouurier luy repartit, Qu'il s'eſtonnoit de ſa pauureté, veu qu'il ſe vantoit de ſçauoir Sept Arts, & que pour luy il n'en ſçauoit qu'vn, qui ſuffiſoit à le nourrir auec ſa femme & ſes Enfans. Cela ne doit point pourtant aporter de preiudice à la culture de ces beaux Arts. Ceux qui n'en ont pas fait leur profit ont eſté tres-malheureux, ou ne s'y ſont pas pris de bonne ſorte. Toutes les attaques ſatyriques ne doiuent point deſtourner les bons eſprits de ces illuſtres profeſſions. Si elles ne donnent des richeſſes, elles donnent quelquefois beaucoup d'honneur, & au moins elles font receuoir de la ſatisfaction de leurs belles connoiſſances; Elles ne font point auſſi perdre le Bien à ceux qui naturellement ſont d'humeur à le conſeruer; Au contraire elles font acquerir du merite & de la Prudence pour en auoir d'auantage. Rien n'empeſche meſme qu'elles n'en eſleuent pluſieurs aux hautes charges & dignitez, côme l'on en a veu dans tous les ſiecles. On dira cecy à ceux qui prennent occaſion de ſe m'ocquer des bonnes lettres ſur ce nom d'Arts Liberaux; & pourtant nous auoüerons, que ſelon noſtre langage vulgaire, ils auroient vn nom plus ſignificatif, ſi l'on les apelloit des Arts libres. Cecy n'eſt ny pour condamner ny pour excuſer le titre & le deſſein des Arts Liberaux attribuez à Ramus: Cela eſt peu neceſſaire, puiſqu'enfin il faut reconnoiſtre que ce n'eſt qu'vn

DES ENCYCLOPÆDIES. 295

Recüeil qui a esté fait de quelques vns de ses ouurages apres sa mort.

CHRISTOPHLE de Sauigny Seigneur dudit lieu & de Primens en Rhetelois, a fait vn Liure de Tables en François qu'il apelle, *Tableaux accomplis de tous les Arts Libe-raux contenans brieuement & clairement par singuliere Methode de Doctrine, vne generale & Sommaire partition desdits Arts amassez & reduits en ordre pour le soulagement & profit de la ieunesse.* Encore qu'il ait donné le nom d'Arts Liberaux à son Liure, nous ne l'auons pas joint à celuy de Martian Capelle non plus que le Liure de Ramus, pour en parler selon l'ordre du Temps ; Ayant aussi pretendu faire vne Encyclopædie, il a consideré d'auantage d'Arts. Sa methode est de nous representer chaque Art ou Science dans vne agreable oualle, ornée tout autour de la representation des choses qui luy apartiennent, comme des Lettres pour la Grammaire, de diuers instrumens de Mathematique pour la Geometrie, & ainsi des autres. Dans le milieu l'on void des diuisions & sousdiuisions, qui ne contiennent chacune qu'vn mot escrit dans vne petite oualle auec force branches qui les ioignent, & de l'autre costé il y a vn discours continu qui n'est que des Partitions plus estendues de la mesme chose. Ce Liure comprend la Grammaire, la Rhetorique, la Dialectique, l'Arithmetique, la Geometrie, l'Optique, la Musique, la Cosmographie, l'Astrologie, la Geographie, la Physique, la Medecine, l'Ethique, la Iurisprudence, l'Histoire, & la Theologie. La raison de cét ordre est au commencement de l'ouurage, où l'Autheur a mis vn Discours qu'il apelle *Partition generalle de tous les Arts Liberaux*. Il dit là, Que les Arts Liberaux se peuuent à bon droit attribuer à la Philosophie, qui est l'estude de sapience, c'est à dire la cognoissance & Science des choses diuines & humaines ; Que ces Arts sont generaux ou speciaux ; Que les generaux sont la Grammaire, la Rhetorique, & la Dialectique, n'estans que des instrumens de la Philosophie ; Et que les speciaux (qui sont & doiuent estre veritablement apellez les parties de la Philosophie) se distinguent par leurs sujets, à sçauoir touchant la Nature des choses, ou la vie & les mœurs ; Que la Nature estant cor-

Des Tableaux des Arts, faits par Christophle de Sauigny.

porelle ou incorporelle, la Mathematique & la Physique traitent de la Nature corporelle de toutes choses; Que la Mathematique en considere la Quantité, & la Physique les qualitez; Qu'il y a vne quantité de nombre, que l'on apelle Quantité disiointe, enuers laquelle est occupée l'Arithmetique; Ou de grandeur & de mesure que l'on apelle Quantité conjointe & continuë, de laquelle traite la Geometrie; Que pour la Physique, elle regarde les qualitez ou des Sens ou des Corps; Que le sens de la veüe a creé l'Optique ou Perspectiue, & celuy de l'oüye la Musique. Apres cecy il vient à parler du corps naturel qui est simple ou composé. Il dit que la Cosmographie, l'Astrologie, la Geographie & l'Hydrographie traitent des simples corps. Pour les corps naturels composez, ayant dit que ce sont les corps inanimez & les Brutes, pour les inanimez il nomme la Meteorologie & l'Art Metallique, & pour les choses animées & viues l'histoire des plantes & des animaux. Il attribue l'Agriculture aux plantes, & aux animaux la Zoographie, & pour les Hommes l'Antropologie & la Medecine. En suite il met la Metaphysique qui traite des choses incorporelles, comme des Anges & des ames humaines, & puis en l'article d'apres il fait connoistre que touchant l'Ame il faut sçauoir ce que c'est que des mœurs, & qu'il y a deux sortes de vie, l'vne qui est humaine & temporelle, l'autre spirituelle & diuine; Que la Doctrine qui enseigne les vertus Morales est apellée l'Ethique, dont il y a deux especes, l'vne pour le gouuernement du mesnage, qui est l'œconomique, l'autre pour celuy de la Republique, qui est la Politique, à laquelle se doit referer la Iurisprudence tant ciuile que Canonique, & particulierement l'Histoire seculiere & l'Ecclesiastique, d'où procede aussi la Chronologie; Que l'Ethique contient les propositions generalles, la Iurisprudence les spetiales, & l'Histoire fournit des exemples de toutes les deux; Que la derniere Doctrine qui reste aprend la vie sainte & spirituelle, & que c'est le chemin de bien viure & de bien mourir, pour enfin apres cette vie transitoire ioüyr de la Beatitude celeste. Voyla quelle est sa Partition, qui est aussi l'ordre des Cartes ou Tables de son Liure. Or l'on peut trouuer estrange qu'il vueille comprendre tou-

tes

DES ENCYCLOPÆDIES.

tes les Sciences sous ce titre d'Arts Liberaux ; Car quoy qu'au titre d'vne premiere Carte entourée d'anneaux qui s'entretiennent, pour signifier l'enchaisnement des Disciplines, il ait mis, *l'Encyclopædie ou la suite & liaison de tous les Arts & Sciences*, il a fait connoistre qu'il croyoit que ce nom d'Arts Liberaux suffisoit pour comprendre l'vn & l'autre. Cela ne nous satisfait point de dire qu'ils dépendent tous de la Philosophie ; Que les Arts generaux estans la Grammaire, la Rhetorique, & la Dialectique, les spetiaux sont ceux qui concernent la nature des choses, & la vie ou les mœurs, & que ce sont les Mathematiques & la Physique, auec l'Ethique & autres Disciplines qui en dependent ; C'est donner aux Sciences le nom des Arts, ce qui ne se doit point, puisque l'Art est vne adresse à faire quelque chose, & que la Science est vne connoissance d'vne chose que l'on contemple seulement, & que d'ordinaire on ne contrefait pas. D'ailleurs la Partition generalle du sieur de Sauigny ne semble pas estre bien reglée, en ce qu'ayant nommé la Physique qui considere les qualitez des Sens ou des Corps, il met apres l'Optique, la Perspectiue & la Musique, qui sont des Arts seruans à la veüe & à l'oüye ; puis il vient à parler des Corps naturels simples comme des Elemens, & des composez, comme des Plantes, des Brutes & de l'Homme. On peut luy objecter qu'il ne faloit faire mention des Sens qu'en ce lieu cy, veu que mesme il temoigne en quelques endroits de vouloir s'esleuer aux choses par degrez, montant des plus basses aux plus hautes ; C'est qu'il estoit preoccupé de ses Mathematiques, de sorte qu'ayant parlé de l'Arithmetique & de la Geometrie, il s'imaginoit qu'il estoit à propos de traiter consequutiuement de l'Optique, de la Perspectiue & de la Musique qui dependent de leurs reigles : Mais si en parlant des corps simples, il les soufmet à la Cosmographie, la Geographie & l'Astrologie, n'y auoit il pas lieu aussi bien de ioindre cecy aux Mathematiques, puisque ces disciplines ne s'en sçauroient passer ? Il auroit suiuy son dessein en cela, & en mesme temps il se seroit attaché aux reigles de la Raison & de la vraye doctrine. Sa diuision de l'Ethique n'est pas fort claire, la diuisant en Oeconomique & Politique. Il faloit que la Monastique les precedaſt à laquelle toutes les vertus particulieres de l'Homme ſont ſouſmiſes ; Mais il a cru mieux faire inſtituant deux vies, l'vne corporelle à laquelle il ſouſmet ce qui eſt du commerce du Monde, & l'autre ſpirituelle qui eſt pour le gouuernement interieur ; Neantmoins les plus hautes Vertus ſont neceſſaires par tout. La pluſpart des diuiſions particulieres qu'il fait de chaque Sciéce ou Art ont quelques deffaux, pource que ne faiſant que ſuiure en cecy la determination de quelques Autheurs côme l'ô ſe le peut biē figurer, il n'en a pas eu en main dont les opinions fuſſent ſans difficulté ; & puis ne faiſant qu'vn Sommaire de ce qui eſtoit eſcrit ailleurs plus amplement, il a beaucoup d'obſcuritez, tellement qu'il y a là peu de fruiĉt à recueillir : Neantmoins l'ouurage a quelque beauté qui plaiſt à la veuë, & les noms qu'on y void eſcrits ſeruent de ſoulagement à la memoire pour les choſes que l'on a apriſes autre part. Il n'y a que ce nom d'Arts Liberaux, que l'on ne ſouffrira point pour le langage François, ayant vne autre ſignification que le mot Latin.

Des liures de Raymōd Lulle.

ENTRE les liures où l'on a pretendu parler de toutes choſes, aucun n'a eſté ſi renommé que ceux qu'a fait Raymond Lulle. Il ſeroit malayſé de ſuiure par tout l'ordre des ſiecles : Cét Autheur a precedé ceux dont ie vien de faire mention ; Mais ie ne parle de luy qu'en ce lieu, pour le ſeparer des autres, d'autant que c'eſt luy qui a commencé de faire voir des ouurages qui comprennent veritablement vne vniuerſalité de connoiſſances ; Neantmoins il a pluſtoſt butté à monſtrer de quelle façon on pouuoit enchaiſner les Sujets, & parler ſur le champ de toute ſorte de matieres par des ordres particuliers, que par vn ordre general qui fuſt naturel. Dans ſon grand Art, il fait pluſieurs Colomnes ou Tables ; A l'vne il met ce qu'il apelle les Prædicats abſoluts, qui ſont *La Bonté, la Grandeur, l'Eternité, la Puiſſance, la Sageſſe, la volonté, la vertu, la Verité, & la Gloire* ; A vne autre Table ſont les Termes relatifs, à ſçauoir, *la Difference, la Concordance, la Contrarieté, le Commencement, le Milieu, la Fin, la Maiorité, l'Æqualité & la Minorité*. Puis en vne autre ſont les Queſtions, *Si la choſe eſt, Ce que c'eſt, D'où & de qui elle vient, Pourquoy elle eſt, Combien il y en peut auoir*

DES ENCYCLOPÆDIES.

de telles, *Quelle elle est*, *Quand*, où & *comment elle se fait*; Il y a apres les Sujets qui sont, *Dieu*, *l'Ange*, *le Ciel*, *l'Homme*, *la Faculté imaginatiue*, *la Sensitiue*, *la vegetatiue*, *l'Elementatiue & l'instrumentatiue*. En suite sont deux Tables, l'vne pour neuf vertus, l'autre pour neuf vices. Tout cecy est accompagné de plusieurs lettres de l'Alphabeth qui signifient chacune quelque chose, & estant posées dans des Cercles & autres figures, on pretend que leurs diuers raports font trouuer la raison de tout ce qui est au Monde. Auparauant que de voir si cecy a quelque effect, voyons si cela forme vne Encyclopædie. On dira que sous l'ordre des Sujets, Raymond Lulle a pû ranger toutes les Disciplines; Car toutes les Sciences dependent de ces Sujets vniuersels, entre lesquels on croid que le dernier, de la faculté Instrumentatiue, est pour tous les Arts: Neantmoins il entend y comprendre specialement ce qui sert à quelque chose de spirituel, & quelques vns de ses Commentateurs n'y ont point rangé d'autre Art que celuy de la Logique. Il a fait à part vn Arbre des Sciences & vn Liure de Rhetorique, ou il met en ordre toutes les Sciences & tous les Arts selon l'ordre de Dignité & selon les diuisions des Sciences Theoretiques & des Sciences Actiues. Il trouue aussi l'occasion de les faire deriuer d'vn Predicament absolu qui est, *la Verité*, mais toutes ces dependances sont contraintes, & si l'on en veut receuoir de telles, on en fera grand nombre, qui se contrepointeront l'vn l'autre, sans auoir la reciprocation d'vne vraye Encyclopædie. Au reste tout cét ordre de Mots & de sujets par lesquels Raymond Lulle a pretendu donner des reigles au Discours, n'a point tant de merueilles que l'on s'imagine; Au contraire on y trouue quelque chose de barbare & de mal distribué. Quant à ses sujets vniuersels, comme *Dieu*, *l'Ange*, & *l'Homme*, il a bien falu qu'il les ait reiglez selon leur excellence & leur dignité : Tout cela est ainsi dans la Logique commune, sous la Categorie de la Substance, & les Facultez peuuent estre sous la Categorie de la Qualité, horsmis *l'Instrumentatiue*, qui doit estre sous l'action. Ainsi tous les sujets du Discours pourroient estre plus clairement declarez. Quant à ses Prædicats absoluts, quelle subsistence leur peut il donner?

Pourquoy les a-t'il separez des Prædicamens ordinaires, dont il a exposé apres quelques conditions ? Pourquoy, *la Bonté, la Puissance & la Sagesse*, ne seront elles pas sous le Prædicament de la Qualité, &c, *la Grandeur & l'Eternité*, sous celuy de la Quantité ? Cela ne seroit il pas mieux que d'auoir laissé ces choses vagues & incertaines, sans donner aucune connoissance de ce qu'elles sont, & des occasions où elles peuuent seruir ? S'il y a vne Table ou Colomne de Relatifs dans laquelle les Contraires ont leur lieu à part, comme *le Commencement & la Fin, la Majorité & la Minorité*, quelques autres y pourroient aussi tenir leur rang ; Il faudroit y mettre, *la Malice, le Moment, l'impuissance, la Follie, la Repugnance, le Vice, le Mensonge & l'infamie*, pour le contraire, *de la Bonté, de l'Eternité, de la Puissance, de la Sagesse, de la Volonté, de la Vertu, de la Verité, & de la Gloire*: Mais on auroit peine à trouuer vn Attribut temperé pour seruir de milieu à chacun de ces contraires, ainsi que Lulle en a donné aux Relatifs. A l'esgard des Vertus qui ont vne Colomne à part, pourquoy cela se fait il, veu qu'elles sont toutes sousentenduës dans le Prædicat absolut, *de la Vertu*, & mesmes dans celuy, *de la Bonté* ; Il ne faloit mettre que les vnes ou les autres, sans qu'il fust besoin de ces repetitions. Quel ordre y a-t'il aussi dans toutes les Colomnes ? Les Sujets vniuersels doiuent ils pas estre nommez les premiers ? Car de qui est-ce que se disent les Prædicats absoluts, & les Termes Relatifs, & de quoy est-ce que se font les Questions, lors que l'on n'a encore nommé aucune chose ? Voyla des obiections qu'on n'auoit iamais faites aux Lullistes ou Sectateurs de Lulle, & ausquelles ils ne se sont gueres preparez à respondre. Tout cela consideré nous sçaurons qu'il n'y a aucune raison de nommer pour Prædicats absoluts, & pour Relatifs, ceux que cét Autheur nomme, sinon que ic'estoit sa fantaisie, & leur ordre n'est pas fort bien reiglé. Quant aux enseignemens des Sciences qui en dependent lesquels sont rangez sous diuerses lettres qui ont du raport les vnes aux autres, afin que cela donne matiere de discourir sur toute sorte de sujets, cela ne se fait pas si ayśement que plusieurs pensent : Comme il n'y range chaque chose, que pour donner exemple de ce qui y peut conuenir, cela ne sçauroit fournir à toutes les Questions que l'on peut faire.

PIERRE GREGOIRE, Thoulouzain, s'est seruy du mesme ordre de Prædicats, de Relatifs, de Questions, & de Sujets que Raymond Lulle, mais il s'est contenté d'en examiner la signification, sans se seruir desdiuers assemblemens de lettres. Ce qu'il a fait d'auantage d'autre part, c'est que dans son liure apellé, *Syntaxis Artis mirabilis*, il a mis des Abregez de plusieurs Sciences & Arts, qui sont l'Astrologie, la Metaphysique, la Physique, la Musique, la Geometrie, l'Optique, l'Arithmetique, la Grammaire, la Dialectique, la Rhetorique, la Poëtique, la Science de l'Histoire, la Politique, l'Ethique, l'Oeconomique, les Arts mechaniques de faire de la toille & des Draps, l'Art militaire, & celuy de la Nauigation, l'Agriculture, la Medecine, l'Art de la Chasse, l'Orfevrie, l'Architecture & la Peinture ; puis la Science de l'Ame, auec quelques Traitez des Plantes, des Meteores, & des Metaux, & à la fin vne Moralle où les Vertus sont descrites plus amplement que dans le Traité qui porte titre de l'Ethique. Il y a là si peu d'ordre, que cela est honteux pour vn Hôme de sçauoir. Les Commentaires qu'il a faits sur sa Syntaxe, suiuent ses Sujets & ses Attributs, & tout cela ne tend qu'à donner matiere de discourir de plusieurs choses. De vray ses Sommaires sont passables en ce qu'ils contiennent, mais les raports qu'il leur deuoit donner leur manquent. Neantmoins quelques Autheurs de ce siecle ont de mesme pretêdu beaucoup faire de composer de gros volumes, qui ne sont que des lieux communs sur la *Bonté*, *la Grandeur*, *& l'Eternité*, & sur les autres Termes de Raymond Lulle selon son ordre & son dessein, donnant à cela le nom d'Encyclopædie & de Science de toutes choses, mais nous voyons qu'encore qu'ils ayent ramassé sous ces Titres, tous les Discours qu'ils se sont pû imaginer pour en faire ostentation, cela est fort esloigné de ce qu'ils pretendent, puisqu'on n'y trouue point vn Cercle & vn raport de toutes les Disciplines.

De la Syntaxe de l'art admirable faite par F. Gregoire Toul. Et de juelques liures de ce siecle, faits de mesme à l'imitatiô de ceux de R. Lulle.

POVR parler de quantité de liures modernes ou peu anciens, qui traictent de toutes choses ou de plusieurs, il ne *De quelques liures mo-*

dernes qui parlent de toutes choses ou de p'usieurs.

nous est point besoin d'alleguer l'Academie Françoise de Pierre de la Primaudaye, ny le Liure de la Connoissance des Merueilles du Monde & de l'Homme, cóposé par Pierre de Damp-Martin, & autres semblables, où on ne void que des Descriptiós des choses naturelles; Ny le petit Monde de Chabodie qui fait des Chapitres de chaque Discipline, auec peu d'ordre & peu d'instruction; Tout cela n'est point des Encyclopædies. Il y a en langage Italien, *Piazza Vniuersale*, &, le Miroir des Arts & des Sciences de Fiorauant, traduit en Fráçois; Ce sont des liures qui parlent vn petit de chaque Art & dont les Autheurs ont affecté ces grands titres pour les faire paroistre dauantage. Les Italiens ont pris plaisir de parler ainsi de diuerses choses sous diuers desseins, comme a fait Antonius Zara Euesque, qui a composé vn Liure apellé, *Anatomia ingeniorum, & Scientiarum*, où il traicte premierement de la difference des Esprits, puis des Sciences que l'on doit attribuer à l'Imagination, à l'Entendement & à la Memoire, pour sçauoir celles ausquelles chacun est propre selon son Temperament. Ce qu'il allegue de chacune est plutost leur Eloge & leurs qualitez, selon l'opinion des anciens Autheurs, qu'vne entiere instruction, & puis cét ordre des Sciences par le Temperament, n'est qu'vn ordre particulier, au lieu qu'il en faut dresser vn general pour le rendre accomply.

De la diuision & de l'ordre des Sciences donnez par Gorræus & par Frey.

NOVS auons des liures qui ne parlent simplement que de l'ordre, comme le liure de Gorræus, des Partitions de la Philosophie, accompagné d'vne grande Table qui a diuerses branches; Le tout n'est que selon la methode vulgaire. Frey a suiuy cela dans vn petit Traicté qui contient le nombre & l'ordre des Sciences & des Arts, mais il y a adjousté d'auantage de parties y ayant mis tous les Arts en general. Il diuise la Philosophie en Contemplatiue, Practique & Effectiue; Pour la contemplatiue, il met la Metaphysique & la Physique, sous laquelle il comprend l'Alchymie, la Magie naturelle, & la Medecine, & apres les Mathematiques pures, qui sont l'Arithmetique & la Geometrie, & les impures, c'est à dire qui empruntent quelque chose d'autruy, à sçauoir la Musique, l'Astronomie, la Cosmographie, la Geographie & les Mechaniques.

DES ENCYCLOPÆDIES.

Quelqu'vn trouuera à redire que plusieurs Arts soient là rangez sous la Philosophie Contemplatiue: Ils seroient mieux sous l'Effectiue, ou bien il faut mettre aussi tous les autres dans la contemplatiue, pource que leur Theorie peut estre apellée vne Science, comme leur practique vn Art. En ce qui est de la Philosophie Practique, cét Autheur y met la Morale, la Monastique, l'Oeconomique, la Politique, la Basilique ou Royalle, l'Imperatoire sous laquelle sont plusieurs Royaumes, le droict Ciuil, le Canonique, & l'Art militaire. Pour la Philosophie Effectiue qu'il apelle aussi les Arts, il la diuise en Rationelle, ou Sermocinalle, & Réelle; la Rationelle est la Logique, la Dialectique, la Grammaire, & la Rhetorique; Apres la Logique il insere l'Art de Memoire, & il diuise la Grammaire en l'Art d'escrire ou peindre les lettres communes, & l'Art des Chiffres. Apres il met l'histoire & la Poësie; Puis venant à la Philosophie réelle, ou aux Arts réels, il les diuise en Arts necessaires pour la Vie, comme l'Agriculture, ou vtiles à quelque chose comme l'Art de Cordonnier, ou pour l'ornement comme la Peinture, pour la volupté comme l'Art du Cuisinier, ou pour le contentement seul de sçauoir la verité de quelque chose, comme l'Art de mesurer le Ciel. Il diuise encore les Arts réels ou qui operent aux choses, en des Arts seruans à la vie, & d'autres seruans à la proprieté & netteté du Corps; Puis il met tout en confusion, parlant des Arts qui se seruent du Feu, & d'autres qui sont pour la Drapperie, & d'autres pour la Litterature; D'autres pour les Elemēs ou Parties du Monde, comme de ceux qui s'exercent sur la Terre, & de ceux qui s'exercent sur l'Eau. Il met en suite la Marchandise, & enfin les Arts inutiles comme sont ceux des Basteleurs, & les Diuinations. On ne peut pas dire que la difference qu'il donne de Philosophie Practique & d'Effectiue ne soit pas bien remarquée: Leurs noms sont fort significatifs, car encore que toutes ces deux Disciplines soient Practiques, l'Effectiue a cela de particulier qu'il reste quelque chose de son operation; Il est vray que les dependances n'en sont pas bien apropriées. Quant aux Arts de la Raison & du Discours, & ceux qui concernent les choses, on en comprend assez la difference, mais cette suite d'Arts réels n'est pas non plus dans la Methode que l'on desire; Aussi cét ouurage n'est-il presque qu'vne Table de mots, sans rendre raison d'aucune de ses propositions.

Du Macrocosme & du microcosme de Robert Flud.

NOVS deuons passer à des liures plus amples, dont les diuisions & la Doctrine nous satisfassent d'auantage. Entre les liures que l'on prend aujourd'huy pour des Encyclopædies, il n'y en a gueres qu'on ait voulu faire paroistre auec plus d'esclat que celuy que nous a donné Robert Flud sous les titres du Macrocosme & du Microcosme. Le principal titre est, *Vtriusque Cosmi Maioris scilicet & minoris, Metaphysica, Physica, atque Technica Historia, in 2. Volumina, secundum Cosmi differentiam, diuisa, Authore Roberto Flud.* La quantité de figures dont ce liure est remply, luy a donné de la beauté & du credit, mais il faut voir si auec cela il contient des choses vtiles & receuables. Sa diuision est de ce qui concerne le grand Monde qui est l'Vniuers, & le petit Monde qui est l'Homme, dont il y a deux parties separées; La premiere Partie traite premierement de la Metaphysique, du Macrocosme & de sa Creation, de l'ordre & de l'Harmonie des Choses & de leur generation & corruption. L'Autheur y recherche les proprietez des Elemens & celles des Meteores, qu'il apelle les Maladies du Corps inferieur; Dans la seconde parie il parle de l'Art, qu'il apelle le Singe de la Nature. Il monstre comment l'Art donne du secours à la Nature & la corrige ou l'imite. On peut dire qu'en cecy Flud à trouué les vrayes prerogatiues de l'Art, mais cela ne le fait point pourtant paruenir à vne Encyclopædie parfaite. C'est vne Question s'il a bien fait de commencer son ouurage par la creation du Monde, plustost que de s'esleuer à cette connoissance par d'autres plus basses. Apres cette premiere partie qui est proprement des Sciences, il passe aux Arts, mais le nombre de ceux qu'il senseigne n'est point conduit auec vne raison exquise: Ils ne sont mis que selon l'ordre que l'on a accoustumé vulgairement de les nommer, à sçauoir l'Arithmetique, la Musique, la Geometrie, la Perspectiue, la Peinture, l'Art militaire, l'Art qui depend de la Science du Mouuement & du temps, où l'on void le Mouuement des Corps terrestres par le leuier, la Balance, & les Roües; & le Mouuement mens de l'Eau & de l'Air, par plusieurs Machines qui dependent des Mechaniques ; Apres il y a la Cosmographie, l'Astrologie & la Geomance. On ne void point là vne application de tous ces Arts à leurs sujets, comme cela doit estre dans vne Encyclopædie. Il est hors de propos d'auoir nommé la Geomance parmy les Arts vtiles, veu que c'est vne espece de Diuination qui est aussi vaine & aussi ridicule qu'aucune autre, & qu'encore qu'elle ayt quelque liaison auec l'Astrologie, elle n'en a point auec les autres Sciences ou disciplines. Il en manque là mesmes des plus necessaires, qui ne sont pas seulement designées. Flud n'a voulu parler que de celles ausquelles il estoit expert, & peut-estre aussi de celles dont il pensoit qu'on pouuoit faire de plus agreables descriptions ; car faisant vn abregé de tous les Arts qu'il nomme, il a falu y mettre plusieurs figures de Mathematique. Passant aux Mechaniques, on y void la representation des Machines Hydrauliques & d'autres qui sont assez diuertissantes. Dans la premiere Partie il y a encore quelques figures, qui la pluspart sont de quelques'experiences pour trouuer l'origine des Meteores, & pour autres choses semblables. Au Traité du Microcosme qui est la description de l'homme, il y a des Figures assez conuenables, & d'autres qui sont vaines & trop affectées ; comme d'vn Palais qui represente l'oüye, où l'oreille est vn portique qui a diuerses concauitez, & les Notes de Musique sont rangées sur des Pierres de l'Edifice, & sur des marches d'escalier. En plusieurs endroits pour representer diuerses harmonies du Monde, il y a vn Violon, ou vn simple Monochorde, qui va depuis la Terre iusqu'au Firmament, & les differents estages des Cieux en sont les Touches. Quelques-vns condamneront cecy, les autres le trouueront ingenieux & agreable ; Le merite de l'ouurage ne depend point de là. On y peut blasmer à bon droit les superstitions de Caballe dont il est remply, & quelques inuentions inutiles ; Il a esté critiqué puissamment par vne Exercitation de M. Gassendi, & par quelques escrits du Pere Mersenne. Vn certain Theologien appellé Eusebe de Sainct Iust, a fait aussi vn Liure qu'il donne pour le portraict de Flud, où il le reprend d'heresie, d'impieté, & d'ignorance ; Nous ne l'examinons pas si auant ; Nous declarons assez ouuertement qu'il a des deffaux, mais nous reconnoissons qu'en compensation il a philosophé en beaucoup d'endroits sur l'experience, & qu'il a touché en quelque sorte à la vraye diuision & liaison des differentes disciplines.

De l'Encyclopædie d'Alstedius.

IL y a vn autre Liure fait de nostre Temps, qui semble estre plus vtile ; C'est celuy de Iean Henry Alstedius, qui entre tous les ouurages où l'on a pretendu faire vn amaz de Sciences, a eu encore beaucoup de vogue, parce qu'il traitte de plusieurs choses assez amplement & intelligiblement, & qu'il porte le nom d'Encyclopædie. Ce nom signifiant vn Cercle & vn amaz de toutes les instructions que l'on peut donner à la ieunesse, & lequel aucun Autheur n'auoit encore osé prendre au Tiltre capital de ses Traitez, ce Liure cy n'a garde qu'il ne soit recherché de ceux qui voudroient bien se pouuoir rendre Sçauans dans vn seul Liure, où toutes les bonnes disciplines fussent exactement rassemblées : neantmoins sa suite ne respond pas fort à son Tiltre. Pour examiner le dessein de l'Autheur, nous remarquerons qu'il propose d'abord qu'il y a quatre differens Estats de la vie humaine, qui sont l'Oeconomique, le Scholastique, le Politique, & l'Ecclesiastique. Possible luy objectera t'on qu'il deuroit aussi nommer l'Estat militaire, si ce n'est qu'il le vueille ranger sous le Politique. Quoy qu'il en soit il n'a entendu parler que de l'Estat Scholastique, sous les enseignemens duquel il a compris ce qui est necessaire aux autres, y voulant traiter de la Theologie, de la Iurisprudence, de la Medecine, & de la Philosophie ; mais faisant de vray que la Philosophie est comme Ministre des autres Sciences, la composant de ce qu'on appelle les Humanitez & le Cours ordinaire Philosophique, auec quelques Abregez de Mathematique. La premiere edition de ce Liure s'accommodoit en quelque sorte à cecy, mais dans la derniere qui est tres-ample, il y a d'autres ordres particuliers. Il y a les preambules ou premieres Connoissances qui ont quatre parties, à sçauoir l'Archeologie, ou des Principes de Philosophie, tant pour l'essence que pour la connoissance ; l'Hexilogie qui est des Habitudes intellectuelles par lesquelles l'homme est disposé à en-

DES ENCYCLOPÆDIES.

tendre les Choses Philosophiques, & ce qui regarde le vray ou le faux, le necessaire ou le Contingent ; La Technologie qui est la distinction des disciplines, dont il y en a de generales, comme la Metaphysique, & de specialles comme la Physique ; Et la Didactique, qui est la quatriesme Præconnoissance, est vne doctrine qui considere la fin de l'Estude, l'Aptitude où les empeschemens qu'on y trouue, auec la Methode de lire & d'en receuoir de l'vtilité. Apres qu'Alstedius a examiné cecy par plusieurs articles, il vient à son principal ouurage où il traite des Sciences à peu pres dans l'vn des ordres qu'il a prescrits dans sa Technologie. Il suit celuy qui est pour la Methode d'estudier, donnant premierement les Lexicons des langues & leurs Grammaires, comme de l'Hebraïque, de la Syriaque, de la Grecque, & de la Latine. Apres suit la Rhetorique, la Logique, l'Art Oratoire & l'Art Poëtique ; car par la Rhetorique, il entend l'Art de parler auec ornement, & par l'Art Oratoire, celuy de parler auec grande estenduë, & de persuader. Or il appelle tout cecy, la Philologie, qui est la Science du discours ; puis il vient à la Philosophie, qui est selon son aduis, la Metaphysique, la Pneumatique, la Physique, l'Arithmetique, la Geometrie, la Cosmographie, l'Vranometrie, la Geographie, l'Optique, & la Musique ; qu'il donne pour les parties de la Philosophie Theoretique. Pour la Philosophie Practique, il met l'Ethique, l'Oeconomique, la Politique, & la Scholastique. Il tient toutes les parties de la Philologie & de la Philosophie pour les Sciences inferieures, & comme Seruantes des Superieures, qui sont les trois facultez ausquelles on s'adonne le plus, la Theologie, la Iurisprudence & la Medecine ; Mais en suite sans aucune liaison, il met la Mechanalogie generalle & la Spetiale, la Mechanologie Physique, & la Mechanologie Mathematique. Apres cecy viennent la Mnemonique ou Science de la Memoire, l'Historique, la Chronologique, l'Architectonique, l'Apodemique ou Science de voyager, & la Critique ou Science de iuger des Autheurs, à quoy se joignent la Magie, la Cabale, la Chymie, la Magnetique ou Art de se seruir de l'Aymant, la Gnomologie ou Art de recueillir les Sentences & de s'en seruir. Ainsi

Q q ij

vont encore pefle-mefle l'Ægnimatographie, la Paradoxologie, la Dipnofophiftique, qui eſt la maniere de philoſopher dans les Feſtins, & grande quantité d'autres diſciplines, dont les vnes ſont pour le diſcours, & les autres ſont moitié pour la Contemplation, moitié pour l'Action. Il ſemble que ce meſlange ne ſoit fait que faute d'auoir eu l'inuention d'appliquer toutes ces diſciplines en leur vraye place; auſſi l'Autheur pretend les donner indifferemment, ce qui eſt indigne de ſon deſſein. On ne trouue pas meſmes qu'il en ayt fort obſerué les reigles dans le principal Corps de l'ouurage, car quel enchaiſnement y a-t'il de mettre premierement les Sciences du diſcours, puis les Sciences Theoretiques ordinaires, entre leſquelles il range quelques Arts; Et puis où eſt la connexion apres cela, de la Theologie, de la Iuriſprudence, de la Medecine, & des Arts Mechaniques? Qui eſt ce qui les place là? Qui eſt-ce qui les y joint? On demeurera d'accord qu'Alſtedius parle de pluſieurs Arts & Sciences qu'on met en oubly dans les Leçons ordinaires de Philoſophie, où on ne parle ny d'Optique ny de Muſique, ny d'aucune autre partie des Mathematiques; Mais ſi ce qu'il a eſcrit eſt plus que ſuffiſant pour vn Cours vulgaire, cela ne l'eſt pas pour vne Encyclopædie. Nous ne nous plaignons pas du nombre des diſciplines, il y en a aſſez, mais elles ne ſont pas dans l'ordre Encyclopædique. Si l'Autheur pretend que c'eſt vn ordre Claſſique, ce n'eſt point noſtre fait, & cela ne reſpond pas à l'eſperance que donne le tiltre de ſon Liure. Il ne nous importe pas qu'vn ſeul Liure d'Encyclopædie, contienne toute ſorte de diſciplines; on les peut trouuer en d'autres: il ſuffit qu'il les reigle, & pour cecy Alſtedius n'a eu que trop de place, où il a mis beaucoup de choſes qui ne ſeruoient pas à ſon entreprise, ayant fait des diuiſions en ſi grand nombre, & tellement entremeſlées, qu'elles nous peuuent brouiller; & ne contribuent en rien à vne Encyclopædie facile & agreable. Tous ces mots nouueaux d'Hexilogie, d'Archelogie, & quantité d'autres ne ſeruent qu'à déguiſer des choſes connües par des noms extraordinaires: Neantmoins comme ces mots ſont aſſez bien expliquez, ils peuuent eſtre admis dans leur ſujet. Enfin on ne ſçauroit

DES ENCYCLOPÆDIES.

nier que cet Autheur n'ayt parlé de plus grand nombre de Sciences & d'Arts qu'aucun homme de Lettres n'auoit fait auparauant luy, aufquels il a fouuent donné des noms aſſez conuenables, auec vn abregé de leurs Principes; mais en ce qui eſt des diſciplines Philoſophiques, il ne les a guere autrement rangées que ſelon l'ordre commun des Eſcholes, & il a laiſſé les autres en deſordre. Il faut pourtant reconnoiſtre que les Sommaires qu'il a faits ont quelque choſe d'inſtructif pour leur eſtenduë, & que de plus il parle de quantité de curioſitez, qu'on a peine de trouuer ailleurs, tellement que ſon Liure contient de bonnes choſes, quoy qu'elles ne quadrent pas au projet que nous deſirons.

Du Liure de Bacon de l'Accroiſſement des Sciences.

SI NOVS ne trouuons rien qui nous contente dans les Methodes ordinaires, il faut auoir recours aux extraordinaires. On doit conſiderer celles qu'a voulu inuenter François Bacon Chancelier d'Angleterre, dans ſon Liure, De la Dignité & de l'Accroiſſement des Sciences. Apres ſon Preambule à ſon Roy ſur ce ſujet, il vient à la diuiſion vniuerſelle de la doctrine humaine en Hiſtoire, Poëſie, & Philoſophie, conformément aux trois facultez de l'Entendement, la Memoire, la Phantaiſies, & la Raiſon. On s'eſtonnera d'abord d'vne diuiſion ſi peu vſitée, mais il faut entendre ſon explication; il dit que l'Hiſtoire eſt naturelle ou ciuille; l'Hiſtoire naturelle eſt la deſcription des choſes du Monde, qui eſt diuiſée en Hiſtoire des Choſes celeſtes, en celle des Meteores, en celle du Globe de la Terre & de la Mer, & des diuerſes eſpeces qui s'y trouuent produites. Il y joint l'Hiſtoire de la Nature ſouſmiſe & fabriquée, qui eſt ce que l'on appelle les Mechaniques, en quoy l'on le pourra reprendre d'auoir joint les Sciences auec les Arts: Toutefois s'il entend de traitter de l'Eſtre de toutes les Choſes dans ſon Hiſtoire naturelle, il eſt certain qu'il peut paſſer apres à la conſideration de leur vſage, ce qui eſt la Theorie des Arts jointe à leur practique; mais l'on void qu'apres cela eſt interrompu, & qu'il parle de l'Hiſtoire ciuille diuiſée en Hiſtoire Eccleſiaſtique, & en Hiſtoire des Sciences; Cette Hiſtoire ciuille eſt encore diuiſée en Memoires & Antiquitez, & en Hiſtoire entiere, qui eſt diſtinguée en Chroniques,

Q q iij

vies & Relations, puis en Annalles & en Iournaux, & en Histoire ciuile, pure ou meſlée. Il parle auſſi de quelques dependances de l'Hiſtoire, qui ſont les Harangues, les Lettres & les Apophtegmes; De là il vient à la Poëſie, ſecond membre de ſa doctrine, laquelle il diuiſe en Narratiue, Dramatique, & Parabolique; Apres il paſſe à la Philoſophie qu'il ne traite que par des exemples pris des Fables, comme de celle de Pan pour l'Vniuers, de celle de Perſée qui coupa la teſte à Meduſe pour la Guerre, & de la Fable de Bacchus pour les appetits ſenſuels: Ie ne ſçay pas quelle liaiſon, & quelle bonne methode d'inſtruction on peut trouuer en des choſes ſi confuſes; Si ſon Hiſtoire naturelle doit comprendre la deſcription des choſes, & ce que l'on en peut faire auec l'Art, pourquoy n'eſt-ce pas la vraye Philoſophie? Pourquoy en a-t'il fait vn membre ſeparé, dont il ne nous enſeigne rien que ſous le voile des Fables? Mais l'Hiſtoire ciuile & la Poëſie ſont elles auſſi fort bien en leur rang? Il fait apres vne autre diuiſion de la Philoſophie naturelle, en ſpeculatiue & operatiue; La ſpeculatiue eſt la Phyſique & la Metaphyſique. La Phyſique a pour ſes dependances les problemes naturels, & les reſolutions des anciens Philoſophes, & la Metaphyſique ſe diuiſe en doctrine des Formes, & celle des cauſes finales; Puis la doctrine operatiue de la Nature a deux branches, celle de la Mechanique, & celle de la Magie, dont la premiere reſpond à la Phyſique, la ſeconde à la Metaphyſique. Les dependances principales de cette doctrine operatiue, ſont les Mathematiques, & quelques Arts vtiles à l'homme. On s'accommoderoit encore mieux de cet ordre que du precedent; mais Bacon en eſtablit vn autre au liure qui ſuit, qui eſt le quatrieſme, diuiſant la doctrine de l'hôme en Philoſophie de l'humanité, & Philoſophie ciuille. Selon ce qu'il dit, la Philoſophie de l'humanité regarde le corps de l'homme & ſon Ame, ſes miſeres & ſes prerogatiues, la Phyſionomie, & l'interpretation des Songes. Cette doctrine du Corps eſt encore diuiſée en Medecine, & en Science de Volupté. La Medecine ſe partage en trois, la conſeruation de la ſanté, la cure des maladies, & la prolongation de la vie. La Philoſophie humaine touchant l'Ame, eſt apres diuiſée en

DES ENCYCLOPÆDIES.

plusieurs manieres, touchant sa substance & ses facultez. Il parle là des predictions & de l'ensorcellement, & puis du mouuement & des Sens Estant paruenu à son cinquiéme Liure, on y void la doctrine de l'vsage & des objets des facultez de l'Ame de l'homme, diuisez en Logique & Morale. La Logique a sous soy les Arts d'inuenter les Argumens, de iuger des choses, de les retenir & de les debiter ; & ces deux dernieres parties ont sous elles l'Art de Memoire, & l'elocution ou la tradition. Au sixiesme Liure cette tradition est diuisée en l'organe du discours, en sa Methode, & en son illustration. Cet organe est la doctrine des Notes des choses par la Parole ou l'Escriture, & ces deux establissent la Grammaire. Les Notes se diuisent en Hyeroglyphes & caracteres reels ; puis la Grammaire est diuisée en celle qui apprend les Lettres, & en celle qui philosophe. Les fondemens de la Rhetorique sont apres establis : On y void les couleurs du bien & du mal, les Antitheses, & quelques formules d'Oraison, & de tout cela il y a des exemples ; puis l'Art Critique & le Pædagogique sont raportez, comme dependans de la Traditiue. Au septiesme Bacon parle de la Morale & de ses Biens; de la culture des Esprits, de leurs caracteres, de leurs affections, & de leurs remedes ; Au huictiesme est la doctrine ciuille, qui est celle de la conuersation ou celle des affaires. Apres suit la doctrine des occasions diuerses, & de l'intrigue de la vie, illustrée des Paraboles de Salomon, auec leurs explications suiuies de preceptes. La doctrine du Regne ou de la Republique, doit auoir son lieu apres cela, mais l'Autheur ne l'a point escrite amplement : il se trouue là seulement quelques discours qui monstrent comment il faut estendre les bornes du Royaume, quelle est la doctrine de la Iustice en general, & quelles sont les sources du Droict. C'est la Methode de Bacon pour les Sciences, & il faut auoüer qu'ecore qu'il fust grand personnage, il n'a pas mis cela dans la netteté que nous souhaiterions. Toutes ces diuerses reprises offusquent l'esprit : Il ne luy sert de rien de traicter d'vne chose en vn lieu, pour en parler apres sous d'autres diuisiós. Il faloit faire vne partitió generalle qui fust claire & exacte; les pieces qu'il y ioint sćblent interrópre sa suite, comme font ses Fables. Philosophiques, ses couleurs du Bien & du Mal, ses Antitheses, ses Paraboles, & puis les Aphorismes qu'il dône pour des regles de Droit. Il est ayse à connoistre que ce sont des ouurages qu'il auoit faits à part, lesquels il a voulu rassembler en mesme lieu, mais il eust mieux valu en faire vn corps separé; car il y en a qui ne sont gueres à propos. Quelques-vns sōt tirez de ses autres Liures specialemēt de ses Essais. Qu'ād ce Liure de l'Accroissemēt des Sciences fut premierement fait en Anglois, cela ne s'y trouuoit pas, & sa Traduction faite par André Maugars n'en dit rien. Bacon a adiousté cela dans l'Edition latine, qui a esté suiuie de poinct en poinct par le sieur Golefer son Traducteur. On trouue encore à reprendre à ses façons de parler extraordinaires qui sont espanduës par tous ses Liures, comme *La Tradition de la Lampe*, pour signifier l'Instruction que l'on donne aux Enfans, & *les Idoles de la Tribu, de la Cauerne, du Marché & du Theatre*, pour representer les opinions ou imaginations differentes de diuerses conditions des hommes : Mais c'est assez pourueu que cela se fasse entendre, & auec cela il y a de belles & bonnes choses, en ce que parmy cette Enumeration des Sciences & des Arts, il raporte fort à propos quelques deffauts qui s'y rencontrent auec les moyens de les reparer, tellement que c'est vn des plus doctes ouurages que nous ayons en de telles matieres. Tous ces diuers Systemes qu'il establit sont aussi fondez sur des raisons tres solides qui monstrent qu'il n'a pas dressé cela à l'auanture, comme ce qu'ont fait plusieurs, mais auec vne meure consideration ; Et si ses Ordres sont diuers & meslez, son excuse pouuoit estre que comme il proposoit plusieurs choses nouuelles selon qu'elles venoient à son Esprit, il ne faloit point trouuer estrange qu'il les donnast ainsi à diuerses reprises. On peut voir encore son Organe nouueau qui sert en quelque sorte à l'ordre des Sciences, principalement des Sciences naturelles, & qui sur tout donne de grandes Lumieres pour rechercher la verité de l'Estre & des qualitez des Substances, autrement que les Anciens n'ont fait ; de sorte que cet Autheur a merité en plusieurs endroits d'estre mis au nombre des Nouateurs en Philosophie, aussi bien que de ceux qui nous ont donné des Encyclopædies.

J'AY

DES ENCYCLOPÆDIES.

J'AY FAIT icy vn Examen Sommaire des Encyclopæ- *Reflections* dies ou des Liures qu'on pretend estre dignes de cette qua- *sur les* lité. S'il s'en trouue encore d'autres, ils ont peu de reputation, *Encyclo-* & ont du raport à ces premiers, tellement que ce que l'on dit *pædies, &* des vns, est aussi pour les autres. Quant à ceux que i'ay pro- *sur le Li-* posez, il y en a de rares & de curieux, dont il est agreable & *ure de la* vtile de voir icy vne maniere d'Anatomie. On connoistra *Vniuersel-* par là que les vns contiennent d'assez bonnes choses mises en *le.* mauuais ordre; Que d'autres ont de l'ordre en quelques vnes de leurs parties & non pas dans toutes, & que s'il se trouue de ces ouurages qui soient à peu prez dans l'excellence, les autres sont dans vn estat mediocre. Cela ne nous fait pas seulement voir quelles doiuent estre les vrayes Encyclopædies, & quels sont les ordres differens & bigearres que plusieurs ont inuentez; Nous y aprenons encore à bien ranger toutes sortes de matieres dans vn Discours & à bien placer tous les Sujets d'vn Liure. Que si en quelques endroits l'Examen est seuere, & s'il semble passer à vne Censure absoluë, il ne se faut pas laisser emporter neantmoins dans vne mauuaise opinion pour tous les Liures qui ont esté examinez. En ce qui est de leur Doctrine, les plus Anciens ne nous ont debité que des opinions de Philosophie qui sont aujourd'huy rejettées, sans y auoir aporté aucun changement ny addition, mais ils ne pouuoient faire autre chose dans leur siecle. Que si des Modernes ont faict le mesme, c'est qu'ils n'ont voulu rien innouer en ce lieu, & les bonnes choses qu'ils ont données au reste, leur font obtenir ayfément leur pardon. Quant à l'ordre des vns & des autres, si ce n'est pas l'ordre naturel, ils en ont vn autre qui peut estre vtile en de certaines manieres, & d'ailleurs quelques vns de ces Liures contiennent de si curieuses remarques qu'ils meritent d'estre leus. Il y en a mesmes qui estant pour les Choses, & non pas pour les Sciences particulierement, on ne doit point auoir d'egard en quel ordre ils mettent les Sciences, & les Arts, car encore que ce soient les Sciences qui comprennent les Choses, ils ne les ont pas euës pour leur premier object. Quant aux Liures où les Autheurs voulant traiter exprés des Sciences & des Arts, n'en ont raporté qu'vn petit nombre sous le nom d'Arts liberaux, ou sous l'ordre des Sciences Contemplatiues & Actiues, quelques vns en ont dressé des Sommaires fort instructifs. On prise les Sommaires de Martian Capelle, ceux de Ramus, de George Valla, de Pierre Gregoire, d'Alstedius, & de quelques autres. Pour ceux de Raymond Lulle, quelque meslange qu'ils ayent, on pretend qu'ils seruent à parler sur le champ de diuers Sujets suiuant sa Methode, & en ce qu'a escrit Bacon, s'il n'a fait que designer les Sciences, ç'a esté assez pour traiter de leur restauration & accroissement; Mais quelque estime que l'on fasse des Traitez particuliers de chacun des Autheurs, ce n'est pas ce qui finira nostre dispute. Nous sçauons qu'il n'est pas rare de trouuer des Abregez de toutes les Sciences, soit d'vn costé ou d'vn autre, dans plusieurs Liures qui ne portent pas le nom d'Encyclopædies, & qu'il ne s'agist que de les bien placer. Ceux qui ont fait les plus longs ouurages ne sont pas ceux qui ont le mieux reüssi: Pour faire vne vraye Encyclopædie, il n'est pas seulement besoin de parler de beaucoup de choses, ou de toutes choses, mais de les rediger en ordre. Nostre principale recherche est donc icy pour l'ordre. Nous ne deuons point maintenant nous entretenir d'autre matiere. Il faut reconnoistre qu'entre ces Liures qu'on veut faire passer pour des Encyclopædies, il y en a qui ne sont qu'erreur & desordre. Les Sciences & les Arts y sont confondus ensemble, & n'y sont point apliquez à leurs veritables Sujets, & par tout la Doctrine & la Methode manquent. Quelques vns ont suiuy quelque ordre, que veritablement on ne sçauroit desaprouuer, comme celuy de la diuision vulgaire des Sciences en Theoretiques ou Practiques, & en Contemplatiues ou Actiues; mais ce n'est qu'vn ordre particulier, non point vn ordre general qui produise toutes les liaisons & les correspondances que l'on desire. Au reste la pluspart des fautes qui sont commises par les premiers Autheurs dans l'estenduë de leur ouurage, sont encore trouuées en ceux qui leur ont succedé, tellement que ce qui a esté dit contre les vns, peut seruir contre les autres. Entre ceux mesmes qui ont le mieux fait, il leur manque beaucoup de particularitez, n'ayant pas parlé de toutes les Disci-

DES ENCYCLOPÆDIES.

plines, ny mis dans leur vraye situation, celles dont ils parlent. Cecy est vne marque de la foiblesse de l'Esprit humain, qui ne sçauroit faire les choses sans que rien y manque; Et c'est ce qui monstre aussi que les choses ne sont inuentées que par succession de temps, & que ce qui n'a point esté trouué par les vns le doit estre par les autres. Ie ne preten pas que l'ouurage intitulé la Science Vniuerselle, qui a esté composé depuis quelques années ayt moins de deffauts en ce qu'il contient; Ce que i'ay dit iusques icy n'a pas esté pour faire trouuer les autres defectueux & celuy là accomply. I'ay voulu donner à choisir dans la diuersité, & iustifier en quelque sorte ce dernier Liure, monstrant la raison qu'il y a de le mettre en l'estat qu'il est. Au lieu de tous les ordres que nous auons desduits, soit de diuision par Sciences ou Arts, par Disciplines Contemplatiues ou Actiues, & par Sciences attachées à quelques vnes des Choses, la Science Vniuerselle garde vn ordre particulier. On a entrepris d'y donner la liaison des Sciences & des Arts, & leur correspondance selon l'ordre naturel qui peut estre trouué par le progrez de l'Esprit de l'Homme. Les Philosophes establissent ordinairement deux sortes d'ordres, l'vn de composition l'autre de resolution. Celuy de composition est choisi, pource que cette Science Vniuerselle est reiglée par la suite des Choses, en les contemplant par degrez, & montant des plus basses aux plus hautes; Mais cela n'empesche point que dans le particulier, l'ordre de Resolution ou de Diuision ne se trouue, les Instructions ne se pouuans faire sans luy; Tant y a que l'Homme y est mis au milieu du Monde où il considere tout ce qui tombe sous ses Sens & en fait les Diuisions & les Distinctions; Il void qu'il y a des Corps Principaux & des Deriuez; Il considere leurs proprietez; puis ayant connu par son raisonnement qu'il y doit auoir des Substances plus releuées, il recherche encore leur Nature. Cela fait, il void que ce qu'il y a à examiner de plus, c'est l'Vsage de ces mesmes Choses, & qu'apres il faut chercher les moyens de produire au dehors les pensées que l'on en a, soit par la parole, soit par les marques qui la representent. Ainsi sous nostre Science Vniuerselle, ne traitant que de l'Estre des Choses & de leur Vsage, & des diuerses

R r ij

manieres d'en parler & d'en eſcrire, on a connoiſſance de toutes les diuerſes Diſciplines qui ſe peuuent trouuer & de leur ordre le plus regulier. On ne ſçauroit rien voir de plus ſimple; Cependant cela ſe donne vne eſtenduë infinie, car ſous l'Eſtre des Choſes on conſidere toutes leurs proprietez, dont la recherche produit diuerſes Sciences; comme la conſideration du Nombre, de la Figure, de la Couleur, du Mouuement, & du Son, produiſent l'Arithmetique, la Geometrie, l'Optique, la Muſique, & quelques vnes de ces meſmes proprietez donnent origine à la Geographie, l'Hydrographie, la Topographie, & l'Vranographie; On trouue que les Qualitez ſujettes à l'Attouchement, & aux autres Sens, produiſent d'autres connoiſſances, non pas ſeulement à l'eſgard des grands Corps qui conſtituent le Monde, mais des Deriuez & des moindres; Et que les Meteores & les Corps parfaitement meſlez, comme les Metaux, les Corps Vegetatifs qui ſont les Plantes, les Corps ſenſitifs des Animaux, & les Ames & les Eſprits, ont chacun leurs Sciences à part; Puis dans la conſideration de ce qui ſe faict des Choſes, & de leur Vſage, Melioration, & Perfection, ou Imitation, il s'en forme autant d'Arts, les recherchant par le meſme ordre que les Sciences qui dependent de l'Eſtre & des Proprietez; Tellement que pour l'vſage des Corps celeſtes, pour la reception de leurs qualitez & de leurs effets, & pour leur Imitation, il y a des Arts qui enſeignent à faire diuerſes Machines & autres ouurages; Pour ce qui eſt du Feu, de l'Air, de l'Eau & de la Terre, il y a la Pyrotechnie, la Pneumatique, l'Hydraulique, & les Mechaniques; Pour les Corps meſlez la Chymie, pour les Plantes l'Agriculture; Pour les Animaux, la Venerie, la Fauconnerie & autres Arts; Pour le ſoin du Corps des Hommes, la Medecine, la Chirurgie, la Pharmacie; Et pour la melioration de l'Entendement, l'Art de Memoire & la Logique, & les Arts des Predictions pour donner origine à la Prudence; Pour la melioration entiere de la Volonté, il y a la Morale, à laquelle l'Oeconomique & la Politique ſont ſujettes; Puis pour la recherche du pouuoir de la Volonté, l'on conſidere ce qu'elle peut auec le ſecours de l'Imagination, ou auec la Magie, qui eſtant vne Science abuſiue

& deteſtable, on en deſcouure le mal, & on reconnoiſt que rien ne ſçauroit acheuer la Perfection de l'Ame, que la Pieté & la vraye Religion ; Enfin ſur le ſujet des Idées de l'Entendement, on vient à conſiderer que c'eſt en elles que reſident toutes les Sciences en general, & que les Images qui les repreſentent au dehors, ſont les Sciences du Diſcours, la Grammaire, la Logique parlante, la Rhetorique, & tout ce qui les ſuit. Voila l'Abregé d'vn autre Abregé qui a eſté veu par cy deuant ; Ie croy que l'ordre y eſt naturel, puis qu'il ſuit la Nature pas à pas ; En ce qui eſt de fournir à toutes les Diſciplines, comme doit faire vne vraye Encyclopædie, ie me perſuade qu'il le fait pareillement, & qu'il n'y en a aucune de neceſſaire qui ne s'y trouue, ou qui n'y ſoit ſous-entédue. Pluſieurs Sciences qui n'eſtoient pas dans les autres Encyclopædies, ou qui s'y trouuoient mal placées, ſemblent auoir icy vn lieu raiſonnable : La Magie & les Diuinations qui ont eſté miſes à part dans quelques autres Liures, ſous le titre d'Arts deffendus, ſans autre attachement au Corps de l'ouurage, ont icy leur lieu, ou ſi l'on veut on dira que l'on n'en parle, que pour ce que leur Impieté cede à la Pieté, & leurs fauſſes Predictions aux Pronoſtications Veritables ; Auſſi la conſideration des Signatures des Choſes, la Phyſiognomie generalle, l'Vſage des Effuſions ou Sympathies, la diſtinction de la Morale Theorique & de la practique, de la Logique mentale & de la Logique parlante, l'Vſage de l'Imagination & de la Volonté, auec celuy des Idées de l'Entendement, ne ſe rencontrent point en deſemblables Liures, ou ſi l'on les rencontre, ce n'eſt pas ſous des aplications ſi conuenables & ſi iuſtes.

DE PLVS ſi l'on conſidere bien tout cét ouurage on y trouuera beaucoup de correſpondances & de raports multipliez ; Les Sciences ſermocinalles que nous prenons pour l'Image des Idées de l'Ame, tirent encore leur origine d'ailleurs ; Dez la premiere contemplation des Choſes, conſiderant leur Eſtre & leurs Actions ; ſi l'on les veut repreſenter par la Parole, on inuente les Noms & les Verbes, & pour en faire quelque long Diſcours on eſtablit les reigles de la Grammaire. On ne raiſonnera pas là deſſus, ſans ſe former les Prin- *Les diuers raports de l'ordre de la Science Vniuerſelle, à tous les autres ordres des Sciences.*

cipes de la Logique. Que si nous auons dit que l'Arithmetique & la Geometrie, & d'autres Sciences tiroient leur origine de la consideration des diuers Corps du Monde, nous les pouuons encore faire venir immediatement de la Logique, puis que toutes les Mathematiques sont des demonstrations qui dependent du Raisonnement. Pour ce qui est de l'Vsage des Choses, on luy peut de mesme attribuer quelques Sciences que l'on a fait dependre de la premiere consideration des Corps ; Toutes les Mathematiques y sont employées pour ordonner de diuerses operations selon les sujets. Elles ont encore leur lieu dans l'Vsage des Idées de l'Ame, où toutes les autres Sciences, & mesme la Theorie des Arts, ont leur source. Comme il y a vne maniere d'apliquer diuersement les choses selon les occasions qui se rencontrent, les Mathematiques peuuent estre employées dans vne Science qui concerne les Sens de l'Homme, & tous les Arts peuuent estre aussi rangez sous vne Science des Elemens. Ainsi des Sciences particulieres & des Arts qui ont esté employez en vn endroit, le peuuét estre encore en vn autre ; Et il suffit que l'on sçache distinguer le lieu naturel d'auec le lieu emprunté. Que si l'on se souuient de quelque Science ou connoissance à qui personne n'ait encore donné sa place, on luy en peut trouuer selon que l'on void que le rang est donné aux autres dans le vray ordre de dependance. Par exemple qui cherchera où mettre la Connoissance des Curiositez de Cabinet, telle que des Coquillages & des Marcassités, il est manifeste que cela doit dependre de la Physique. Si ce sont des curiositez où la main des Hommes ayt trauaillé, il faut voir à quelle sorte d'Art cela est propre. S'il est question de Medailles, & que l'on ne considere que leur fabrique, cela apartient à l'Art de forger ou de jetter en moule, & de mesme ce qui concerne les Monnoyes ; Mais s'il s'agist de leur Vsage, cela depend de la Politique, & quelquefois de la Science ou Art de l'Histoire. Or il y peut auoir grande difficulté pour sçauoir où l'Histoire doit estre placée : On la met ordinairement sous la Rhetorique, estant l'vne des manieres de dresser vn Discours ; Mais on la peut encore ranger sous la consideration de l'Estre des Hommes & de ce qui leur arriue, & d'vne

DES ENCYCLOPÆDIES. 319

autre part elle sera sousmise à la Politique. Il n'y a guere de Sciences ny d'Arts que la Politique ne gouuerne ou ne conseille. Quelques autres Sciences ont ce pouuoir alternatiuement selon les occasions qui se rencontrent, desquelles chacun iuge selon sa capacité ; C'est pourquoy il se faut representer, que comme il y a vne Critique pour l'Histoire, pour la Poësie, & mesmes pour la Philosophie, il y en a vne pour les Encyclopædies, qui est vne Science Transcendente, qui sert à examiner non seulement l'ordre des autres Sciences, mais l'ordre de la Science qui en ordonne. On acquerra vne bonne partie de cette Science de Critique par les Examens qui ont esté faits des Liures qu'on prend pour Encyclopædies, lesquels nous ont fait connoistre que les vrayes Encyclopædies sont celles où les Sciences & les Arts sont placez naturellement, ce qui ne se trouue point mieux ce me seble, que lors que l'ō cōsidere toutes les choses, à mesure qu'elles se presentēt à l'Entendement & à la veuë. Ne croyons point pourtant que nous soyons obligez precizément à cét ordre. Si celuy cy est le vray ordre de la Science de toutes choses par le progrez qui s'en fait dans l'Esprit de l'Homme, montant des choses les plus basses aux plus hautes, il y a encore d'autres ordres qu'on estime bons en leur genre ; Mais pour monstrer les prerogatiues de la Science Vniuerselle ; Ie diray que quand on la possede parfaitement, on joüit sans difficulté de tous ces ordres diuers ; On la renuerse & la change comme l'on veut ; On met toutes les Sciences tantost dans l'ordre de Composition, & tantost dans celuy de Resolution, lequel ordre de Resolution est l'Analytique où se font la distinction & la distribution des Choses qui sont propres à l'instruction ; Et ces ordres ne sont iamais si purs dans vn grand amaz de Sciences qu'ils ne soient meslez l'vn à l'autre. On met aussi toutes les Sciences & tous les Arts dans leur rang de Dignité, qui est vn autre ordre legitime & raisonnable qu'on ne doit point desaprouuer, comme quand on commence par ce qui regarde les choses Spirituelles pour finir aux Corporelles ; On se sert pareillement d'vn ordre de facilité, lors que l'on donne premierement les Disciplines les plus aysées à retenir ou les plus necessaires, comme sont la Grammaire; l'Arithmetique & la Geometrie; On foufmet quelquefois les mefmes Difciplines à vne feule, & tantoft à l'vne & tantoft à l'autre, pour monftrer leur connexion & leur dependance reciproque; Car la Metaphyfique comprenant tous les Eftres, doit auffi comprendre tout ce qui leur apartient; La Phyfique eftant la Science des Chofes naturelles peut faire venir à fon fujet tout ce qui fubfifte, & toutes les diuerfes manieres dont on en peut parler, ce qui enferme toutes les Difciplines. Nous voyons que dans noftre premier ordre, nous auons mis auec la Phyfique, la Moralle Theorique ou la Science des Affections & des Paffions de l'Ame, dont procedent les habitudes bónes ou mauuaifes qui font Chofes naturelles; La Connoiffance des Efprits luy peut encore eftre jointe, puis que les Efprits ont vne Nature qui leur eft propre, & qu'il y a moyen de tout raporter à la Loy ordinaire des Subftances, joinct que l'on tire plufieurs conjectures de l'Eftre des Efprits, par plufieurs effects corporels. Apres cecy la Logique parlant de toutes chofes, peut tout ranger dans fes Cathegories; La Theologie comme Reyne des Ames & des Sciences, parlant de la plus haute Effence qui eft Dieu, & des moyens d'efleuer l'Homme à luy, doit donner l'Inftruction de toutes chofes pour le rendre parfaict; La Iurifprudence qui reigle toute forte de Droicts les doit bien connoiftre; La Politique qui a efgard au gouuernement des Hommes de toutes conditions, ne doit rien ignorer de leurs Charges. L'Homme ayant à fe gouuerner foy mefme en fon particulier par la Morale, & à bien reigler fa famille par l'Oeconomique, tirera auffi beaucoup de lumiere de l'Vniuerfalité des Sciences & des Arts, & s'il ne peut fçauoir tout ce qui en depend, au moins il en aprendra autant qu'il en trouuera à fa commodité. Pour donner encore vn exemple de ces raports mutuels, noftre Science Vniuerfelle comprend la Perfection de l'Ame dans le cours de fon Oeuure, mais fi l'on veut faire vn Liure particulier de la Perfection de l'Ame ou de l'Homme en general, il pourra comprendre la mefme Science Vniuerfelle, à caufe que fes Notions feruent à rendre l'Ame parfaite; C'eft ce qui fait iuger en quel rang on doit mettre ces traictez cy qui comprenant les Methodes

DES ENCYCLOPÆDIES.

des des Sciences peuuent encore d'vne autre part les faire venir toutes à leur sujet. Quant au premier & au principal ordre de la Science Vniuerselle, si l'on le considere auec attention on remarquera son enchaisnement ; S'il paroist simple d'abord on void pourtant par le progrez qu'il peut satisfaire à plusieurs de nos curiositez ; Les choses qui n'y sont point traitées amplement, ont leurs Sommaires qui suffisent aux endroits où elles n'ont rien qui soit en contestation. Celuy qui a mis la main à cecy ne doit pas auoir cette vanité de faire vn Liure qui enseigne toutes choses, comme ceux qui n'ont fait qu'entasser des Abregez de Grammaire, de Logique, de Rhetorique, de Physique, d'Arithmetique, de Geometrie, & autres Disciplines : Il y a de ces Abregez qui ne valent pas nos petits Cours de Philosophie & les moindres Liures de Mathematique ; On ne nie point que d'autres ne soient excellens pour ce qu'ils contiennent, & que cela ne soit commode de trouuer tant de choses dans vn seul Liure, mais cela le seroit encore d'auantage s'il s'y rencontroit vn bon ordre. On peut aussi laisser traiter de ces Sciences à ceux qui en font leur profession particuliere, si ce n'est aux endroits où l'on a quelque chose de nuuueau à en dire. Cela s'est obserué dans l'ouurage dont nous auons fait mention ; Et comme c'est vn Recueil de Sciences & d'Arts qui est chose assez commune, afin de le mettre dans quelque estat vtile & extraordinaire, on y a eu soin de l'ordre pour vn des projets principaux. D'abord en cherchant dans les seuls Titres des Chapitres, il semble peut estre en quelques endroits, que ce ne soit qu'vne varieté telle que d'vn Liure d'Essais & de choses meslées, mais le Discours en fait connoistre la liaison & la suite, & ceux qui auront peine à se le representer, n'ont qu'à voir le Sommaire qui en a esté fait par cy deuant : Il n'en faloit point vn plus ample, car ce ne seroit tousiours qu'vn Extraict du premier ouurage : Ce seroit faire tort à la Science Vniuerselle de la vouloir comprendre par quelque Abregé ; Elle est assez succincte pour les choses qu'elle contient, & ce qui en est tracé icy n'est qu'vn foible crayon qui excite à en voir d'auantage, & qui peut seruir de guide en cette lecture. Or ce Liure estant fait à deux fins pour les Sentimens

S f

& pour l'ordre, il faut considerer qu'il n'arrange pas les Choses sans les donner à cōnoistre, mais qu'auec le vray ordre des Sciences, il doit proposer les Pensées les plus naturelles & les plus curieuses qu'on puisse auoir des principales choses du Monde ; Et que ce qui le peut faire rechercher, c'est que touchant les Proprietez des choses corporelles & des spirituelles, & touchant leur Viage & leur Perfection, l'on y void plusieurs opinions fondées sur la Nature & sur l'experience, & plusieurs artifices de nouuelle inuention, pour le mouuement ou autre action des Corps ou pour leurs meliorations, auec la Perfection des Facultez de l'Ame qui depend de quelques notables Secrets.

Que la Science Vniuerselle est celle dõt les Hommes sont capables.

CE N'EST point trop de hardiesse de vouloir faire vn Liure qui contienne ce qui est, ou ce qui doit estre dans plusieurs, & d'y former vne Science qui donne l'ordre aux autres, puis que desia quelques Autheurs l'ont voulu entreprendre, & qu'on entend que la Science Vniuerselle qui y est inserée, soit seulement celle dont les Hommes se trouuent capables. Quand on verra cét ordre comme il a esté estably, il semblera tousiours fort aylé à trouuer, & qu'il ne consiste qu'en chose ordinaire ; C'est vne marque de sa Bonté que la facilité ; On void par là qu'il est naturel, & qu'estant naturel, pour estre bon il ne peut estre d'autre sorte. Par cette raison on doit croire que puis qu'il est propre à tous les Hommes, il pourra naistre au moins dans l'Esprit de tout Homme qui raisonnera auec vne capacité entiere, & auec vne saine & droicte intention. Que si l'on void aujourd'huy peu de gens qui facent cas de ce qui est inuenté de leur Temps, & mesmes par des Personnes qu'ils croyent connoistre, il faut que l'Enuie cede neantmoins à l'vtilité, puis que nous auons assez compris que ce qui est proposé icy n'est que pour faire aymer vne Science Vniuerselle, laquelle n'est pas moins Vniuerselle pour le nombre des Disciplines dont elle traite, que pource qu'elle peut estre conceüe de tous les Hommes ; Nous suiuons la pensée de Sainct Augustin qui dit : Que ce qui est vray apartient à tous, estant sorty du Magazin de la Verité vniuerselle, non point du nostre particulierement, & que cela doit estre aymé & suiuy en commun de tous ceux qui ayment cette Verité. Pour conclure aussi auec la satisfaction

Confessiōs Liu. 12. Ch. 25.

de chacun ; Ie veux finir auec la mesme declaration dont i'ay desia fourny des asseurances assez manifestes, que tous les Eloges que i'ay donnez, & que ie pourray donner à l'auenir à vne Science Vniuerselle & Supreme, ne sont que pour celle qui se trouuera accomplie de tout poinct, non pas pour celle qui a esté publiée, dans laquelle encore qu'il se soit fait quelque effort pour y mettre des choses vtiles, il luy en manque beaucoup pour estre renduë parfaite. Elle n'a pas les Axiomes ny les Principes de toutes les Sciences & de tous les Arts, ny tous les ordres particuliers dependans du general, ny ces diuers raports de toutes les Sciences à chacune des autres. Peut estre suffit il de les auoir proposez, & de les laisser dresser à d'autres selon qu'ils en auront la curiosité. C'est assez d'en auoir descouuert les Secrets comme nous venons de faire; On peut trouuer en cela vne des principalles Clefs des Sciences; Et si traitant plusieurs choses sommairement, il y manque des disciplines que l'on voudroit bien aprendre, on les doit tirer des autres Liures, de mesme qu'on prendra dans celuy cy ce qui manque aux autres. Toutefois cela n'excuse pas entierement ses deffauts ; Cela fait voir seulement que chacun est auerty de tirer des enseignemens d'ailleurs où il en pourra rencontrer; Aussi rien n'y a esté auancé pour degouster aucun de la lecture de tant d'ouurages curieux. Il suffit d'auoir monstré qu'au cas qu'on les veüille faire passer pour des vrayes Encyclopædies, il faut y proceder auec moderation & iugement, & voir s'ils ne laissent point plusieurs Disciplines en arriere ou hors de leur place. Enfin il faut auoüer que s'il se trouue vn Liure exact & general, qui satisfasse à toutes sortes de liaisons & de raports, & qui contienne les plus forts & les plus curieux Sentimens, on ne le doit pas negliger pour la consideration des autres. Il est vray qu'vn tel Liure seroit adressé inutilement à ceux qui sont ignorans à l'extremité, ou qui ont l'Esprit peu penetrant, de sorte que quand il seroit rendu plus ample que tout autre, plusieurs ne le comprendroient pas auec moins de difficulté. C'est ce qu'on nous peut objecter quand nous disons, que la Doctrine vniuerselle doit estre commune à tous les Hommes; Toutefois nous entendons selon que la Nature ou l'Art les en ont rendu capables, & selon les soins qu'ils y ont employez ; car auec cela il est indubitable qu'ils y feront du progrez, & que ceux mesmes qui ne peuuent acquerir tout le Bien que nous proposons, en obtiendront vne partie, ou s'y esleueront par diuerses marchez. Afin donc de remedier aux infirmitez humaines, il faut voir comment ceux qui d'abord ne sçauroient atteindre à la Science, vniuerselle, peuuent en aprendre de particulieres, ou de plusieurs particulieres en former vne generalle. Ce n'est point nous rabaisser que de faire cette recherche, puisque ce sera pour apliquer apres les diuerses Sciences à celle de qui elles doiuent dependre : Mais il faut auparauant s'informer des moyens de les aprendre facilement fondez sur la Nature, ce qui est vtile à toutes fins.

DV VRAY
EXAMEN
DES ESPRITS,

Ou des moyens d'aprendre les Sciences fondez sur la Nature, par l'Examen de la Complexion des Hommes,
Et par les changemens qu'on y peut aporter.

CINQVIESME TRAICTE.

COMME il ne suffit pas de nous loüer les *Des moyens* plus beaux endroits d'vne contrée si l'on ne *d'apprendre* nous enseigne les chemins les plus seurs pour *les Scien-* y aborder ; aussi n'est-ce pas assez d'auoir dit *ces.* quels sont les Arts & les Sciences, où il y a de la certitude, & dont l'on peut tirer de l'vtilité & de l'honneur, ny d'auoir donné leurs ordres particuliers & generaux, si l'on ne monstre les moyens de les aprendre auec facilité. Ces moyens sont de deux sortes :

Sf iij

les vns fondez sur la Nature, cause premiere & vniuerselle de tout ce qui se fait icy bas, & les autres appuyez sur l'artifice; car il est bien à propos que ce qui traicte de l'Art soit enseigné auec art.

Capacité des Esprits examinée par la Complexion.

Pour commencer par ce qui depend de la Nature, l'on nous soustient premierement, que rien ne sert tant à rendre les hommes sçauans, que s'ils s'apliquent chacun aux Sciences & aux Arts ausquels ils sont propres, & que l'aptitude ou capacité de leurs Esprits peut estre examinée par leur complexion, suiuant l'habitude du corps & les reigles de la Physionomie. Il faut auoüer que si de telles obseruations estoient tousjours veritables, & si l'on auoit trouué vne exacte methode pour s'en seruir, ce seroit vn rare secret. Cela espargneroit beaucoup de soins & de trauaux que quelques-vns employent inutillement enuers des Sciences contraires à leur Genie. Il y a des doutes & des contestations là dessus, mais pourtant l'on pretend que cela doit reüssir en quelque maniere, & pour s'en informer particulierement, il faut voir le destail de cette opinion. On dit que les Sciences & les Arts ayans du raport aux trois facultez de l'Ame raisonnable, lesquelles se monstrent plus ou moins puissantes selon le temperament du Cerueau, on peut iuger d'elles en obseruant quelles sont les qualitez de cette partie, & l'on peut sçauoir par ce moyen quelle doit estre l'aplication d'vn Homme pour y reüssir heureusement. On distribuë donc toutes les professions & Disciplines entre ces trois facultez Spirituelles, qui sont l'Entendement, l'Imagination, & la Memoire, & entre trois Temperamens corporels, qui sont le chaud, le sec & l'humide, auec lesquels le froid s'entremesle diuersement; On propose qu'il faut auoir esgard principalement, combien ces trois qualitez dominent au Cerueau, qui est la partie de la Teste où les facultez cognoscitiues resident ; Que les Hommes qui ont le cerueau sec ont l'Entendement bon, & qu'ils sont propres pour aprendre la Logique, la Metaphysique, la Iurisprudence practique, & la Theologie Scholastique ; Que ceux qui ont le cerueau chaud abondent en Imagination, & que tous les Arts & toutes les Sciences qui consistent en correspondance & en Harmonie,

DES ESPRITS.

sont soufmis à ce Temperament, comme la Poësie, l'Eloquence, la Musique, l'Astronomie & quelques autres parties des Mathematiques ; Et que pour le cerueau humide il est propre à la Memoire, dont la Grammaire & les langues dependent ; auec la Iurisprudence Theorique, la Theologie positiue, la Cosmographie & l'Arithmetique. Or comme l'on suppose en cela les Temperamens en leur haut degré, on iuge aussi de l'abaissement de leur pouuoir selon qu'ils sont moderez & diuersifiez, & selon que la froideur s'opose à la chaleur, & la seicheresse à l'humidité.

C'est icy la doctrine d'vn Autheur Espagnol, dans vn Liure Intitulé, *l'Examen des Esprits*, qui a esté suiui de quelques-vns & condamné par d'autres. Ie laisse ce que l'on luy a reproché, Qu'il attribuoit tant de force aux qualitez corporelles, qu'il sembloit que l'Ame en dependist, & que cela empeschast de la croire immaterielle & immortelle comme elle est ; Il s'est assez deffendu là dessus en remonstrant que l'Ame n'agist dans l'homme que selon la disposition des Organes qu'elle trouue ; Neantmoins on croid qu'il a encore trop asserui cette Substance Spirituelle aux parties corporelles & grossieres, & que les comparaisons qu'il a tirées des Bestes brutes, & mesmes des Bestes imparfaites comme des Insectes, font des-honneur à vn Animal si excellent que l'Homme, & qu'aussi est-il ridicule d'attribuer de la seicheresse aux Fourmys & autres Bestioles, parce qu'elles sont prudentes, & de là tirer consequence que la Prudence se doit rencontrer dans les temperamens secs : Car par quel Art a-t'il pû connoistre s'il y a moins d'humidité que de seicheresse au cerueau des mouches qui semblent estre fort humides ? Comment a-t'il encore remarqué la difference du cerueau des mouches à miel & des mouches communes, dont les vnes sont estimées prudentes & les autres tres-imprudentes ? On ne trouuera pas leurs cerueaux fort differens dans la dissection, & s'il a dit que les vnes auoient le cerueau sec & les autres humide, c'est qu'il a veu que les vnes estoient prudentes & les autres imprudentes, non pas qu'il ayt iugé de leur Prudence, ou de leur Imprudence par leur seicheresse ou leur humidité ; & puis

Le Liure de l'Examen des Esprits fait par Iean Huarte combattu.

ne sçait-on pas que ce que font ces Insectes n'est point par vne Prudence qui soit en eux, mais par le secours d'vne souueraine Prouidence qui fait agir toute la Nature ? Pour ce qui est des autres Animaux plus parfaits, de vray leur naturel peut estre reiglé selon leur Temperament ; Le Pourceau qui est tres humide est tres-stupide, le Chien qui paroist plus sec est plus subtil & plus esueillé, & ainsi des autres. De mesme on peut dire que les premieres Inclinations de l'homme suiuent son Temperament : Mais cela ne se fait pas immuablement comme aux autres Animaux, d'autant que l'Ame humaine estant Spirituelle doit monstrer son independance. Voila pourquoy elle ameliore ses facultez, & les perfectionne, & quelquefois elle les change de telle sorte, que l'on connoist bien que l'on peut corriger les deffaux de la Nature par la diligence & l'Estude, & que cette puissance des Temperamens ne sçauroit auoir d'effect, si l'on a dessein de la destruire. Il y en a de plus qui objectent à l'Autheur de l'Examen, qu'il n'a pas bien estably les Temperamens pour chaque faculté de l'Ame, & qu'il ne deuroit pas attribuer à la Seichereße l'Entendement seul, mais aussi la Memoire, & que ces deux facultez ne sont point incompatibles. On trouue ainsi à reprendre en plusieurs de ses

Examen de l'Examen des Esprits par Iourdain Guibelet.

Propositions, qui ont doné sujet à vn Medecin François de faire vn Examen de son Examen, où il refute puissamment la pluspart de sa Doctrine. Il en parle selon sa fantaisie dans vn Liure aussi gros que l'autre ; Pour moy i'en parleray icy succinctement, & selon mes propres pensées.

Ce qu'il y a à dire principalement contre le Liure de l'Examen des Esprits.

Nous deuons considerer que de vray il y a quelque chose à dire, d'assujettir tellement chaque faculté de l'Ame à vne certaine constitution du Corps ou du Cerueau, que l'on croye que sans l'auoir on ne soit pas capable de reüssir dans les Sciences qui luy sont soufmises, & que la possedant en quelque degré, on ne puisse pareillement faire du progrez dans d'autres Disciplines differentes. Si l'on dit que la Poësie & l'Eloquence dependent de l'Imagination, on a pourtant assez veu de Poëtes & d'Orateurs, lesquels deuoient posseder cette faculté en vn degré eminent, auoir aussi l'Entendement fort bon,

DES ESPRITS.

bon, & estre tres-propres à la Philosophie & à toutes les Facultez speculatiues, lors qu'ils ont voulu s'y adonner. On peut asseurer le mesme de plusieurs Grammairiens qui ayant la Memoire excellente, ne laissent pas de ioüyr auantageusement des autres Facultez. Il faut confesser que la Memoire est necessaire pour retenir les Histoires & les Sentences dont on peut former vn Discours; Et quant à l'Imagination il faut reconnoistre que c'est elle qui nous rend capables de mettre tout cela en ordre, & d'y adjouster de nouuelles Beautez suiuant les reigles de la Rhetorique; Mais qui empesche qu'au mesme temps l'Entendement n'y fasse parestre sa puissance, & d'auantage ne peut on pas dire qu'il y est necessaire; Car quels ouurages peut on faire sans luy, & leur donner autant de solidité que de beauté? De dire qu'il y a des Sciences dont la Theorie repugne entierement à la Practique, & que ceux qui ont l'vne en perfection ne peuuent auoir l'autre, ne semble-t'il pas qu'on vueille dire, que pour estre fort expert à les practiquer, il ne seroit pas besoin d'en auoir la Theorie & la connoissance, ny d'en estre capable, qui est la mesme chose que si l'on disoit, Que pour estre bon Peintre il faut estre aueugle? Cette attribution des Disciplines aux Temperamens, est ainsi renuersée, & de plus la puissance des facultez de l'Esprit qu'on dit suiure les Temperamens, est reiglée diuersement suiuant les experiences. L'on treuue des personnes qui ont autant de chaleur & d'humidité que d'autres, lesquelles neantmoins n'ont pas tant d'imagination & de Memoire. Il faut mesme considerer que si le cerueau humide est propre à la Memoire, ce n'est que pour vne Memoire prompte qui s'efface aussi tost, ainsi qu'vne cire molle qui ne retient point les Images, au lieu que le cerueau sec est comme vne pierre ou vn metal sur esquels ce que l'on graue y demeure pour iamais; De sorte que la bonne memoire se trouuant dans la seicheresse, c'est ce qui monstre qu'elle peut estre accompagnée de l'Entendement; Dallieurs le cerueau ne doit estre apellé ny sec ny froid, que pour dire qu'il est moins humide ou moins chaud, car il ne peut estre sans ces deux qualitez d'humidité & de chaleur dans vn animal viuant, où la secheresse & la froideur ne se trouuent

T t

iamais en degré abſolu. Il eſt donc queſtion de reigler la quantité d'humidité & de chaleur, à quoy l'on peut reduire les Temperamens, & cela eſtant il ne ſe faut point imaginer qu'ils ſoient tellement contraires, que la diſpoſition que l'on donne à l'vn, ne ſe puiſſe iamais rencontrer auec celle de l'autre, & que lors que le cerueau eſt moderément humide, il ne puiſſe eſtre propre aux fonctions de la memoire, & à celles de l'Entendement, & que s'il eſt auſſi mediocrement chaud, il ne ſe puiſſe rendre vtile à l'Imagination & à l'Entendement tout enſemble; Que ſi les Sciences que l'on eſtime contraires peuuent loger en meſme lieu, comme la Theologie auec la Poëſie; on le doit bien croire plus ayſement de celles qui ont meſme objet, & ſont jointes l'vne à l'autre par dependance, comme la Iuriſprudence Theorique qui eſt la Science des Loix, & la Iuriſprudence pratique qui eſt l'art de plaider & de conſulter. Il ne ſert de rien de dire que le Temperament vtile à la Memoire ou à l'Imagination, ne l'eſt point pour l'Entendement; Si l'on attribue la chaleur aux premieres facultez, & la ſechereſſe à la derniere & ſupreme, ne void on pas pluſieurs corps mixtes qui ſont chauds & ſecs, & fort propres en cét eſtat aux ouurages & actions où l'on les veut employer : Pourquoy ces temperamens ne ſeront ils pas bons pour ſeruir d'organes à toutes les fonctions de l'Eſprit, veu que meſmes elles ont du raport les vnes aux autres ; Car l'Entendement qui eſt vne faculté de diſcerner les choſes & d'en bien iuger, ne ſçauroit ſe fortifier ſans ſe repreſenter diuerſes obſeruations que la Memoire garde, & ſans qu'il ſe figure par l'imagination en quel rang il les peut mettre chacune; I'adjouſteray que ces facultez reçoiuent vn ſecours reciproque de l'Entendement, & qu'il fait cognoiſtre ce que l'imagination ſe doit figurer de plus à propos, & quel ordre l'on doit tenir en la recherche des choſes, afin que la Memoire ne manque point à les repreſenter quand il en eſt beſoin.

De ceux qui ont beaucoup de Memoire & peu d'Entendement.

On nous remonſtrera là deſſus qu'il y a des hommes qui ont la Memoire propre à retenir quantité de choſes par cœur, ſans que l'Entendement y opere, eſtans des perſonnes peu intelligentes, & que de telles facultez ſe trouuent d'ordi-

DES ESPRITS. 331

naire en des enfans, pource qu'ils sont d'vn temperament fort humide, ce qui leur fait auoir beaucoup de Memoire & peu de iugement ; Mais i'ay desia dit que cette Memoire si facile, n'est point la bonne & la vraye, puis que ces personnes là perdent la souuenance des choses aussi ayfement comme elles l'ont acquise. Si l'on allegue encore que les Vieillards à l'oposite ont beaucoup de Iugement & peu de Memoire, ce que l'on attribue au deffaut d'humidité & à la seicheresse de leur cerueau ; Il faut se garder de tomber en erreur, & se representer que s'ils n'auoient plus de Memoire, ils ne seroient plus capables de iuger des choses, & d'auoir de la Prudence, en conferant le passé auec le present pour en preuoir l'auenir ; Il faut qu'ils ayent au moins la memoire des choses qu'ils ont aprises de long temps, ce qui s'est imprimé si fortement en leur Esprit, que cela ne se peut perdre, quoy que pour aprendre des choses nouuelles, la Memoire leur manque quelquefois ; Tant y a que l'on ne doit pas dire absolument ce que le Vulgaire dit, que ce qui les rend prudens & iudicieux, c'est qu'ils manquent tout à fait de Memoire, ou du Temperament qui la donne, veu qu'ils sont redeuables de leur Prudence aux diuerses experiences qu'ils ont faites, desquelles ils se ressouuiennent.

Afin de reconnoistre la Verité aux endrois où elle se trouue, il faut donc aoüer que le Temperamment humide est propre à vne Memoire prompte, mais peu durable, & le sec à vne Memoire tardiue, mais tenace, comme aussi au Raisonnement, ce qui temoigne que celuy qui auoit grande Memoire estant jeune à cause de l'humidité du Cerueau, la pourra auoir moindre lors qu'il aura le cerueau plus sec, & qu'en recompense il se trouuera plus propre aux fonctions de l'Entendement. Le cerueau estant eschauffé par quelque maladie ou par quelque exercice, l'on abonde aussi en imagination ; La force du Temperament se monstre ainsi, tellement que l'on peut dire que la premiere difference des Esprits vient de la disposition du Corps : Mais cela ne prouue pas qu'on puisse tousiours connoistre sans difficulté à quelles aplications chaque Esprit est propre.

Les Temperamens ont quelque pouuoir sur l'Esprit.

Tt ij

Qu'il est malaysé de connoistre les complexions des hommes & à quels employs ils sont propres.

Nous auoüons qu'entre les Hommes, il y en a qui se trouuent capables de certaines choses, & que ce qui sert aux vnes peut nuire aux autres ; Mais remarquons que cela s'entend pour les Esprits mediocres, qui par exemple estant propres à reciter de longs ouurages par cœur, ne reüssissent pas si bien à raisonner sur diuerses Questions, & à prendre des conseils iudicieux ; Car pour les Esprits excellens, ils sont bons esgallement par tout ; Soit par leur naturel, soit par leur trauail, ils se mettent au dessus de ces loix qu'on attribue aux Temperamens, de sorte qu'on ne sçauroit tirer de leur consideration toute l'vtilité qu'on se figure. Au reste comme on esprouue que l'âge & les autres accidens, donnent quelquefois vne constitution à qui de certaines operations de l'Esprit sont faciles, ils la peuuent aussi oster diuersement ; Voyla pourquoy bien que l'on accorde aux protecteurs de l'Examen des Esprits, qu'il y a des complexions propres à des employs particuliers, il est malaisé d'en rien determiner parmy des changemens si frequens. Il y a vne tres-grande difficulté d'autre part à discerner leurs marques. On les pense cognoistre par la proportion des parties, par la couleur du teint, par celle du Poil, & par toutes les autres Reigles de la Physionomie ; mais il se trouue souuent de l'erreur en cela, pource que l'Ame humaine se peut exempter du seruage où le Temperament tient les Ames Bestiales. Antoine Zara qui a fait vn Liure de l'Anatomie des Esprits & des Sciences, a suiuy à peu prés les opinions de Iean Huarte, & ayant particularisé les Choses dans des Chapitres separez, il a crû les rendre plus intelligibles. Il a proposé que les Esprits tiroient leurs differences de trois causes, la Naturelle, l'Humaine & la Diuine ; puis des Elemens, & des premieres Qualitez, & des Alimens, & des quatre Humeurs qui dominent au Corps de l'Homme, à quoy il a joint la consideration de ce qui vient de la Patrie ou des Parens, & des habitudes que l'on prend par l'Education & l'accoustumance. Il traicte aussi des Songes comme indices du Temperament ; Toutesfois les Songes ne sont pas des indices si asseurez que les marques ordinaires, pource qu'ils se rendent diuers selon les accidens iournaliers. En ce que cét Autheur allegue de la Chiromance & de l'Astrologie Iudiciaire, leurs obseruations ne sont pas beaucoup receuës, mais c'est qu'il a voulu raporter toutes les choses dont on se peut seruir pour la connoissance des Hommes ; C'est aller au plus loin que de rechercher les Causes & les Signes des complexions, comme il a fait. La complexion ou Temperament est vne certaine proportion des premieres qualitez qui sont la froideur & la chaleur, l'humidité & la seicheresse, lesquelles agissent principalemēt sur les quatre humeurs naturelles, le sang, le phlegme, la Bile & la Melancholie ; Et entre ces humeurs, la prædominante donne le nom aux autres, & en forme le Temperament qui tire de là toute sa force : Neantmoins on n'est pas asseuré que celà ayt par tout son effect pour l'inclination des hommes, & pour leur capacité aux Sciences ; Car le Temperament general du Corps n'est pas tousiours celuy du Cerueau, & d'ailleurs on trauaille en vain de considerer l'estat du Corps, sans examiner en particulier celuy de l'Ame. Antoine Zara a voulu s'informer de l'vn & de l'autre, mais il n'a pas specifié les choses comme on le desire : il a parlé de ce qui est naturel, & de ce qui est artificiel & accidentel, sans monstrer où reside le pouuoir principal. Il nous est besoin d'examiner cecy sans aucune preoccupation d'opinions. Considerons qu'il faut quelquefois separer les obseruations & quelquefois les joindre ensemble, & voir si les vnes respondent aux autres. Il y a de certaines qualitez du Sang & des Esprits, qui nonobstant les aparences exterieures changent la complexion des hommes par plusieurs accidens, & les rendent habiles où inhabiles à des choses qu'on ne preuoyoit pas. La conuersation que l'on a euë dés l'Enfance auec les habitudes qu'on a contractées y operent beaucoup : C'est par ce moyen qu'il arriue que ceux qui se sont adonnez à quelques Sciences contemplatiues, ont de la peine apres à s'employer aux actiues, sans qu'il en faille tousiours aller chercher la Cause aux Temperamens secs ou humides, chauds ou froids. Si l'Entendement & l'Imagination ont plus de pouuoir en eux que la Memoire, cela se fait autant par la diuersité de leurs aplications, que par la force des qualitez corporelles. Quand l'on veut sçauoir dequoy les Hommes sont capables, il ne faut pas seulement considerer leur premiere constitution, mais leur nourriture & leurs exercices; Ce seroit mesmes vn abus de ne rechercher que ce qui concerne leur Temperament, lequel est caché ou desguisé sous des apparences diuerses, au lieu que ce sont souuent les aplications qui font connoistre le Temperament, estant plus en-veuë & moins fautiues : Combien aussi est-on trompé à la Physionomie ? Vn Homme aura le poil & le teint, & tous les traits de visage d'vn Phlegmatique, de complexion froide & humide, & pourtant il sera Bilieux & de complexion chaude & seiche, à cause qu'il s'est rendu tel par des Exercices violens. Veritablement de dire cecy, ce n'est pas nier les forces de la Nature ; C'est monstrer seulement qu'elles sont quelques-fois empeschées & destournées : Il ne faut pas laisser de iuger des Hommes par les Signes naturels. Les Temperamens font que les hommes s'adonnent à de certaines occupations & les y rendent propres, s'ils ne sont point changez ou cachez, & encore ne se peut-il faire qu'il ne paroisse quelque chose de la premiere inclination. Si on tient mesme que la Coustume & le Trauail, operent beaucoup pour changer la constitution des hommes & leur Aptitude à quelques Professions, on doit iuger combien ils y sont propres d'auantage, lors que la Nature est comme compagne des desseins que l'on leur fait prendre, ou si les ayant precedez, elle y a seruy de conseil & d'Instinct. Nous reconnoissons donc qu'il y a des naturels plus propres & plus affectionnez à quelques aplications que ne sont les autres ; Toutesfois il ne faut pas suiure absolument les reigles qui en ont esté données: C'est vne estrange chose que l'humeur des Hommes : La plusparte se portent incontinent à receuoir toutes les nouueautez qu'ils entendent, croyant qu'à cause qu'elles sont curieuses en quelque sorte, elles doiuent estre cruës en tout & par tout. L'Autheur de l'Examen des Esprits, est loüable d'auoir cherché cette nouuelle inuention, de connoistre l'inclination & la capacité que les Hommes ont pour diuerses Disciplines ; Mais nous auons veu qu'il ne les a pas bien distribuées aux diuers Temperamens, & que d'ailleurs les Facultez de l'Entendement, de l'Imagination & de la Memoire, se trouuent souuent en vn degré excellent, sans qu'elles dependent du Temperament sec, chaud, ou humide ; Neantmoins Antoine Zara, Pierre Charon & autres, reçoiuent presque sans contradiction la Doctrine de cet Espagnol. Nous pouuons demeurer d'accord auec eux, que la capacité des Esprits est connuë par les Temperamens, mais nous sçauons que cela n'arriue pas tousjours. D'vn autre costé il ne faut pas aussi condamner entierement cette sorte d'espreuue, quoy qu'en ait dit Iourdain Guibelet en son Examen de l'Examen. Nous laissons le Temperament humide aux Sciences de Memoire, le chaud aux Sciences d'Imagination, & le sec à celles qui appartiennent à l'Entendement, en quoy nous entendons que leurs qualitez soient moderées, car si elles estoient excessiues, elles seroient plus nuisibles que profitables, & nous deuons croire qu'elles se peuuent accorder pour rendre vn Homme propre à differentes fonctions, ce qui est le temperament le plus exquis. Il faut que nous aprenions encore à nous tirer de doute, quand nous voyons qu'il y a des Hommes dont la capacité met en deffaut toutes ces obseruations ; Ils sont propres à plusieurs Sciences ausquelles il semble que leurs Temperamens repugnent, & la facilité qu'ils ont à les aprendre, fait voir que cela ne procede point de quelque accoustumance, ny de quelque soin extraordinaire. D'où peut donc venir cela ? Pour en sçauoir le secret, il se faut persuader qu'il se passe vn certain mesnage dans les parties interieures du Corps que chacun ne peut pas conceuoir. Outre les quatre Humeurs corporelles, le Sang, le Phlegme, la Bile & la Melancholie, qui ont beaucoup de pouuoir sur les Inclinations des Hommes, il y a de tres-subtiles parties, soit Esprits ou autres, qui agissent diuersement sur les Organes, & les rendent propres à differentes choses : On doit arrester neantmoins pour conclusion, que la force de ces Esprits depend de certaine constitution du Corps, de sorte que cela n'est pas contraire aux opinions que l'on a des qualitez des Humeurs & des Temperamens.

Ayant restably le pouuoir de ces facultez corporelles, nous remarquerons que quelques-vns ont recherché les moyens de les mettre en bon estat. Pour mieux iuger d'elles, ils

Coment l'on peut auoir des Enfans de bonne côplexion.

ne se contentent pas d'obseruer les Hommes en eux mesmes par leurs signes exterieurs; Ils ont encore recours à la recherche des causes, à sçauoir du Temps & du lieu de leur naissance, & sur tout des Parens qui les ont produits, qui sont ls vrayes sources du Temperament, lesquelles ont vne tres-grande authorité pour les rendre d'vne humeur ou d'vne autre. Cela estant reconnû afin de rendre leur doctrine plus receuable, ils ont eu dessein au mesme instant de prescrire des remedes aux maux qu'ils declaroient, où de donner du secours à l'accomplissement du Bien. Afin de chercher la perfection des Hommes dans son origine la plus reculée, ils ont voulu pouruoir au bonheur de leur naissance, & faire que ceux qui les mettent au Monde, vsent de toute sorte de precautions pour les engendrer auec les qualitez que l'on leur desire. Quelques Naturalistes ont recherché de quel temperament & de quel âge l'homme & la femme doiuent estre pour se marier, & comment ils se doiuent nourrir & gouuerner pour auoir des enfans de bonne constitution; L'Autheur de l'Examen des Esprits y a ioint les moyens de les engendrer d'vn temperament qui les rende propres à estre instruits aux bonnes Disciplines. Les vns & les autres veullent qu'on soit si exact dans les mariages que de prendre garde si vn Homme qui aura beaucoup de chaleur sera ioint à vne femme qui en ait moins, & qui ait l'humidité qu'il n'a pas, pour en faire vne parfaite temperature. Mais il seroit mal-aisé de faire de telles recherches, d'autant que beaucoup d'autres choses se doiuent rencontrer en vn bon party, ausquelles l'on a esgard principallement: Il semble pour l'ordinaire qu'en ce qui est des qualitez corporelles, c'est assez que ceux qui se marient n'ayent point le corps infirme ny mal fait. Pour ce qui est de la maniere de viure des personnes conjointes, & du temps de la generation, & autres obseruations que l'on prescrit pour auoir des garçons ou des filles, & mesme pour les faire naistre auec vne complexion propre à de certaines professions, quoy que cela ne reüssisse pas tousiours si ponctuellement comme l'on le propose, il n'en sçauroit arriuer que du bien. Quelques hommes moins circonspects que les autres, iouyssent d'vn bonheur semblable sans en auoir eu tant de soin; mais c'est que leur corps s'est trouué dans

vne

vne pleine vigueur. Or quand ils ont recueilly des fruicts de leur mariage, il ne faut point douter que l'affection qu'ils leur portent, ne leur donne plus de soucy, que lors qu'ils ne les possedoient qu'en esperance, & qu'ils ne fassent leur possible pour les conseruer & ameliorer. Plusieurs conseillent aux Meres que si elles veullent que leurs enfans soient bien esleuez, ce soient elles qui leur donnent la mammelle, afin que ces tendres corps soient nourris du mesme sang qui leur a seruy d'aliment depuis la conception, & que si elles s'en peuuent excuser pour leur foiblesse & leurs maladies, ou autres empeschemens, les nourrices que l'on choisira pour tenir leur place soient à peu pres de leur temperament, afin que le changement en soit moindre : Mais si les Meres sont foibles & delicates, il n'y a point d'inconuenient de choisir des Nourrices robustes, plustost que de prendre garde si elles ressemblent aux Meres; Il faut sçauoir encore si ce Temperament est conforme à celuy que doit auoir l'Enfant, & s'il est tel qu'il luy puisse estre vtile, comme de donner vn laict frais & tres-abondant, à vn Enfant alteré & eschauffé. En effect on ne sçauroit manquer en donnant de bonnes nourrices aux Enfans, & sur tout celles dont les mœurs ne font point craindre qu'elles leur fassent succer de mauuaises habitudes auec le laict. Plutarque dans le traité de l'Education des Enfans a eu soin de toutes ces choses, & Quintilien dans ses Institutions de l'Orateur, a donné conseil, Que l'on choisist aux Enfans des Nourrices Sages, qui parlent bien & qui viuent bien.

Lors que les Enfans sont seurez & tirez d'entre les mains mercenaires, c'est alors principalement que les Peres & les Meres, doiuent auoir le soin eux mesmes de leur education. Des choses qui leur touchent de si pres, ne sont pas si bien en la garde d'autruy qu'en la leur, s'ils veulent estre asseurez à toute heure de ce qui en arriue. Tout le reste de la vie depend de ce premier Temps: Ces jeunes Plantes gardent le ply que l'on leur donne lors qu'elles ne font que des scions. Quoy que la meilleure humeur de cét âge, soit d'estre adonnée au jeu & à la recreation, ces diuertissemens ont pourtant quelque chose de serieux, au moins en ce que l'on peut desja connoistre par

De l'education des Enfans, & comment l'on descouure leur naturel.

eux à quoy l'inclination se porte. Comme les Esprits turbulens se monstrent propres à la guerre, l'on trouue aux autres des marques pour chacune des professions qui dependent des Sciences. Ceux qui sont propres à l'Eloquence temoignent leur facilité de parler; Ceux qui doiuent aymer les Estudes profondes sont pensifs & taciturnes, & ceux qui seront bons à raisonner sur diuerses matieres, & à inuenter diuerses choses, paroissent ingenieux en tout ce qu'ils font. On peut adjouster de petites espreuues de tout cecy, leur donnant quelques discours à aprendre par cœur, & leur faisant des questions sur toute sorte d'occurrences. Lors qu'ils seront d'vn âge vn peu plus auancé, on descouurira encore mieux leur naturel, en leur presentant les Sciences mesmes, dont auparauant on ne leur faisoit voir que les Images. Quelques vns aymeront la Cosmographie, ou l'Histoire, les autres s'apliqueront à la Musique, & à discourir eloquemment ; Or il ne faut pas penser que cela se fasse tousiours, pource que l'Imagination ou la Memoire soient plus puissantes aux vns qu'aux autres; Cela n'arriue souuent que selon la fantaisie que l'on a eüe de leur donner des Maistres de l'vne ou l'autre de ces disciplines, & de leur en faire aymer quelques vnes par de certains agremens. Ils se peuuent plaire aussi à quelques professions, pource que ce sont celles de leur Pere ou de leurs parens les plus proches, & qu'ils en ont ouy faire estime. On repartira qu'autre chose est d'aymer vne profession ou de s'y trouuer propre, & que chacun ne reüssit pas à ce qu'il desire, tellement qu'au dessus de cela l'on peut encore auoir besoin d'Examen; Il y a quelquefois des desseins mal apuyez, & qui ne partent pas du fonds de l'Esprit; La capacité n'accompagne pas tousiours l'inclination: Neantmoins il est probable qu'elle la peut suiure, & que c'est vn grand moyen pour profiter à quelque chose que d'y apliquer son affection & son trauail ; C'est ce qui monstre que si l'on veut se seruir de la Doctrine des Temperamens, il ne luy faut pas donner des reigles si estroites. Chaque Science ou Art ne depend point tellemẽt de l'vne ou de l'autre des facultez de l'Esprit, qu'on ne puisse dire qu'elles y sont toutes necessaires: Il est vray qu'il y en a ordinairemẽt vne qui l'est plus que les autres; C'est pourquoy l'on a partagé entre elles toutes les disciplines, & il est certain que si outre l'inclination que l'on a pour quelque Science, & auec la commodité qu'on trouue de l'aprendre des Maistres qui s'offrent, on a encore vn Temperament qui y soit conforme, on y pourra mieux reüssir; mais au cas qu'on ne l'ayt point, on le peut vaincre par la coustume & par l'habitude; de sorte que plusieurs ont iugé qu'il n'estoit pas tant besoin de rechercher si nostre Temperament estoit propre à la Science que nous desirions d'aprendre, comme de considerer si elle estoit absolument necessaire pour nostre Fortune & pour nostre condition, afin d'y employer apres nostre trauail à bon escient. Quand il se trouueroit donc d'abord quelque contrarieté de la part de nostre constitution corporelle, il ne faut point desesperer du succez, puis que mesme l'on demeure d'accord que le Temperament est changé par plusieurs accidens, & que l'on se fortifie merueilleusement de ce secours.

Quant au changement que les maladies aportent au Temperament, ie croy qu'il doit estre suspect, d'autant qu'il est mal aysé que d'vn mal il en vienne vn bien; Pour ce qui en arriue dans la vieillesse, c'est encore vne fascheuse attente. La constitution du corps est changée d'vne autre maniere plus heureuse. Ceux qui ont trop de froideur s'eschauffent par l'exercice & par des remedes chauds, & ceux qui ont trop de chaleur se seruent des bains & de quelques breuuages qui rafraischissent, pour operer & par le dehors & par le dedans. Cela profite à la Memoire lors qu'vne trop grande chaleur luy nuit. On remedie aussi au deffaut d'humidité d'vne autre part; Lors qu'elle abonde trop, l'on la retranche. La superfluité d'humeurs estant corrigée, l'Entendement est rendu plus subtil; La Memoire en est plus forte, & pour la rendre aussi plus facile, il n'y a qu'à rendre le cerueau plus humide ou moins sec. On trouue des Autheurs qui sans y aporter tant de distinction veulent ayder à toutes ces choses par de mesmes moyens: Voicy les receptes qu'ils en prescriuent; Ils disent, Qu'il faut s'estuuer la teste de lessiue où aura bouilly de la Camomille, de la Marjolaine, & des fueilles de Laurier; Qu'il se faut frotter

Comment le Temperament est changé.

les temples auec de l'huyle de Sureau & d'Euforbe, & se lauer les iambes en eau tiede où l'on aura fait bouillir de la Melisse & semblables herbes, & que pour le mesme dessein l'on peut faire vne pomme de senteur composée de racine d'Iris, de Menthe, de noix Muscade, d'Ambre, d'Ençens, d'Aloe, & de Lodanum. Tous ces secrets vont à eschauffer & desseicher, & l'espreuue en est fort perilleuse ; Ie craindrois qu'ils n'alterassent la santé du Corps, & qu'ils ne fussent aussi fort contraires à la bonté de l'Esprit. Cependant on propose qu'ils seruent autant à l'Imagination & à l'Entendement qu'à la Memoire, pource que non seulement l'on croid que qui a bonne memoire s'imagine mieux les choses & les entend mieux, mais aussi à cause que la chaleur que l'on excite resueille les especes qui se treuuent en l'Esprit de l'Homme. Il faut se garder d'y estre trompé ; Car plus de gens ont besoin d'estre rafraischis qu'eschauffez, & pour ce qui est de mettre les facultez de l'Esprit au meilleur estat qu'elles puissent estre selon la constitution de la personne, il n'est rien de plus à propos que d'auoir vne façon de viure moderée en toutes ses parties. Les mesmes preceptes que l'on peut donner pour la santé du Corps, seruent à la Santé de l'Ame ; Les alimens qui sont bons & pris en mediocre quantité, n'enuoyent que de douces fumées au Cerueau, qui seroit offusqué de vapeurs espaisses, pour la trop grande abondance d'alimens ; Auec cecy l'exercice moderé dissipe les mauuaises humeurs qui donnent de l'empeschement ; L'on ne sçauroit rien treuuer qui ayt d'auantage de force pour mettre le Corps & l'Esprit en bon estat. C'est vne erreur de croire que n'ayant pas le Temperament propre pour auoir bon esprit, on le puisse entierement changer : Penseroit on forcer la Nature? On ne luy peut faire de violence sans en souffrir du dommage. Le Temperament que l'on veut obtenir ne sçauroit estre bon pour nous, s'il ne conserue la santé du corps, & cela est difficile par des changemens artificiels. Il se faut contenter de corriger quelque peu, ce que l'on ne peut amender, ce qui se fera par vne maniere de viure moderée, laquelle si l'on obserue bien, on n'ira pas si loin de vray que de passer d'vne extremité à l'autre, mais on s'auancera iusques dans le milieu,

& il pourra arriuer heureusement que nostre complexion se trouuera dans vne vraye Harmonie, où les qualitez differentes ne se surpasseront point l'vn l'autre excessiuement, & leur esgalité formera vn bon accord. C'est ce qui cause le plus excellent naturel, lequel merite seul le nom de Temperament, pour sa parfaite temperature, les autres n'estans que des desreiglemens. Ce vray Temperament monstre sa dignité, en ce qu'il est propre à toute sorte de fonctions, & qu'il ne fauorise point d'auantage la Memoire & l'Imagination, que l'Entendement ; C'est vne folle vanité à ceux qui n'ont point de Memoire, de vouloir faire croire que c'est parce qu'ils ont beaucoup de iugement & que l'vn empesche l'autre ; Car toutes les facultez se peuuent rencontrer ensemble au moins dans le degré necessaire à la Perfection. Le Temperament qui sert à la produire se peut acquerir par la bonne reigle de la vie qui retire l'Homme de toute sorte d'excez. Que si l'on croid qu'il y ayt des Temperamens naturels qui soient tellemét fixez dez la naissance, que l'on ne leur puisse oster ce qu'ils ont de surabondant, ny leur donner ce qui leur manque; Si est-ce que l'on peut rendre leurs qualitez moins discordantes, & en faire de meilleurs organes pour toutes les operations de l'Ame, & quand l'Art n'auroit point ce pouuoir sur le corps, nous tenons que l'Ame s'en peut passer, & se rendre capable elle seule des Disciplines ausquelles elle se veut apliquer, par vne attention continuelle & methodique.

DE LA GRANDE ET PARFAITE METHODE,

Pour apprendre les Sciences & les Arts dans les Colleges ou Academies ; Comment les Leçons y doiuent estre autrement reiglées qu'à l'ordinaire, pour y estre instruict de plus de choses, & plus facilement, & en moins de temps.

SIXIESME TRAICTE'.

VIS qu'outre les moyens d'aprendre les Sciences fondez sur la Nature, il y en a d'autres fondez sur l'Artifice, ayant parlé des premiers, il faut que ie parle des seconds ; Comme ils sont assez diuers, on s'abuse souuent à leur choix. Il y en a d'anciens & authorisez que presque tout le Monde suit, lesquels ne font paruenir aux Sciences qu'apres de longs trauaux, & ne font souuent obtenir que des Doctrines erronnées ou imparfaites. Nous en cherchons d'autres par lesquels toutes les Sciences & tous les Arts, soient apris plus facilement & plus promptement, & de cecy l'on peut encore composer vn Art particulier. Ce projet s'executera si l'on y obserue des Methodes qui ensei-

DE LA G. ET P. METH. 341

gnent à vn Homme en cinq ou six ans, & en deux ou en trois, ce qu'il n'aprendroit pas en vingt par les reigles communes, ny possible en toute sa vie. D'abord quelques personnes s'estonneront de cette Proposition, & douteront de son effect, mais il leur faut monstrer comme elle n'a rien qui ne soit possible, afin qu'ils ne fassent point de refuz de la croire, & de s'apliquer à ce qu'elle ordonne. Il est vray que l'on employe d'ordinaire sept années aux Escholes d'Humanitez, deux à celles de Philosophie, & trois ou quatre, plus ou moins à celles de la Theologie, de la Iurisprudence, ou de la Medecine. Ie laisse les facultez particulieres dans toute l'estenduë que les Maistres leur voudront prescrire. On ne peut sçauoir trop d'vne Science dont on veut faire sa principale profession ; Pource qui est des Humanitez ou de la Philosophie & des Mathematiques, qui sont des Sciences communes à toute sorte de gents, ie prendray la hardiesse d'en parler, & de soustenir qu'on peut bien accomplir leur Estude en moins de temps qu'on n'a accoustumé. Le Secret est qu'il en faut retrancher beaucoup de choses inutiles; Car de mesme que ceux qui ayant vn long chemin à faire, s'auancent beaucoup en peu d'heure s'ils ne se fouruoyent nulle part, & s'ils ne marchent point obliquement, mais droictement ; Aussi profite-t'on beaucoup quand l'on ne s'instruit que des choses necessaires, & non point des superflues, & que l'on suit vn ordre exact par tout. Ce sont là les moyens asseurez pour paruenir à ce bien. Cecy seruira à ceux qui se meslent d'enseigner les autres & à leurs Disciples, afin que les vns ordonnent ce qu'il faut faire, & que les autres l'obseruent. Ie veux tracer premierement les reigles de la grande & parfaite Methode pour toute sorte de Colleges & d'Academies, & apres auoir parlé de ce que l'on peut aprendre aux Escholes generalles, & publiques, ie traiteray des Instructions particulieres.

Comme l'âge le plus propre pour l'instruction des Hómes est celuy de l'Enfance, & en suite celuy de l'Adolescence, on doit parler principalement pour ces deux Temps. Aussi tost que les Enfans ont l'vsage de la Raison, il leur faut donner les premieres Notions, sur lesquelles toutes les autres prennent leur fon-

De l'Instruction des Enfans.

dement, qui sont d'aimer Dieu, le reuerer & le craindre, & d'aymer aussi & respecter leurs Parens & leurs Superieurs. Par les respects qu'ils rendront à vn Pere corporel & visible, ils s'esleueront d'autant plus à la cognoissance de Dieu, leur Pere inuisible & Spirituel, dont l'Amour & la crainte sont l'accomplissement de toute Science & de toute Vertu. Dez qu'ils sçauront parler & entendre la parole des autres, on leur donnera les instructions de ce deuoir, en leur aprenant les Commandemens de Dieu & de son Eglise, auec les principalles Prieres des Fidelles, afin que leur bouche ne soit pas plustost ouuerte, qu'elle leur serue à publier les loüanges de leur Createur. On peut ioindre à cela les premiers Preceptes des bonnes Mœurs & de la Ciuilité, qui estant insinuez dans leur Esprit de bonne heure, ils ne perdront iamais cette teinture. Or cecy est apris d'ordinaire par les Meres, ou par les Nourrices & les Gouuernâtes, & en ce qui est des Elemens des Sciences qui sont de sçauoir lire passablement dans quelques Liures, cela est aussi monstré assez souuent par des Femmes, pource que la douceur de leur naturel, semble mieux s'accommoder à la foiblesse du premier âge. De plus hautes Leçons sont données par des Hommes, & si les Peres ne sont pas assez habiles pour instruire eux mesmes leurs Enfans, ou plustost comme il arriue d'ordinaire, si les employs de leurs diuerses vacations leur en ostent la commodité, ils doiuent choisir les meilleurs Maistres pour leur estre substituez en cette fonction, qui leur apartient autant que toute autre. Or soit que d'abord on mette les Enfans dans les plus grandes Academies ou dans les Escholes particulieres, il me semble qu'il sera à propos de proceder de cette sorte à leur instruction.

Comment la Langue Latine peut estre aprise aux Enfans.
Pource que la Science est attachée aux Liures, qui conseruent tres seurement les preceptes des differentes Disciplines, lors que l'on aura commencé d'aprendre aux Enfans à dire quelque chose par cœur, on leur aprendra presque en mesme temps à connoistre les lettres de l'Alphabeth, & à les assembler pour en former les Syllabes & les Mots, afin qu'ils soient instruits par la veüe autant que par l'oüye. Quelque temps apres ils aprendront à former les Caracteres pour representer

par escrit ce que la voix prononce, & comme ils sont alors plus capables de retenir toute sorte de Discours les lisant & les transcriuant, de là l'on a accoustumé de commencer de leur aprenprendre la langue Latine, qui est celle que l'on enseigne principalement par toute l'Europe, à cause qu'ayant le plus d'affinité auec les Langues vulgaires, elle en est plus aysée à prononcer & à retenir, & d'autant aussi qu'elle se monstre la plus necessaire en toute sorte de Professions, ayant esté la langue ordinaire de plusieurs bons Autheurs qui s'en sont seruis dans leurs Liures. Si l'on la vouloit aprendre aux Enfans auparauant mesme qu'ils eussent cinq ou six ans accomplis on pourroit vser de l'inuention du Pere de Michel de Montagne, qui lors que son fils estoit encore en nourrice & dez qu'il pût former sa parole, luy donna vn Maistre de Latin qui le tenoit continuellement entre ses bras, & ne luy parloit autre langage, tellement qu'il aprit plustost à parler Latin que Gascon ou François; Car ny son Pere, ny sa Mere, ny seruiteur, ny seruante, ne luy parloient point autrement qu'en prononçant autant de mots Latins qu'ils en auoient apris pour iargonner auec luy. Chacun n'aymeroit pas vne telle sujettion, & ne voudroit pas amuser vn jeune Esprit à des choses qu'il est assez à temps de sçauoir en vn age plus auancé. Il seroit à craindre qu'vn Enfant qui sçauroit bien le Latin ou le Grec, que l'on luy auroit apris si facilement par ce moyen, n'eust apres beaucoup de peine à aprendre sa langue maternelle, qui luy sembleroit comme estrangere, quoy qu'elle luy fust de plus grande vtilité que toute autre pour la conuersation ciuille; Ie ne sçay quels enfans il pourroit estre besoin d'instruire en cette maniere, si ce n'est ceux que l'on voudroit preparer à estre des Regens de College, lesquels pour ce sujet ne fussent point obligez de sçauoir autre langue que celle de leurs Classes, & fussent entierement separez du commerce du Monde; Car pour des Enfans de bonne maison que l'on destine à d'autres employs, cette methode ne leur seroit pas fort vtile. Que s'ils s'occupoient apres à aprendre la langue de leur Païs pour la parler nettement & correctement, il y auroit danger qu'ils ne missent en oubly celle qu'ils auroient aprise la pre-

Liu.1.Ch. miere. Montagne auoüe mefme que cette maniere d'Inftru-
25. ction ne luy fut pas fort auantageufe, & qu'eftant mis au College, fon Latin s'abaftardit incontinent, de forte que depuis il
en perdit tout vfage, & cette Inftitution extraordinaire, ne fer-
uit qu'à le faire arriuer d'abord aux premieres Claffes, & luy
faire acheuer fon cours à treize ans, mais que ce fut fans aucun
fruict; C'eft à dire en vn mot que cela fut caufe qu'il fut trop
toft auancé à des Sciences mal aifées à comprendre pour cét
age, & qu'auec cela fon premier langage s'eftant corrompu
dans la lecture de diuers Autheurs, il perdit ce qu'il auoit defia
d'acquis. Cette experience ayant efté faite inutilement en luy,
elle n'eft point à imiter; Elle procedoit feulement de la fantaifie d'vn Pere curieux & de loifir, qui vouloit chercher de nouuelles Methodes pour l'Inftruction de fes Enfans.

De ceux qui   En ce qui eft de la multiplicité des langues, quelques vns
ont voulu   fe font vantez d'en faciliter l'Inftruction, mefmes touchant les
enfeigner en langues Orientales. Vn nommé des Vallées a crû autrefois y
peu de teps pouuoir paruenir, par le moyen d'vne langue generalle apli-
plufieurs   quée à toutes les autres, qu'il appelloit langue Matrice, mais
langues.   on n'a point trouué qu'il ayt pû aprendre aux autres ce qu'il
fçauoit. Depuis ce teps là le fieur le Maire, qui eft celuy qui a inuenté de nouuelles regles de Mufique, & qui a fabriqué cette
efpece de Luth qu'on apelle l'Almerie, a propofé auffi d'enfeigner plufieurs langues en peu de temps à quelques perfonnes
que ce fuft, mefmes à celles qui n'auoient receu encore aucun
Principe de Difcipline. Afin de faire monftre d'vne induftrie
non commune, il auoit inftruit vn Enfant de huict à neuf ans,
auquel il auoit apris l'Hebreu, le Grec & le Latin, qui com-
pofoit vn petit Theme en chacune de fes langues affez paffa-
blement, & traduifoit tout fur le champ les Liures qu'on luy
prefentoit. Ie l'ay veu en vne celebre Compagnie au milieu
d'vne grande Bibliotheque, où l'on prenoit les Liures au hafard, & l'on les ouuroit de mefme, pour luy en donner des
paffages à traduire. Comme on tafchoit de s'imaginer par quel
moyen fon Maiftre l'auoit pû fi bien inftruire, on difoit qu'il
auoit choifi vn Enfant docile & de bonne memoire, & que le
tenant ordinairement chez luy, il auoit eu la commodité de

luy donner ſes enſeignemens à toute heure, pour luy aprendre à lire & à expliquer les Autheurs à force de repetitions, ſans l'occuper à autre choſe, luy faiſant meſme paſſer cela pour jeu, & luy donnant chaque iour de petites recompenſes ſelon le nombre des mots qu'il aprenoit. Cela ſembloit pourtant merueilleux que cét Enfant euſt la connoiſſance de trois langues en vn age où à peine les autres peuuent ſçauoir les Rudimens de la langue Latine ſeulement; Mais quoy qu'vne ſemblable Methode pûſt ſeruir à d'autres Enfás, il faudroit pour y reüſſir qu'ils euſſent autant de Memoire que celuy là, & l'extreme poinct de cette Faculté n'eſt pas à deſirer, puis que l'on tient qu'en cét eſtat elle ne ſçauroit eſtre accompagnée d'ordinaire d'vn grand Iugement. Ceux qui aprennent les choſes auec vne telle facilité, ſont fort peu fondez en ce qu'ils ſçauent, & ſont ſujets à l'oublier auec autant de haſtiueté comme ils l'ont apris. Il eſt meſmes fort peu vtile à de tels Diſciples, de ſçauoir ſi toſt ce qu'ils peuuent aprendre plus commodement en vne autre ſaiſon : Ils ne font que deuançer le temps de quelque année, & s'ils ſçauent deſia ce qui ne leur eſt pas encore neceſſaire, il ſe trouuera qu'en eſchange ils ignorent ce qu'il leur ſeroit beſoin de ſçauoir preſentement, comme quelques reigles des bonnes Mœurs, & celles de la Ciuilité & de la Bienſeance. En effect on remarquoit auſſi que cét Enfant qui ſçauoit deſia trois langues, ne ſçauoit rien autre choſe, & l'on a reconnû depuis qu'il s'eſt monſtré tres lourd à quelques Profeſſions où l'on l'a voulu apliquer. Il y a à reſpondre que ſi la Methode du ſieur le Maire pour aprendre les Langues en peu de temps, n'eſt profitable aux Enfans, elle le peut eſtre aux perſonnes auancées en âge, & que l'eſpreuue n'en eſtoit faite en vn Enfant, que pour monſtrer qu'elle deuoit eſtre encore plus ayſée en des Hommes accomplis. Il eſt plus ſeur de vray d'aprendre les langues par les voyes ordinaires, & par des preceptes reiglez, que par des methodes extraordinaires & precipitees qui ne les enſeignent qu'à demy : Toutefois pour en ſçauoir d'auantage, meſmes en vn temps où l'on n'a pas le loiſir de ſuiure les voyes communes, on pourroit auoir recours à vn tel Secret. Il n'a point eſté publié par ſon Autheur, à cauſe qu'il demandoit cinquante Escholiers qui luy donnassent chacun mille francs, ou vn petit nombre qui luy fist pareille somme pour sa recompense; Il ne s'est point trouué de gents qui ayent assez aymé les langues pour luy faire ce present, & plusieurs mesmes se sont persuadé, que son Art ne consistoit qu'à aprendre les langues par routine, ou par quelque ordre de Racines, & selon que les langues deriuoient les vnes des autres. Cela peut estre dressé d'vne façon reguliere sans se promettre vne si prompte Instruction, & sans se laisser accabler par vne varieté de mots, qui ne font qu'estourdir l'Esprit, & le rendent mal propre à de plus hauts Enseignemens, s'ils ne sont accompagnez de quelque Doctrine.

De ceux qui ont pretendu enseigner les Sciences en peu de temps.

La promptitude & la facilité sont encore promises dans l'aprentissage des Sciences, quoy qu'il soit plus difficile que celuy des langues : Mais quelques vns qui s'en sont meslez, se sont monstrez incapables de ce qu'ils promettoient, ou n'ont esté que des Imposteurs. Tel estoit ce Docteur qui auoit faict afficher dans Paris qu'il enseignoit l'Abregé des longues Estudes, & qui ne donnoit neantmoins que des lieux communs où vne seule sentéce seruoit d'authorité à plusieurs choses, en chágeant quelque mot, & qui faisoit presque le mesme de quelques Histoires alleguées pour exemple, & des proprietez de quelques Plantes ou Pierres pour seruir de similitude, ce qui estoit vne vaine & trompeuse monstre d'Eloquence. Vn autre que i'ay ouy nommer La Mattelaye, lequel pretendoit mesmes d'enseigner aux Enfans les Sciences les plus hautes, n'auoit pas eu vn Escholier huict iours, que l'interrogeant deuant ses parens, il entreprenoit de luy faire trouuer toutes les Categories d'Aristote, luy demandant ce que c'estoit que la premiere chose qui se rencôtroit, quelle estoit sa quantité & sa qualité, & ainsi de tous les Accidens. Il vouloit faire croire par ce moyen que cét Enfant estoit desia grand Logicien, & tout cecy n'estoit que vraye charlatanerie. Ce Maistre auoit possible dessein de persuader, qu'il ressembloit à Socrate, qui à force d'interroger ses Disciples leur faisoit trouuer la verité des choses, & pour ce sujet disoit qu'il faisoit l'office de Sage-femme enuers les Esprits ; Mais cét ancien Philosophe les endoctri-

PARFAITE METHODE.

noit efficacement, au lieu que celuy-cy en faisoit seulement la feinte. D'autres se voulans seruir de Methodes toutes extraordinaires, promettent qu'ils rendront sçauans en peu de temps, tant les Enfans que les Hommes agez, suiuant les preceptes de Raymond Lulle. On tient que le sieur de Vassi qui a autrefois fait cette entreprise, s'en est bien acquitté, & de vray il a eu des Escholiers qui sont paruenus à des connoissances extraordinaires, mais leur suffisance y a beaucoup contribué. Il se trouue certains Pædagogues qui voulant enseigner les Sciences par de semblables voyes, ignorent eux mesmes ce qu'ils se vantent de pouuoir aprendre aux autres. Au reste dans le meilleur estat que soient leurs Instructions, il faut reconnoistre qu'elles ne sont qu'vn foible secours pour ceux qui n'ont pas eu le loisir d'estudier selon les Methodes communes, & que l'espreuue en est nuisible & ridicule. Ces Maistres n'ayant enseigné à leurs Disciples que des choses confuses capables de leur broüiller l'Esprit, & ne leur ayant apris que deux ou trois discours sur quelques sujets, dont ils se seruent à toute heure mesmes hors de propos, leur Science n'est en comparaison de la vraye Doctrine que comme les ouurages faux de l'Alchymie aupres du vray or. Ce ne sont point les enseignemens qu'on doit donner icy; Il faut acquerir la realité de la Doctrine non point l'aparence seule. Si ie propose d'y faire paruenir en peu de temps, c'est neantmoins dans vn temps raisonnable, & par des methodes regulieres. Voyons premierement, ce qui se peut faire pour les langues.

On insistera à nous representer que soit qu'on loüe ou qu'on blasme l'exemple de l'instruction de Montagne, en quelque âge que ce soit la langue Latine & la Grecque peuuét estre aprises toutes entieres par routine de mesme que les vulgaires; Que pour estre des langues mortes, elles ne sont pas d'vne autre espece que les viuantes, & que lors qu'elles auoient vie & credit, tout vn Peuple les sçauoit sans reigles; Que les Enfans qui estoient encore à la mammelle commençoient à les prononcer, & les sçauoient parfaitement auant mesme que d'auoir vne raison parfaite: Neantmoins estant question d'aprendre vne seconde & vne troisiesme lãgue, il faut auoir laissé du tẽps à la pre-

Si la langue Latine & le Grecque se doiuent aprendre par routine.

miere, qui est la langue maternelle pour se fortifier en nous, & venant aux autres auec l'vsage de la Raison, il y faut vser de ses droicts, qui sont de nous donner des reigles, lesquelles en effet doiuent estre plus estimées qu'vne simple routine, veu qu'elles aportent plus de facilité & de certitude, faisant connoistre la variation, la liaison & la construction des mots. On peut bien se seruir de ces methodes pour les langues mortes qui demeurent fixes, puis que mesme elles sont vtiles aux langues muables & viuantes, comme pour l'Italienne & l'Espagnolle, qui ont leurs loix chacune, & leurs Grammaires particulieres que les Maistres enseignent. Il est vray qu'auec cela il est fort à propos que l'on soit souuent parmy des gents qui ne cessent de parler de tels langages, afin que l'on s'accoustume à mettre en œuure ce que l'on a apris ; Par ce moyen l'on ioindra la routine aux reigles, afin d'estre instruit parfaitement.

Pour rendre l'Instruction generalle, il faut s'apliquer aux Sciences, en mesme têps qu'au langage.

Or comme ie veux donner vne maniere d'Instruction qui soit generalle, ie ne preten pas que la Ieunesse perde le plus beau de son temps en s'adonnant à aprendre seulement vne langue, qui telle qu'elle soit, n'est qu'vn simple jargon, & n'est que le signe des choses ; Il faut commencer de s'apliquer en mesme temps aux choses mesmes, qui sont les Sciences & leurs preceptes. S'il semble que l'Instruction en sera plus longue, en recompense elle sera double, & d'ailleurs nous pretendons l'abreger par vne methode si facile & si propre à tout, qu'elle enseignera mesme beaucoup plus de choses que l'on ne fait dans les Escholes ordinaires. Cherchons icy l'ordre qu'on y pourroit aporter. Soit que l'on commence à instruire les Enfans à six ou sept ans ou en vn age plus esleué, pour leur aprendre la langue Latine, il faut premierement leur donner à retenir les mots Latins qui expriment tout ce qui se treuue dans l'Vniuers, les diuisant en Noms des Choses & en Mots qui signifient les Actions, ainsi que cela est reiglé dans la Science Vniuerselle ; Car quoy que l'on n'aprenne point d'abord cette Science aux Escholiers, il est besoin que les Maistres la scachent, comme fournissant de maximes certaines a toutes les Sciences particulieres. Or sçachant les Noms des Choses, c'est desia joindre leur connoissance au langage, ce qui se fera d'autant mieux, plus on ira en auant.

Sous les Noms des Choses sont compris les Substantifs, les Adjectifs & les Pronoms ; Quant aux Mots qui signifient les Actions, ils ont leurs differences de Verbes & d'Aduerbes, & à cecy l'on joindra les Præpositions & les Conjonctions, qui sont des Mots, lesquels en quelque façon deriuent des Verbes. Les Mots principaux de chaque partie d'Oraison seront ainsi reduits dans vn Catalogue auec les diuisions de chaque espece ; Les Escholiers en retenant chaque iour par cœur vn certain nombre, il faudra qu'au bout de la semaine ils les repetent tous afin de faire voir combien ils ont profité, & notez que si en ce temps là ils employent encore quelque heure pour aprendre à bien escrire, il ne sera pas mal à propos que tout ce qu'ils copieront, ne soit que de pareils termes, afin qu'ils soient mieux imprimez dans leur Esprit. On leur aprendra aussi qu'il y a de certains mots qui changent de terminaison estant declinez ou conjuguez, & que d'autres sont immuables, & leur en faisant accoupler quelques vns, on leur fera voir quel est l'vsage de ces declinaisons & conjuguaisons, pour la flexion & terminaison des Noms & des Verbes selon les cas & les temps. Leur aprenant la Syntaxe par mesme moyen, ils sçauront comment les Noms & les Verbes sont regis les vns par les autres, & en quel rang on doit placer les Aduerbes, les Conjonctions, & les autres parties de l'Oraison. Cecy se peut faire par des simples Tables où l'on verra en bref le nombre des Declinaisons & Conjugaisons & leurs irregularitez, & les reigles de leur employ, sans qu'il soit besoin si l'on veut de s'arrester aux Vers du Despautere qui chargent l'esprit de termes barbares, & inutiles, & font aprendre plusieurs choses pour vne. Ces formalitez ne sont pas necessaires pour aprendre la congruité des mots, & ne seruent qu'à allonger le temps. On verra que sans cela les Escholiers ne laisserõt pas de bien former des periodes composées de diuerses clauses, & mesmes des discours composez de diuerses peryodes. Lors qu'on leur fera traduire des passages de quelques Autheurs Latins, on leur fera remarquer l'employ, le changement & la situation des Mots, afin qu'ils les puissent imiter, & que comme ils expliquent les ouurages des autres, ils en puissent aussi composer eux mesmes. On les obligera encore à retenir par cœur de petits discours ou Dialogues Latins sur toutes sorte de sujets familiers, pour s'accoustumer à parler facilemēt en cette langue. On y ioindra quelque instruction touchant les choses du Monde les plus euidentes, reseruant ce qui est de plus d'important pour de plus hautes leçons : Mais pource que les personnes les plus jeunes & les moins subtiles, en comprendront assez pour voir que la plus part des choses sont differentes de quantité, on leur enseignera en mesme temps les Mathematiques qu'on apelle pures, qui donnent des reigles à cet accident des Corps.

De l'Arithmetique & de la Geometrie.

On doit croire que de telles parties des Mathematiques peuuent estre enseignées dez le commencement des Estudes, selon la Methode de quelques anciens Philosophes ; Au moins les peut on faire aller du pair auec plusieurs Sciences ausquelles elles sont iointes par affinité. Toutefois si l'on croid qu'elles ont de la superiorité pour leur certitude, il faut considerer qu'aux endroits où les Mathematiques sont asseurées, les connoissances de la Physique, & les conclusions de la Logique ne le sont pas moins ; Car de dire que le plus grand nōbre contient plusieurs fois le plus petit, & que si de choses esgales on oste choses esgalles, le reste sera esgal, cela se verifie aux Corps naturels, comme dans les raisonnemens & les demonstrations. Tout cecy est donc joint à la consideration des proprietez les plus connuës des choses, & pource que l'on les nomme pour les faire connoistre, & que l'on les connoist par le discours, en s'informant du langage, on s'informera aussi de leur Estre. Afin de cultiuer diuersement l'Esprit des jeunes Escholiers, & commencer d'vn train esgal à leur donner les Principes de toutes les Sciences, à vne certaine heure du iour il leur faudra donner les premieres reigles de l'Arithmetique & de la Geometrie. Comme l'on supose que ceux que l'on aura à enseigner seront agez de neuf ou dix ans, puis que l'on aprend bien à joüer aux Cartes, aux Dames, & aux Eschets, à des Enfans de cét age, il ne sera pas plus malaysé de leur aprendre ces rudimens des Mathematiques, qui consistent en Nombres & en Figures qu'ils peuuent aysement conçeuoir, pource que cela ne depend que de la veüe, & apres de la Memoire,

moire, laquelle est plus puissante en eux que toute autre faculté, & que cela n'est pas plus difficille à comprendre que les reigles de la Grammaire.

Ces Instructions leur suffiront pour vne premiere Classe; Quand ils seront montez à vne seconde, outre les Roolles des Mots principaux de la langue Latine qu'ils auront desia apris, il faudra leur donner vn Discours qui en comprenne tous les Mots en general, sans y estre employez qu'vne fois chacun, afin que cela soit plus succinct & se retienne mieux. Pour ayder mesme à l'acquisition des Sciences, cela contiendra vne brieue Description de tout ce que l'on peut sçauoir dans l'Vniuers; Et pource qu'il y a des choses qui ont diuerses apellations, il faudra que les Eschollièrs s'apliquent aussi à lire vn Dictionnaire Alphabetique complet, ce qui est extremement necessaire; Car dans la maniere ordinaire de l'Instruction, comme la plufpart des Enfans n'ont accoustumé de faire que ce à quoy ils sont obligez precizément, ils n'ont iamais parcouru ce Liure que lors qu'il leur a esté besoin d'y chercher les mots qu'ils ont ignorez pour la composition de leurs Themes, ou ceux qu'ils n'ont pû expliquer en traduisant les Autheurs, de sorte qu'ayant fait toutes leurs Estudes, il se trouue qu'il y a encore quantité de mots Latins qu'ils n'entendent point, & lors qu'ils les rencontrent quelque part, ils sont contraints de demeurer court, en quoy il y a du deshoneur pour eux, & pour ceux qui ont eu charge de les instruire. Si dez le commencement on leur auoit fait retenir par cœur tous les mots du Dictionnaire d'vn bout à l'autre, ils auroient esté sçauans en peu de temps dans cette langue, & se seroient garentis de la peine d'aller chercher à toute heure ce qu'ils n'entendent pas. Cecy semble peu de chose, & c'est pourtant vn tres-grand secret pour aprendre les langues. Ceux qui voudront abreger d'auantage se peuuent seruir de Dictionnaires faits par Racines, c'est à dire où il n'y ayt que les mots radicaux & fondamentaux des autres, par le moyen desquels l'on entende incontinent la signification de ceux qui en deriuent. Quand on sçait toute sorte de mots, on a dequoy fournir à toute sorte de discours, & ayant acquis auec cecy vne parfaite connoissance de la Syntaxe, on les peut

De la seconde Classe & de la Langue Latine, en son entier.

Y y

arranger correctement. En ce qui est d'acquerir la force & la douceur de la diction auec la proprieté du stile pour chaque sujet, la lecture des Liures elegans y rendra vn notable seruice, par l'impression que l'on receura du bon Caractere des Autheurs qui ont escrit du temps que la langue Latine estoit en sa vigueur, ou de ceux qui estant venus depuis se sont rendus capables d'vne excellente imitation.

De la Rhetorique, de la Poësie, & de la Langue grecque.

Toutes les reigles de la Grammaire estant ainsi connuës & pratiquées, l'on passera à la Rhetorique & à l'Art Oratoire. Les Maistres enseigneront comment il faut orner ce que l'on auoit seulement apris à mettre en ordre. L'on sçaura quelles sont les figures qui embellissent le discours, quels sont les argumens qui les fortifient, & de quels lieux il les faut puiser; Combien il y a d'especes de discours, & ce qu'ils ont de parties, & l'on aprendra à composer des Epistres, des Harangues & des Narrations simples, se formant encore sur l'exemple des bons Autheurs. D'autant que la Poësie Latine a beaucoup de Doctrine & de grace, il sera bon de lire quelque Poëme Latin à de certaines heures, & l'on obseruera les diuers genres de Poësie, taschant d'imiter les vns ou les autres. Il n'est pas mal à propos de s'exercer à cecy quand mesme l'on ne se voudroit iamais mesler de faire des vers, chacun n'y estant pas propre, car cela seruira à faire connoistre l'excellence de cét Art, puis que l'on iuge mieux des choses dont l'on a esprouué la nature. Lors que la connoissance de la langue Latine sera presque toute acquise, on trouuera d'autant plus de facilité pour la Grecque, puisque ces deux langues ont beaucoup de conformité ensemble. On lira aussi des Dictionnaires Grecs, où il n'y aura que les racines des mots auec quelques autres Dictionnaires plus amples; On verra ce que la Grammaire Grecque peut auoir de particulier, & on y pourra joindre la Rhetorique vulgaire, dont les loix doiuent estre vniuerselles pour toute sorte de langues, sinon à l'esgard de quelques figures du discours.

De la Cosmographie, de la Geographie, & de la Sphere.

Afin de s'auancer en mesme temps dans les autres Disciplines, à vne autre heure on continuera les Leçons de Mathematique. Les Escholiers sçachans desia l'Arithmetique & la

PARFAICTE METHODE. 355

Geometrie, ou tout au moins leurs principales reigles, on leur enseignera la Cosmographie, la Geographie, & la Sphere, qui en dependent, lesquelles ils comprendront alors auec plus de certitude & de facilité, ayans d'abondant la connoissance de plusieurs termes, qu'ils auront apris dez l'entrée de cette Classe, s'ils ont leu le Discours que i'ay proposé qui sera vn denombrement sommaire de tout ce qui subsiste dans la Nature: On le pourroit faire tel que celuy d'vn Autheur Allemand lequel il donne pour la Porte des langues, mais l'on le rendra encore plus complet, afin que l'ouuerture qu'il donnera aux langues soit aussi pour les Sciences.

Par ce moyen comme les Escholiers sçauront le nom de toutes choses, ils commenceront de connoistre aussi ce que c'est que les choses mesmes, & ie veux donner vn aduis là dessus qui doit estre fort vtile; C'est que selon l'inuention dont i'ay desia proposé quelque partie, lors que l'on leur veut aprendre la langue Latine & la Grecque, estant necessaire de traduire d'vne langue en l'autre, il faudra faire en sorte que les ouurages qu'ils tourneront de Grec ou de Latin en langue vulgaire, & les Themes François qu'ils auront à mettre en l'vne ou l'autre de ces langues, ayent tousiours vn double fruict, & qu'ils y aprennent les Sciences aussi bien que le langage. *Traductions & Themes faits exprez pour aprendre les Sciences & l'Histoire.* C'est vn abus de donner des Themes à l'auenture comme l'on fait d'ordinaire; Ie desirerois que ce fust des discours composez exprez où l'on vist des Portraicts de la Nature & de l'Art, & des Descriptions naïues de tout ce que l'on est obligé de sçauoir pour le present & pour l'auenir. Pour vne demonstration plus complette on y adjousteroit quelques traictez qui concerneroient les aplications des Hommes, & afin de les mieux conceuoir l'on y joindroit vn Abregé de l'Histoire Vniuerselle, où la veritable seroit distinguée de la mesongere & controuuée; Il faudroit neantmoins les aprendre conjoinctement ou chacune à leur tour, pource que mesmes les Fables des Poëtes seruent à l'intelligence de la vraye Histoire & de toutes les remarques de l'Antiquité. Sçachant cela c'est vn bon moyen pour entendre en peu de temps tout ce qui est allegué dans les Autheurs Grecs

& Latins, & pour aprendre à parler & à iuger de tout ce qui se passe dedans le Monde.

Des Classes de Philosophie.

Quand on ne voudroit point faire estudier vn Enfant plus auant, il en sçauroit autant que plusieurs qui ont esté long temps au College. A mesure qu'il auroit fait du progrez dans la langue Latine, il auroit eu assez de temps pour aprendre la Grecque ; Pour ce qu'il auroit connoissance auec cecy de ce qui est enseigné dans la Rhetorique, il auroit apris tout ce qu'on apelle les Humanitez, & bien plus amplement encore qu'à l'ordinaire, ayant apris la Grammaire, la Rhetorique & l'Art de Poësie, auec l'Histoire du Monde & des Hommes, l'Arithmetique, la Geometrie, la Cosmographie, la Geographie & la Sphere ; Mais ce n'est pas pourtant assez ; Il ne se faut pas arrester en si beau chemin. Ce n'est pas estre à moitié de l'œuure ; Car a peine doit on donner le nom de Science à ce que l'on sçayt, si l'on n'a la Science parfaicte ; En vain l'on sçayt l'Art de parler, si l'on n'a quelque chose à dire, & mesme si l'on n'est capable de parler de toutes choses. Ceux qui ont apris la Grammaire & la Rhetorique dans les Escholes ordinaires, ont faict toutes leurs Classes sans rien aprendre d'auantage ; Nous auons mis ordre que de plus l'on ayt les premieres notions des choses naturelles & des actions humaines par des discours faits exprez ; Ainsi en aprenant les langues & tous les Arts qui concernent le langage, l'on sçaura desia dequoy l'on doit parler, afin que si l'on arrestoit là son Instruction, elle ne soit pas entierement infructueuse : Neantmoins comme ce n'est pas tout ce que l'on peut sçauoir, il faut passer à de plus hautes Leçons pour auoir vne Doctrine parfaite. On a tousiours accoustumé apres cecy d'establir vne Classe ou deux pour y aprendre la Logique, la Morale, la Physique, & la Metaphysique, ce que l'on apelle le Cours de Philosophie : C'est bien alors que l'on doit s'occuper à ces Sciences, mais il les faut donner d'autre sorte, tant pour toutes leurs parties que pour la Methode d'Instructiō. L'on enseignera premierement la Logique à qui l'on donnera les distinctions de Logique Mentale & de Logique du Discours, auec les diuisions des Categories les mieux accommodées à l'vsage de la Raison que l'on les pourra dresser, & l'on formera quelques Disputes sur cette partie de Science qui doit agir au dehors pour esclaircir le iugement & non point pour le troubler, bannissant ces surprises de langage qui aprennent à douter de toutes choses, & à chicaner sur les matieres les plus claires, pluftost qu'à faire trouver la verité. L'on viendra apres à la Physique qu'il sera grand besoin d'enseigner autrement que dans toutes nos Vniuersitez. Premierement afin qu'il ne manque rien à cette Instruction, & que l'on ne dise point que l'on cele les opinions des anciens Philosophes, pour les priuer de l'honneur qui leur est deu, l'on declarera en bref leurs principales opinions sur les choses naturelles, & ayant monstré les erreurs des vnes & des autres, l'on establira vne Physique nouuelle fondée sur l'experience & sur les Sens accompagnez de la Raison. Afin que les Escholiers soient autant instruits par la veüe que par l'ouye, ce sera alors vne excellente methode de leur faire voir des espreuues à l'œil de tout ce qui leur sera proposé de parole. Ceux qui ont leu les Liures des Maistres d'Optique & des Astronomes ou Mathematiciens, comme de Maurolicus, de Kepler & de Galilée, reconnoissent que les secrets du mouuement des Astres, & de la maniere dont ils nous eschauffent & nous communiquent leur lumiere, peuuent estre aysement demonstrez par quelques exemples, & que l'on les peut encore representer par le moyen de certains miroirs & autres machines que les Ingenieurs inuentent. La production des Meteores est imitée par des Vaisseaux faits expres, ainsi que Robert Flud en a donné les portraits dans son Liure; La Science vniuerselle en declare aussi quelque chose dans les Traictez de l'Imitation : C'est pourquoy les Maistres de Physique doiuent donner des enseignemens conformes à cecy, & pour y profiter beaucoup, mesmes en fort peu de temps, il faut qu'ils ayent ces choses toutes preparées, afin qu'au mesme instant qu'ils proposeront quelque effect naturel, ils en fassent voir aussi-tost la verité par l'experience. Quand ils viendront aux Pierres, aux Metaux, & aux Mineraux, ils pourront faire aporter dans leurs Classes des armoires à diuers guichets, où tous ces Corps seront placez selon leur ordre de dignité, ou d'instruction, & en peu d'heure il les feront voir à leurs Disciples, les nommant les vns apres les autres par diuerses fois, & leur permettant de les regarder de prez & de les toucher, afin qu'ils les connoissent mieux. Cecy leur donnera beaucoup de contentement & de profit, les rendant capables de parler doresnauant de toutes ces matieres auec asseurance, comme les ayant veües & maniées, au lieu qu'aujourd'huy la pluspart de ceux qui font les sçauans, discourent de plusieurs Pierres, Mineraux, & Sucs liquides ou condensez, & autres corps sousterrains, sans les auoir iamais veus, de sorte qu'ils en ignorent la couleur & la consistence, & croyent iaune ce qui est verd, & dur ce qui est mol & liquide; & si l'on leur monstroit les choses dont ils parlent quelquefois auec trop de hardiesse, il y auroit sujet de honte pour eux, de ce que mesmes ils ne les connoistroient pas. La faute vient de ce qu'il ne se trouue guere de lieu où l'on ayt eu soin d'amasser toutes ces matieres ensemble; Cela se deuroit faire au moins dans les celebres Academies: Cette despêce seroit bien employée, puisque cela seroit de seruice tous les ans pour les Escholiers l'espace de quelques iours, & que le reste du temps, cela pourroit satisfaire tous les curieux. On y aprendroit quantité de choses belles & rares, pour la generation de tous les Corps; On y verroit des Pierres precieuses enchassées dans d'autres moindres, & des Metaux dans des Marcasites, comme cela se trouue d'ordinaire. L'on n'oubliroit pas aussi d'y assembler des plus beaux coquillages & des coraux de plusieurs couleurs & toute sorte de Corps petrifiez. Pourquoy ne s'employeroit on pas à vne chose si agreable & si vtile, puis que l'on a veu autrefois à Paris vn simple homme qui n'auoit aucune estude, apellé Bernard Palissy, lequel se faisoit pourtant admirer par de telles aplications? C'estoit vn Sculpteur en terre & ouurier en esmaux, qui par ses seules experiences s'estoit rendu plus sçauant que ceux qui n'ont que la doctrine des Liures, & qui non seulement estoit sçauant pour soy, mais pour instruire les autres. Il promettoit qu'en trois leçons, il enseigneroit tout ce qui se peut sçauoir de l'origine des Fontaines, & de la production des Pierres tant grossieres que precieuses & des Metaux, contre les opinions d'Aristote & d'autres Philosophes, ce qu'il pretendoit accom-

PARFAITE METHODE.

plir en monſtrant ſeulement les raretez de ſon Cabinet, où l'on voyoit pluſieurs ſortes de Pierres, les vnes formées entierement, & les autres à demy, & quelques vnes enfermées dans d'autres, auec quantité de corps petrifiez, de Marcaſites & autres Mineraux. Le Catalogue s'en treuue dans ſes œuures auec le nom de ſes Auditeurs qui eſtoient des plus habiles Hommes de ſon ſiecle, & à entendre ſes raiſonnemens & ſes demonſtrations, l'on ne ſçauroit douter qu'il ne reuſſiſt en ſon deſſein, & que l'on ne le puiſſe imiter heureuſement. On peut voir ce que i'ay raporté cy deuant de ſes ouurages. Baçon qui a eſcrit depuis a fait vn Traicté qu'il nôme la nouuelle Iſle Atlantide, dans lequel il feint auoir eſté à vne Iſle où il y auoit vn College de Sages, apellé la Maiſon de Salomon, qui inſtruiſoit d'auantage que tout ce que l'on a dit par le paſſé. On y faiſoit tout ce qui ſe peut imaginer pour eſtre inſtruit des choſes naturels, car l'on n'y conſideroit pas ſeulement les diuers corps du Monde tels qu'ils ſe treuuent, mais l'on y faiſoit encore des imitations de la Nature, y ayant là des Caues de diuerſes profondeurs, pour y remarquer la diuerſe temperature des lieux ſouſterrains, & pour y produire des Metaux & des Mineraux artificiels ; Il y auoit des Montagnes ſur leſquelles l'on auoit baſty des Tours fort hautes pour eſprouuer la temperature de l'air ; On y treuuoit de certains lieux dreſſez de telle maniere, que quand l'on vouloit l'on y formoit de la pluye, de la neige, de la greſle, du vent, du Tonnerre & des eſclairs & tous les autres Meteores, & l'on y faiſoit engendrer quelques Inſectes, comme des grenoüilles, des mouſches, des vers, & des chenilles. Il y auoit des lacs artificiels, les vns remplis d'eau douce, les autres de ſallée, pour y nourrir de toute ſorte de poiſſons, & en reconnoiſtre la Nature ; Il y auoit des Vergers, où l'on rendoit la fertilité aux Arbres ſteriles, & l'on leur faiſoit porter des fruicts de groſſeur prodigieuſe ou de couleur & de forme differentes de l'ordinaire, & l'on faiſoit naiſtre de nouuelles eſpeces de Plantes ; L'on y nourriſſoit auſſi de toute ſorte d'animaux dont l'on rendoit la generation diuerſe, & méſme pour ce qui eſtoit des Hommes, l'on y en faiſoit croiſtre quelques vns comme des Geans, & l'on rendoit les autres inuulnerables & exempts de tout mal ; Mais outre que la pluſpart de ces choſes ſont de difficile execution & meſme impoſſibles, il y en a dont les preparatifs couſteroient vn long trauail & beaucoup de deſpence. Il ſe faut contenter de voir toutes ces choſes ſelon les commoditez du lieu où l'on ſe rencontre. Outre l'amaz de curioſitez qu'vn Maiſtre de Phyſique peut monſtrer à ſes Diſciples, touchant les mineraux & autres corps enfermez ſous Terre, venant aux Corps qui ſont ſeulement attachez à la Terre par des racines, & qui ont de la vegetation au dehors comme les Plantes, il faudroit qu'apres quelques vnes de ſes Leçons il menaſt ſes Eſcholiers dans vn Iardin accomply où il leur fiſt voir la pluſpart des Plantes qu'il leur auroit nommées, & il ſuffiroit de leur faire voir en portrait celles qui ne ſe pourroient trouuer dans le Pays. Quant aux Animaux de toutes les ſortes, d'autant qu'il ne leur en pourroit pas monſtrer beaucoup de viuans, il les feroit voir auſſi en platte peinture ou en figure de relief, & leur raconteroit les proprietez des vns ou des autres, ſelon qu'il les auroit examinées, ou ſur ce qu'il auroit apris de quelque fidelles obſeruateurs, comme il s'en treuue encore aujourd'huy ; Par exemple l'on a eu ſujet d'admirer les ſoins & l'experience du ſieur Morin, qui s'eſt acquis vne parfaicte connoiſſance des Plantes & de pluſieurs Inſectes, ſpecialement des Chenilles & des Papillons, s'eſtant fait aporter pendant vn certain temps des chenilles de toutes les ſortes, qu'il gardoit ſous des cloches de verre, où elles ſe nourriſſoient des fueilles des Plantes ſur leſquelles on les auoit trouuées. Par ce moyen il a obſerué quelles Chenilles & quels Papillons viennent de certaines Plantes, par combien de temps la forme de Chenilles eſt conſeruée, en quelle ſaiſon elles s'enferment dans vne Coque, & quand elles deuiennent Papillons, & ayant fait les meſmes obſeruations par deux ou trois années de ſuite, il s'eſt aſſeuré de leur nature. Sa curioſité n'en eſt pas demeurée là, ayant gardé la peau des plus groſſes Chenilles toutes ſeiches, & preſque tous les Papillons, dont la bigarrure fait voir la beauté de cét inſecte, & de plus ayant fait peindre chaque Chenille dans vne fueille à part auec la Plante dont elle ſe nourrit, & la forme

qu'elle

qu'elle a de Papillon, ce qui eſt accompagné de quelques Eſcrits qui raportent ce qu'il en a obſerué ; Et il ſeroit tout preſt d'en faire grauer les planches & imprimer le diſcours, n'eſtoit que ce ſiecle ſe monſtre ſouuent ingrat aux plus beaux ouurages. Il s'eſt veu de pareilles curioſitez dans l'Antiquité. Pline dit que Philiſcus Thaſien employa toute ſa vie dans les Bois pour la contemplation de la nature des Mouſches à miel ; Qu'Ariſtomachus habitant de la ville de Soli en l'Iſle de Cypre, employa cinquante ans en cette recherche, & qu'ils en auoient tous deux eſcrit ; Et qu'vn Gentilhomme Romain qui auoit eſté Conſul, lequel on ne nomme pas, auoit fait faire des Ruches de Corne dans ſa Meſtairie pour mieux obſeruer le meſnage de ces petits Animaux. Il y a encore maintenant des Curieux en quelques endroicts, qui ont fait accommoder des chaſſis de verre, entre leſquels des Mouſches ſe ſont retirées, & y ont fait leur Cire & leur Miel. Si l'on faiſoit des obſeruations exactes des autres Animaux tant parfaits qu'imparfaits, on en ſçauroit entieremẽt la nature. Ariſtote & les autres Autheurs qui ont eſcrit en general de cette matiere, auoient beſoin des recherches particulieres de tels Hommes que ceux dont nous auons parlé, pour ſçauoir la nature de chaque eſpece. Plus ils en ont eu, plus cecy a adjouſté au prix de leurs Liures. Si les Maiſtres de nos Claſſes ont en leur diſpoſition quelques vnes de ces remarques curieuſes effectiues & ſenſibles, ils s'en ſeruiront vtilement pour l'inſtruction des Eſcholiers, touchant les choſes naturelles ; Ce qu'il y a de bon en cecy, c'eſt que l'on y trouue moins de peine que de recreation. Lors qu'vn Maiſtre de Phyſique ſera paruenu au Corps de l'Homme, les Leçons qu'il en fera pourront auſſi eſtre accompagnées d'vne diſſection faite par luy meſme ou par quelque habile Chirurgien, ou au moins de la veüe de quelques figures exactes de toutes les parties de l'Anatomie. Il eſt eſtrange que dans l'eſtude que l'on fait des choſes naturelles, on ne parle aucunement de ce qui nous concerne. Les Regens croyent en eſtre quittes pour auoir excuſé leur pareſſe ou leur ignorance par ce mot commun ; Qu'où le Phyſicien finit, le Medecin commence ; Neantmoins le nom de Phyſicien & de Medecin ſignifioient autrefois mesme chose: Mais c'est qu'ils ne veullent pas se charger de tant de trauail, & d'autant que plusieurs Autheurs qui par cy deuant ont dressé des Physiques n'ont traicté que du vuide, de l'infiny, des Causes & des Elemens, ils ne pretendent point esmouuoir d'autres Questions que celles qu'ils treuuent dans leurs Liures, tellement que la Physique qu'ils donnent n'est qu'vne partie des raisonnemens que l'on pourroit faire dans la Logique & dans la Metaphysique, sur les Principes des Choses Corporelles ; Que si quelques vns vont plus auant, ce n'est que pour traicter des choses du Ciel à l'ancienne mode, c'est à dire auec beaucoup d'erreurs, à quoy ils ioignent quelques Chapitres des Meteores qui sont du mesme stile ; Ne parlant apres ny des Metaux, ny des Mineraux, ny des Plantes, & ne faisant aucune mention des Animaux parfaits ou imparfaits, des Poissons, des Oyseaux & des Bestes Terrestres, d'autant que cela leur semble possible trop long ou trop difficille, ils traitent seulement en general de la faculté vegetatiue & de la sensitiue. C'est vn extreme deffaut d'obmettre à parler des principales choses qui constituent la Nature, & sur tout de se taire de la composition du Corps de l'Homme. En vain l'Homme connoist les autres choses s'il ne se connoist soy mesme. Quelle Science auons nous quand nous sçauons en quel lieu se forme le Tonnerre & la pluye, ou en quel rang sont les Astres, & que nous ne sçauons comment se fait nostre digestion & la distribution de nostre nourriture, ny en quel lieu est nostre cœur, nostre poulmon & nostre foye ? Voulons nous produire des Meteores tels que ceux que nous voyons en l'air, ou au moins former de tels corps que les inferieurs ? L'imitation en est possible, mais le plus souuent assez inutile, & si nous ne pensons qu'à en tirer quelque vsage, bien qu'il s'y trouue quelque vtilité, elle n'est rien au prix de ce qui regarde nostre propre corps. Il faut connoistre ses diuerses parties, leurs qualitez & leurs fonctions, pour estre asseuré de ce qui leur est propre, & pour se sçauoir maintenir dans vne parfaite santé. Vne telle instruction est si necessaire à toute sorte de personnes que quiconque a la commodité de la receuoir fait mal de la negliger, & l'on y peut mesme adjouster vne brieue description des remedes desquels l'on se doit seruir en cas de maladie; On dira que chacun n'a pas besoin de cecy expressement s'il ne veut estre Medecin, & qu'il se faut raporter aux gens de cette Profession des moyens de se guerir; Mais i'entens que l'on en aprenne ce que l'on peut pour l'vsage vulgaire, car mesme quand on n'en aprendroit pas assez pour estre capable de se conseiller soy mesme dans les accidens qui suruiennent, cela seruira tousiours à faire qu'on en soit moins rebelle aux conseils des bons Medecins quand l'on les apelle à son secours, & la confiance que l'on aura aux choses dont l'on aura apris la puissance, fera partie de la guerison. Or l'on aura acquis en cecy la connoissance de toutes les choses naturelles, à laquelle l'on aura pû joindre celle des artificielles suiuant leurs degrez; Car en parlant des corps Elementaires & des Meteores, il aura falu dire quelque chose des moyens de les imiter ou ameliorer & de s'en seruir, ce qui se fait par diuers Instrumens d'Optique & par des Machines dont le modelle doit estre monstré aux Escoliers; Puis venant aux corps parfaitement côposez, on aura declaré quelques secrets de la Chymie qui separe le pur de l'impur, & de la Pharmacie qui compose les medicamens, deux fidelles Ministres de la Medecine. Il y a beaucoup d'autres Arts & Mestiers dont l'on pourra voir les Machines & les Instrumens auec la maniere d'y trauailler, afin qu'il ne manque rien à l'Instruction de ceux qui desirent estre veritablement sçauans, & afin qu'ils scachent aussi bien l'vsage des choses, comme leur Estre & leurs Proprietez, & que l'vn s'aprenne auec l'autre comme en se joüant.

Apres cette dependance de la Physique & des Mathematiques, ayant quitté les choses corporelles, l'on passera aux Spirituelles, ce qui se fera si l'on veut dans vne Classe plus esleuée. On viendra à la consideration de l'Ame humaine, ayant laissé la consideration de l'Ame des Bestes pour les recherches de Physique, à cause qu'elle est toute corporelle. L'Ame humaine sera consideree comme spirituelle & immortelle, quoy qu'elle soit icy attachée à vn corps. La Metaphysique sera enseignée en suite, pource que de l'Ame de l'Homme l'on monte à la consideration des Anges & à celle de Dieu; Mais ce que

D'vne Classe touchant les choses Spirituelles.

l'on range d'ordinaire dans cette Science, touchant l'Eftre, l'Effence, & l'Exiftence, & tout ce que l'on apelle les Tranfcendans n'y fera remarqué qu'en bref au Traicté des Idées vniuerfelles, pource que l'on en aura defia parlé dans la Logique, & que cela ne doit pas eftre rebattu tant de fois. On donnera encore vn Sommaire de la Theologie, où l'on aprendra ce qu'il eft neceffaire à tout homme de fçauoir pour fon falut. Plufieurs fe contentent de ce qu'ils ont apris touchant la Foy dans le petit Catechifme que l'on enfeigne aux Enfans : Mais, on aura icy vn Catechifme plus eftendu, & fait exprez pour ceux qui ont vne entiere iouyffance de leur Raifon. Là ils verront l'explication de plufieurs chofes qu'ils auoient aprifes par cœur dans l'Enfance fans les entendre, afin qu'elles leur feruiffent en temps conuenable. La plufpart s'attendent à ce qu'ils en pourront aprendre dans les Sermons ou dans leurs lectures diuerfes, mais il eft bon d'en auoir par auance vne inftruction Methodique. Dans le Traicté de l'Ame l'on parle des paffions & affections & des vices qu'elles engendrent, ou des vertus qu'elles peuuēt produire; Dans la Theologie, l'on en traicte auffi pour examiner les deuoirs de l'Homme; Neantmoins il en faut faire des Leçons particulieres dans vne Claffe à part où l'on aprendra l'Ethique ou Morale en general, & l'Oeconomique & la Politique qui en dependent. Ce ne fera pas pour ne fçauoir que la definition du fouuerain bien & la difference des actions humaines : L'on y aprendra auffi les raifons les plus fortes, par lefquelles l'on puiffe eftre deftourné des mauuaifes habitudes & porté aux bonnes, auec des exemples pris des Hiftoires tant feculieres qu'Ecclefiaftiques. L'on verra ainfi les reigles de bien viure & le moyen de les obferuer, & ces enfeignemens feront accommodez autant qu'il fe pourra à l'vfage du fiecle & du gouuernement fous lequel l'on fe trouuera, ne raportant les chofes anciennes, que pour la confirmation des modernes.

De la Science vniuerfelle.

Il femble qu'alors l'Efcholier aura apris tout ce qui fe peut fçauoir pour luy donner entrée à toutes fortes de Profeffions, & qu'il fera fuffifamment pourueu des principales Sciences : Mais il y a encore vne chofe à defirer pour l'accompliffement

PARFAITE METHODE.

de sa Doctrine. Il faut qu'il aprenne l'ordre naturel & la vraye liaison de toutes les Sciences & de tous les Arts, qui est cette Science vniuerselle qu'on doit estimer le Chef-d'œuure des connoissances. Sans elle il ne sçauroit rien auec vne parfaite methode; Il ignoreroit en quel endroit il faudroit apliquer chaque discipline, & ce qu'il est necessaire de sçauoir absolument pour rendre compte de ce que l'on sçait. Nous trouuons que dans le Liure qui en a esté donné au Public, on a pris occasion de traiter assez amplement quelques Principes de Physique & d'autres Sciences, pource que ce sont des endroits où la plusspart des Philosophes, tombent en erreur; Mais lors que cette Science vniuerselle sera enseignée à part, on ne s'arrestera qu'aux principales diuisions de chaque Discipline, selon qu'elles sont comprises dans leur enchaisnement general. Cela n'empeschera pas que si l'on a dessein de s'adonner particulierement à quelqu'vne des Sciences, qui sont du plus grand vsage dans la vie ciuille, comme à la Medecine, à la Iurisprudence, ou à la Theologie, l'on ne le fasse aisément; Car tant s'en faut que cela y nuise, qu'au contraire comme toutes les Sciences ont de la correspondance les vnes auec les autres, cette Doctrine vniuerselle aportera vn grand esclaircissement à celle à laquelle on s'apliquera le plus.

Or i'ay donné vn ordre assez exact pour aprendre les principales Sciences, & qui est le vray Cours d'Humanitez & de Philosophie propre pour toute sorte de gens, tant de ceux qui estudient auec dessein, que de ceux qui ne s'y arrestent que par curiosité. Il faut auoüer que toutes ces instructions formeront autrement l'esprit que celles que l'on a accoustumé de donner. Les disciplines que j'y ay annexées sont en bien plus grande quantité que celles des Colleges ordinaires, & suffiront presque à tout ce qu'on peut desirer de sçauoir principalement; D'ailleurs elles dressent vn Homme pour le Monde, & pour toute sorte d'emplois où il se voudra apliquer. La plusspart des Escholiers sortant des Estudes, n'en remportent que l'vsage de la langue Latine auec quelques phrases pueriles, & quelques obseruations pedantesques, ce qui est apellé les Humanitez, & s'ils ont passé à la Philosophie ils ne sçauent qu'vne ennuyeuse Methode de

Recapitulation de l'ordre pour aprendre les Sciences.

Zz iij

disputer par Sophismes & fausses consequences, sans auoir rien apris de ce qui est certain & de ce que l'on peut esprouuer; Au lieu de cela i'ay donné le moyen d'aprendre en peu de temps la langue Latine & la Grecque, & d'acquerir conjointement plusieurs connoissances des choses, & mesmes toutes celles qui sont necessaires à vn Homme qui veut passer pour habile. Cela se peut aprendre en quatre Classes, à chacune désquelles on ne demeurera qu'vn an ou deux tout au plus, selon la force des Esprits. l'ay mis la Grammaire Latine pour la premiere Classe, auec les principes de l'Arithmetique & de la Geometrie. La Rhetorique est pour la seconde, auec l'Art de la Poësie, la Grammaire Grecque, la Cosmographie, la Geographie & la Sphere, ce qui sera accompagné de Descriptions & Narrations Historiques, qui rempliront l'Esprit de plusieurs rares connoissances. La troisiesme Classe a esté establie pour le cours de Philosophie qui consiste en Logique, Physique, Metaphysique & Moralle, & pource que l'on y joindra vn Abregé de Theologie & vn autre de Politique, auec l'aplication des exemples qui se trouuent dans l'Histoire, & l'ordre de la Science vniuerselle, cela pourra passer à vne quatriesme, voire à vne cinquiesme Classe, que l'on nommera la Premiere si l'on veut à la mode des Colleges. Il faut aussi estre auerty que ie ne limite pas tellement le nombre des Classes, & le temps que l'on aura à y demeurer, que ie ne sois d'auis qu'on les puisse augmenter ou diuiser, & que l'on en retranche quelques Disciplines ou que l'on les change à d'autres selon que l'on le iugera à propos. I'ay pourtant donné à peu prez l'ordre qui paroist le plus complet pour les grandes Academies, lesquelles estant nommées Vniuersitez, font bien connoistre qu'elles doiuent instruire vniuersellement de toutes choses. Plusieurs choses y seront traictées succinctement, mais solidement & suffisamment, afin que l'on en puisse aprendre d'auantage, & en moins de temps que l'ordinaire. Que si l'on continuë à nous soustenir qu'il est mal aysé d'aprendre tant de diuerses curiositez en si peu d'années, il faut se representer que c'est la Methode qui sert à cela, laquelle sera toute particuliere pour chaque Discipline; Il se trouuera qu'ayant retranché ce que l'on auoit mis d'inutile dans la pluſpart des Sciences, celles que l'on eſtoit deux ou trois ans à aprendre, feront apriſes en trois mois, & qu'elles feront mieux ſçeuës, d'autant que parmy elles, on void aujourd'huy les mauuaiſes choſes tenir la place des bonnes, & que les vnes en ſeront oſtées, pour y loger celles qui n'y ſont pas, ou ne point offuſquer les autres qui s'y rencontrent, & de plus que dans toutes les particularitez de l'inſtruction il n'y aura rien d'oyſif, vne ſorte d'enſeignement ſeruant à pluſieurs, comme les Themes & les Textes d'Autheurs qui outre les Langues aprendront les Sciences auec ordre. On doit remarquer auſſi que pour cét effect, i'enten qu'il y ayt des Leçons expreſſes, & qu'il ne faudra point que les Maiſtres prennent la liberté de les chāger ou amplifier, pour penſer acquerir de la reputation par cette nouueauté & par vne abondance de paroles ſuperfluës. Il eſt vray que les choſes demeurans en l'eſtat qu'elles ſont, on ne trouuera pas de Regens dans les Eſcholes publiques qui enſeignent de cette maniere, iuſques à ce qu'on en ayt ordonné par vne inſtitution ſuperieure ; Mais au deffaut de cela, les Peres peuuent donner des Precepteurs à leurs Enfans qui ſuiuront cette Methode & quj y ioindront l'experience des choſes, comme il ſe pourra faire ſelon la commodité des lieux, & qui au deffaut ſe ſeruiront de peintures & d'autres repreſentations, ou des ſeules demonſtrations par le Diſcours telles que ie les ay propoſées. Quand aux Hommes faits qui voudront remedier à la negligence & au malheur de leur ieuneſſe, pour auoir eſté mal inſtruits, ou pour ne l'auoir point eſté du tout, ils peuuent reparer le temps perdu en eſtudiant de cette ſorte, ſoit d'eux meſmes par la lecture des diuers Liures qu'ils prendront ſur chaque ſujet ſuiuant l'ordre preſcrit, ſoit ſous diuers Maiſtres pour chaque Diſcipline, ſelon le beſoin de cette ſuite, ou ſous vn ſeul qui aura vne capacité ſuffiſante. Ils verront que la Doctrine eſtant acquiſe par degrez, ils la conceuront auec plus de facilité, & que comme on leur en indique vne plus ample & plus certaine que la vulgaire, elle les rendra plus capables que s'ils auoient paſſé par les Colleges, & leur aprendra auſſi plus de choſes qu'on n'y en aprend ordinairement.

Quelqu'vn formera icy vne question, à sçauoir si l'on ne pourroit pas bien estre instruit par le seul ordre de la Science vniuerselle, & si en mettant cet ouurage au iour, on n'a pas voulu faire entendre que cette Instruction estoit la vraye, & celle qu'il estoit le plus à propos de donner aux Hommes. Pour terminer cette difficulté qui pourroit inquieter quelques Esprits, nous considererons que si cette Discipline generalle estoit complette en toutes ses parties, elle auroit grand effect sur ceux qui auroient le naturel excellent, ou à qui l'âge & la contemplation ordinaire des choses auroient desia donné des Principes de connoissance ; Mais que pour l'Instruction des Enfans, il est bon de s'accommoder à la capacité de leur Esprit, & leur aprendre d'abord les Arts qui dependent de la Memoire selon la coustume ancienne. Toutefois dans la Methode que i'ay donnée, i'ay entendu qu'en aprenant la Grammaire aux Enfans, on leur aprist aussi quelques Principes de la Science des choses ; Car mesmes selon l'ordre d'vne vraye Encyclopædie, dans le temps qu'on a connoissance de quelque chose, si l'on en veut parler correctement & veritablement, il faut sçauoir la Grammaire & la Logique, & mesmes ces deux Sciences ne sont fondées que sur la connoissance des Choses, puis que sans cela l'on manqueroit de sujet pour discourir ; Voylà pourquoy on a raison de blasmer ceux qui ayant entrepris de faire des Liures qui enseignassent toutes choses sous la forme d'Encyclopædies, les ont cômencez absolument par la Grammaire ou la Logique, ou par l'Arithmetique & la Geometrie ; Il faloit auparauant donner vne description generalle des choses de l'Vniuers, afin d'auoir dequoy parler & raisonner, ou dequoy compter & mesurer. Nostre Science vniuerselle a suiuy vn tel ordre, que les Sciences particulieres y sont dans le rang qu'vne vraye Encyclopædie demande, lequel est selon la Raison & la Nature, au lieu que les autres ordres sont forcez, estant assujettis à quelque rang de dignité ou de facilité d'Instruction. La liaison & la correspondance qui se trouuent dans la Science vniuerselle sont donc cause, qu'encore que ceux qui ont apris quelques Sciences particulieres, doiuent aprendre la generalle pour seruir de reigle à ce qu'ils sçauent, on la peut pourtant donner la premiere presuposant

Si l'on peut estre instruit par le seul ordre de la Science Vniuerselle.

que

PARFAITE METHODE. 369

que l'on à defia quelque connoiffance des chofes, ou qu'en l'acquerant on doit aprendre à parler de ce que l'on fçait, & que lifant des traictez qui font voir la Nature en Abregé, fi l'on y fçait joindre toutes les Sciences & tous les Arts qui en dependent, c'eft auoir trouué le fecret de fe rendre parfaitement fcauant. Cela fait voir que la Science vniuerfelle peut eftre aprife, ou la premiere ou la derniere, ou dans la compagnie des autres Difciplines.

Toutes ces Methodes tant les particulieres que la generalle, tendent à rendre les inftructions faciles, bien reiglées & amples à fuffifance, & neantmoins de petite eftenduë. Leur commodité & leur vtilité les peut faire rechercher. La feule Science vniuerfelle donne plus de connoiffances que les Humanitez & la Philofophie des Academies ordinaires, puis qu'elle remplit ce que l'on y a laiffé de vuide, & qu'elle doit eftre eftimée vn Cours general & parfaict. Si l'on ne fe fert pas affez bien de celle que i'ay donnée, il y faut aporter du changement; Tant y a que le deffein n'en fcauroit eftre abfolument blafmé ny celuy des Methodes abregées pour aprendre les Sciences particulieres. Ie ne veux pas rejetter non plus les Methodes que plufieurs Maiftres obferuent: I'auoüe que l'on peut arriuer à vn mefme lieu par diuerfes voyes; Mais il femble de vray qu'on doit choifir la plus courte & la plus ayfée, & mefmes celle qui fatisfait d'auantage. Ceux qui ne peuuent abandonner les couftumes anciennes difent que la longueur ordinaire des Eftudes eft à fuporter, pour ce que c'eft autant de temps paffé, & que les Enfans ne peuuent employer ce temps là à autre chofe: Toutefois il faut demeurer d'accord que ce fera toufiours vne belle entreprife, fi dans vn pareil efpace on peut aprendre plus de chofes, & auec vn ordre plus exact.

On doit choifir la Methode la plus courte, la plus ayfée, & la plus vtile.

Apres auoir parlé des moyens d'aprendre les Sciences auec facilité, il faut declarer qu'encore qu'en mefme temps nous n'ayons donné des preceptes que pour aprendre le Grec & le Latin, & que nous ayons entendu que toutes les Sciences fuffent aprifes dans l'vne ou l'autre de ces deux langues, ce n'eft pas pour mefprifer les autres comme nuifibles ou inutiles & de

Qu'il ne faut pas mefprifer les langues vulgaires.

A a a

peu de confequence. On les aprendra toutes felon la neceffité ou la curiofité. Ceux qui ont à conuerfer auec quelques Eftrangers pour des negotiations, ou qui ont à voyager en plufieurs contrées en doiuent aprendre le principal langage. On l'aprend encore par le feul defir d'en confulter les Autheurs, foit Poëtes, foit Hiftoriens, dont les belles penfées meritent que l'on les voye en leur langue; Cela fe fait fouuent pour la langue Efpagnolle & l'Italienne, que la plufpart des gens de condition, & notamment ceux qui ayment les Sciences font curieux de fçauoir; Neantmoins il eft bon de ne s'adonner à ces langues modernes, que quand l'on fera confirmé dans les deux anciennes qui en font les Matrices, de peur que cela n'en corrompe l'vfage. On choifira celles qui ont le plus de cours, & qui font les plus neceffaires, ou à noftre commerce, ou à noftre efpece d'Eftude. Pour les aprendre ayfement, on fe feruira des Dictionnaires les plus amples, ou de ceux qui ne font que de mots radicaux; On en aura les Grammaires, on en traduira les Autheurs, & on en compofera des Themes, ainfi que pour la langue Latine & la Grecque. Quant à la langue maternelle tant s'en faut que ceux qui s'apliquent aux Sciences la doiuent negliger pour ces deux anciennes, qu'au contraire j'enten que la Latine & la Grecque foient expliquées par la Françoife, qui a tiré d'elles fon origine, & qu'elle leur foit fouuent conferée. C'eft vne chofe fort abfurde qu'vn Efcholier ayant efté neuf ou dix ans dans les Colleges, y ayt apris beaucoup de chofes, & fpecialement deux langues, qui ne viuent plus guere que dans les Liures, & qu'il ne fcache pas la langue de fa patrie, qui eft viuante & qui eft en vfage chez plufieurs Nations; Car fi fon pere & fa mere ou autres gents auec lefquels il a paffé fon enfance, luy ont apris de mauuaifes façons de parler, il ne trouue point perfonne qui l'en reprenne dans les Efcholes ordinaires, ce qui nous fait fouhaiter que parmy la nouuelle façon d'enfeigner que nous propofons, l'on donne quelque peu de temps à s'inftruire de la pureté du langage du païs où l'on vit, afin que l'on ne foit point comme eftranger dans fa propre terre. Ceux mefme qui font d'vne Prouince plus efloignée y profiteront grandement, au lieu qu'apres tant de temps que l'on passe dans nos Colleges, les Gascons, les Picards, & les Normands gardent encore les mots & les accens de leur Patrie, tellement que s'ils conuersent dans le Monde, l'on trouue que c'est en vain qu'ils ont employé plusieurs années pour aprendre le Grec & le Latin, s'ils ne sçauent pas la langue Françoise en sa pureté qui est vne langue qui a plus de cours, & qui leur est necessaire en toute sorte de communications.

On passe bien plus outre à l'estime du langage maternel. *Que les Sciences peuuent estre aprises dans la langue maternelle.* Plusieurs disent que ce qui fait que l'on sort des Colleges y ayant si peu apris, c'est que l'on y employe sept années à aprendre le Latin & le Grec, & que l'on ne donne que deux ans pour la Philosophie; Que si l'on enseignoit les Sciences en nostre langue maternelle que nous sçauons desia, tant d'années ne se perdroient pas à n'aprendre qu'vn jargon: Car sçachez plusieurs langues, vous ne sçauez que des mots que l'vsage a inuentez pour dire vne mesme chose diuersement: Cela n'augmente point vos connoissances; On tient que ce temps seroit plus vtilement employé à toutes les parties des Mathematiques & de la Philosophie, & que par ce moyen l'on formeroit quantité d'habiles gens, qui seroient remplis de Doctrine, au temps mesme qu'à peine les autres sçauent parler; Nous pouuons respondre que l'on abrege l'aprentissage des langues par les remedes que nous auons donnez, de sorte que l'on auroit tort de se plaindre de la longueur de cette instruction, & d'ailleurs que l'enfance n'estant pas propre à estre chargée de Sciences, qui demandent les forces de l'Entendement; il est bon de l'occuper à ce qui ne consiste qu'en Memoire, comme d'aprendre le Latin & le Grec qui sont des langues necessaires pour entendre beaucoup de bons Autheurs qui n'ont point esté traduits. Neantmoins à cause que ceux qui ont repugnance d'aprendre ces langues mortes n'ont dessein d'estudier que pour leur propre satisfaction, & qu'il y en a qui sont desia auancez en âge, & n'ont pas le loisir de passer par les formes ordinaires, ils peuuent aprendre les Sciences en leur langue maternelle, comme elles sont presque toutes redigées par escrit en nostre vulgaire François, & il y a aussi des Maistres qui les enseignent en cette langue auec vn succez fort heureux. Le sieur le Gras, Homme d'esprit & d'erudition, auoit proposé au Cardinal de Richelieu de dresser vn College François accomply de toutes ses Classes, non seulement en faueur des gens de nostre Nation, qui y voudroient estre instruits, mais aussi pour plusieurs Estrangers qui viennent passer quelques années en France afin d'y aprendre nostre langue, lesquels deuoient estre rauys de trouuer le moyen d'y profiter plus qu'ils ne pretendoient, y pouuant aprendre les plus hautes Sciences auec la langue, & mesme auec plus de facilité & en moins de temps que l'on ne fait ailleurs; Or celuy qui auoit donné le dessein de cette nouuelle Vniuersité ou Academie luy auoit trouué des methodes conuenables, & il auoit aussi partagé prudemment toutes les heures du iour à diuers exercices, voulant qu'il y eust des Maistres pour la Musique & la Danse, & pour aprendre à manier les Armes, & à monter à Cheual, afin que la jeune Noblesse y rencôtrast tout ce qu'elle pourroit souhaiter pour sa perfection. Mais ayant choisi pour siege de son Academie la nouuelle ville de Richelieu, afin d'honorer le premier Ministre de l'Estat qui l'auoit fait edifier sous son nom, il n'y pouuoit auoir d'Escholiers qu'apres vn long establissement, le lieu estant sterile & peu frequenté. Cela eust mieux reussi dans Blois ou dans Orleans, ou dans Paris mesmes, pource que les Anglois, les Flamends & les Allemands qui viennent en France, s'arrestent d'ordinaire en l'vne de ces Villes. De plus les guerres empeschoient alors que les voyages des Estrangers ne fussent si frequens, & apres la mort du Cardinal de Richelieu, n'y ayant plus personne qui eust soin de la subsistence de ce College François, son dessein fut entierement quité; lors qu'il n'auoit pas encore commencé d'esclorre. Sans auoir vn si grand dessein que celuy d'vne Academie generalle, plusieurs Sciences sont enseignées en François dans la ville de Paris par des Instructions particulieres. Il se trouue de tels Maistres pour toutes les parties des Mathematiques, comme necessaires à quantité de gents qui n'ont iamais apris le Latin. Quelques autres monstrent la Philosophie en François. Les sieurs Isnard, Vaflart, & Sainct Ange, ont entrepris autrefois de l'enseigner

PARFAITE METHODE. 373

en public & en particulier, mais leurs Leçons ont duré peu & ont fait peu de bruit. Quelques vns ont eu depuis le mesme dessein, & selon que la Fortune l'a voulu, ont eu pareil succez, quoy que leur capacité ne soit pas reüoquée en doute; Tant y a qu'il ne s'est trouué aucun des Professeurs de Philosophie qui ayt enseigné auec plus de perseuerance & d'aprobation, que le sieur de l'Esclache, qui les ayant tous precedez, subsiste encore apres eux. Il a tousiours esté suiuy de ceux qui sont fort ayses d'aprendre de luy ce que l'on aprend au College, parce qu'il s'est rendu consommé dans la Doctrine d'Aristote, & qu'entre les Tables de sa Philosophie, il en a commencé des Discours continus, faisant ses escrits en François aussi bien que ses Harangues, & ses Instructions ordinaires. Quelques Formalistes se persuadent que l'on fait tort à la grauité des Sciences de les enseigner en langue vulgaire, & que c'est les rendre communes au Peuple qui n'a pas besoin de les sçauoir toutes, & que mesmes pour trauailler à cecy on a besoin que quantité de Liures soient traduicts, à faute desquels vn Homme ne sçauroit estre entierement sçauant. On respond en premier lieu; Que les Grecs que plusieurs veulent suiure si ponctuellement, ont escrit & enseigné la Philosophie en leur langue, & que si les Romains se sont adonnez à aprendre la langue Grecque, comme la Mere & la conseruatrice des plus belles Sciences, les meilleurs Autheurs de leur Nation n'ont pourtant pas escrit en autre langue que la leur, & qu'ils ont accommodé les mots de la Philosophie, selon leurs terminaisons. Que si l'on se plaint que l'on rend les Sciences trop communes, les enseignant en langue vulgaire, c'est témoigner peu de charité enuers tous les Hommes, de ne vouloir pas qu'ils soient instruicts chacun selon leur pouuoir; Et quant aux bonnes Traductions des Liures necessaires, il ne faut pas craindre qu'elles nous manquent, veu que tant d'habiles gents y ont desia trauaillé, & y trauaillent encore auec tant de soin. De plus nous auons quantité de Liures originaires François, où l'on aprend presque toute sorte de Disciplines. C'est ce qui donne la hardiesse à plusieurs Escriuains d'y en adiouster d'autres, comme ie fay ceux-cy; Et afin d'ayder à toutes les perfonnes qui veullent bien eftre inftruictes par ces ouurages modernes, i'en donneray ailleurs vn denombrement & vn Sommaire Examen; Mais nous auons à chercher premierement des Methodes d'vne Inftruction generalle, plus fuccinctes & plus induftrieufes que les precedentes pour ceux qui ne fe peuuent arrefter aux Formes ordinaires.

DE LA METHODE ROYALLE.

AVTRE METHODE PLVS FACILE, & plus abregée que la premiere, & neantmoins aussi instructiue pour enseigner les Princes & les Grands Seigneurs, ou les Personnes qui estant desia auincées en âge ou occupées à de grands employs, ne sçauroient s'assujettir aux Methodes ordinaires.

SEPTIESME TRAITE.

ON pourroit bien croire que ce seroit assez de la Methode que i'ay donnée cy-dessus pour les Sciences, veu qu'elle va plus loin que l'ordinaire, & qu'elle s'accomplit par des moyens plus courts & plus aysez: Neantmoins il y a des personnes pour qui les quatre ou cinq ans sont encore trop, & de qui l'âge, la condition, ou l'humeur, ne souffrent pas qu'ils se donnent tant de loisir, tellement qu'on nous demande des manieres de s'instruire plus succintes, & il y en a qui voudroient s'il se pouuoit qu'on deuinst sçauant en vn moment & par les seuls souhaits: Mais les meilleures intentions demeurent infructueuses sans l'action, & quand on auroit en sa disposition toutes les richesses du Monde, l'on n'en

Qu'il y a vne Methode des Methodes qui est la Methode Royalle.

sçauroit acheter de la Doctrine si le trauail ne s'y ioint. Toutefois il faut faire effort en consideration des Roys & des Princes, & de tous ceux qui n'ont pas assez de temps de reste pour employer aux instructions ordinaires; Si nous pouuons trouuer pour eux vne Methode d'enseigner plus abregée que les autres, ce sera veritablement la Methode des Methodes & la Methode Royalle, parce qu'elle sera propre aux Princes & aux Rois, & qu'on sera obligé d'y proposer des choses qui ne peuuent estre accomplies que par vne despence de Roy ou de tres-grand Seigneur.

A sçauoir si l'on peut aprendre les Sciences par quelque espece de ieu.

Quelques-vns ont pretendu diminuer les fatigues de l'estude, les conuertissant entierement en vne espece de ieu. Ils ont creu que cela se feroit le plus vtilement pour les Elemens des Sciences, qui sont de sçauoir lire & escrire en quelque langue, specialement en la Langue maternelle, & que l'on pouuoit aprendre cecy à des Enfans comme en se iouant & lors qu'ils y penseront le moins : Ils leur ont donc formé des iouets qui auoient la figure & le nom de Lettres, & leur ont fait ainsi connoistre tout leur Alphabeth. Cela estoit figuré sur des dez ou sur des pieces d'Eschiquier, ou bien l'on auoit formé les Lettres propres de quelque matiere solide, & de leur diuerse association, on monstroit aux Enfans à composer les Syllabes. Mais quel chemin plus court y auoit-il à cela, s'il faloit tousiours apres leur faire connoistre les mesmes caracteres dans les Liures en plus petit espace, & auec vne proximité moins distinguée? Pourquoy employer tant de façon en vne chose si commune? Il y en a qui ont d'autres Liures d'Alphabeth que les vulgaires, auec toutes les combinations qui se puissent trouuer, mais cela reuient tousiours à l'ancienne methode qui n'est pas moins aysée, & par laquelle l'on aprend assez bien à lire à force de ioindre les Lettres, & il ne semble point qu'il soit à propos d'aprendre à lire d'autre sorte, ny aux enfans des Grands, ny à ceux du simple peuple. En ce qui est de la Grammaire Latine ou de la Grecque, quelques-vns de ceux qui les enseignent ayans voulu se faire rechercher pour quelque gentillesse particuliere, ont aussi composé des ieux de leurs Declinaisons & Coniugaisons. On void des Liures qui descriuent

vne

vne guerre imaginaire d'entre les Noms & les Verbes, auec la forme de leurs combats & de leurs Traictez ou accords, dont l'on peut baſtir toute la Syntaxe. Certainement c'eſt là vne agreable induſtrie pour diuertir ceux qui ſçauent deſia ces choſes, mais ce n'eſt pas vne commodité pour les enſeigner plus facilement à ceux qui ne les ſçauent point : Ils ne ſeront pas moins embaraſſez de ces nouuelles reigles que des anciennes, & quand ils ſçauroient parfaitement les diuerſes rencontres de tels Ieux, elles leur ſeroient inutiles, s'ils ignoroient à quoy il les faudroit apliquer pour s'en ſeruir ſerieuſement, & ils auroient apres double peine ayant à ſe desfaire de leurs premieres Leçons & à en aprendre d'autres. On peut dire le meſme de quelques Methodes que l'on a trouuées pour reduire la Coſmographie, la Geographie, la Chronologie & l'Hiſtoire & meſmes la Logique & autres Diſciplines, en des Ieux de Cartes. Si l'on ſe ſeruoit ſeulement d'abord de ces ſortes d'Inuentions, on ne feroit qu'embroüiller l'eſprit des Enfans; Lors que l'on voudroit apres les inſtruire tout de bon, ils croiroient touſiours joüer, & parleroient pluſtoſt de Ieu que de Science. On ne ſçauroit auſſi aprendre beaucoup de choſes par vne maniere ſi contrainte, d'autant qu'vne Carte ne peut porter qu'vn nom, & quelques qualitez ſans rien aprofondir d'auantage; D'ailleurs il ſemble indigne de la majeſté des Sciences de les traiter ſi baſſement. Que ſi la Methode en eſt eſtimée ingenieuſe, & ſi elle ſert de recreation à ceux qui ont receu d'autre part vne inſtruction plus forte, il ne faut point eſperer que ce ſoit de là que la vraye erudition procede. Ie ne nie pas qu'il n'y ayt des Methodes particulieres pour faire que les eſprits les plus inquiets & les moins attentifs ſoient rendus capables de quelque Diſcipline, & meſmes qu'on ne leur puiſſe aprendre les Sciences comme en ſe joüant, mais ce doit eſtre par vne voye moins affectée & plus legitime que celles qu'on a declarées. Or c'eſt ne faire que ſe joüer, que d'auoir des moyens faciles & agreables pour paruenir à quelque doctrine, & d'y employer ſi peu de temps chaque iour, que cela ne ſemble qu'vn diuertiſſement & vn relaſche des autres occupations : Il faut pourtant que ce Ieu ſoit ſerieux, & qu'il n'enſeigne que des choſes vtiles, car n'eſtant point à propos d'aprendre rien en jeuneſſe ny en quelque age que ce ſoit, qui ne doiue ſeruir le reſte de la vie, pourquoy remplira-t'on ſa Memoire de ces Ieux & Bagatelles, qui ſont autre choſe que ce que l'on doit aprendre, & qu'il faut oublier ſi l'on veut eſtre veritablement ſçauant? A quoy eſt il bon d'aprendre deux choſes pour vne, s'il faut enfin que l'vne ſoit effacée, & que l'autre demeure? Que ſi l'on les veut retenir toutes deux, ne doit on pas dire que l'Eſprit ayant vne certaine capacité pour receuoir vn certain nombre d'Images, c'eſt comme vne place qui eſtant remplie ne peut plus rien contenir, & qu'il vaudroit mieux qu'elle fuſt occupée de quelques autres choſes plus vtiles, mais que ſi l'on pretend en oſter ce qui y eſt de mauuais & y laiſſer ce qui eſt de bon, il eſt encore à craindre que l'vn n'emporte l'autre en meſme temps, & qu'on ne perde l'vſage des choſes vtiles auec celuy des choſes inutiles.

Des Methodes naturelles & faciles.

C'eſt ce qui fait condamner les vers du Deſpautere & quantité de Reigles ſemblables, que l'on fait aprendre par cœur à la jeuneſſe, meſme dans la Philoſophie; Car il ſemble que l'on auroit pluſtoſt fait d'aprendre les vrayes choſes que ce qui les repreſente. On dit qu'il eſt de ces Methodes comme des eſtayes & des ſintres de bois, qui ſont neceſſaires aux Architectes pour la conſtruction des voutes, & que l'on peut oſter quand de tels baſtimens ſont faits, parce qu'ils n'y ſeruent plus de rien: Mais cela ſe fait pour des ouurages humains où les pieces ſont miſes l'vne apres l'autre, au lieu que nous voulons imiter les ouurages de la Nature Miniſtre de la Diuinité, laquelle operant tout d'vne ſuite, & faiſant que les choſes ſe ſouſtiennent d'elles meſmes par leur liaiſon, elles n'ont pas beſoin de ces apuys vulgaires. Pour aprendre parfaitement la Grammaire ou la Logique, on doit donc obſeruer des reigles purement naturelles, qui par conſequent ſeront plus courtes & plus ayſées; Il a bien falu que l'on en ayt eu autrefois, puis que ce n'eſt que depuis vn certain temps que l'on ſe ſert de celles où le trop d'artifice nuit. I'aurois pitié d'vn Enfant de haute condition à qui l'on feroit perdre cinq ou ſix ans, à aprendre par cœur ces rubriques de Collegè indignes d'vn noble Eſprit, & qui ne ſeruent aux

Regens que pour faire vn grand myſtere de leur Science, & la retenir enuelopée ſous diuers voiles. Ce qu'il y a meſme de faſcheux en cecy pour quelques Princes & grands Seigneurs, c'eſt que comme ils ſçauent bien-toſt ce qu'ils ſont, dez qu'ils viennent à l'âge de commander & de ſuiure leur propre volonté, ils croyent ſe faire tort de s'aſſubjectir à des Leçons, & poſſible en ont ils ſujet, Car la maniere dont l'on les a inſtruits iuſques alors leur a fait prendre vn deſgouſt des Sciences, lors qu'à peine en eſtoient ils à l'entrée, de ſorte qu'il ſe trouue que leur plus bel âge ne s'eſt employé qu'à aprendre ce que les enfans des petits Bourgeois n'auroient pas en grande eſtime s'ils ne paſſoient plus outre; Cependant ceux de la plus haute condition en demeurent là quelquefois, ſoit par le peu de ſoin que les Precepteurs ont eu de leur monſtrer ce qui eſtoit de beſoin, ſoit par le meſpris que les Diſciples en ont fait, par caprice ou d'vn propos deliberé. Afin d'euiter cet inconuenient, ſi la docilité d'vn Prince ſe ſouſmet à l'inſtructiõ, & ſi l'on a tout loiſir d'y trauailler en commençant dez ſes premieres années, on y peut reüſſir par la grande Methode que i'ay deſia dreſſée où les Langues & les Sciences ſont apriſes conjointement; Quelqu'vn nous obiectera que cela ne doit eſtre ordonné que pour les perſonnes de condition priuée, qui ont beſoin de ſçauoir les Sciences à plein fonds, pour ſe rendre capables de quelques profeſſions ciuilles: Neantmoins ſi vn Prince ſçauoit tout ce que ſçauent ceux qui ont eſtudié le plus, ie ne doute point que l'on ne l'en eſtimaſt d'auãtage, & que l'on ne croye que celuy qui commande à tous, doit bien ſçauoir ce que ſçauent tous les autres, & leur eſtre ſuperieur en doctrine auſſi bien qu'en puiſſance. Mais à dire le vray, comment pourroit-il arriuer à cela par les voyes ordinaires ſans quelque miracle? Les enfans du commun ſont dix ou douze années dans les Claſſes où ils eſtudient depuis le matin iuſqu'au ſoir, auec l'apprehenſion des menaſſes & des corrections, au lieu qu'vn Roy ou vn Prince ne peuuent eſtre aſſeruis à de ſi longs trauaux, qui ne ſont propres en effect qu'à ceux qui cherchent le ſouſtien de leur vie ſelon qu'ils profiteront dauantage à l'eſtude. Non ſeulement le beſoin que l'on a d'vn Prince fait que l'on taſche de le retirer d'vne aplication trop penible, par laquelle on craindroit de nuire à sa santé, mais il est encore apellé à d'autres fonctions qui occupent la plufpart de son temps. Il faut qu'il s'employe de bonne heure à receuoir les Grands de son Estat qui luy font leurs soufmissions, ou les Ambassadeurs des Roys estrangers qui viennent renouueller leurs alliances; Il est necessaire qu'il se trouue dans les conseils & dans les autres assemblées necessaires; C'est à dire en vn mot qu'il faut que sur tout il aprenne à faire le Maistre & le Roy. Quand aura-t'il donc le loisir de voir tant d'Autheurs, de tant copier & construire de Textes, de tant faire de Themes, & de tant aprendre de choses par cœur, comme l'on fait dans vne instruction commune ? Cela seroit peut estre obserué si l'on commençoit à l'instruire dez la plus basse jeunesse, mais lors qu'vn Prince est vn peu auancé en age, si l'on luy veut enseigner quelque chose, il est à propos de chercher des Methodes plus aysées. La plufpart n'ayans guere le loisir de beaucoup lire & de beaucoup escrire, en ont encore moins la volonté. Ils pensent que depuis que ces occupations ont passé de certaines bornes, elles ne sont que pour des personnes que la fortune a rauallé infiniment au dessous d'eux. Il s'en peut trouuer mesmes qui dans leur basse jeunesse negligent entierement les Sciences: Que fera-t'on s'ils sont de cette humeur ? Aura-t'on vne foible complaisance pour ne leur rien aprendre du tout, faute d'en trouuer des moyens plus commodes ? Il faut estre plus resolu en vne occasion si importante : Ceux qui ont la charge d'instruire ces cheres personnes, sont, coulpables deuant Dieu & deuant les Hommes s'ils s'y portent mollement, puis que de l'education & de l'instruction d'vn Prince depend le bien ou le mal de tout son peuple. On me representera qu'il n'est besoin necessairement d'aprendre aux Princes qu'à bien gouuerner. Il est vray que lors qu'ils peuuent atteindre à ce poinct, ils ont acquis la principale doctrine des Souuerains; mais outre qu'elle ne peut estre aprise parfaitement sans le secours de plusieurs autres Sciences, il y a aussi des occasions où le Prince ne sçauroit agir pleinement & heureusement sans elles. Il est bon de rechercher comment on se pourra accommoder à son naturel & à sa condition, pour luy mettre dans l'esprit ce qu'il conuient qu'il sçache.

Plusieurs Autheurs se sont meslez de nous indiquer les Sciences necessaires au Prince, sans y mettre aucun ordre, & sans donner aucun moyen de les enseigner auec facilité, croyant possible que la methode ordinaire y suffisoit ; mais elle n'a garde d'y seruir, si mesme la plus exquise a de la peine à s'y faire escouter. Ie m'en vay exposer icy celle qui me semble commode & agreable. Pour ce qui est d'aprendre à lire & à escrire au Prince, cela peut estre fait de la maniere commune, & quand il le sçaura assez bien, il luy faut presenter les autres instrumens des Sciences. Si l'on ne iuge point à propos de luy aprendre la Langue latine par la voye des Grammairiens, & si son âge ou son humeur y repugnent, on ne le doit pas pourtant priuer d'vne si belle connoissance : Il faut au moins luy en aprendre assez pour entendre passablement ceux qui parleront à luy en cette langue, & ce qu'il en trouuera escrit quelque part. Cecy se fera par vn choix des Mots principaux que l'on reduira en ordre de Dictionnaire, & dont l'on composera vn discours plus abregé que celuy où ils sont tous employez en general. Que si l'on dit qu'il restera quantité de Mots & de Phrases qu'il n'entendra point ; aussi n'est il pas besoin qu'il sçache expliquer Iuuenal ou Plaute. Il faut prendre garde que nous formons vn Roy & vn Gouuerneur de peuples, non pas vn Docteur en Critique, dont l'esprit s'employe plustost à iuger des mots que des choses. Quand le Prince aura apres acquis les Sciences qui luy sont propres, il se pourra mesme passer des Langues mortes, & pourueu qu'il entende les mots Grecs ou Latins du commun vsage, il y en aura assez pour luy, & il pourra parler en ces langues là, & en quelques autres langues estrangeres, aussi bien comme il pourra entendre ceux qui s'en seruent, quant ce ne seroit que par accoustumance, & puis rien n'empesche que l'on ne le fasse passer plus outre si son loisir le permet, luy aprenant les mots moins frequens dont l'on luy donnera le roolle, & luy faisant construire les Autheurs où l'on les peut trouuer, à quoy l'on ioindra aussi la Syntaxe, afin que ses reigles le rendent plus asseuré de la congruité de son Langage.

Comment l'on doit enseigner au Prince la Grammaire & les langues.

Des Ma-
thematiques.

Entre les Arts & les Sciences, plusieurs parties des Mathematiques luy estant fort vtiles, on luy aprendra les principes de l'Arithmetique, & de la Geometrie, & apres la Cosmographie & la Sphere. Or comme les Maistres qui ne sçauent que ces Arts les traictent fort au long pour les faire valoir d'auantage, & y arrestent leurs Escholiers plusieurs années, il faut que si le Prince n'a qu'vn seul Precepteur pour toutes ces choses, il les reduise adroictement en abrégé, n'en tirant que ce qui est absolument necessaire, ou que si des Maistres inferieurs & particuliers pour ces Arts instruisent quelquefois son Disciple, il prenne garde qu'ils ne l'amusent point à des Questions friuolles ; Car quoy que plusieurs tiennent, *Que chacun doit estre creu en son Art*, il y a vn Art des Arts & vne Science des Sciences, par qui tout ce qui est subalterne doit estre reglé, & si le principal Precepteur possede cecy, il sera capable de iuger de toute sorte de Disciplines.

Des choses naturelles.

D'autant que la connoissance des choses naturelles a beaucoup de liaison auec les Mathematiques, on les doit enseigner conjoinctement, Cela doit faire voir specialement qu'il y a des Sciences & des Arts qui se peuuent aprendre par maniere de ieu, & que par ce moyen ceux qui les ont le plus en horreur les peuuent trouuer plaisans, mais il faut qu'outre l'instruction de la parole l'on s'y serue des objets propres. Si i'ay desia proposé cecy à toute sorte de personnes, à plus forte raison le doit on proposer aux Princes de qui le pouuoir ne laisse rien à faire pour la despence ou pour quelque autre difficulté, & qui doiuent accomplir leurs desseins plus parfaitement. Les equipages de chasse que l'on leur dresse, les combats de barriere, les Carrouzels & les autres ieux que l'on prepare pour leur diuertissement en plusieurs lieux, auec les Comedies & les Balets où il y a tant de machines differentes, sont des spectacles où paroissent diuers effets de l'adresse des Hommes, desquels la consideration est necessaire en son rang & en sa saison : Neantmoins tous ces spectacles coustent bien plus, & ne profitent pas tant que les spectacles d'vne instruction parfaite & reglée, dont ie veux icy donner l'ordre, qui sera accomply par vne magnificence tresglorieuse & tres-durable. I'ay proposé dans la grande Methode quelques spectacles separez, & tels qu'on les pourra rencontrer; Mais ie souhaiterois qu'on les assemblast icy; I'ay parlé de la Maison de Salomon de l'inuention d'vn Chancelier d'Angleterre, qui auoit quelque dessein d'en faire construire vne dans son païs à peu prez semblable. Il faut maintenant inuenter des choses plus aylées à executer. Que l'on fasse des galeries & des cabinets où l'on voye vne representation solide de l'vniuers & de ses parties, auec les mouuemens de tous les Astres, & mesmes celuy du flux & du reflux de la mer; Que l'on y fasse parestre des globes lumineux qui communiquent leur esclat à des globes espais & sans lumiere propre, ainsi que le Soleil donne de la lumiere à la Lune; Que plus bas l'on fasse vne imitation des Meteores, afin de monstrer comment ils se forment, & que tous les corps de la Nature soient là aussi arrangez dans vne maniere d'amphitheatre selon leur dignité, pour estre mieux distinguez: Que l'on y voye les pierres grossieres & les precieuses, les coquilles & les Coraux, les Metaux & les Marcasites & autres matieres minerales, & qu'il y ait vn verger auprez où l'on treuue de toute sorte de plantes; Que dans des lieux prochains i'on voye de toute sorte d'insectes enfermez sous des cloches de verre, qu'il y ait des volieres pour les oyseaux, & que plusieurs poissons differens soient reseruez dans vn Viuier au milieu de ce pourpris; Qu'il y ait là aussi de toute sorte d'animaux terrestres, dont l'on laisse errer les plus paisibles, & que les farouches soient enfermez dans des cages de fer, & que de plus l'on voye par tous ces lieux des Tableaux qui expriment la naissance & les proprietez de toutes ces Substances, & representent dans leurs Peintures ce que l'on ne peut pas voir en effect dans vn seul moment, comme la production & le progrez des choses. Voyla comment les merueilles de la Nature seront mises deuant les yeux de chacun, & ayant vn autre lieu pour la pratique des Arts, ce sera vne Instruction parfaicte. L'on aura en cecy le plus bel ornement que l'on sçauroit trouuer pour vne Maison de plaisance; Car y ayant encore fait dresser des Moulins de toutes les sortes, des Pompes, des Horloges, des Statuës mouuantes, & mesme parlantes s'il se peut, ou rendant quelque son, auec toutes les Machines qui seruent à diuers

La Solitude & l'Amour Philosophique de Cleomede. Sect. 2. pag. 47.

Mestiers, où peut on rien voir de plus agreable ? Ce sera vn Palais tel que celuy que Cleomede feint auoir esté basty par le Prince Technes, & par la Reyne Physis, ou par l'Art & la Nature mariez ensemble. Iamais aucun Monarque n'en eut vn plus superbe & plus instructif; On s'y rendra sçauant par la seule promenade. Le Prince ayant esté nourry quelques iours dans cette Maison magnifique, aprendra bien tost toute sorte de curiositez, & le Precepteur joignant vn peu d'explication à la veüe, l'en instruira entierement comme par recreation. Ce n'est pas que ie propose cecy comme des choses necessaires; On ne s'en seruira que selon les occasions & les commoditez, & pour faire monstre d'vne Instruction extraordinaire, veritablement Royalle & superbe. A faute de cela on pourra enseigner la Physique par de seuls portraits, ou par des discours de viue voix, & s'ils n'instruisent si parfaitement, il y en aura pourtant assez pour vn Homme qui n'est pas obligé à de si particulieres connoissances.

De la Metaphysique & de la Theologie naturelle.

En suite pour instruire le Prince des choses que l'on ne void point, & que l'on ne represente que par le discours, l'on dressera de petits Traictez de Metaphysique & de Theologie naturelle, puis de Morale & de Politique, & si l'on y sçayt choisir ce que chaque Science a de plus exquis, ie preten que par ce moyen on luy en aprendra d'auantage en quelques mois, que n'en sçauent ceux qui ont esté dix ans sous diuers Maistres; Car il faut auoüer que de tant de choses qu'on aprend, dans les Colleges & dans vne grande varieté de Leçons, on n'en sçauroit retenir qu'vne partie qui souuent est la moins considerable, au lieu que n'aprenant qu'vn certain nombre de choses, on les retient mieux, & si elles sont toutes triées l'acquisition en est meilleure.

Que l'on peut aprendre beaucoup de choses en moins de tēps qu'au Collège.

N'est il pas vray aussi que ceux qui sont enseignez à la maniere ordinaire, sont sept ou huict ans dans les Classes que l'on apelle d'Humanitez, pour n'y aprendre que ce qui concerne le langage Latin & le Grec auec leur Grammaire, & quelques Principes de la Rhetorique, & que neantmoins cela se peut aprendre en beaucoup moins de temps? Tout ce que l'on a à respondre, c'est que ce terme est encore employé à la lecture

des

des ouurages de quantité d'Autheurs tant en Profe qu'en Vers où l'on aprend plufieurs Antiquitez dignes d'eftre fçeües; mais ie repartiray que tout ce que l'on aprend là de ces chofes, peut eftre apris en quinze iours par vne autre methode mefme auec plus de perfection ; Car cela ne comprend que les Fables des Payens, dont Homere, Ouide, & autres Poëtes font pleins, ou quelques Hiftoires que l'on puife fans ordre dans diuers Hiftoriens & Orateurs, & pour fupléer à cecy, ie declare qu'il y a quelque inuention qui operera d'auantage que la commune. Il faut dreffer la Genealogie des Dieux de l'antiquité auec vne fuite fuccincte de leurs faits; Puis il faut auoir vne Chronologie veritable où l'on voye l'ordre des diuers âges du Monde, la fondation & la decadence des Empires, le tout accompagné des Remarques que l'on a accouftumé de faire fur les accidens les plus memorables. Ayant leu cecy deux ou trois fois au Prince, pour peu d'attention qu'il y donne il en aprendra ce qu'il en faut fçauoir. Lors qu'il en parlera en fuite, qui eft ce qui ne iugera qu'il en fcayt plus que ceux qui n'en ont rien apris que dans les Annotations diuerfes des Regens, où ces chofes ne fe trouuans que par hafard d'vn cofté & d'autre, cela n'inftruit point comme vn difcours fuiuy qui n'eft que de ce fujet, & n'a rien de fuperflu ?

Auec cecy on pourra aprendre au Prince toutes les graces de la langue vulgaire, tant pour la Profe que pour les Vers, afin qu'il n'ignore rien de ce qu'on apelle les belles lettres, Que fi en l'inftruifant fimplement à quelques Sciences on ne luy a pas pû aprendre la langue Greque ny la Latine, il ne faut pas neantmoins que cela foit capable de luy nuire. Ce fera vn notable fecours de luy faire vn roolle des mots qui deriuent de ces langues auec leur explication, de peur que la plus forte partie d'vn difcours ne luy foit fouuent inconnue, & que fa langue maternelle ne luy foit vne langue barbare. *De la langue vulgaire & d'vn fecours pour ceux qui ignorent la Grecque & la Latine.*

Pour rendre fon Inftruction facile en toutes manieres, on luy dreffera auffi des Sommaires ingenieux de tout ce que l'on luy voudra enfeigner, foit pour les langues, foit pour les Sciences ou les Arts, à quelques-vns defquels il n'y aura pas pour vn quart d'heure de lecture, de forte qu'il luy fera aifé de les aprendre par *Des fommaires ingenieux des Sciences & des Arts.*

Ccc.

cœur; Et afin d'y trouuer plus de commodité, on les reduira en Tables & en Cartes, où tout d'vne veuë on trouuera les choses qu'il faut sçauoir. Ces Tables seront par diuisions & sous-diuisions, & par discours simples ou accompagnez de quelques figures selon les matieres; Car la Figure represente à la veuë, ce que les paroles expriment par leur sens, comme font les figures de Mathematique & de Mechanique. De plus il y a encore des moyens pour ranger toutes les Sciences sous de certaines images que leurs diuisions composent, ce qui peut beaucoup aider à en faire ressouuenir, cōme qui mettroit les vnes dans vn quarté, les autres dans des cercles & des triangles & autres figures simples, dont l'on se peut seruir selon la commodité que l'on rencontrera, ou bien l'on inuentera des Figures Enigmatiques, & des Portraits de diuerses choses significatiues, comme qui representeroit la Science Morale par vne Forteresse munie de Bastions qui signifieroient les Vertus Cardinalles, auec l'armée des vices autour diuersement campée: Mais sans tout cela puisque l'on peut descrire les diuerses opositions & les depēdances des choses, par des paroles seules auec des branches & des lignes qui les accouplent, cela suffit aux moins intelligens. Ces differentes Tables ou Images, estant reduites par feuillets dans quelque grand Liure, & les mesmes Descriptions estant encore peintes autour du Cabinet où l'on aura accoustumé de faire les Leçons, & dans des lieux de promenoir, c'est pour en rafraischir tousiours la memoire: Mais il faut prendre garde qu'il y ayt en cecy beaucoup de choses en peu d'espace, & en peu de mots & de remarques, & ne faire pas cōme ceux qui voullant reduire toutes les Sciences en Tables, pour n'y pas mesme oublier les choses inutiles, les font grandes excessiuement, ce qui vous offusque la veüe & vous accable l'esprit. Il faut donc vn excellent Artisan pour de tels ouurages; Comme les Peintres trouuent que l'on a plus de peine à faire vn Portrait en petit qu'au naturel; Aussi ces abregez demandent plus de soin & plus d'artifice que des desseins fort estendus. Nous desirons que celuy qui s'en mesle soit habile en toutes Sciences, & qu'il ayt acquis cette Science vniuerselle qui ordonne de toutes les autres; Si cela se peut, il instruira aussi son Disciple à cette Doctrine generalle, afin que rien ne luy soit caché, & que son iugement estant formé pour toute sorte de connoissances, il en soit plus propre à toute sorte d'actions.

Pource que l'on ne trouue pas d'abord en vn seul lieu toutes les Instructions que l'on souhaiteroit, & qu'elles ne sont pas faites auec ces Methodes dont le soulagement est extraordinaire, i'apreuue bien que l'on se serue de quelques Recueils faits par le passé, comme de ceux de Fortius, de Freigius, d'Alstedius & autres, où l'on trouue des Abregez de diuerses Sciences. Il y a eu mesme des Autheurs qui ont voulu employer leurs trauaux particulierement pour les Grands. Nous auons vn Liure de l'Institution du Prince, où l'on trouue quelque Methode d'enseigner auec vn Abregé de Grammaire, de Rhetorique, de Dialectique & de Physique; Il y a eu vn autre Liure du mesme temps apellé, *La Principauté de l'Homme*, où l'on void vn Abregé de la Grammaire Latine, & de la Grecque, de la Logique, & de la Physique. Ce sont des ouurages composez pendant la jeunesse du feu Roy Louis XIII. comme pour luy seruir d'Instruction. Les preceptes en sont assez bons quoy qu'ils soient communs. Depuis peu le Pere Labbe Iesuite a fait imprimer *sa Geographie Royalle*, qui est vn Abregé fort exact; M. de la Motte le Vayer Precepteur de Monsieur le Duc d'Anjou, a donné aussi au public, *la Geographie du Prince, la Rhetorique du Prince, la Moralle du Prince*, Liures qui portent de tels tiltres à cause qu'on les a destinez pour l'instruction des Princes particulierement. Ces Sommaires sont excellens, & font conceuoir plus de choses que beaucoup d'autres Liures plus amples. Si l'on vouloit faire de tels ouurages sous diuerses faces on en pourroit encore composer quelques vns, lesquels portans le tiltre de Liures de Princes, seroient faits pour les Princes seulement, & ne seroient point communs à tous les autres Hommes; Car si vne Geographie faite à l'ordinaire, est autant la Geographie des Historiens & des Voyageurs que celle des Princes, il s'en peut faire vne particuliere pour eux, & d'vne nouuelle inuention. Il faudroit qu'elle enseignast au Prince pour qui elle seroit faite, quelles terres seroient sous son pouuoir, qui seroient celles où

De quelques Sommaires desia publiez.

il deuroit auoir des pretentions, & celles qu'il pourroit conquerir; De cette sorte ce seroit vne vraye Geographie de Roy & de Prince. On feroit aussi vne Rhetorique, qui enseigneroit au Prince quel langage luy seroit conuenable selon les occurrences, de quel genre de Harangues, & de quelles fleurs oratoires il se deuroit seruir selon la dignité de sa condition. On luy pourroit encore donner vne Moralle qui ne traiteroit que des matieres qui luy seroient propres, & la Politique seroit destinée principalement à luy enseigner la maniere de bien commander & de se bien faire obeyr. Il y a beaucoup d'autres Sommaires des Arts & des Sciences qui pourroient estre accommodez à l'instruction des Princes, pour ne leur en aprendre que ce qui seroit necessaire à leur fonction, laissant les instructions plus amples pour ceux qui en ont besoin dans les conditions inferieures; Ainsi l'on fera vn choix aux Princes de ce qui est de plus glorieux à aprendre pour eux, & de ce qui passe la portée des particuliers. Cela n'empesche pas que les Sommaires qui sont propres pour toute sorte de personnes ne soient tres-dignes aussi de l'estude des Grands, veu que mesmes ils leur sont necessaires, estant le fondement des autres. Mais il faut les rendre commodes à ceux qui n'ont pas tant de loisir d'aprendre que le commun des hommes, en ayant retranché autant qu'il se peut les termes de l'Eschole, ou les ayant rendus d'vne tres-facile intelligence. Les Autheurs dont i'ay parlé se sont bien acquittez de cecy, & ont tracé des enseignemens fort bons en leur genre, tant pour les Grands que pour les moindres. C'est à ceux qui veulent faire parestre des escrits sous d'autres formes, à s'y porter auec vne diligence esgalle à leur dessein.

Que les Sciences sont bien seantes & vtiles aux Princes.

Ie sçay que quand l'on propose de dresser tant de sorte d'enseignemens pour les Princes, toute la troupe des ignorans n'en fait point compte, & croid que toutes ces diuerses connoissances leur sont inutiles. A quoy est-il bon, disent quelques-vns, qu'vn Monarque ou vn grand Seigneur, sçache ce que c'est de Logique, de Physique, d'Ethique, de Rhetorique, de Poësie & de tant d'autres professions qui ne sont propres qu'à des gens de College, ou à des hommes oysifs, non pas à des Princes qui ont les affaires de leur Estat à manier, fort esloignées de ces obseruations Scholastiques, auec lesquelles mesmes les galanteries de la Cour ne peuuent compatir? Ie respondray que l'on veut raualler vn Prince, iusques à vn degré fort abaissé, le mettant au nombre de ceux qui ne se soucient point que leur Esprit soit esclairé par de belles connoissances. Si des Hommes particuliers ou des Peuples entiers de quelque contrée du Monde, iugent ainsi de leurs Princes, ils en ont des pensées fort indignes, & telles que des Princes & des Roys des Barbares. Pource qu'ils sont Princes doiuent ils estre ignorans? Ils doiuent plustost pour cette raison estre instruits de toutes choses. Pourquoy donc ne trauaillera-t'on pas à les rendre sçauans, si cela se peut faire sans peine, & auec beaucoup de profit, & si par là ils peuuent se rendre d'autant plus capables de la charge que Dieu leur a commise, & de manier ces grandes affaires par lesquelles on pretend au contraire qu'ils soient distraits de l'estude? La Logique ne leur sera-t'elle pas vtile afin que l'on ne les surprenne point par de faux raisonnemens? Ne doiuĕt-ils point s'adóner encore à la cónoissance des choses naturelles & des surnaturelles, veu qu'ils en serót mieux guidez à la connoissance de Dieu & d'eux mesmes, & la Science Morale ne leur seruira-t'elle pas d'vne bonne conduite? C'est vne horrible stupidité de croire que les Sciences ne soient propres qu'à vne vie mercenaire, comme si elles ne seruoient pas à nous instruire de tout ce qui peut rendre vne vie glorieuse & memorable. Hermes ou Mercure Roy des Egyptiens n'a-t'il pas esté apellé Trismegiste, c'est a dire trois fois grand, pource qu'il estoit grand Prestre, grand Philosophe & grand Roy? Salomon qui auoit le don de Sagesse & de Science, ne connoissoit il pas depuis le Cedre iusqu'a l'hyssope? C'est à faire aux grands Roys de sçauoir tout, comme de pouuoir tout; Quelle satisfaction auroit vn Prince lors que des Hommes doctes luy feroient des Harangues, ou luy tiendroient des discours familiers, s'il y auoit là des choses qu'il n'entendist pas? N'est il pas plus seant qu'il y responde sur le champ, que si à toute heure il auoit besoin d'vn Interprete ou d'vn Pædagogue? Cela monstre que l'art de l'Eloquence, & tout ce qui depend des belles Lettres luy est de grand seruice. Ie ne preten point qu'il compose en Vers ou en Prose, comme Iacques VI. Roy d'Angleterre & quelques autres Roys ; mais quand il le feroit à ses heures de recreation, qu'y pourroit on trouuer à reprendre ? Plusieurs Princes se sont donné de ces sortes d'occupations qui ne leur ont point tourné à blasme, mais si l'on en a veu de Poëtes & d'Orateurs, sur tout la facilité de parler en public leur a esté bien seante. Leurs discours d'apareil ont eu vne merueilleuse force, & beaucoup plus grande encore que ceux des Officiers de leur Couronne. Ils ont paru en leur vray lustre dans vne assemblée d'Estats & en quelques autres compagnies. Les Harangues de Henry III. ont esté trouuées d'vn stile net & persuasif ; Elles eussent eu vn plus grand esclat en vn Monarque plus heureux. Que si le Prince n'est pas né entierement pour l'exercice des Lettres, & qu'il ne puisse paruenir à composer quelque chose de luy mesme, encore ne luy faut il pas oster le moyen de se seruir de ce que font les autres, & d'entendre au moins les prieres ou les Remonstrances que l'on luy fait, auec les ouurages que l'on luy dedie, & tout ce qu'il peut lire dans les Liures. Voudroit on mesme luy interdire le plaisir qu'il peut prendre à la veüe des Peintures & des Inscriptions, qui publient la gloire des anciens Heros ou la sienne, & le priuer des moyens de profiter de toutes ces choses qui ne se font la pluspart que pour luy ? Bref à quelque chose qu'il s'aplique, la Science ne donnera-t'elle pas plus de lumiere à son iugement & plus de fermeté à son courage, le rendant habile tant pour le conseil que pour l'execution ?

Des exercices du Corps.

Ce qui contribuera à cecy, c'est que ie ne veux pas en faire vn Prince sedentaire & foible ; Ie ne souhaite pas que les exercices de l'Esprit luy empeschent ceux du Corps, puis qu'ils luy sont necessaires esgalement. Platon disoit qu'il faloit exercer conjointement le Corps & l'Esprit ; Il faudra choisir des heures pour aprendre au Prince à manier les Armes & à monter à Cheual, & pour les autres exercices corporels, qui sont de diuertissement ou de bien seance ; De sorte que le temps qu'il prendra apres pour ses estudes, sera comme pour le delasser de cette petite fatigue.

ROYALLE.

De la vraye Science de Roy.

Si l'on instruit vn Prince par cét ordre, l'on ne le rendra pas seulement esgal aux plus excellens; L'on fera qu'il les surpasse d'vne longue distance, mais pour atteindre à ce but, ce n'est pas assez de l'instruire aux disciplines communes & scholastiques. On luy aprendra la vraye science de Roy, qui va au delà de celle des Hommes communs. Outre la Politique generalle on luy en donnera vne accommodée aux interests de son Estat, & à ceux de ses voysins & alliez, & qui luy aprendra les moyés d'agir glorieusemét auec ses amys & ses ennemys. Il sera instruit du dedans de son Royaume & du dehors; Il sçaura quel en a esté l'establissement & le progrez, & quelle en doit estre la conseruation; Comment il y pourra faire fleurir la bonne Religion & y maintenir sa puissance; Comment il doit rendre la Iustice, & par quelles voyes il augmentera ses finances sans fouler le peuple; & comment en rangeant ses subjets dans l'obeissance, il mettra les estrangers dans le respect & dans la crainte; En vn mot comment son Estat sera rendu tranquille & fleurissant, & comment il en pourra porter les bornes plus loin par ses conquestes. Les preceptes de la Paix seront accompagnez de ceux de la guerre, pour s'en seruir dans le besoin. On luy aprendra les moyens de leuer des troupes, de les aguerrir & de les faire subsister; Comment il les faut conduire, les faire camper, les faire marcher en bataille, & les faire combattre en raze campagne auec bon succez, ou les attacher à des sieges de places, pour les emporter d'assaut ou par capitulation, & comment il faut apres vser de la Victoire. Ce sont là les choses qu'on doit sur tout aprendre aux Princes & aux Roys, non pas vne doctrine de Pedant, qui est indigne d'eux, & où il n'y a que du temps à perdre: Mais quoy que l'on aprenne à vn Prince tout ce qui depend de sa fonction, s'il n'a pas assez de soin & de naturel pour en retenir quelque chose, on sera en peine comment on y pourra remedier, veu les distractions qu'ont accoustumé d'auoir les personnes d'vne condition si haute. Voylà pourquoy le Precepteur doit prendre son temps auec adresse, & se seruir en cecy de Sommaires, de Tables, de Descriptions naïues, & de figures exactes; S'il est habile Homme il ne donnera pas seulement les Instructions moralles & politiques, mais aussi les instructions militaires, selon ce que les Liures & les exemples du temps les peuuent fournir.

De l'Office de Precepteur & de Gouuerneur.

Le Precepteur cherchera encore l'occasion d'instruire le Prince sur la grace & le maintien du Corps, & sur toutes les actions exterieures, sur la moderation des passions, & sur la conduite entiere de la vie. Il est vray qu'en cela ie ne luy attribue pas seulement l'Office de Precepteur, mais celuy de Gouuerneur, qui sont deux charges qu'il n'est point mal à propos de joindre ensemble, quand il se trouue vn Homme qui en est capable. Le Gouuerneur ayant soin de la nourriture du Prince & de ses mœurs, qui est bien plus que de luy aprendre la Grammaire & la Rhetorique, ou les Mathematiques, il ne faut point douter qu'il ne soit capable de ces Sciences; Et s'il est capable aussi des Sciences les plus hautes qui sont les contemplatiues & Theoriques, il le peut bien estre des pratiques & actiues. Quoy que ceux qui sont pris pour Gouuerneurs, ne soient pas personnes à s'employer à toute sorte d'instructions, il ne faut pas s'estonner de ce que ie fay la proposition de leur donner auec cecy la charge de Precepteurs, parce que ie n'enten pas que l'on instruise les Princes par des Leçons vulgaires, mais par des Leçons exquises & choisies, ausquelles l'Homme qui s'apliquera sera bien digne d'estre Gouuerneur, aussi bien que Precepteur, & peut estre que dans ce haut degré de capacité il croiroit s'abaisser d'estre l'vn sans l'autre. Selon ce que l'on obserue aujourd'huy dans plusieurs Cours la pluspart des Precepteurs que l'on donne aux Princes, sont des Ecclesiastiques dont la premiere fonction est d'enseigner à bien viure, ou ce sont gens doctes & sages qui sont capables de tout, ausquels la conduite de la vie d'vn Prince peut bien estre commise auec l'instruction pour les Sciences quoy qu'il y ayt encore à part quelque Homme de qualité qui porte tiltre de Gouuerneur & de Sur-Intendant à l'Education. Quant à ces Precepteurs qui n'ont personne au dessus d'eux, & par ce moyen ont la fonction de Gouuerneurs, comme on en a veu chez plusieurs Empereurs & Roys, si on en vouloit encore auoir de pareils, d'autant qu'ils auroient trop d'occupation de reigler les mœurs d'vn Prince, & ses estudes, ie n'improuuerois pas qu'ils eussent quelque habile

Homme

ROYALLE. 393

Homme sous eux pour faire les repetitions à leur Disciple suiuant leur ordre. Ce ne seroit neantmoins que touchant les Sciences communes, se reseruant l'instruction entiere de celles qui seroient de leur inuention, & principalement de celles qui apartiendroient à la dignité de Prince ou de Roy, comme i'en ay proposé quelques vnes. Outre les Sciences humaines, & l'Art militaire, il y a la Morale Pratique & la Politique vsagere, dont ie fay vne troisiesme espece de Discipline, à laquelle ce Precepteur doit estre expert. Que si des Princes qui seroient desia hors de l'age ordinaire pour l'instruction, auoient cette loüable curiosité de reparer les deffaux de leurs premiers enseignemens, pource que la fonction de les enseigner seroit celle d'vn secret confident, plustost que d'vn Precepteur ou Gouuerneur, elle deuroit principalement considerer les Estudes qui apartiennent à l'Ame, comme les plus releuées & les plus necessaires. Or il faut s'imaginer que ie n'ay rien auancé en tout cecy qui regarde particulierement quelques Princes qui soient aujourd'huy en estat d'estre instruits, ou quelques autres personnes releuées ; Nous sçauons qu'il y a d'excellens Precepteurs en ce siecle, & qu'il y en a eu aux siecles passez, lesquels ont rendu leurs Disciples tres-grands Hommes : Mais de quelque methode qu'ils se soient seruis, il n'est pas defendu d'en chercher vne pour l'auenir, qui soit plus facile & plus instructiue.

C'est faire beaucoup d'enseigner aux Princes & aux Roys, comment ils doiuent estre instruits, ou comment ils doiuent faire instruire leurs enfans, & d'enseigner aussi aux Precepteurs comment ils doiuent s'acquitter de leur charge, soit pour l'instruction des personnes de haute condition ou des mediocres. Nous ne sommes pas asseurez, si ce que l'on en trouue icy nous doit seruir Neantmoins quãd on n'en iugeroit que par les seules propositions, toute sorte de gens peuuent rencontrer en cela des manieres de s'instruire plus amples & plus faciles qu'à l'ordinaire, lesquelles seront fort commodes, specialement pour ceux qui sont desia auancez en age, & qui n'ont pas eu le bon-heur d'estre instruicts dez leur enfance : Comme au dessous des Roys & des Princes, il y a des hommes dont l'heureuse naissance, & les

Il y a icy des manieres de s'instruire pour toute sorte de gens.

Ddd

vertus particulieres meritent bien que l'on pense à eux ; l'enten qu'encore que ce Traicté porte le tiltre de Methode Royalle, il ne soit pas seulement pour les Princes & les Roys, mais pour tous ceux que le bon naturel rend dignes d'vne haute fortune. Ces instructions doiuent estre variées selon les occasions, & selon la portée de ceux que l'on enseigne, tellement que l'on n'en sçauroit establir de reigle particuliere. Ie n'ay fait mesmes que de simples propositions ; Aussi n'apellay-je point ce Traicté absolument, *La Methode Royalle*, mais, *De la Methode Royalle*, obseruant cette maniere de tiltre en d'autres Traictez, pour monstrer que ie parle seulement en bref de quelque chose, plustost que de donner la chose mesme. Or ayant declaré les secrets qui seruent à vne Institution generale, si ceux qui en ont la charge, ont l'Esprit assez puissant pour s'en imaginer toutes les particularitez, apres l'ouuerture que i'en ay faite, il ne leur en faut rien dire d'auantage : Ils trouueront le moyen d'instruire ingenieusement leurs Disciples, & de les rendre sçauans sans qu'ils y pensent, & sans mesmes qu'ils en ayent la volonté, ce qui est le Chef-d'œuure de toutes les Instructions : Mais pource que les Leçons qu'ils dresseront en Tables ou en Sommaires, ne seront pas la mesme chose que ce que pourroit donner celuy qui est maistre de ses inuentions, l'on souhaiteroit possible d'auoir tous ces ouurages de la mesme main qui les a proposez : Afin d'y estre incité, il faudroit rencontrer des gens disposez à les receuoir, & qu'vn Autheur fust asseuré de ne point trauailler inutilement. Ce seroit alors qu'il deuroit accomplir vn ouurage digne d'estre veu des Princes & de tous ceux qui sont au dessus des autres ; Il seroit obligé de donner vne Science qui se monstreroit la guide des autres Sciences, & seroit la vraye Science humaine vniuerselle, laquelle descouure en quels endroits l'Esprit de l'Homme doit demeurer en suspens, & se contenter de sçauoir quelles choses ne peuuent estre sceuës, & en quelles autres il faut leuer le doute. Cecy est la Science de la verité & du vray raisonnement où est contenuë la vraye Logique aplicable à toutes Sciences, sous laquelle on comprend ordinairement les lettres humaines ou les Humanitez, & toute la Philosophie auec vne Science ciuille & toute particuliere, qui est celle de connoistre le naturel des Hommes, & la condition des affaires, deux fondemens principaux de la Prudence du Monde, dont les Escholes vulgaires ne nous donnent point de preceptes ; Mais quelque ingratitude qu'ayt le siecle, il faut que ie declare vne partie de cecy ; Puisque i'ay entrepris d'escrire de la Perfection de l'Homme, ie feray voir plusieurs Traictez qui en dependent, en Sommaire ou autrement, selon que ie le iugeray necessaire. Les enseignemens curieux qui se trouueront en cela seront donnez aussi librement que les communs. Ceux dont la profession est d'enseigner pour le profit, font vn secret de leurs Methodes afin d'attirer d'auantage d'Escholiers, mais il faut monstrer en descouurant ces choses qu'elles viennent d'vn autre lieu.

Des Conferences & des actions publiques.

Outre ces manieres d'aprendre les Sciences par l'instruction des Maistres ou par les Liures, il y a celle des Conuersations & Conferences auec des gens d'esprit & de sçauoir; C'est vn grand auantage d'auoir prez de soy vne Science viuante & animée; Elle transmet bien plus puissamment ses maximes en nostre esprit qu'vne Science morte. La conuersation auec toute sorte de personnes est l'employ & l'vsage de ce que nous auons apris en particulier ; Les discours qui se font aux estudes ne sont que feintes, mais ceux qui se font dans les Compagnies du Monde sont des realitez. Celuy quis'est veu souuēt l'espée à la main dans les combats est plus adroit & plus vaillant que celuy qui n'a fait toute sa vie que tenir vn fleuret dans vne salle, & qui tremble à la moindre rencontre ; Aussi ceux qui ont iouy de differentes conuersations sçauent bien mieux comment il faut parler, deuant toute sorte de gens que ceux qui n'ont veu que leur Cabinet ou vne Classe. Entre les conuersations il y en a de familieres, & de serieuses ou importantes. Ces dernieres sont celles qui instruisent le plus ; Au dessus de cela l'on mettra les Conferences ou Assemblées, & les Academies, soit que l'on en fasse partie & que l'on y dise son aduis, ou que l'on escoute seulement l'aduis des autres ; Entre les estudes libres, l'on peut encore mettre l'atēctiō que l'on a pour ouyr de doctes Predicatiōs & de belles Harāgues & autres actions publiques. C'est aussi vn employ des estudes du College où l'on profite beaucoup ; si apres auoir ouy quel-

D d d ij

ques Declamations l'on est obligé d'en faire de semblables ou de respondre aux premieres, d'autant que l'on se rend plus habile par l'exercice; Il y a pareille raison d'ouyr les Disputes de Philosophie ou de Theologie pour s'instruire à disputer à son tour, & l'on fera mesme chose des Causes qui sont plaidées dans les Sieges de Iustice. Toutes ces choses estant bien entëduës, instruisent à les imiter & donnent d'autres connoissances meslées. Il n'y a pas iusqu'aux Comedies qu'on croid estre capables de donner quelques enseignemens à ceux qui les escoutent, pourueu qu'elles soient dans les bonnes reigles.

Des voyages. Plusieurs mettent les voyages au nombre des meilleurs moyens de s'instruire, & en effect quand l'on ne feroit que considerer les diuersitez du Monde dans la difference des contrées, des villes, & des mœurs des habitans, c'est vne estude assez vtile, & qui peut faire auoüer que le Monde est vn spectacle euident, lequel enseigne tous ceux qui le veullent considerer. Neantmoins comme l'on ne sçauroit ouurir les portes les mieux closes sans en auoir la clef, il est besoin que nous ayons desia receü d'ailleurs l'art d'expliquer les choses, afin que nostre recherche soit vtile. Il est à propos mesme auparauant que partir pour vn voyage d'auoir apris les langues des Pays où l'on veut aller, craignant que l'on n'y soit plustost occupé à y aprendre des mots que des choses, & qu'au lieu d'y chercher des instructions releuées, il semble que l'on ne soit allé qu'à des Escholes de Grammaire. Il ne faut s'y rien reseruer à aprendre pour le langage, que la prononciation & l'accent du Pays, afin que tout d'vn coup l'on soit capable d'entendre ce que disent ceux qui en sont habitans originaires, & d'auoir societé auec eux. Quand l'on veut voyager pour aprendre les Sciences & les Arts & la practique du Monde, il ne faut pas aussi ressembler à ceux qui passant en diuerses contrées, s'informent seulement où sont les plus belles femmes & les meilleurs vins & tous les suiets de Delices; Il faut que le voyage soit vne occasion d'Estude & non pas de desbauche, afin que l'on en reuienne d'autre sorte que la pluspart des ieunes hommes qui vont en Pays lointain, lesquels apres la perte de leur argent & de leur santé, ne raportent rien que de mauuaifes habitudes & de fafcheufes maladies. Quelques perfonnes qui ayment le repos ou qui n'ont pas le loifir & la commodité d'aller par le Monde fe contentent de voyager par les Liures, où ils aprennent encore tout ce qu'il eft befoin de fçauoir pour la conduite & pour le bien de la vie. Chacun peut profiter dans fa maniere d'Eftude felon fa bonne intention.

FIN.

Extraict du Priuilege du Roy.

PAR Lettres Patentes du Roy données à Paris le quatriesme iour de Feburier mil six cens quarante sept, signées Par le Roy en son Cõseil RENOVARD, & scellées du grand Seau. Il est permis au Sieur DE SOREL, Conseiller du Roy en ses Conseils, Premier Historiographe de France & de sa Majesté, de faire imprimer vendre & distribuer par tel Libraire ou Imprimeur qu'il luy plaira en vn seul Volume ou en plusieurs differends, vn Liure intitulé, *De la Perfection de l'Homme, tant pour les connoissances que pour les Mœurs, Auec les bonnes reigles de la Vie, & l'Examen de plusieurs Autheurs*, & ce pour le temps de sept ans, à compter du iour que chaque Volume ou Traicté sera acheué d'imprimer pour la premiere fois : Et defenses sont faites à toutes autres personnes de l'imprimer vendre & distribuer sur les peines y contenuës, comme il est plus amplement porté par lesdites Lettres.

Et le susdit a cedé & transporté le present Priuilege à R. DE NAIN Marchand Libraire à Paris en ce qui est des Traictez particuliers, De la Perfection de l'Homme, & des Methodes des Sciences.

Acheué d'imprimer pour la premiere fois le dernier iour de Nouembre 1654.

Les Exemplaires ont esté fournis.

Fautes furuenuës en l'impreßion de ce Liure.

PAge 5. ligne 7. lifez, premier. p. 30. l. 23. oftez, icy. p. 53. l. 35. lifez trouue. p. 69. l. 30. on le iuge. p. 129. l. 19. font comme. p. 144. l. 1. c'en doiuent. p. 156. l. 10. leur lieu p. 167. l. 25. aprouuée. p. 168. l. 29. de les faire aprouuer. p. 170. l. 33. des Nouateurs. p. 171. l. 17. ne doit point. p. 172. l. 27. Pyrrhoniens. p. 175. l. 19. quoy que. p. 181. l. 26. effacées. p. 190. l. 35. qu'il fe faut. p. 200. l. 33. les mefmes effets. p. 216. l. 25. au lieu de, que la chaleur ne s'engendre point icy bas, il eft mieux de mettre, que fi la chaleur ne s'engendre point icy bas. p. 217. l. 33. & de l'humidité du feu. p. 232. l. 33. abufé a les remarquer. p. 238. l. 27. Geometriques. p. 242. l. 6. de grandeur infinie. p. 257. l. 17. oftez, auffi. p. 281. l. 6. & ce qu'ils ont fait en a porté. p. 284. l. 7. le Cercle. p. 242. l. 19. *Apodictico docendi genere.* p. 304. l. 22. partie. p. 315. l. 35. il faut. p. 323. l. 27. s'ils. p. 324. l. 5. marches. p. 368. l. 30. particulieres. p. 371. en la derniere ligne oftez, auffi. p. 340. l. 6. il eft befoin, au lieu de, neceffaire.

www.ingramcontent.com/pod-product-compliance
Lightning Source LLC
Chambersburg PA
CBHW071237240426
43671CB00031B/1035